누구나 쉽게 배우는 신학

지은이_ 스탠리 그렌츠 | 옮긴이_ 장경철 | 만든이_ 김혜정 | 함께 만든이_ 김건주
마케팅_ 윤여근, 정은희 | 디자인_ 채이디자인 | 초판1쇄_ 2000년 12월 1일
전면개정 초판1쇄 펴낸날_ 2012년 11월 16일

펴낸곳_ 도서출판 CUP | 등록번호_ 제22-1904호
(140-909) 서울특별시 용산구 이촌2동 212-4 한강르네상스빌 A동 102호
T.(02)745-7231 | www.cupbooks.com | cup21th@hanmail.net
총판_ 국제제자훈련원
T.(02)3489-4300 F.(02)3489-4329 | 마케팅_ 김겸성, 송상헌, 박형은, 오주영

Copyright ⓒ1998 by Stanely J. Grenz
Originally published in English under the title *Created For Community*
by BridgePoint Books, A division of Baker Book House Company
P. O. Box 6287, Grand Rapids, MI, 49516, U.S.A.
All rights reserved.

Korean Translation Copyright ⓒ2000 by CUP, Seoul, Korea.

본 저작물의 한국어판 판권은 알맹2를 통해 Stanely J. Grenz와 독점 계약한 '도서출판 CUP' 가 소유
합니다. 저작권법에 의하여 한국 내에서 보호를 받는 저작물이므로 무단 전재와 무단 복제를 금합니다.

잘못된 책은 언제든지 교환해 드립니다.
ISBN 978-89-88042-60-1 03230   Printed in Korea.
값 18,000원

책에 대해 더 알기를, 다음엔 그분을 더 많이 사랑하기
때 하지만 그분을 더 알지 않기를! 그렇다. 하나님에 대해
가르침으로 하나님을 향한 우리의 다짐 역시 깊어져야
한다. 하나님을 향한 더 깊은 사랑은 그분에 대한 더
깊음으로 흘러들어 가야 한다.

신학공부의 목적은 믿음의 성숙이어야 한다.
곧 신학은 신앙을 묻는다. 따라서 우리가 신학을
하는 목적은 우리 신앙을 더 잘 이해하기 위함
이다. 또, 신앙에 대해서 깊은 이해는 우리를
사람을 더 굳건하게 만들어준다. 구원이기도 하다.

누구나
쉽게 배우는
신학

신학이 무엇이라고 하면 누구부터 오, 왜는 사람들이 있다.
그들에게 [신학이란 베이민트와 받은 질문이 앞으로하고, 말 수 없고,
말러지는 문제들을 가지고 이상공론을 펼치는 사람들이] 불릴뿐이다. 그런
신학시각 존재한다. 일상 생활과는 관련이 없는 실이야. 그리스도인의 삶까지도
크게 갈라놓는 문 같을 두고 본 맥을 돌아친다.

짧고 신학에 뛰어든 책이라는 쓰이지 못한당사 사람들이 이 책을 짧기로 신학
을 더 가까이잡고싶다. 질문고, 신학에 대한 편견이 우리의 신앙을 더욱
예리하게 다듬어주는 것이며, 지식 위 적용을 통해서 이 더욱 순수하게 하나님의 부르심을 따라
나아가는 우리의 일생 속에 도움이 되길 기대한다.

스탠리 J. 그렌츠 지음

장경철 옮김

CUP

Created For Community
Connecting Christian Belief with Christian Living

Stanley J. Grenz

학자이며 교육자이며 친구인
로저 E. 올슨(Roger E. Olson)에게

추천의 글 8
서문 13
시작하면서_ 그리스도인의 신앙과 삶 17

[신론]

1장 현대 세계 속에서 하나님을 안다는 것 37
2장 우리가 아는 하나님 59

[인간론]
3장 우리는 하나님의 피조물 99
4장 인간의 실패 131

[기독론]
5장 예수 그리스도, 우리와 함께하시는 하나님 161
6장 하나님의 사역과 예수의 사명 197

[성령론]
  7장 성령, 생명의 조성자   233
  8장 성령과 우리의 구원   269

[교회론]
  9장 공동체, 하나님 창조의 최종 목적   313
  10장 개척자 공동체에 참여하기   347

[종말론]
  11장 우리 이야기의 절정   381
  12장 하나님의 공동체, 우리의 최종 목적지   415

후기_ 신앙과 삶을 연결 짓기   451
주   457
심화된 연구를 위한 추천 도서들   477

Created For Community
Connecting Christian Belief with Christian Living

▍추천의 글

이 책에서 스탠리 그렌츠는 신학에 대한 우리의 왜곡된 인식을 바로 잡아주면서 그리스도인 모두가 신학을 공부해야 할 필요성을 너무도 명쾌하게 보여주고 있다. 신학^{theology}은 '하나님에 대한 연구^{study}'로서 특정한 부류의 학자들이 연구하는, 소위 '학문의 여왕'이라는 중세적인 사고방식은 신학을 그리스도인의 실제적인 삶과는 관련이 없는 추상적 학문으로 변질시켜 버렸다.

이런 현실에서 저자는 성경적 세계관에 기초한 예리한 통찰력을 가지고 신학의 본질과 역할이 과연 무엇이며, 신학이 우리의 신앙적 삶과 신앙공동체를 어떻게 세우며 변화시킬 수 있는지를 분명하게 보여주고 있다. 정말 놀랍고 충격적인 책이다. 하나님을 진정으로 사랑하며 헌신된 그리스도인의 삶을 살기를 소원하는 모든 사람들이 반드시 읽었으면 하는 간절한 바램을 갖는다.

김성수(고신대학교 총장)

이 책에서 스탠리 그랜츠는 기독교 신앙이 개인의 고독한 종교적 노력에서 출발하는 것이 아니라 삼위 하나님의 공동체로부터 펼쳐지는 것임을 보여준다. 기독교 신앙은 삼위일체 하나님의 전우주적 우정으로부터 출발된 것이며 우주에서 수명이 가장 긴 사랑의 교제로 우리를 인도하는 것이다.

파편적이며 조각난 삶의 문제들에 대해서 고민하는 가운데 시간과 영원을 연결하며, 신앙과 삶을 통합하기를 원하는 이들에게 그랜츠의 책이 큰 도움이 되리라고 확신한다.

장경철(서울여대 기독교학과 교수)

추천의 글

교회 안에는 신학에 대한 상반된 태도들이 함께 뒤섞여 있다. 신학 교수들과 목사들은 신학교육이 전통적 신학에 더 치중해야 하느냐, 아니면 지역 교회를 지도하는 데 필요한 실질적 방법들을 가르치는 일에 더 집중해야 하느냐를 두고 논쟁을 벌인다.

평신도 역시 신학에 대해 상반된 태도를 보이고 있다. "나를 어린아이 취급하지 마라. 신앙과 신앙의 의미에 관해 진지하게 사고하는 훈련을 하게 해 달라"는 태도에서부터 "나는 신학자가 아니다. 평범한 평신도일 뿐이다. 일상적 삶에 도움이 되는 것이나 가르쳐 달라!"에 이르기까지 다양한 반응을 보인다.

신학에 대한 다양한 반응이 있다는 것이 문제는 아니다. 신학과 관련한 문제의 핵심은 사람들이 신학에 대해 잘못된 견해를 가지고 있다는 것이다. '신학'이라는 단어를 접할 때, 보통 사람들은 상아탑 속에서 학자들이 하나님에 대해 일반 사람들은 도저히 이해할 수도 없는 심오한 사상들을 연구하고 있는 모습을 떠올린다.

신학에 관한 다음 두 가지 요지를 기억하는 것이 중요하다. 첫째, 모든 그리스도인은 신학자이다. 둘째, 신학의 관심은 학문이 아니라 삶이다.

스탠리 그렌츠는 본서를 통해 교회에 큰 공을 세웠다. 모든 그리스도인은 하나님에 관해 사고해야 하며, 사고할 수 있으며, 그 사고에 기초해서 살아야 한다고 그는 주장한다. 그리고 이것은 단순히 우리가 개인적으로 해야 하는 일이 아니라 하나님의 백성으로서 공동체적으로 해야 하는 일이라 강조한다.

그는 우리로 하여금 더 나은 신학자가 되게 하려고 이 책을 썼다. 이 책의 장점을 정리해 봤다.
- 성경적이다. 성경이 무엇이라고 말하고 있는지를 명확하게 개괄해 준다.
- 체계적이다. 기독교 신학의 뼈대가 되는 중요 교리들을 다루고 있다.
- 역사적이다. 논쟁거리에 관한 다양한 견해들을 간단하면서도 균형 잡힌 태도로 설명해 준다.
- 현대적이다. 예를 들자면, 창조 교리가 오늘의 환경 문제와 어떤 관련이 있는지를 보여준다.
- 개인적인 적용을 이끌어 낸다. 예를 들자면, 삼위일체에 대해 설명하면서 '삼위일체적인 기도'와 '삼위일체적인 삶'에 대해 말한다.
- 일관성이 있다. 책 전체가 하나님의 본성 속에 계시되고 교회의 삶 속에 나타나는 공동체라는 주제를 중심으로 짜여 있다.
- 이야기를 들려준다. 이야기를 잃어버린 세상에 의미 깊은 하나님의 이야기를 들려주고 있다.

그런 측면에서 이 책을 많은 이들이 읽었으면 한다. 이 책이 교회를 새롭게 하시는 하나님의 일에 사용되어서, 교회가 진정으로 하나님을 경배하고, 진정으로 서로 돌보며, 효과적으로 세상을 향해 뻗어 나가는 진정한 공동체가 되기를 바라는 마음 간절하다.

노스캐롤라이나 샬럿에서
레이튼 포드 Leighton Ford

서문

만화 피너츠에 나오는 장면이다.

찰리 브라운에게 페퍼민트 패티가 그날 학교에서 보았던 시험 이야기를 하고 있다.

"글쎄, 찰리. 선생님께서 우리에게 핀 끝에 천사가 몇 명이나 서 있을 수 있겠느냐는 질문을 하시는 거야. 별 이상한 문제도 다 있지? 찰리, 너라면 뭐라고 대답할래?"

평소처럼 찰리 브라운은 영악하게 대답한다.

"그건 네가 풀 수 있는 문제가 아니야. 그건 오랜 신학적 문제지. 아무도 답을 몰라."

자신의 신학적 조예를 과시한 말임을 알아듣지 못하고, 페퍼민트는 이렇게 대꾸했다.

"모른다니 안 됐군. 나는 이렇게 썼는데. 날씬한 천사들이면 여덟. 뚱뚱한 천사들이면 넷!"

신학 서적이라고 하면 두통부터 호소하는 사람들이 있다. 그들에게 신학자란 페퍼민트가 받은 질문처럼 모호하고, 알 수 없고, 쓸데없는 문제들을 가지고 탁상공론을 벌이는 사람이다. 불행하게도 그런 신학자가 존재한다. 그들은 일상생활과는 관련이 없는, 심지어 그리스도인의 삶과도 크게 상관없는 문제를 두고 논쟁을 즐긴다. 신학이 '현실'의 삶과는 하등 관련 없다는 인상을 팍팍 심어주면서 말이다.

잘못되어도 크게 잘못되었다. 신학이란 원래 우리의 삶에 관한 학문이다. 종교의 종류, 심지어 종교의 유무에 관계 없이, 사람이라면 누구나 하나님이나 세상^{또는 궁극적 실재}에 대해 기본적인 세계관^{신념} 체계를 가지고 있다. 사실상 우리의 삶은 바로 그러한 세계관에 기초해서 영위되고 있다.

이 책은 신학, 특별히 기독교 신학에 관한 책이다. 이 책에서 나는 그리스도인이 공유하고 있는 기본적 신념들을 내가 이해하는 바대로 명확히 진술하고자 했다. 평소 신학에 별다른 흥미를 느끼지 못했던 사람들도 이 책을 계기로 신학에 좀 더 가까워졌으면 한다. 기독교 신학에 대한 전반적 설명이 우리의 기본적 신앙을 더욱 예리하게 다듬어줄 것이다. 이런 과정을 통해서 세상 속에서 하나님의 부르심을 따라 살아가는 우리의 실제 삶에 큰 도움이 되길 기대한다. 이 책은 신학 논쟁에서 상대를 꺾는데 도움을 주려는 것이 아니다. 이 책의 목표는 그리스도인으로서 당신의 신앙과 삶이 서로 연결되도록 돕는 데 있다.

이 책의 중심 주제는 '우리는 공동체를 위해 창조되었다'이다. 기독교 메시지의 중심에는 복음^{좋은 소식}이 있는데, 이 복음은 삼위일체 하나님께서 우리가 하나님, 인간들, 그리고 모든 창조 세계와의 사귐 속에서 살아가기를 갈망하신다는 것이다. 나는 성경적 공동체의 비전이야말로 성령의 인도를 따라 살아가는 그리스도인에게 참된 삶의 기초가 된다고 믿는다.

나의 친구인 로저 올슨은 기독교의 기본 신념들을 발견하고 명료화함으로써 그리스도인들, 특히 젊은 그리스도인들을 돕는데 헌신하고 있는 신학자이며 목사이다. 또 그는 지난 10년 넘게 나의 절친하고 소중한 친구이기도 했다. 그가 주었던 신학적 도움과 그의 학자적 업적에 대해, 그리고 무엇보다도 그의 우정에 대해 감사드리며, 이 책을 그에게 헌정한다.

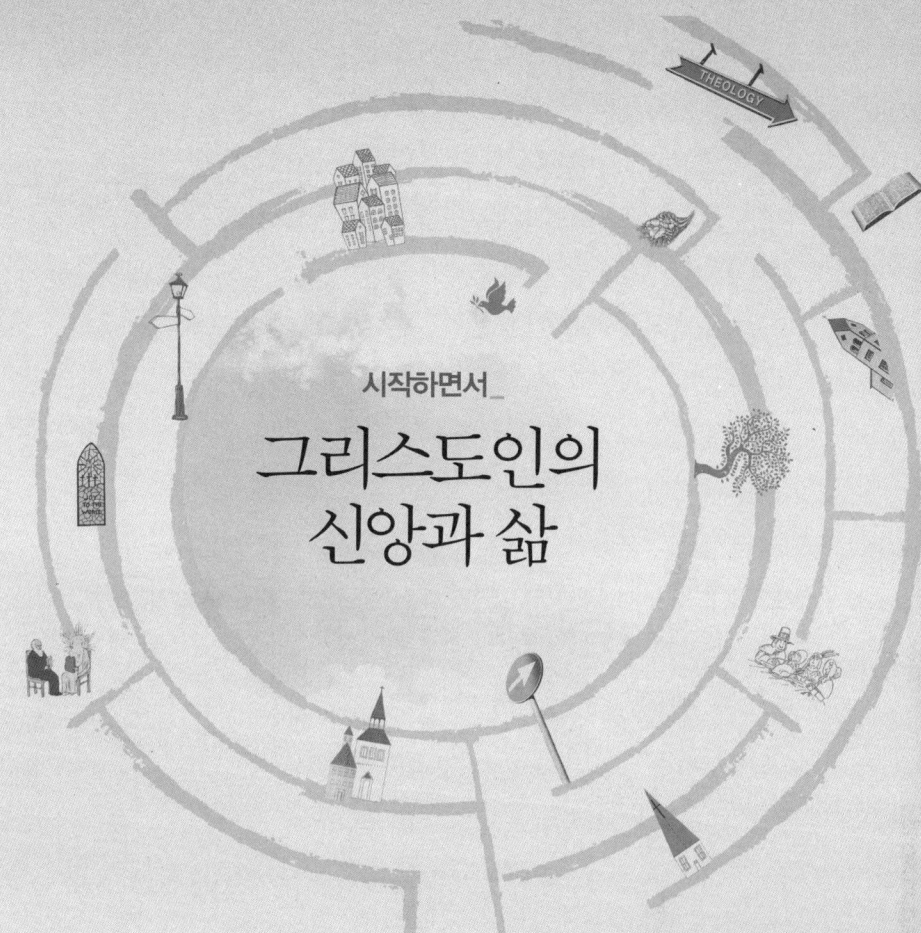

시작하면서_
그리스도인의 신앙과 삶

Created For Community
Connecting Christian Belief with Christian Living

모든 이론을 무너뜨리며 하나님 아는 것을 대적하여 높아진 것을 다 무너뜨리고
모든 생각을 사로잡아 그리스도에게 복종하게 하니
—
고린도후서 10장 5절

1 "신학 교수가 당신의 신앙을 파괴하지 못하도록 조심하라!"

신학교 시절 3년 동안 노스웨스트 교회에서 청소년 사역자로 섬겼다. 대학원 공부를 위해 독일 유학을 준비하던 중이었는데 그런 나를 진심으로 염려해 주는 성도가 있었다. 그분은 신학 교육 때문에 나의 믿음이 약해지고 신앙 열정이 식지 않을까 염려하면서, 신학 교육이 가져올지 모를 파괴적인 결과에 대해 진심어린 경고를 해주었다.

전혀 근거 없는 말이 아니다. 그분의 경고는 많은 비극적 경험으로부터 나온 것이었다. 실제로 신학 연구 때문에 신앙이 파괴된 경우가 많았다. 그러나 그분의 경고는 표적을 잘못 잡았다. 문제는 신학 자체가 아니다. 신학 연구를 하다가 어떤 이들이 도달하는 잘못된 결론들에 있다.

사실상 신학 사상에 '오염되지 않은' '순수한 그리스도인들'이란 존재하지 않는다. 의식적이든 무의식적이든 우리는 궁극적 실재에 관한 일련의 신념들을 가지고 있다. 하나님과 우리 자신과 인생의 목적에 관해 무엇인가를 믿고 있다. 그리고 이러한 근본적 신념들은 우리의 말과 삶을 통해 밖으로 드러난다. 그런 의미에서 모든 사람은 신학자이다.

이처럼 모든 사람은 자신의 신념을 가지고 있다. 하지만 모든 사람이 자신이 구체적으로 어떻게 근본적 신념들을 갖게 되었는지를 깊이 생각하는 것은 아니다. 더욱이 그런 확신들이 자신의 삶에 어떤 영향을 끼치고 있는지에 대해서 숙고해 보지도 않는다. 반면 그리스도인들은 이 문제를 진지하게 다룬다. 모든 신념이 같은 것이 아니라는 것을 알고 있다. 다른 신념보다 더 나은 신념이 있으며, 어떤 확신은 참되지만 어떤 확신은 거짓이라는 것을 안다.

성경은 확신의 중요성을 강조한다. 성경은 제자도에 있어서 지성의 역할을 강조한다. 예수는 우리가 지성을 포함한 우리의 전 존재를 동원해 하나님을 사랑해야 한다는 구약의 말씀을 인용하셨다 마 22:37. 바울은 초대 교회 성도들에게 "모든 생각을 사로잡아 그리스도에게 복종하게" 할 것을 촉구했다 고후 10:5. 이처럼 제자도가 갖는 지적인 차원 내가 믿는 것은 무엇인가?을 진지하게 받아들일 때, 우리는 신학의 영역에 들어서게 된다.

신학이란 무엇인가?

'신학' theology이라는 영어 단어는 두 개의 헬라어 단어인 데오스 theos:, 하나님와 로고스 logos:, 말씀, 가르침, 연구 에서 비롯되었다.[1] 따라서 '신학' 이란 '하나님에 관한 가르침' 또는 '하나님에 관한 연구'를 의미한다. 성경 저자들이 지속해서 하고 있는 일이 바로 이 일이다. 즉 그들의 모든 글은 하나님에 대해, 그리고 그분과 창조 세계와의 관계에 대해 묘사하는 말들이다.

물론 '신학'은 더 넓은 의미로 사용된다. 학술계에서 '신학'은 성경과 교회에 관한 여러 다양한 연구 분야들을 총칭하는 용어로 사용된다. 학자들은 이 연구 분야를 대개 세 가지로 구분한다.[2]

- 성경신학은 성경 저자나 성경 각 권이 펼치는 교리를 주제로 연구한다.
- 역사신학은 교회의 교리 발전사를 기술하며, 조직신학은 현대 상황 속

에서의 신앙에 대한 이해를 시도한다.
- 실천신학은 교리를 현대 교회의 삶에 적용한다.

그런데 오늘날 '신학'이란 단어를 특유한 의미로 사용하기도 한다. 하나님과 세상에 대해 우리가 고유하게 가지고 있는 신념 체계들을 가리키는 말로 사용한다. 따라서 우리는 다음과 같이 정의를 내릴 수 있다.

신학이란 예수 그리스도를 따르는 자들로서 우리가 공유하는 근본적 신념들에 대한 조직적 성찰과 명확한 표현이다.

일반적으로 신학자들은 우리의 근본적 신념들을 여러 가지 주요 범주로 나눈다. 이 책의 열두 장도 여섯 가지 신학 분야에 맞추어 배열될 것이다.

- 하나님   신론
- 인류와 창조 세계   인간론
- 예수 그리스도와 그분이 가져온 구원   기독론
- 성령과 그분이 우리와 세상 속에서 하시는 사역   성령론
- 제자들의 친교로서의 교회   교회론
- 창조 세계에 대한 하나님 사역의 절정 내지는 완성   종말론

왜 신학이 필요한가?

신학은 우리가 그리스도인으로서 믿는 바를 기술하고 우리의 삶과 연결

지으려는 시도에서 생겨난다. 그런데 왜 이것이 중요한가? 왜 우리는 우리가 무엇을 믿고 있는지를 아는 데 관심을 기울여야 하는가?

1세기 때부터 교회는 신학의 선교적 중요성을 지속해서 확인해 왔다. 신학은 최소한 세 가지 방식으로 교회의 선교 사명을 돕는다.[3]

첫째, 신학적 성찰은 우리로 하여금 여러 다양한 신념 체계들을 엄밀히 평가할 수 있게 도와준다. 신학의 도움을 받을 때 우리는 올바른 교리를 더 잘 분별하게 된다.

언제나 그러했듯이, 우리 주위에는 기독교에 대해 '더 완전한 이해'를 제시하겠다고 주장하는 가르침들이 난무하고 있다. 널리 알려진 그룹인 '여호와의 증인들'에서부터 좀 더 비교秘敎적인 그룹인 '사이언톨로지Scientology'에 이르기까지 다양한 그룹이 존재한다.

더욱이 요즘 우리는 전에 없이 온갖 종류의 종교 조직들과 사상들의 공세를 받고 있다. 오래된 세계 종교들(예를 들어, 힌두교, 불교, 이슬람, 유대교)뿐 아니라 많은 새로운 단체들이 이 혼란에 가담했다. 최근 들어 'TM'초월명상, 다바인 라이트Divine Light, 뉴에이지, 그리고 수많은 컬트들이 기독교 신앙에 도전하고 있다. 그들은 제각기 하나님으로부터 '더 완전한 계시'를 받았다고 주장하며, 추종자들에게 '더 충만한 삶'을 약속하고 있다.

이러한 상황에서 기독교 신앙에 대한 연구는 우리로 하여금 참된 신앙정통과 거짓된 가르침이단을 구별하는데 도움을 준다. 신학은 우리를 진리 위에 서게 하여 "온갖 교훈의 풍조에 밀려 요동하지 않게"엡 4:14 해준다.

둘째, 신학은 그리스도인들에게 기독교 교리를 가르치는 중요한 임무를 감당한다.

새롭게 회심한 이들에게는 건전한 가르침이 매우 중요하다. 그들은 기독교에 대해 미미한 이해만을 갖고 있거나, 신앙에 대해 잘못된 개념을 갖고 있을 수 있다. 그들이 건강한 그리스도인으로 성장하기 위해서는 기독교 신앙의 핵심적인 근본 교리들을 배워야 한다. 새 신자를 가르치는 일은 예수의 본보기를 따르는 것이다. 주님은 우리에게 세상에 복음을 전하라고 명령하셨을 뿐 아니라 "모든 민족을 제자로 삼으라"고 명령하셨다. 그 임무에는 '가르쳐 지키게' 하는 일이 포함되어 있다마 28:19~20.

셋째, 신학은 하나님과 그분의 목적에 관한 성경의 가르침을 요약 정리해 준다.

예수 그리스도의 제자로서 우리는 성경에서 말하는 그리스도인이 되기를 원한다. 하나님과 하나님이 우리를 위해 하신 일에 대한 우리의 개념과 이해가 선지자들이나 사도들의 이해와 일치하기를 원한다. 이처럼 신학적 성찰은 우리의 이해가 성경적 이해를 따르도록 도와준다.

믿고 있는 바를 요약 정리하려는 바람은 현시대를 사는 그리스도인의 것만은 아니다. 성경 시대의 사람들 역시 자신의 믿음을 간단히 요약 정리해 표현했다. 유대인의 신앙의 핵심은 하나님이 그들의 조상 아브라함을 부르셨고 그들의 선조를 애굽에서 구원하셨으며신 26:5~9, 이 하나님만이 유일하신 하나님이시고, 사랑을 받으시기에 합당하신 유일한 분이시라신 6:4~5는 고백에 있었다. 마찬가지로 신약 시대 교회도 예수 그리스도와 그분의 구원에 대해 그들이 믿고 있는 바를 간단히 요약 정리해 표현했다예를 들어 고전 15:3~8; 빌 2:6~11; 딤전 3:16.

이렇게 신학은 우리가
- 참된 신앙과 거짓된 가르침을 분별하고

- 기독교 신앙 안에 확실한 뿌리를 박고
- 하나님과 세상에 대해 성경이 가르치는 바를 이해하는데 도움을 준다.

그러므로, 신학 공부는 모든 그리스도인에게 지극히 중요하다. 신학 공부는 우리의 확신을 약화시키기보다 강화시켜 준다.

물론 신학에는 비판적 기능도 있다. 신학을 공부하다 보면, 이전에는 옳은 줄로 알던 것이었지만 건전한 가르침에 어긋나는 신조들을 발견하고서 버리게 될 때도 있다. 그러나 이러한 비판적 기능도 우리의 신앙을 강화하는 것이지 결코 파괴하는 것이 아니다. 신학 공부는 우리의 신앙을 확고부동하게 하며, 우리의 믿음을 굳건하게 만들어준다.

신학과 그리스도인의 삶

신학이 신앙의 내용what과 이유why를 묻는 활동이기에, 신학을 순전히 지적인 학문 작업으로 생각하는 경향이 있다. 부분적으로 옳은 인식이다. 신학은 '골치 아픈' 작업이다. 신학자들은 사소한 문제들을 가지고 '쓸데없는' 논쟁을 벌이기도 한다. 그러나 신학 공부는 지적인 문제들에 대한 학문적인 토론 이상이다. 지적 활동이면서 동시에 실제적 활동이다. 신학은 그리스도인이 행하는 가장 실제적인 일에 속한다.

첫째, 신학은 우리가 그리스도 안에서 하나님을 만나는 일우리가 '회심'이라고 부르는 놀라운 사건과 연관되어 있기에 실제적이다.

성경은 죄인이 된 인류를 위해 하나님이 행하신 구원의 활동에 관해 이야기한다. 그러나 하나님의 구원을 받으려면, 우리는 단순히 복음 이야기를 들어야 할 뿐 아니라 하나님이 그렇게 구원 활동을 하셨던 의미에 관해서도 들어야 한다. 구체적으로 말해서 우리는 단순히 예수께서 돌아가셨다가 다시 살아나셨다는 사실 뿐 아니라 그분이 왜 그렇게 자신의 삶을 희생하셨으며, 예수 그리스도 안에서 하나님이 우리를 위해 어떻게 행동하셨는지도 들어야 한다.

신학은 우리가 선포하는 복음의 의미를 이해하려는 노력이다. 신학은 교회가 다양한 배경을 가진 사람들이 이해할 수 있는 방식으로 복음을 전하고, 그들이 예수 그리스도 안에서 하나님을 만날 수 있도록 도와준다.

자신의 삶을 예수께 헌신한 사람은 자연히 자신을 구원하기 위해 행동하신 하나님에 대해 더 많은 것을 알기를 소원한다. 신학은 그러한 소원을 품은 하나님의 백성을 도와준다. 신학적 성찰은 우리가 신앙의 조성자요 대상이신 하나님에 대해 최선의 인식과 표현을 발견하고자 하는 씨름이다. 이렇게 신앙회심은 자연히 신학으로 이어진다.

그러나 신학의 목적은 단순히 우리의 지적인 호기심을 충족하는 것 이상이다. 신학에는 또 다른 실제적인 목적이 있는데, 바로 그리스도인의 삶에 방향을 제시해 주는 것이다.

어떤 종교를 가졌든, 그 사람의 근본적 신념 또는 '세계관'은 그의 삶의 방식에 영향을 끼치게 되어 있다. 그리고 어떤 사람의 삶의 방식은 그가 실재에 대해 공적으로야 무엇이라고 고백하든 정말로 무엇을 믿고 있는지를 가장 잘 나타내 주는 표지이다.

그리스도인의 삶은 성경에 의해 형성된 일련의 신념세계관에서 흘러나온다. 신학은 이 세상에 대해 독특한 기독교적 이해를 제시하는데, 그 중심부에는 나사렛 예수에 관한 이야기가 있다. 신학은 삶 전체에 대해서 예수 그리스도가 어떤 의미가 있는지를 탐구한다. 이렇게 신학은 우리에게 역사적·사회적 정황이 제기하는 도전과 맞설 때 필요한 지적 자원을 제공해 준다. 우리의 신학 방향하나님이 어떤 분이시고, 하나님의 백성으로서 우리는 누구이며, 하나님이 세상 속에서 이루려고 하시는 것은 무엇인지에 대한 우리의 근본적 신념은 예수 그리스도의 제자로서 살아가고자 하는 우리에게 필요한 방향을 제공해 준다.

신학이 구현하는 실제적인 목적은 우리로 하여금 끈질긴 지성주의의 위험에 대해 경각심을 갖게 해준다. 물론 신앙에 대한 체계적인 이해를 얻으려는 것 역시 우리가 신학을 하는 목적이다. 그러나 신학 체계를 구축하는 것이 우리의 궁극적 목적은 될 수 없다. 우리가 신학적 성찰에 관여하는 궁극적 목적은 다름 아니라 우리 삶의 변화이다. 우리의 궁극적 목적은 더 힘 있고 더 많은 열매를 맺는 제자가 되고자 하는 것, 즉 신앙과 삶을 연결짓는 것이다.

건전한 신학적 성찰은 우리의 삶에 변화를 가져온다. 교리적 확신은 우리로 하여금 다양한 상황 속에서 어떤 삶이 가장 최선의 헌신된 삶인지 판단하게 하는 기초 역할을 해준다. 또한, 그리스도에게 지속해서 헌신할 수 있도록 동기를 유발한다. 만일 우리의 신학함이 이런 역할을 하지 못하고 있다면, 그리스도인으로서 우리의 소명에 불순종하고 있는 것이다. 그리스도인으로서 우리가 추구해야 할 목표는 언제나 우리의 신앙과 삶을 연결짓는 것이어야 한다.

신학은 신앙의 종이다

신학과 신앙은 서로 긴밀히 연관되어 있다. 그러나 그 둘 사이를 결코 혼동해서는 안 된다. 그 둘의 차이점은 성경적 신앙이란 '직접적'이라는 점에서 분간될 수 있다. 신앙은 예수 그리스도의 복음 안에서 우리를 만나주시는 하나님에 대한 우리의 직접적이며 인격적인 응답이다. 그리고 이러한 직접적 응답은 인격의 모든 측면, 즉 우리의 지성과 감정과 의지를 모두 포함한다.

- 신앙은 우리의 지성을 포함한다. 신앙이란 실재에 대한 특정한 주장을 참인 것으로 받아들임을 뜻한다. 예를 들어 우리는 하나님이 우리의 창조자이시며, 인간은 타락했으며, 그리스도가 우리를 위해 돌아가셨음을 믿는다. 우리가 이러한 진리를 인정할 때, 우리는 세상을 특정한 방식으로 바라본다.

- 신앙은 우리의 의지를 포함한다. 신앙이란 예수 그리스도 안에 계시된 하나님께 우리의 전 삶을 기꺼이 드림을 뜻한다. 신앙 가운데 우리는 유일한 구원자이신 그리스도에게 우리 자신을 던진다.

- 신앙은 우리의 감정을 포함한다. 신앙이란 우리를 구원하시는 유일하신 하나님을 향해 마음 깊은 곳으로부터 우러나오는 사랑의 응답이다. 하나님을 향한 사랑은 곧 다른 사람들을 향한 사랑으로 이어진다.

신앙이 이렇게 지·정·의 모두에 관계된 것이라면, 신학은 어떠한가?

먼저, 우리는 신학과 신앙은 긴밀한 관계를 맺고 있음을 기억해야 한다. 왜냐하면 신학은 하나님의 복음에 대해 우리가 하기를 원하시는 응답, 즉 신앙에 대한 연구이기 때문이다. 그러나 신학은 자신만의 독특한 관점에서 신앙에 접근한다. 즉 기독교 신학은 기독교 신앙의 내용을 이해하고 그것을 명확히 표현하려는 노력이기에 다음과 같이 주로 지적인 질문을 던진다.

- 우리 신앙의 조성자이시자 영원한 근거이신 하나님의 본성을 가장 잘 표현할 수 있는 진술은 무엇인가?
- 하나님은 무슨 '작정'을 하고 계신가? 즉 창조 세계를 향한 그분의 의도는 무엇인가? 그리고 하나님은 어떤 방식으로 그 목표를 이루어가고 계신가?
- 하나님 사역의 참여자로서 우리는 누구인가?

그러나 무엇보다 신학은 하나님과 창조 세계와 역사에 대한 이해에서 나사렛 예수가 차지하는 중요성에 초점을 맞춘다. 또한 기독교 공동체가 하나님의 사역에서 예수 그리스도가 갖는 중요성을 이해하도록 돕는다. 예수 그리스도에 대한 헌신이 우리 삶에 부여하는 의미를 이해하려는 노력이다.

간단히 말하자면, 신학이란 기독교 신앙의 지적인 차원에 대한 탐구이다. 따라서 신학은 신앙에 의해 부름 받은 것이다. 우리가 신학을 하는 이유는 그리스도인으로서 신앙의 지적인 내용을 명확히 표현하기를 원하기 때문이다.

그러나 신학은 신앙의 종임을 반드시 기억해야 한다. 즉 신학은 신앙을 섬겨야 한다. 우리가 신학을 하는 목적은 우리의 신앙을 더 잘 이해하기 위한 것이다. 신앙에 대한 더 깊은 이해는 우리의 신앙을 더 굳세게 만들어주는 수단이기도 하다.

신학은 신앙을 섬기는 종이라는 사실을 기억하면서, 조심해야 할 위험이 한 가지 더 있다. 그것은 대체의 유혹인데, 신학을 공부하는 사람들은 때때로 자신의 신학 작업으로 진정한 개인적 신앙을 대신하려는 경우가 있다. 우리는 이러한 덫에 빠지지 말아야 한다. 결코 우리의 교리가 삼위일체 하나님에 대한 우리의 헌신을 대신할 수는 없다. 예수 그리스도에 관한 진술을 만들어 내는데 열중하다가 그분에 대한 우리의 사랑이 식도록 해서는 안 된다. 우리는 신학 체계를 전개할 수 있는 우리의 능력에 대해서 스스로 과신해서는 안 된다. 왜냐하면 우리의 구원에 대한 희망은 오직 우리가 섬기는 하나님에게만 있기 때문이다.

신학으로 신앙을 대신하려는 것은 정말 큰 위험이다. 그러나 신학이 진정으로 자신의 일을 감당할 때는 정반대의 결과를 가져온다. 즉 우리의 신학적 성찰은 그리스도에 대한 더 깊은 사랑과 유일하신 참 하나님에 대한 더 깊은 신뢰를 만들 수 있다.

신학자가 사용하는 자원

넓게 보면 신학은 신앙과 삶을 연결한다는 실제적 목적을 갖고 있기에, 신학적 성찰은 우리 안에 참된 경건과 순종하는 제자도를 형성시킬 수 있어야 한다. 그렇다면 이러한 신학 작업을 위해 우리가 사용하는 자원이나 '도구'에는 어떤 것들이 있나?[4)]

신학 작업에서 중요한 자원신학의 용어로는 '자료' sources 또는 '규범' norms에는 세 가지가 있다.[5)]

- 성경의 메시지
- 교회의 신학 유산
- 우리 문화의 사고 형태

이러한 도구를 적절히 중요도의 순서를 잘 지키며 사용할 때, 우리는 현시대에 유익한 도움을 줄 수 있는 신학, 즉 성경적이고 기독교적이며 현대적인 신학을 만들 수 있다.

• 신학 작업에서 우리가 사용하는 가장 중요한 자원은 성경 속에 기록된 하나님의 메시지이다.

신앙은 복음 안에서 우리를 만나시는 하나님에 대한 응답이다. 그러므로 기독교 신앙의 내용을 진술하려는 사람은 당연히 성경 속에서 발견되는 좋은 소식에 주목하게 된다. 우리의 신학은 하나님의 구원 활동에 대한 성경의 이야기로부터 비롯되어야 한다. 왜냐하면 하나님은 구약시대의 이스라엘 역사 속에서, 예수 그리스도 안에서, 그리고 신약시대의 교회 안에서 자신의 구원 활동을 드러내 보이셨기 때문이다.

성경은 성령을 통해 초지일관 나사렛 예수 안에 계시된 하나님을 믿는 신앙 공동체가 어떤 것인지에 대해 말씀한다. 그리고 성경은 우리를 각자의 삶의 정황 속에서 그리스도에 대한 헌신을 말과 행동으로 구체화할 수 있도록 인도한다.

어떤 그리스도인은 정교한 증거를 제시하며 성경의 권위를 입증하려고 노력한다. 이러한 시도가 때로 도움이 되지만, 신학 작업을 시작하기 위해서 반드시 성경의 권위를 증명해야 할 필요는 없다. 단순히 성경의 권위를 가정하고서 시작할 수 있다.

7장에서 자세히 논하겠지만, 성경은 성령이 하나님의 백성에게 말씀하여 온 통로, 즉 성령이 낳은 Spirit-produced 문서였다. 이런 이유로 성경은 교회의 근본적 문서가 된다. 성경의 메시지는 언제나 기독교 신학을 위한 중심 자원이 되어 왔다.

• 신학 작업에서 두 번째로 중요한 것은 교회의 신학 유산이다.

어느 시대나 예수를 통해 계시된 하나님에 대한 그들의 신앙을 공동의 고백으로 표현해 왔다. 이 때문에 교회 안에는 신학적 성찰을 담은 풍부한 유산이 생겨났다. 과거로부터 내려오는 신조들과 고백서들은 오늘 우리의 신학 작업에 유익한 안내를 제공해 준다.

과거의 신학 진술들은 현대적 정황에 적합한 방식으로 기독교 교리를 진술하려는 우리의 노력에 큰 도움을 준다. 그것들은 신학적 사명을 감당하려고 했던 과거의 노력을 상기시켜 준다. 그것들을 통해 오늘 우리는 어떤 함정들을 조심해야 하는지에 대해 경고를 받기도 한다. 또 그것들은 나름의 상황 속에서 신학적 소명을 따라 살아가려고 하는 우리에게 적절한 방향을 제시해 주기도 한다.

과거의 공식문 종종 '신조' 또는 '신앙 고백서'라고 불리는 중에는 특별한 중요성을 가지고 있는 것이 있다. 이 '고전적' 진술문들은 수세기에 걸쳐 교회가 믿어 왔던 교리를 표현해 준다. 사실 교회는 하나이며, 지금의 교회는 '그 하나의 교회'의 현대적 표현이다. 그러므로 우리는 여러 세대에 걸쳐 대다수 그리스도인이 받아들여 왔던 교리적 공식문을 진지하게 여겨야 한다.

물론 신조와 신앙 고백서 자체에 권위가 있는 것은 아니다.[6] 그것들은 성경의 검증을 받아야 하며, 또한 현시대 상황에 얼마나 적용될 수 있는지의 측면에서도 평가되어야 한다.

• 신학의 세 번째 자원은 현대 문화의 사고 형태에 있다.

우리는 기독교 신앙을 현시대의 정황 속에서 표현하라는 부르심을 받았다. 이 부르심의 한 측면으로서 우리에게는 현대인들이 알아들을 수 있는 방식으로 기독교 교리를 표현해야 할 임무가 있다.

이 임무를 실현하기 위해서 우리는 우리 시대의 문화를 이해할 필요가 있다.[7] 우리는 현대인의 갈망이 무엇인지를 알고 있어야 한다. 현대인의 세계관과 인생관에 대해 철저히 알고 있어야 한다. 그럴 때 비로소 우리는 기독교 신앙을 삶에 적용할 수 있는 기본 준비를 한 것이다.

토론 과정에서는 위의 신학적 자원이 각각 별개로 취급될 수 있다. 그러나 본격적인 신학 과업 수행에서 결코 서로 별개의 것들로 취급될 수 없다. 그리스도인으로서 신앙을 표현하고자 할 때, 우리는 성경 메시지, 교회의 신학적 유산, 그리고 현시대의 문화적 정황을 한꺼번에 다루어야 한다. 그러나 동시에 우리는 '규범 중의 규범'은 성경이라는 사실, 즉 기독교 신앙과 삶에 대한 유일한 표준적 권위는 성경이라는 관점을 늘 유지해야 한다.

신학과 '공동체' 개념

이 책은 성경의 메시지, 기독교 신학 유산, 현대 문화라는 세 가지 자원을 도구로 사용할 것이다. 우리의 목표는 교회의 신앙을 현대 문화와의 관련성 속에서 체계적으로 진술하는 것이다. 이 목표를 향해 가면서 우리는 창조 세계를 향한 하나님 사역의 최종 목적인 '공동체' 개념을 우리의 신학적 성찰의 중심축으로 삼으려 한다. 우리는 하나님이 이 세계 속에서 일하고 계신다고 선포한다. 그런데 하나님 활동의 궁극적 목적은 결국 '공동체' 화해된 백성이 하나님, 이웃, 그리고 궁극적으로 모든 창조물과 사귐을 누리며 사는 것을 세우는 것이다.

왜 공동체인가? 공동체야말로 성경의 메시지를 요약해 주는 것이다. 공동체는 과거 교회가 남겨준 신학 유산의 중심을 차지해 왔다. 또한, 지금 현대인의 열망과 필요와도 깊은 관련이 있다.[8] 다시 말해 우리가 공동체를 위해 창조된 존재라는 사실을 깨달을 때, 우리는 비로소 그리스도인으로서 우리의 신앙과 삶을 연결지을 수 있다.

다음 장들은 '공동체'와의 관련성 속에서 기독교 신앙에 관해 기술할 것이다. 기독교 신앙의 중심 교리인 하나님이 우리의 시작점이다. 1장과 2장^{신론}에서 우리는 최선의 공동체를 세우려고 일하고 계신 삼위일체 하나님의 본성에 대해 탐구할 것이다.

하나님의 도덕적 피조물인 인간은 주권자이자 공동체 건설자이신 하나님과의 관계 속에서 살아간다. 3장과 4장^{인간론}은 하나님이 공동체를 위해 만드신 존재인 우리의 정체성에 관한 토의이다.

5장과 6장^{기독론}은 삼위일체의 두 번째 위격이신 예수 그리스도를 집중적으로 다룰 것이다. 인간 예수는 이 땅에 하나님과 죄인 된 인간들의 공동체를 창시하기 위해 오신 영원한 성자라는 우리의 고백이 무엇을 의미하는지에 대해 성찰할 것이다.

7장과 8장^{성령론}에서는 삼위일체의 세 번째 위격이신 성령에 대해 다룰 것이다. 성경과 개인의 구원^{하나님과 이웃, 그리고 공동체 속에 사는 것}에 있어서 성령이 하시는 역할에 대해 탐구할 것이다.

9장과 10장^{교회론}, 그리고 11장과 12장^{종말론}에서는 공동체로 모으시고 완성하시는 성령의 사역에 대해 살펴볼 것이다. 이 장들은 역사 속에, 그리고 궁극적으로는 영원 속에 공동체를 세우기 위해 일하고 계신 하나님이신 성령의 활동에 대해 탐구할 것이다. 영원한 공동체를 세우는 일이야말로 창조 세계를 향한 하나님 목적의 완성이다.

우리는 모두 신학자다

우리는 모두 신학자다. 하나님의 뜻이 그렇기 때문이다. 따라서 우리가 물어야 할 물음은 "신학자가 될 것인가?"가 아니라 "어떻게 하면 좋은 신학자가 될 것인가?"이다. 어떻게 성경적으로 바르고 신학적으로 건전한 세계관을 형성할 것인가? 어떻게 우리는 신학을 삶 속에 구현함으로써 주님을 따르는 제자로서의 우리의 정체성을 드러내 보일 수 있을 것인가? 이 책이 의도하는 바는 예리해진 신학 지식을 통해서 그리스도인으로서 우리의 신앙과 삶을 연결짓는 것, 다시 말해 하나님을 더 온전히 사랑하며 그리스도를 더 효과적으로 섬기려는 데 있다.

작사 작곡가인 마크 펜더그라스Mark Pendergrass는 하나님 알기와 사랑과 섬김의 순서를 제대로 파악하고 있었다. 그의 감동적인 노래인 '가장 위대한 것'에서 그는 자신의 진솔한 갈망을 표현하고 있다.[9] 그의 기도 중에 나오는 세 동사는 하나님을 향한 그의 열망을 순서대로 표현해 준다. 우선은 그분에 대해 더 많이 알기를, 다음엔 그분을 더 많이 사랑하기를, 그리고 마침내 그분을 더 많이 섬기기를!

그렇다. 하나님에 대해 더 많이 알게 되는 것, 그것이 신학의 일차적 임무이다. 하나님을 향한 우리의 사랑 역시 깊어져야 한다. 그리고 하나님을 향한 더 깊은 사랑은 그분에 대한 더 커다란 섬김으로 흘러들어가야 한다. 그럴 때 비로소 우리는 진정으로 그리스도인으로서, 우리의 신앙과 삶을 연결 짓는 것이다.

1. 당신은 '신학'을 어떻게 정의하는가? 당신의 정의에서 신학의 중요성은 무엇인가?

2. 당신은 우리가 모두 신학자라는 사실에 동의하는가? 우리가 정말로 믿고 있는 신념들은 우리의 삶의 방식에 어떤 식으로 영향을 끼치는가?

3. 당신이 그리스도인으로서 당신의 신앙과 삶을 의식적으로 연결지었던 특정한 상황이 있었다면 떠올려 보라. 그때 당신은 어떤 과정을 밟았는가? 하나님이 그렇게 당신으로 하여금 신앙을 '선한 행실'로 나타내라고 부르시는 삶의 영역들에는 또 무엇이 있겠는가? (참고. 약 2:14~17)

4. 기독교가 진리라면, 그리스도인으로서 우리가 가진 신념들은 우리의 삶을 정말로 변화시킬 수 있다. 당신이 믿고 있는 기독교적 신념들은 당신을 그리스도에 대한 더 커다란 헌신과 하나님을 향한 더 깊은 사랑으로 인도해 주어야 한다. 기독교 신앙에 대한 공부를 통해 당신은 어떠한 영적 힘을 얻었는가? 그 발견에 대해 당신은 누구와 나눔으로써 그를 격려할 수 있겠는가?

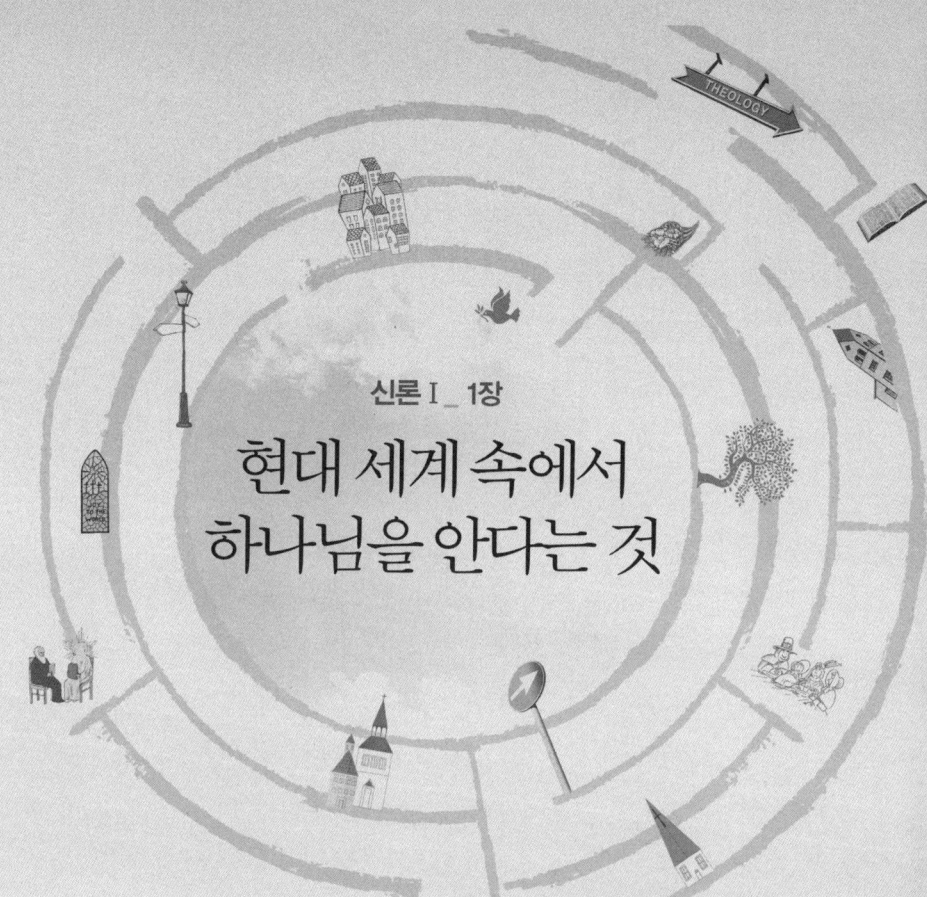

신론 I _ 1장

현대 세계 속에서 하나님을 안다는 것

Created For Community
Connecting Christian Belief with Christian Living

영생은 곧 유일하신 참 하나님과 그가 보내신 자
예수 그리스도를 아는 것이니이다

―

요한복음 17장 3절

"이제 우리는 이웃에게 하나님의 존재를 증명할 필요가 없습니다."

젊은 목사의 설교에 나는 귀가 솔깃해졌다. 그의 설명이 이어졌다.

"토론토 도심지의 '여피'yuppie들은 초자연적 실재의 존재를 당연시하고 있습니다."

그 젊은 목사의 주장은 여론 조사를 통해서도 확인되는데, 그 조사들은 요즘 미국과 캐나다의 대다수 사람은 하나님의 존재를 믿거나 적어도 어떤 신적인 존재를 인정하고 있음을 보여준다. 그러나 이것이 그들이 살아 계신 하나님과 인격적인 관계를 누리고 있다는 것을 뜻하지는 않는다.

기독교 신앙의 핵심은 예수 그리스도를 통해 우리가 유일하신 참 하나님을 알게 되었다는 증언에 있다. 하나님을 아는 것은 단순히 어떤 막연하고 일반적인 최고 존재의 존재를 믿는 것 이상이다.

성경적 신앙은 예수 그리스도 안에서 우리를 만나시는 하나님과의 인격적인 관계를 수반한다. 하나님을 아는 지식은 우리로 하여금 삶의 모든 것을 특정한 방식으로 보도록 인도하며, 신앙적 헌신은 우리에게 주 예수와 하나님의 영광을 위해 살도록 동기를 부여한다. 그리고 신앙은 우리에게 하나님의 영광을 위해 어떻게 살 것인지를 아는 기초를 제공해 준다. 이 과정에 신학이 도움이 된다. 신학은 우리가 성경의 하나님을 알도록 도와주기 때문이다.

하나님과 현대 세계

그런데 우리는 어떻게 현대적 정황 속에서 주 예수 그리스도의 하나님에 대한 옛 메시지를 계속해서 선포할 수 있을까? 현대 세계에서도 기독교 신앙은 여전히 신뢰받을 수 있는가? 과연 하나님이 예수 그리스도 안에서 우리를 만나셨다는 선포에 사람들이 귀 기울여 주리라고 기대할 수 있을까?

이러한 질문들에 응답하려 할 때, 우리는 먼저 종교적인 문제에 관한 사람들의 의견과 태도들이 매우 다양하다는 사실을 기억해야 한다. 따라서 기독교 신앙이 참되다는 우리의 주장은 여러 다양한 형태를 취할 수 있다.

과연 하나님이 존재하는가? – 무신론에 대한 우리의 응답

어떤 현대인들은 신의 존재를 전적으로 부인한다. "신은 존재하지 않는다"고 단언한다. 이러한 부인을 우리는 '무신론'이라고 부르는데, 문자적으로는 '신이 없다'는 것을 뜻한다. 무신론자들은 우주는 특정 목적을 가진 창조주의 창조물이 아니라고 주장한다. 그저 우주는 목적의식 없이 아무렇게나 움직이는 자연의 힘으로 형성되었다고 한다. 그리고 이 세상에 있는 악의 존재를 자애로운 하나님이 존재하지 않음을 보여 주는 결정적인 증거로 제시한다.

이러한 무신론적 정신은 우리의 문화적 정서^{ethos} 일반에 침투해 있다. 종교에 어떠한 여지도 남기지 않는 과학적 세계관의 영향으로 많은 사람이 하나님이라는 개념 자체를 내던져 버렸다. 그들에게 있어서 하나님이란 '틈새의 하나님' 그런데 이제 하나님을 위한 틈새는 사라져 버렸이거나, 아니면 인간의 자유를 약화시키는 제한거리일 뿐이다.

이렇게 하나님의 실재를 인정하지 않는 사람들에게 우리가 할 수 있는 말은 무엇인가?

지성적 무신론은 인류 역사에 있어 비교적 새로운 현상이다. 지성적 무신론이 폭넓은 추종 세력을 얻은 것은 교회가 그리스 문화의 로마 세계로 전파된 이후 오랜 시간이 지난 후였다. 사실 어떤 의미에서 지성적 무신론은 그리스 전통에 서 있는 지식인들이 기독교 복음을 거부한 데서 비롯된 결과였다.

지성적 무신론이 태동한 역사적 발전 과정을 살펴보자. 과거를 돌아봄으로써 우리는 오늘 우리의 세계를 전망할 수 있다. 그리스 철학자들은 지적인 논쟁을 벌이기를 무척 즐겼다. 무엇보다도 그들은 세계의 제1원인자로 여겨졌던 유일자 하나님의 존재를 포함해 여러 신학적 신념들에 관해 철학적 증거들을 발견할 수 있을지의 여부를 두고 열띤 토론을 벌였다.

이러한 그리스인들의 영향을 받아, 기독교 철학자들도 하나님의 존재를 증명해낼 수 있다고 생각되는 여러 논증을 만들어냈다. 기독교 사상가들의 의도는 하나님을 믿는 신앙에 대한 지적인 확증을 제공해 주려는 것이었다. 캔터베리의 안셀름 Anselm of Canterbury: 1033~1109 을 비롯한 변증가들은 자신들의 작업이 어거스틴의 유명한 금언 "나는 믿기 위해서 이해하려는 것이 아니다. 단지 나는 이해하기 위해서 믿는다"의 실천이라고 여겼다.[1] 다른 사상가들처럼 안셀름은 하나님의 존재에 대한 지적인 증명은 신앙이 추구하는 '이해' 즉 논리적 확신를 제공해 준다고 확신했다.

기독교 철학자들이 하나님의 존재를 증명하고자 발전시킨 논증들에는 다음과 같은 세 가지 기본 형태가 있다.

- 존재론적 ontological 증명
- 우주론적 cosmological, 목적론적 teleological 증명
- 도덕적 moral 증명

• 첫 번째 유형의 논증인 존재론적 접근은 하나님이라는 개념 자체를 가만히 생각해 보면 하나님의 존재가 증명될 수 있다고 주장한다.

존재론적 증명은 하나님에 대한 일반적인 정의로부터 출발한다. 그리고 그러한 정의에 해당하는 존재^{하나님}는 반드시 존재할 수밖에 없다는 결론을 이끌어 낸다. 이 논증이 주장하는 것은 정의상 하나님은 다만 우리 생각 속에만 있는 하나의 개념이 아니라 실제로도 반드시 존재하는 존재라는 것이다.

안셀름은 자신의 고전적 존재론적 증명에서 하나님을 정의하기를, '그보다 더 위대한 것을 생각할 수 없는 존재'라고 정의했다.[2] 그러면서 그는 두 가지 가능성을 제시했는데, 오직 하나님이 인간의 생각 속에만 존재하든가, 아니면 하나님이 인간의 생각과 현실 둘 모두에 존재하든가 둘 중 하나라는 것이다.

그런데 만일 우리가 하나님을 단지 인간의 생각 속에만 존재하고 현실 속에는 존재하지 않는 존재로 생각한다면, 이런 하나님은 '그보다 더 위대한 것을 우리가 생각할 수 없는 존재'가 아니다. 그러므로 우리가 하나님을 인간의 생각과 현실 모두에 존재하는 존재로 생각할 때, 실로 이렇게 인간의 생각 속과 현실 모두에 존재하는 하나님은 단순히 우리가 우리의 생각 속에만 존재한다고 믿는 하나님보다 분명 더 위대하다. 결론적으로, 안셀름은 하나님은 생각과 현실 모두에 존재한다고 정의내렸다.

몇 세기 이후, 프랑스 철학자 르네 데카르트Ren Descartes: 1596~1650도 이와 유사한 방식으로 논증을 펼쳤다. 데카르트는 말했다. 하나님은 '최고로 완벽한 존재'이다.[3] 그런데 만약 하나님이 현실 속에 존재하지 않는다면, 하나님에게는 한 가지 완전존재이 결여되는 것이다. 모든 면에서 완벽하나 현실 속에는 존재하지 않는 하나님이 어떻게 가장 완벽한 존재이겠느냐는 것이다.

1800년대의 게오르그 헤겔Georg Hegel: 1780~1831은 조금 다른 형태로 존재론적 증명을 시도했다. 그는 다른 유한한 존재들과 대조되는 무한자無限者로서 하나님을 정의했다. 그리고 그는 인간의 사고 과정에는 무한자로서의 하나님 개념이 반드시 필요하다고 말했다. 다시 말해 인간의 사고는 유한을 초월하는 어떤 '무한'을 생각하는 것 없이는 도무지 유한한 실재를 인식할 수 없다는 것이다.[4]

노만 맬콤Norman Malcolm: 1911~1990은 하나님은 개념상 도무지 존재하지 않을 수 없으므로 반드시 존재한다고 주장했다. 맬콤은 하나님의 존재는 정의상 필연적인 존재라고 믿었다.[5] 하나님은 필연적으로 존재한다는 것, 즉 존재할 수밖에 없다는 것이다.

• 철학적 논증의 두 번째 유형인 우주론적 또는 목적론적 증명은 감각 경험이 제공하는 증거에 근거해서 하나님의 존재를 증명하려는 시도이다.

우주론적·목적론적 증명은 세상에 대한 우리의 관찰에서 출발한다. 그것은 우주에서 보이는 어떤 특징들에 대한 설명을 통해 하나님은 반드시 존재한다는 결론을 이끌어낸다.

우주론적 증명은 하나님은 우주 자체의 궁극적 원인으로서 반드시 존재한다고 주장한다. 세상은 무엇인가 기원이 있을 것이 틀림없는데, 이 무엇이 바로 하나님이라는 것이다.

반면 목적론적 증명은 우주의 더 구체적인 특징들에 주목한다. 그리고 우리가 자연 세계 속에서 관찰하게 되는 어떤 특징들의 원인으로서 하나님은 반드시 존재한다고 주장한다. 이때 철학자들이 가장 흔히 제시하는 특징들에는 우주의 설계성과 질서정연함이 있다. 이 우주가 그토록 질서정연하고 정밀한 것은 그것을 설계하신 분이 존재한다는 분명한 증거라는 것이다.

이미 13세기 때부터 위대한 가톨릭 신학자 토마스 아퀴나스Thomas Aquinas: 1225~1274가 '다섯 가지 방법'이라고 불리는 일련의 우주론적 · 목적론적 논증을 발전시킨 바 있다.[6]

가장 널리 알려진 목적론적 증명은 아마도 윌리엄 페일리William Paley: 1743~1805가 제안한 논증일 것이다. 당시 시계의 내부 구조는 오늘날의 전자시계와는 달리, 각종 용수철과 바퀴들이 뒤엉킨 대단히 복잡한 인상을 주었다. 페일리는 그러한 시계를 비유로 삼아 자신의 논증을 펼쳤다. 시계와 같은 정밀한 기계는 그것을 설계하고 만든 설계자인 시계 제작자의 존재를 분명히 보여 준다. 마찬가지로, 이렇게 정교하게 만들어진 자연세계를 보면 설계자가 존재함을 알 수 있는데, 이 우주의 설계자가 바로 '하나님'이라는 것이다.[7]

20세기 초, 테난트F. R. Tennant: 1866~1957는 갱신된 형태로 목적론적 증명을 내놓았다. 다윈의 이론을 신앙의 걸림돌이라고 여긴 많은 사상가와는 달리 테난트는 우주의 진화론적 발달을 오히려 하나님의 존재를 보여 주는 것으로 보았다. 특히 그는 자연의 진화 속에서 '더 넓은 목적'을 발견했다. 그의 주장을 따르면, 많은 요소가 함께 작용하여 점점 더 고등의 창조물이 자연 속에서 출현해 왔는데, 이러한 진화 과정은 도덕을 가진 창조물인 인간의 출현으로 해서 절정에 도달했다. 이러한 장대한 우주적 협업協業은, 하나님의 존재에 대한 합리적 믿음을 위한 근거가 된다. 즉 하나님은 진화에 방향을 부여하시는 분이시다.[8]

천문학자 로버트 재스트로 Robert Jastrow, 1925~2008는 새로운 우주론적 증명을 내놓았다. 그의 주장을 따르면, 널리 받아들여진 '빅뱅' 이론으로 인해 다시 한번 하나님의 존재가 지적으로 인정받는 공리公理가 되었다.[9] 왜냐하면 하나님은 우주가 시작된 그 '빅뱅' 대폭발을 처음 점화시키신 분이기 때문이다.

• 세 번째 철학적 논증은 도덕적 창조물로서의 인간 경험으로부터 출발한다.

임마누엘 칸트 Immanuel Kant: 1724~1804는 이 접근법의 고전적 기초를 제공했다. 칸트는 인간이면 누구나 피할 수 없는 의무감을 갖고 있다고 주장한다. 이는 모든 인간이 특정한 도덕규범을 공유한다는 뜻은 아니다. 오히려 인간들이 만든 그 모든 다양한 행동 규범들 배후에는 인간의 도덕적 제약이나 의무감이 가져오는 책임의식이 공통으로 깔려 있다는 것이다.

칸트는 이러한 도덕적 의무감에 어떤 의미가 있다면 반드시 하나님이 존재한다고 결론지었다. 진정으로 도덕적 우주라면, 선행은 보상을 받고 악행은 벌을 받아야 한다. 그런데 그러기 위해서는 최고의 입법자가 반드시 존재해야 한다. 이 하나님은 궁극적으로 도덕적 정의가 실현되는 것을 보증해 준다.[10]

헤이스팅스 라쉬달 Hastings Rashdall: 1858~1924은 도덕적 증명을 조금 다른 형식으로 제시했다. 그는 이상ideals, 사람들이 추구하는 기준과 목표들은 오직 인간의 정신 속에만 존재한다고 주장한다. 그런데 어떤 이상은 절대적인데, 이 절대적 이상은 오직 그것에 적합한 정신, 즉 어떤 절대적 또는 신적인 정신 속에만 존재할 수 있다고 덧붙이면서, 그러므로 하나님은 반드시 존재한다고 결론지었다.[11]

아마도 도덕적 증명의 현대적 형태로서 가장 널리 알려진 것은 C. S. 루이스가 그의 유명한 책 『순전한 기독교』에서 펼친 논증일 것이다.[12] 루이스를 따르면, 인간 사회에는 어디에나 보편적인 도덕규범이 존재한다. 어떤 문화에서든 어떤 행동은 칭찬을 받지만 어떤 행동은 한결같이 비난을 받는다. 이러한 현상은 우주의 배후에 무엇인가 의식과 목적을 가지고 한 유형의 행동을 다른 유형의 행동보다 더 선호하는 존재가 있음을 가리켜 주는 것이다. 이 때 이 '무엇'은 분명 '정신' Mind과 닮은 것이다. 따라서 세상의 토대에 자리 잡고 있는 그 '무엇'은 바로 하나님이라고 루이스는 결론내렸다.

하나님의 존재에 대한 이 고전적 증명들은 모두 그에 상응하는 비판을 받기도 했다. 그러나 여전히 많은 사람이 그것들을 지적으로 설득력 있게 여기고 있다. 이런 이유로 어떤 그리스도인들은 현대의 회의론자들에게 신앙의 지적인 타당성을 설득시키는데 여전히 그러한 증명들을 계속해서 사용하고 있다. 이들 기독교 변증가들은 그러한 증명들이 무신론과의 싸움에서 무기가 된다고 믿는다. 또 지적인 논증은 복음전도에도 도움이 된다. 이러한 고전적 증명들은 사람들로 하여금 신앙을 갖는 것을 방해하는 지적인 의심들을 제거해 준다는 것이다.

여기에 대해 우리는 어떻게 응답해야 하는가? 그러한 증명들이 정말 도움이 되는가? 대답은 '예'와 '아니오' 둘 다이다.

현대의 회의론자에게 하나님의 존재에 대해 말할 때 다양한 증명들이 어느 정도는 도움이 될 수 있다. 그러나 우리는 '논증을 통해 하나님 나라에 들어간' 사람이 적다는 사실도 직시해야 한다.

그럼에도, 고전적 증명들은 우리에게 어느 시대나 그리스도인에게는 변증가로서의 사명, 즉 신앙을 설명하고 수호해야 할 임무가 있음을 상기시켜 준다. 믿음의 사람인 우리는 인간은 오직 하나님의 존재를 인정할 때 비로소 이 우주와 자기 자신을 참으로 이해할 수 있다고 확신한다. 존 칼빈이 선언했듯이, "인간은 먼저 하나님의 얼굴을 본 다음에야, 즉 먼저 그분을 묵상하고, 그다음 자기 자신을 엄밀히 살펴볼 때 비로소 자기 자신에 대해 분명한 이해를 할 수 있다."[13]

어떤 하나님? – 신들의 경합 문화 속에서의 기독교 신앙

현대의 상황은 대단히 복잡하다. 현재 우리 사회에는 하나님의 존재를 부인하는 회의론자만 있는 것이 아니라 겉으로는 하나님을 믿는 것처럼 보이지만 사실상 '실질적 무신론자'인 사람도 많다. 시편 기자가 언급한 '어리석은 자' 시 14:1, 53:1처럼, 그들은 하나님을 거의 불필요하게 여기며 인생을 살아간다. 그들에게 있어서 하나님은 기껏해야 해가 없는 공리公理이거나, 아니면 도무지 삶과 상관이 없는 존재이다.

그러나 상황은 이보다 더 복잡하다. 지금 우리 사회는 무수한 종류의 전통적이거나 새로운 종교들이 빠른 속도로 확산되고 있다. 어떤 이들은 이렇게 여러 다른 종교들이 확산되는 것을 두고, 기독교가 진리가 아니라는 것을 나타내는 표지라고 말한다. 그러나 어떤 이들은 현대 생활의 영적인 건조함이 신적인 것에 대한 새로운 갈망을 낳았다고 본다. 지금 우리는 초자연적인 존재에 대한 흥미가 되살아나는 현상을 보고 있다. 그러나 사람들이 기독교 신앙에 다시 이끌리고 있는 것은 아니다. 오히려 많은 사람들이 다른 종교의 메신저들이 선포하는 신들에게 이끌리고 있다.

여러 종교의 확산으로 지금 우리는 과거 초대교회 공동체가 직면했던 상황과 대단히 유사한 처지에 놓여 있다. 1세기 그리스도인들은 온갖 이방 신들을 숭배하는 사회 속에서도 한결같이 예수께 충성을 바쳤다.고전 8:5~6. 고대 히브리인처럼 초대 교인들은 아브라함의 하나님, 곧 예수 그리스도의 아버지만이 유일하신 참된 하나님이심을 선포했다. 그들이 그들의 상황 속에서 행했던 응답은 오늘 우리가 우리의 상황 속에서 어떻게 기독교 신앙을 선포해야 하는지의 본보기가 된다.

고대 세계에서는 모든 사람이 하나 또는 그 이상의 신들을 섬겼다. 결과적으로 구약성경의 시대에는 신들이 사람들의 충성을 놓고 서로 경쟁을 벌였다. 당시 사람들이 갖고 있던 중대한 종교적 질문은 "어느 신이 경배와 섬김을 받기에 합당한 신인가?"하는 것이었다.[14]

사람들은 여기에 대한 답을 어떻게 찾았는가? 고대 근동 지방 사람들은 어느 부족의 신이 더 강력한지는 세상에서 일어나는 사건들로 가려진다고 믿었다. 다시 말해 엄청난 사건을 일으키는 신이 강한 신이었다.

이러한 고대인의 이해를 반영하면서 출애굽기는 여호와가 애굽의 신들보다 더 강하다는 증거로 여러 재앙을 제시한다. 이스라엘의 하나님은 애굽의 신들이 흉내 낼 수 없는 여러 기사를 행하셨던 것이다.[15] 탈출하던 히브리인들이 홍해에서 구출을 받은 사건도 여호와의 능력을 한층 더 드러내는 표적이 되었다 출 15:11~16. 40년 후 여호와는 이스라엘 자손을 가나안 땅으로 들이기 위해 요단 강을 가르셨다. 이러한 힘의 과시를 목격하고서 가나안 족속들은 마음에 공포심을 느꼈다수 5:1. 그리고 그 후 이스라엘이 최악의 길을 가던 시기, 여호와는 갈멜 산에서 바알의 숭배자들과 대항하는 엘리야 선지자를 통해 다시 한번 자신의 힘을 입증하셨다왕상 18.

신의 힘이 드러나는 사건으로서 고대인들이 으뜸으로 여겼던 것은 바로 전쟁에서의 승리였다.[16] 그들은 전쟁을 단순히 인간들 간의 결전으로 보지 않고, 신들 사이의 싸움으로 보았다. 전투에서의 승리는 오직 이긴 쪽 부족의 신이 패배한 쪽 부족의 신을 꺾었기 때문에 가능한 것이었다.

예를 들어 앗수르의 군대가 예루살렘을 포위했을 때, 그 침략자 군대의 장군은 이스라엘뿐 아니라 이스라엘의 하나님에 대해서 조롱의 말을 퍼부었다. 그 거만한 장군은 사기가 꺾일 대로 꺾인 이스라엘을 향해 그 어떤 나라의 신도 앗수르 군대로부터 자신의 백성을 보호할 수 없다고 떠들어댔다왕하 18:32~35.

타민족에 의해 이스라엘과 유다 왕국이 완전히 초토화되는 일이 벌어지자 심각한 신앙의 위기가 찾아왔다. 여호와가 다른 신들에게 정복당하는 것이 있을 수 있는 일인가? 그에 대해 선지자들은 하나님의 백성이 포로가 되었다고 해서 여호와가 자신의 백성을 보호하실 수 없는 분임을 뜻하는 것은 아니라고 선포했다. 오히려 그것은 그들의 죄에 대한 여호와의 심판의 표지이다. 하나님은 자신의 백성이 전심으로 자신에게 돌아오게 하려고 타민족으로 하여금 그들을 포로로 잡아가도록 허락하신 것이다.[17]

구약의 선지자들은 여호와만이 참된 하나님이심을 알고 있었다. 우상숭배, 즉 다른 신을 숭배하는 것은 중대한 죄이며, 하나님은 오직 한 분이시라고 단호하게 주장했다. 오직 그분만이 경배를 받으실 분이시다.[18]

선지자들은 또 다른 커다란 질문 하나를 제기했다. 여호와는 단지 이스라엘의 부족신인가? 아니면 모든 인류의 하나님이신가? 히브리인만이 여호와를 경배할 수 있는가? 아니면 하나님만이 유일하신 참 하나님이시므로 지상의 모든 나라도 함께 이스라엘의 거룩하신 분을 경배해야 하는가?[19]

스가랴 같은 선지자들은 여기에 대한 대답을 예언했다. 그는 모든 나라가 예루살렘에서 여호와를 경배하게 될 날이 올 것을 예언했다슥 14:16. 민족을 초월해 경배자들이 모일 것에 대한 스가랴의 비전은 여호와가 온 세상의 하나님이심을 선언한 것이었다. 그분은 지구 위의 모든 민족으로부터 경배를 받으실 분이다.

예루살렘 공의회에서행 15장 교회는 스가랴의 결론을 확증했다. 이방인들이 신앙 공동체에 들어오기 위해 꼭 유대인이 될 필요가 없음을 선언했다. 예수 그리스도를 통해 우리는 하나님은 오직 한 분이시며, 그분이 만유를 다스리심을 알고 있다고전 8:4~6; 10:18~22.

성경에 나타난 신앙 공동체가 신들이 경합하던 당시 상황 속에서 보여준 응답은 점점 더 많은 신이 세력을 확장해 가는 현 사회 속에서 우리가 신앙을 어떻게 선포해야 하는지에 대해 모델을 제공해 준다.

그들의 본보기는 우리의 응답이 단순히 지적인 논증, 특히 하나님의 존재에 대한 증명으로 제한되어서는 안 됨을 보여준다. 오히려 우리의 응답은 하나의 살아있는 증거이어야 한다. 우리는 우리의 신앙적 헌신을 직접 우리의 삶으로 보여주어야살아내야 한다.

많은 '신들'이 사람의 충성을 놓고 서로 경쟁을 벌이는 오늘의 정황 속에서 우리는 단순히 어떤 막연한 신의 존재를 선포할 수 없다. 그리스도인으로서 우리는 참 하나님은 오직 나사렛 예수 안에서 드러나신 하나님, 예수를 죽은 자들 가운데서 일으키신 그 하나님이심을 주장한다. 언젠가 이 하나님은 예수의 주되심을 공적으로 드러내 보이실 것이다. 우리 주님은 영광과 심판 중에 오실 것이다.

그 위대한 날이 이를 때까지, 우리는 우리에게 삶의 의미를 주실 수 있는 유일한 분이신 성경의 하나님에 대한 좋은 소식을 계속해서 선포해야 한다. '하나님이 존재하신다'는 우리의 주장은 우리가 그리스도 안에서 하나님을 알게 되었다는 겸손한 선언으로 흘러들어 간다. 결국, 우리가 '하나님이 존재하신다'는 것을 믿게 된 것은 우리가 예수 그리스도 안에서 유일하신 참 하나님을 만났기 때문이다. 유일하신 하나님을 안다는 우리의 주장은 우리의 삶의 방식을 통해 하나님의 현존이 드러날 때 비로소 현대 세상 속에서 신뢰성을 얻을 수 있다. 다시 말해 우리의 기독교 신앙과 우리의 삶이 연결될 때 말이다. 이것이야말로 많은 '신들'의 세상 속에서 우리가 할 수 있는 가장 강력한 변증이다.

하나님을 알기

그리스도인으로서 우리는 유일하신 참 하나님이 나사렛 예수 안에서 자신을 우리에게 알리셨다고 선언한다. 예수 안에서 우리는 하나님을 알게 되었다. 그런데 하나님을 안다는 것은 대체 무슨 의미인가? 오늘날에도 우리는 그런 주장을 할 수 있는가? 그리고 하나님과의 만남은 어떻게 일어나는가?

우리는 측량할 수 없는 하나님을 안다

오늘날 많은 사람은 하나님을 안다는 우리의 주장에 대해 회의적으로 반응한다. 앞서 보았듯이, 어떤 이들은 하나님의 존재 자체를 부인한다무신론. 어떤 이들은 하나님이 존재한다고 해도 인간은 그 하나님을 알 수 없다고 주장한다. 이러한 관점을 일컬어 불가지론agnosticism이라고 하는데, 문자적으로는 '알 수 없음'을 의미한다.

그러나 우리 그리스도인들은 우리가 살아 계신 하나님을 알게 되었노라고 담대하게 증언할 수 있다. 이렇게 담대하게 증언하면서 동시에 불가지론자들이 제기하는 타당한 주장들에 대해서는 흘려듣지 말아야 한다. 성경 기자들이 그러했듯이, 우리도 하나님은 우리로서는 감히 측량할 수 없는 분임을 겸손하게 인정해야 한다예를 들어 욥 11:7~8; 시 97:2; 145:3; 사 40:28; 45:15; 55:8~9; 고전 2:11.

그러면 그 같은 고백이 의미하는 것은 무엇인가?

- 우리가 하나님을 측량할 수 없는 분으로 인정하는 것은 어떠한 인간도 하나님을 완전히 파악할 수 없음을 의미한다.

우리는 신적인 실재의 깊이를 측량할 수 없다. 하나님에 대해 우리가 가진 모든 지식은 기껏해야 부분적인 지식에 불과하다. 우리는 결코 그분에 대해 모든 것을 안다고 주장할 수 없다. 하나님에 관해서는 언제나 인간으로서는 볼 수 없는 숨겨진 부분들이 남아 있다. 하나님은 이사야를 통해 선언하셨다.

"하늘이 땅보다 높음 같이 내 길은 너희의 길보다 높으며 내 생각은 너희의 생각보다 높음이니라"사 55:9.

- 우리가 하나님을 측량할 수 없는 분으로 인정하는 것은 하나님에 대

한 우리의 지식이 제한적임을 뜻한다.

그럼에도 우리는 하나님을 알 수 있다고 단호하게 주장한다. 비록 하나님에 대한 우리의 지식이 언제나 부분적일 수밖에 없지만, 그래도 우리에게는 그분이 실제 어떤 분인가에 대한 지식이 있다. 우리가 예수 그리스도를 아는 것을 통해 참으로 하나님을 알게 된다고 예수께서 선언하신 바 있다 요 17:3.

그러면 '하나님을 아는 지식'은 어떻게 해서 가능해지는가?

우리는 자기를 계시하시는 하나님을 안다

우리가 하나님을 아는 것은 궁극적으로 오직 하나님이 우리에게 오실 때 그분이 자신을 스스로 알리실 때, 즉 하나님이 자신을 우리에게 계시하실 때 비로소 가능해진다. 다시 말해 우리가 하나님을 아는 것은 하나님이 먼저 그것을 주도하셨기 때문이다. 예수는 이렇게 설명하셨다. "내 아버지께서 모든 것을 내게 주셨으니 아버지 외에는 아들을 아는 자가 없고 아들과 또 아들의 소원대로 계시를 받는 자 외에는 아버지를 아는 자가 없느니라"마 11:27; 참고. 고전 2:9~16 [20].

- 이것은 하나님을 일반적인 연구 대상으로 삼을 수 없음을 의미한다.

주변 사물들을 연구하는 방식으로는 하나님께 접근할 수 없다. 객관적·과학적 방식으로나 또는 우리 멋대로 하나님을 연구할 수 없다. 우리가 하나님을 아는 것은 하나님이 먼저 자신을 우리가 알도록 내어주셨기 때문이다.

- 이것은 하나님을 아는 것과 하나님에 대한 지식을 소유하는 것 사이에 커다란 차이가 있음을 의미한다.

우리가 하나님을 알 때, 우리는 단순히 진리 체계 이상의 것을 얻는다. 즉 단순히 하나님에 대한 진술들의 목록을 소유한 것 이상으로 우리는 살아 계신 하나님과 인격적인 사귐을 누리는 것이다. 이러한 관계를 통해 하나님에 대한 추상적 진술들은 새로운 의미가 있게 된다. 즉 추상적 진술들은 지금 우리가 살아 계신 분으로 경험하고 있는 하나님의 성품과 위대하심을 기술해 주는 진술들이다.

• 이것은 우리가 하나님을 알 때, 궁극적으로는 하나님이 우리를 아시는 것이지 우리가 하나님을 아는 것이 아님을 의미한다. 하나님을 알 때 우리는 앎의 주체가 아니다.

우리가 먼저 능동적으로 하나님을 알게 된 것이 아니다. 오히려 하나님이 우리를 파악하고 우리를 아신 것이다. 바울이 갈라디아의 그리스도인들에게 말했듯이, "이제는 너희가 하나님을 알 뿐 아니라 하나님의 아신 바 되었다"갈 4:9. J. I. 패커의 선언은 바울 사도가 한 말의 반향이다.

"그러므로 궁극적으로 중요한 것은 내가 하나님을 안다는 사실이 아니라 그 기저에 깔려 있는 더 커다란 사실, 즉 그분이 나를 아신다는 사실에 있다."[21]

이 일은 어떻게 일어나는가? 언제 하나님은 우리에게 오셔서 우리로 하여금 그분을 알게 하시는가? 물론 그것은 우리가 온전히 회심하는 시점에, 즉 우리가 하나님을 '인격적으로 만나는' 순간에 일어난다. 8장에서 이것에 대해 상세히 살펴볼 것이다. 여기서는 우리가 회심할 때 성령께서 우리를 과거에서 시작해서 미래에 완성되는 어떤 커다란 이야기와 연결한다는 점을 언급하는 것으로 충분하다.[22] 이 커다란 이야기에는 목적과 목표가 있다. 이 이야기는 하나님이 자신의 신적인 영광의 충만함을 드러내실 미래의 어느 위대한 날을 향해 가고 있다고전 13:12; 요일 3:2. 그런데 하나님의 영광의 계시는 단순한 미래가 아니다. 하나님의 영광의 계시는 나사렛 예수 안에서 이미 우리의 세상 속으로 뚫고 들어왔다요일 5:20. 하나님이 우리와 만나시고 우리를 아시는 것은 바로 예수 그리스도 안에서이다.

그러면 하나님을 아는 것의 목적은 무엇인가?

성경에 따르면 하나님의 궁극적 바람은 열방으로부터 화해된 백성을 창조하시어 그들로 하여금 새로워진 창조 세계 속에서 삼위일체 하나님의 현존을 누리며 살게 하는 것이다. 성경이 보여 주는 이러한 '공동체' 비전이야말로 바로 역사의 목적이다. 부분적이기는 하지만 하나님을 알게 된 각 개인이 지금 현재 이미 누리고 있는 경험이기도 하다. 우리가 하나님을 만났다는 사실은 우리가 하나님의 공동체에 함께 참여하고 있다는 점에서 드러난다. 즉 우리가 하나님과 사귐을 누리고 있으며 신앙의 백성 가운데 참여하고 있다는 점에서 분명히 드러나는 것이다.

다음 장들에서 우리는 하나님과의 만남과 그 때문에 시작된 사귐 또는 공동체가 갖는 함축된 의미에 대해 탐구할 것이다. 그런데 그중 한 가지 결론은 현재 토의에서도 중요하다. 즉 하나님, 이웃, 그리고 창조 세계와의 공동체 속에 참여하는 것은 하나님을 아는 지식의 가능성에 대한 물음뿐 아니라 하나님의 존재에 대한 물음에 대해서도 최종적인 답변을 제공한다.

현대 세계는 유일하신 참 하나님을 안다는 우리의 주장에 도전을 제기한다. 우리는 여러 전선에서 이러한 도전을 만나고 있다. 도전에 대한 우리의 응답 중에는 기독교 신앙의 지적인 타당성을 보여 주는 노력도 포함된다. 그러나 그것으로 우리의 응답이 끝나는 것은 아니다. 우리는 우리가 살아가는 방식을 통해서 하나님에 대한 우리의 헌신을 구체화해야 한다. 우리는 우리의 기독교 신앙을 우리의 성경적 삶과 연결 지어야 한다. 여기에는 우리가 현재 하나님, 이웃, 그리고 창조 세계와의 사귐 속에서 살아가야 하는 것도 포함된다.

우리의 성경적인 삶이야말로 우리가 유일하신 참 하나님, '지금도 존재하시는 하나님'을 안다는 증언에 대한 유일한 확증이다.

1. 하나님의 존재에 대한 고전적 증명 중에서 당신이 지적으로 설득력 있다고 여기는 것이 있는가? 있다면 그것은 무엇인가? 어떤 점에서 당신은 그 논증에 끌리는가?

2. 물론 '논증을 통해 하나님 나라에 들어간 사람'은 적다. 당신이 신앙을 갖게 된 과정은 어떠한가? 그 때 지적인 논증의 역할은 무엇이었나?

3. 어떻게 당신은 인격적으로 하나님을 알게 되었는가? 당신의 경험을 돌이켜볼 때, 이 사건 속에서 하나님은 당신을 알기 위해 어떻게 주도적으로 행동하셨는가?

4. 무엇이 당신을 기독교 신앙으로 이끌었는가? 다른 그리스도인들의 일관성 있는 삶의 모습이 당신에게 영향을 끼치진 않았는가? 자신의 경험을 나누어 보라.

5. 그리스도인으로의 우리의 삶은 정말 우리의 공적 증거에 대한 다른 사람들의 반응에 영향을 끼치는가? 당신의 증거가 열매를 맺었던 경험이 있다면 예를 들어 보라.

6. 지적인 타당성과 일관성 있는 삶이 기독교 신앙의 중요한 측면인 이유는 무엇인가?

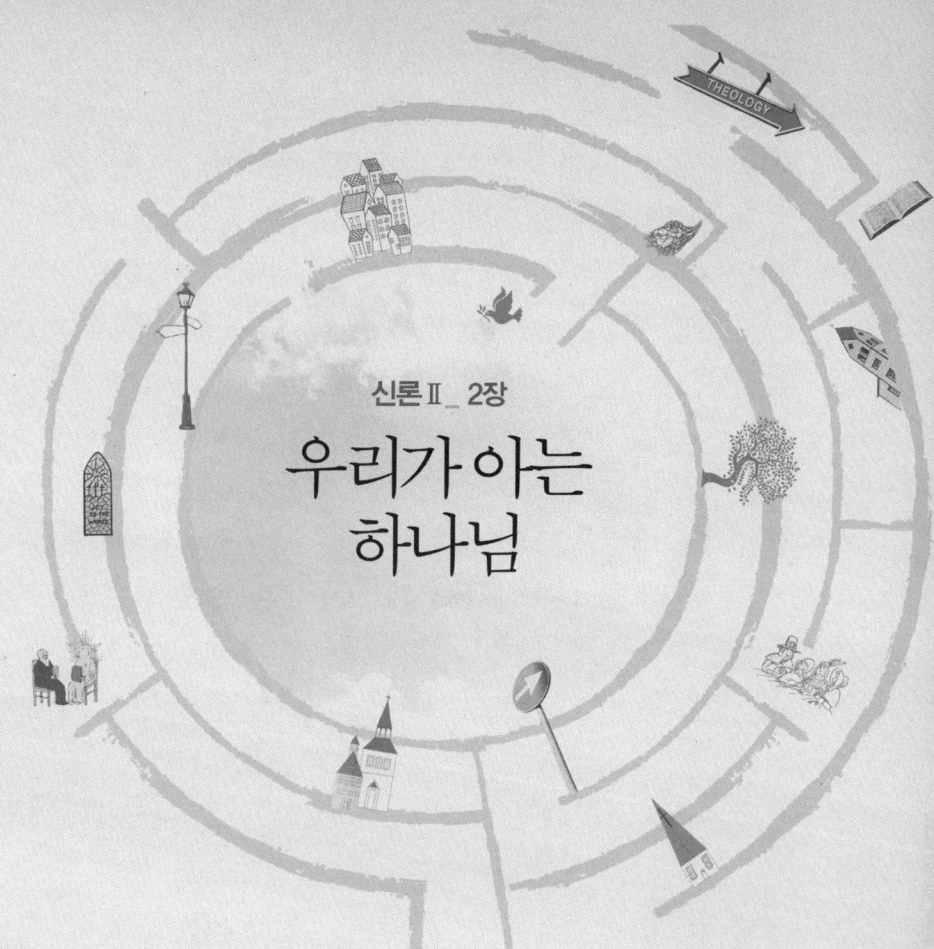

신론 II _ 2장
우리가 아는 하나님

Created For Community
Connecting Christian Belief with Christian Living

주 예수 그리스도의 은혜와 하나님의 사랑과 성령의 교통하심이
너희 무리와 함께 있을지어다
—
고린도후서 13장 13절

라이너스와 루시가 거실 창문 밖으로 비가 오는 것을 바라보고 있었다.

"저것 봐, 비가 오고 있어!"

루시가 인상을 찡그리며 소리쳤다.

"세상이 다 물에 잠기면 어떻게 하지?"

언제나 확신에 차 있는 라이너스가 대답했다.

"그런 일은 결코 없을 거야. 창세기 9장에 보면, 하나님이 노아에게 다시는 그런 일이 없을 거라고 약속하셨거든. 그 약속의 징표가 바로 무지개야."

이 말을 듣고 안심이 된 루시는 활짝 웃음을 지었다. 그리고 억수같이 쏟아지는 비를 다시 보며 그녀는 말했다.

"라이너스, 넌 내 마음의 커다란 짐을 덜어 주었어."

가르침을 베풀 수 있는 이 절호의 기회를 라이너스가 놓칠 리 없었다.

"건전한 신학은 언제나 그런 역할을 해주는 법이지!"

힘이 들어간 목소리로 그가 말했다.

정말 그렇다. 하나님과 창조 세계에 대한 그분의 목적을 알게 되면 우리 마음에서 커다란 짐을 덜어낼 수 있다. 그럴 뿐만 아니라 우리가 살아가는 방식에도 영향을 끼친다.

기독교 신앙의 중심에는 하나님에 대한 특유의 기독교적 이해가 자리 잡고 있다. 하나님에 관하여 기독교가 제시하는 그림은 놀랍도록 장엄하다. 지적으로도 탁월하며 하나님의 충만이 결코 인간의 지적인 능력으로 다 이해될 수 없기에 깊은 신비감도 간직하고 있다. 우리가 하나님에 대해 알게 된 지식은 우리의 마음에 위안을 가져다 주며 우리의 행위에 동기를 유발한다. 그러므로 신학은 마땅히 하나님에 대한 토의에서 시작된다.

우리는 이번 장에서 하나님에 대한 기독교적 개념의 중심을 차지하는 세 가지 장엄한 진술에 대해 탐구해 볼 것이다.

- 하나님은 삼위일체이시다 God is triune.
- 하나님은 관계를 맺으시는 분이다 God is relational.
- 하나님은 창조자이시다 God is creator.

이 진술은 우리가 그리스도 안에서 알게 된 하나님의 신비를 명료화하는 데 도움이 된다.

삼위일체 하나님

한 신학자가 이런 말을 한 적이 있다. "삼위일체 교리를 부인하라. 그러면 당신은 구원을 잃게 될 것이다. 반면에 삼위일체 교리를 이해하려고 시도해 보라. 그러면 당신은 제정신을 잃게 될 것이다."

"나는 성부, 성자, 성령 하나님을 믿습니다."라는 고백보다 기독교 신앙의 신비의 중심에 가까운 것은 없다. 하나님에 대한 삼위일체 개념은 세상의 다른 종교 전통들로부터 기독교를 구별시켜 주는 가장 큰 요소이다. 따라서 삼위일체 교리야말로 기독교 신학의 중심에 가장 가까운 가르침이라 볼 수 있다.

삼위일체 교리의 근거

토의를 시작하면서 삼위일체 교리가 성경 속에 명시적으로 서술되어 있지 않다는 점을 분명히 할 필요가 있다. 성경 어디에도 "한 하나님이 세 인격으로 되어 있다."고 말하는 구절은 없다. 이 교리는 초대 그리스도인들의 경험에서 비롯된 오랜 과정의 신학적 성찰의 산물이다.

예수를 따랐던 최초의 그리스도인들은 자신들의 구약의 배경으로부터 유일하신 하나님_{아브라함, 이삭, 야곱의 하나님}에 대한 엄격한 충성심을 물려받았다. 그런데 그들은 예수 그리스도를 부활하시고 승천하신 주님으로 고백했고, 신앙 공동체 속에서 거하시는 하나님의 현존, 곧 성령이 주시는 현존을 의식했다.

초대 그리스도인들의 이러한 경험은 그 이후 모든 시대의 그리스도인들에 의해서도 경험되었다. 기독교 신앙과 경험이 가진 다음과 같은 세 가지 절대 요소들이 하나님을 삼위일체로 이해하는 기독교 신학의 기본 토대가 된 것이다.

- 유일하신 참 하나님에 대한 신앙
- 예수를 주로 인정하는 고백
- 내주하시는 성령님에 대한 경험

유일하신 참 하나님 | 구약 신앙의 중심부에는 유일하신 하나님에 대

한 신앙이 자리 잡고 있다. 이러한 유일신 신앙은 자연히 주변 국가들이 숭배하는 많은 신에 대한 거부로 이어졌다. 구약의 선지자들은 하나님은 오직 한 분이심을 단호하게 선언했다. 그리고 이 하나님은 전적인 충성을 요구하시는 분이셨다신 6:4~5; 참고. 신 32:36~39; 삼하 7:22; 사 45:18.

그리스도인으로서 우리는 자신을 스스로 구약시대 신앙인들의 영적인 후손들로 여긴다. 따라서 우리는 히브리인들에게서 물려받은 그 보배로운 신학을 결연히 지켜야 한다. 우리가 경배하는 하나님은 아브라함과 이삭과 야곱이 믿었던 바로 그 하나님이다. 곧 유일하시며, 오직 그분만이 참되신 하나님이다.

주님이신 예수 그리스도 | 초대 그리스도인들처럼 우리도 하나님이 예수 그리스도 안에서 자신을 계시하셨다고 믿는다. 예수는 그리스도이시며, 따라서 그분은 교회의 머리이시며, 또한 모든 창조 세계의 주님이시다. 그래서 우리는 그분을 온 우주의 주님으로 고백한다예를 들어 요 1:1; 20:28; 롬 9:5; 딛 2:13.

제1차 에큐메니칼 공의회니케아, 325년에서 교회는 그리스도의 완전한 신성을 명확하게 확증했고, 현대의 교회도 그 결정을 받아들인다. 그러나 예수와 성부가 같은 분은 아니다. 왜냐하면, 예수는 아들로서의 자기 자신과 그분이 아버지라고 부르시는 분 사이를 분명하게 구분하셨기 때문이다예: 롬 15:5~6.

내주하시는 성령 | 오순절 사건 때부터 교회는 자신의 공동체 속에서 지속적으로 인격적이고 신적인 실재의 현존을 경험해 왔다. 그런데 이 실

재는 성부 하나님도 아니었고 그렇다고 성자 하나님도 아니었다. 그분은 다름 아니라 세 번째 위격, 즉 예수께서 제자들에게 보내 주시겠다고 약속하셨던 바로 그 성령이셨다요 14:15~17. 교회는 제2차 에큐메니칼 공의회콘스탄티노플, 381에서 이 성령의 완전한 신성을 확증했다.

삼위의 통합 | 하나님을 성부로, 성자로, 성령으로 고백했던 초대 그리스도인들은 점차 하나님에 대한 그들의 근본적 이해를 하나의 그림으로 통합시켜야 할 필요를 느꼈다.

수년 동안의 논쟁 끝에 마침내 세 사람의 신학자바질(Basil), 닛사의 그레고리(Gregory of Nyssa), 나지안주스의 그레고리(Gregory of Nazianzus). 이들은 '갑바도기아 교부들'(Cappadocian fathers)이다의 노력으로 고전적 삼위일체 교리문이 탄생하기에 이르렀다.[1] 이 사상가들은 하나님은 하나의 '본질'essence, ousia이지만, 동시에 세 '의식의 중심들'centers of consciousness 또는 '개별적 실재들'independent realities, hypostaseis이라고 선언했다. 이 세 분의 삼위일체적 위격은 같은 의지와 본성과 본질을 공유하지만, 동시에 각각의 위격은 고유의 특성이 있으며 고유한 활동을 하신다.[2]

삼위일체 교리의 여러 측면

삼위일체의 신비를 자연계로부터 가져온 유비analogy를 통해 이해하려는 시도가 계속해서 있었다. 어떤 이들은 하나의 분자기호인 H_2O가 세 가지 형태얼음, 물, 수증기로 나타나듯이, 마찬가지로 한 하나님이 동시에 세 분위격도 된다고 말한다. 그러나 이 유비는 충분치 못하다. 물과 얼음과 수증기는 하나의 분자기호가 나타날 수 있는 세 가지 양태modes에 불과하다. 그러나 성부와 성자와 성령은 단순히 이면의 하나님이 외면으로 나타난 세 가지 외양이 아니다. 그분들이 곧 하나님이다.

또 어떤 그리스도인은 나무나 달걀 같은 자연물을 사용하기도 했다. 하나의 나무가 세 부분^{뿌리, 몸통, 가지}으로 이루어져 있고, 달걀도 노른자위와 흰자위와 껍데기로 이루어져 있듯이 한 하나님이 동시에 세 분위격이 된다는 것이다. 그러나 앞으로 우리가 살펴보겠지만, 이러한 유비는 세 삼위일체적 위격이 한 하나님을 이루는 그 역동적 움직임을 제대로 반영하지 못한다.

때로는 우리가 유비에서 도움을 얻을 수 있지만, 유비에는 한계가 있다. 결국, 우리가 삼위일체 교리를 눈에 그리듯이 묘사할 방법은 없다. 그렇지만 우리는 그 교리에 수반되는 의미들이 무엇인지는 선언할 수 있다.

다음 네 가지 진술은 삼위일체의 하나님 이해에 담긴 내용을 요약한다.

- 하나님은 하나이다 God is one.
- 하나님은 셋이다 God is three.
- 하나님은 다양성이다 God is a diversity.
- 하나님은 통일성이다 God is a unity.

하나님은 하나이다 ㅣ 그리스도인은 다신론자^{polytheist}가 아니다. 우리는 양신론자^{bitheist}가 아니며 삼신론자^{tritheist}도 아니다. 우리는 유일신을 믿는 다^{monotheists}. 우리가 예수 그리스도를 통해 아는 하나님은 구약시대 사람들이 '여호와'로 불렸던 바로 그 유일하신 하나님이시다. 그분 외에는 다른 하나님이 있을 수 없다.

하나님은 셋이다 | 하나이신 하나님은 동시에 세 분성부, 성자, 성령이다. 세 위격 각각이 하나님이다. 그분들은 하나의 신적인 본성본질을 공유하신다. 구약시대에 계시된 하나님의 유일성은 어떤 획일이나 단독으로서의 유일성이 아니다. 하나님은 하나의 다수a multiplicity, 삼위일체의 세 구성원이시다. 사실 하나님은 성부, 성자, 성령이시다.

하나님의 삼위성은 단순히 우리가 하나님을 경험하는 방식에 대한 선언이 아니다. 하나님의 삼위성은 단순히 하나님이 우리에게 나타나시는 방식을 가리키는 말이 아니다. 유일하신 하나님이 영원히 세 위격이시다. 하나님이 실제로 성부, 성자, 성령이시다. 그러므로 유일성이 하나님의 특징이듯이 삼위성 역시 하나님의 실제 존재 방식이다.

또한 '하나 안의 셋'은 하나님이 세상 속에서 행동하시는 방식을 가리킨다. 영원토록 세 위격이 함께 한 하나님을 이룬 것과 같은 방식으로 성부, 성자, 성령은 창조 세계를 향한 사역에서도 함께 일하신다.

하나님은 다양성이다 | 삼위일체 교리는 하나님이 '통일성 안의 다양성'이심을 의미한다. 성부, 성자, 성령은 영원히 서로와 구별되신다. 또한, 그 세 분은 창조 세계를 향한 하나의 신적인 사역에서 각기 다른 임무를 수행하신다.

초대 교회의 신학자들은 성부, 성자, 성령 사이의 차이를 하나님 내부의 이중적 움직임과 관련하여 설명했다. 그들은 하나님 안의 운동을 두 개의 그림 언어 '산출'(generation)과 '유출'(procession)로 묘사했다. '산출'은 성부와 성자를 구별할 수 있는 수단을 제공해 준다. 성부는 성자를 산출했으며, 성자는 성부에서 산출되셨다는 것이다. '유출'은 우리로 하여금 성령을 성부·성자와 구별할 수 있게 해준다. 성령은 아버지와 성자에서 나오시는 분이시다.

이 두 단어는 우리로 하여금 영원하신 하나님 내부에 존재하는 다양성을 이해하도록 돕는다.

- 성부는 (성자를) 산출하신 분이다 The Father generates.
- 성자는 (성부에서) 산출되신 분이다 The Son is generated.
- 성령은 (성부와 성자로부터) 유출되신 분이다 The Spirit proceeds.

세 삼위일체적 위격은 신적인 사역에서 나름대로 특정한 역할을 수행하신다. 성부는 세상의 근원根本으로서, 그리고 창조 세계를 향한 신적인 사역의 창시자로서 작용하신다. 성자는 하나님의 계시자, 즉 창조 세계를 향한 성부의 뜻을 보여 주는 본보기와 전령傳令으로서, 그리고 인류의 구속자로서 작용하신다. 그리고 성령은 세상 속에서 활동하는 하나님의 인격적 능력으로서 신적인 사역을 완성하시는 분으로 작용하신다. 이렇게 우리는 한 하나님이 우주 속에서 하시는 일에 있어서 각 위격이 감당하는 역할을 다음과 같이 정리할 수 있다.

- 성부는 창시자 the Originator 이시다.
- 성자는 계시자 the Revealer 이시다.
- 성령은 완성자 the Completer 이시다.

하나님은 통일성이다 | 마지막으로 삼위일체 교리는 세 삼위일체적 위

격이 통일성을 이루고 있음을 선언한다. 하나의 신적인 사역에서 서로 다른 기능을 수행하지만, 세상 속에서 일하시는 하나님의 모든 활동에서 세 위격은 함께 일한다.

비록 성부가 창조의 근원이시지만 성자와 성령 역시 성부의 창조 사역에 함께 일하신다. 성자는 말씀, 즉 창조의 원리를 통해, 성부는 성자를 통해 창조하신다요 1:3. 그리고 성령은 세상이 존재하도록 활동하시는 신적인 능력이시다창 1:2.

마찬가지로 성자가 인류의 구속자이시지만, 성부와 성령도 이 화해의 사역에서 성자와 동역하신다. 성부는 성자를 통해 일하시는 사역의 주체이시다고후 5:18-19. 그리고 성령은 중생으로부터 최종 부활에 이르기까지 화해 사역의 전 과정을 일으키시며 활동하시는 신적인 능력이시다.

또 성령이 신적인 사역의 완성자이지만 성자와 성부도 이 일에 성령과 동역하신다. 성자는 영광 중에 다시 오실 주님이시다. 그리고 성부는 '만유의 주로서 만유 안에' 계실 분이다고전 15:28.

우리의 신학적 성찰은 하나님이 세상 속에서 하시는 중심 활동에 대한 탐구가 될 것이다. 위에 언급된 예에서 보이듯이, 삼위일체 하나님의 활동은 특정한 순서를 따른다. 하나님이 하시는 모든 일에 있어서,

- 성부는 행하시되the Father acts,
- 성자를 통해through the Son,
- 성령의 능력으로 행하신다by the agency of the Spirit.

세상 속에서 하시는 일에 있어서 세 삼위일체적 구성원이 보여 주는 통

일성은 영원하신 하나님 자신의 통일성을 가리킨다. 즉 삼위일체의 세 구성원은 영원한 '다양성 안의 통일성'을 이룬다. 성부, 성자, 성령은 함께 하나의 신적인 실재를 이루며 하나의 신적인 본질을 공유하신다.

사랑의 하나님

영원부터 영원까지 하나님은 영원한 역동적 관계 안에서 함께 연합된 성부와 성자와 성령이시다. 그렇다면 삼위일체 하나님을 하나로 묶어주는 끈은 무엇인가? "하나님은 사랑이시다"요일 4:8, 16라는 성경의 선언에 그 해답의 열쇠가 있다.

하나님은 사랑이시다 | 신약 성경에서 '사랑' 아가페이라는 단어는 다른 사람을 위해 자기 자신을 내어준다는 의미이다. 예로서, 예수께서는 양을 위해 자신의 목숨을 내어주는 선한 목자에 대해 말씀하셨다요 10:11.

자신을 아낌없이 내어주는 이 사랑이 바로 한 분 하나님 안에 통일성을 세워주는 요소이다. 하나님의 통일성은 삼위일체적 위격이 서로 자신을 내어주는 것이다. 다시 말해 하나님의 통일성이란 바로 위격 상호 간의 자기 내어줌이다. 영원부터 영원까지 성부는 성자를 사랑하시고, 성자 역시 그 사랑을 사랑으로 갚는다. 이때 이 사랑이 바로 성령이시다. 즉 성령은 바로 성부와 성자 사이의 관계의 영이시다.[3] 이렇게 영원부터 영원까지 하나님은 관계적 삼위일체, 곧 사랑의 공동체이다.

한 분 하나님 안의 이러한 역동성은 구원에 대한 우리의 이해에 대해서도 큰 함축된 의미가 있다. 우리가 그리스도인이 되었을 때, 성령은 우리 마음속에 자리를 잡으신다. 그런데 내주하시는 성령은 바로 성부와 성자 사이의 관계의 영이시다. 그러므로 그분이 우리 속에 오셔서 사실 때, 성령은 우리로 하여금 성자가 성부와 누리는 그 사랑을 누릴 수 있게 하신다. 따라서 바울이 이렇게 외치는 것은 당연하다. "너희가 아들이므로 하나님이 그 아들의 영을 우리 마음 가운데 보내사 아빠 아버지라 부르게 하셨느니라"갈 4:6.

'사랑'은 영원토록 변하지 않는 하나님의 본성이 무엇인지를 묘사해 준다. 그러나 '사랑'은 또한 하나님이 이 세상에 대해 보이는 반응 방식을 가리키는 말이다. 즉 본성이 사랑이신 하나님은 세상을 대하실 때, 자신의 영원하신 신적 본질인 사랑에 따라 행동하신다. 따라서 이런 심오한 신학적 통찰을 통해 요한은 이렇게 외친다.

"하나님이 세상을 이처럼 사랑하사 …"요 3:16.

하나님의 사랑의 '무시무시한' 면 | 하나님은 언제나 자신의 신적인 본성, 즉 사랑에 따라 창조 세계에 응답하신다. 그러나 그분의 사랑은 피조물을 그냥 멋대로 살게 내버려두는 감상적 사랑이 아니다. 하나님의 사랑은 '거친 사랑'이다. 하나님의 사랑에는 '무시무시한' dark 면이 있다. 오래된 신학 용어를 사용하자면, 하나님의 사랑은 거룩한 사랑이다. 이런 의미에서 우리 하나님은 질투하시고 진노하시는 하나님이시다. 우리 하나님은 엄위하신 하나님이다!

여기서 한 가지 주의해야 할 사항이 있다. 하나님의 거룩하심에 대해 성찰할 때, 우리는 하나님의 사랑과 진노가 마치 두 개의 반대되는 특성인 양 서로 분리해 생각해서는 안 된다. 사실 '진노'란 하나님의 사랑이 인간의 죄와 맞부딪치는 방식에 대한 인간 편에서의 최선의 묘사일 뿐이다. 즉 그것은 죄 된 피조물이 경험하는 하나님의 사랑에 대한 인간 자신의 묘사이다. 간단히 말해, 인간에게 본래 기쁨으로 경험되었어야 할 하나님의 사랑이 죄 때문에 진노로 경험된다.

이것을 이해하려면, 진노가 그 본성상 사랑 자체에 얼마나 자연스러운 것인가를 한번 생각해 보라. 방어적 질투심은 사랑과 뗄 수 없는 관계이다. 진정한 사랑이라면 대단한 방어적 질투심을 갖기 마련이다. 왜냐하면, 정말로 상대를 사랑하는 사람이라면 그 사랑의 관계를 붕괴, 파멸, 외부적 침범 등의 위협으로부터 보호하려고 애쓰는 것은 당연하기 때문이다.[4]

아마 결혼관계에 대해 생각해 보면 하나님의 사랑이 가진 진노의 차원이 잘 이해될 것이다. 나는 나의 아내를 사랑한다. 내가 아내를 사랑한다는 것이 외간남자가 내 아내를 유혹할 때 그것을 가만히 방관하며 지켜보기만 한다는 것을 의미하지 않는다. 만일 그런 상황이 벌어지면, 아내와 나 사이에 끼어들려 했던 그 남자는 나의 사랑의 '무시무시한' 면, 즉 방어적 질투를 경험하게 될 것이다. 그 남자는 나의 사랑을 진노라는 형태로 경험하게 될 것이다.

마찬가지로 하나님이 세상을 향해 쏟으시는 그 사랑을 방해하는 이들은 그 신적인 사랑의 무시무시한 면을 만나게 된다. 그들은 하나님이 연인으로서 쏟으시는 진노를 경험한다.

하나님 사랑의 무시무시한 면에는 또 다른 측면이 있다. 우리가 전에 보았듯이 창조 세계를 향한 하나님의 궁극적 목적은 '공동체'이다. 하나님은 우리가 그분과 우리 이웃, 그리고 모든 창조 세계와 사귐을 누리기를 바라신다. 이러한 하나님의 계획을 거부하고 하나님이 세우시는 공동체를 방해하는 이들은 누구나 그러한 빗나간 행동이 가져오는 당연한 결과를 당하게 된다. 하나님은 여전히 그들을 사랑하신다. 하지만 그들이 그 사랑을 차버리는 한 그들은 그 사랑을 진노라는 형태로밖에 경험할 수 없다. 그리고 그들이 계속해서 그렇게 하나님의 사랑을 차버리다가는 결국 끝도 없이 그 영원하신 연인의 진노를 경험해야 하는 돌이킬 수 없는 지경에 이르고 만다. 그러한 지경이 바로 '지옥'이다.

삼위일체와 그리스도인의 제자도

삼위일체 교리는 단순히 우리의 지성으로 인정하고 말로 고백하는 신학적 표현만은 아니다. 그것은 또한 참된 기독교적 삶을 위한 중추적 토대를 놓아준다. 가령 하나님을 삼위일체로 보는 우리의 이해는 우리의 기도 방식을 변모시키며, 또한 세상 속에서의 삶의 방식도 혁명적으로 바꾸어 놓는다.

삼위일체적 기도 ㅣ 우리의 기도 방식은 삼위일체 하나님에 대한 우리의 이해를 반영해야 한다. 사실 우리를 기도로 부르시고 우리의 기도에 응답하시는 하나님이 성부, 성자, 성령이시라는 깨달음은 우리의 기도 생활에 새로운 의미와 힘을 불어넣어 준다.

어떤 그리스도인들은 모든 기도를 예수께만 드린다. 우리가 특별히 예수께 친밀감을 느끼는 것은 지극히 자연스럽다. 왜냐하면, 예수는 우리처럼 흙을 밟고 인간의 삶을 경험하셨던 분이기 때문이다. 이떤 이들은 모든 기도를 '하나님'께만 드린다. 이것 역시 이해할 만하다. 왜냐하면, 기도는 결국 하나님과의 교통communication이기 때문이다. 그러나 하나님을 삼위일체이신 분으로 알고 있는 우리는 마땅히 각 기도의 특정한 목적에 따라,

그리고 각 위격이 하는 특정한 역할에 대한 이해에 따라 성부 성자 성령께 기도하는 법을 알아야 한다.

구체적으로 살펴보자. 신약성경도 확증해 주듯이 우리는 보통 성부를 부르며 기도를 드린다. 예수께서도 제자들에게 '하늘에 계신 우리 아버지'께 기도하라고 가르치셨다. 그리고 야고보도 "온갖 좋은 은사와 온전한 선물이 다 … 아버지께로부터 내려오나니"라고 말했다약 1:17. 우리가 전에 말했듯이 성부는 하나님의 계획에서 그 창시자로서 작용하신다. 그분은 창조와 구원의 근거이자 원천이시다. 따라서 마땅히 우리는 그분께 우리의 찬양과 간청을 드려야 한다계 4:8~11.

그러나 우리는 어떤 기도들은 성자의 이름을 부르며 드리고 싶어한다. 주님이신 예수 그리스도를 찬양하는 것은 지극히 마땅한 일이다. 예수께서 이루신 구원에 대해서계 5:11~14, 우리를 위한 예수의 끊임없는 중보기도에 대해서롬 8:34; 히 7:25, 그리고 우리가 고대하는바 곧 다시 오실 예수의 재림에 대해서 주께 감사의 기도를 드린다. 이는 모든 창조 세계가 그분을 만유의 주로서 공적으로 경배할 날빌 2:9~10 이전에 우리가 앞서 부르는 찬양의 노래이다. 이렇게 예수께 찬양과 감사의 기도를 드리면서, 우리는 간청의 기도를 성부께 드리는 것이 좋다. 이것은 예수께서 우리에게 가르쳐 주셨던 방식을 따르는 것이다마 6:9~13.

성령은 하나님의 사역의 완성자이시다. 창조로부터 그리스도의 재림에 이르기까지, 성령은 하나님의 모든 일에 함께하신다. 그러므로 우리는 성령께 기도를 드릴 수 있다. 성령 역시 하나님이시기에 찬양과 감사의 기도를 드릴 수 있다. 우리는 성령이 이 세상 속에서 맡으신 특정한 역할과 관련하여 간청의 기도를 드릴 수 있다. 즉 우리는 성령께 오셔서 우리에게

위로를 주시고, 힘을 주시며, 빛을 비춰주시고, 죄를 깨닫게 해달라고 간청할 수 있다. 또는 그런 일을 하시는 성령을 우리에게 보내달라고 성부께 간청할 수도 있다.

♬ 하나님의 숨이여 내게 숨을 불어넣어 주소서
나를 새로운 생명으로 채우소서
당신이 사랑하시는 것을 내가 사랑할 수 있도록
당신이 원하시는 일을 내가 할 수 있도록[5] ♪

때때로 우리가 성령을 부르며 기도할 수 있지만, 성령은 삼위일체의 '말 없는' 구성원으로서 일하시는 분임을 항시 기억해야 한다. 성령은 자신에게 관심을 집중시키기보다는 언제나 성자와 성령을 높이시는 것을 통해 자신의 현존을 나타내신다. 그러므로 성령 충만한 기도는 성령으로부터 성자를 통해 성부께로 나아가는 기도이다. 성령은 우리가 예수의 이름으로 하늘에 계신 아버지 하나님께 기도하도록 격려하신다.

간단히 말하자면, 일반적으로 삼위일체적 기도는 성령의 힘을 받아, 성자의 이름으로, 성부께 드리는 기도이다.

삼위일체적 삶 | 삼위일체 하나님을 아는 것은 단지 우리의 기도 방식에만 영향을 끼치는 것이 아니다. 우리의 삶의 방식에도 영향을 끼친다. 삼위일체로서의 하나님은 성경적 삶의 궁극적 모델과 표준이 된다[마 10:39].

삼위일체 교리가 가리키듯이 하나이신 하나님은 곧 사회적 삼위일체 social Trinity, 즉 성부 성자 성령의 공동체 또는 사귐이시다. 이렇듯 하나님이

'통일성 안의 복수성'이신 분이므로 인류의 이상은 단독자로서의 개인이 아니라 '공동체적 존재로서의 인격'에 초점이 맞춰져야 한다. 하나님은 우리의 삶이 하나님의 본질을 반영하기를 바라신다. 이것은 우리가 고립된 자리로부터 나와서 다른 사람들과의 경건한 관계 속으로 들어갈 때 가능한 일이다. 따라서 참된 기독교적 삶이란 바로 '관계 속의 삶' 또는 '공동체 속의 삶'을 말한다.

삼위일체 교리는 우리에게 하나님이 사랑이심을 말해 준다. 성부 성자 성령의 관계 안에서 사랑이신 하나님은 또한 모든 창조 세계도 사랑하신다. 이 하나님은 모든 피조물에 관심이 있으시며 그들 모두에게 최고의 선의善意를 갖고 계신다.

하나님이 사랑이심을 아는 것은 우리로 하여금 모든 피조물을 향해 하나님이 보여주시는 사랑의 관심을 반영하게 한다. 따라서 그리스도인은 하나님이 인류에게 맡기신 참된 청지기 사명을 실천하고 진척시키는 데 있어서 제일선에 나서야 한다창 1:28; 2:15.

하나님의 본보기를 따르는 청지기 사명에는 환경친화적 삶도 포함된다. 그러나 인간은 하나님의 특별한 사랑을 받는 피조물이다. 따라서 사랑의 하나님을 본보기로 삼아 살려고 하는 우리는 마땅히 동료 인간들에게 초점을 맞추어야 한다. 인간 개개인을 사랑하시기에, 하나님은 우리에게 정의롭게 행동하라고 요구하신다. 그리고 하나님은 모든 인류를 향한 사랑과 정의와 의로움의 비전을 실현하시는데 우리를 일꾼으로 부르신다.

관계를 맺으시는 하나님

삼위일체 하나님을 아는 것은 우리의 기독교적 체험의 중심에 놓여있다. 또한, '한 하나님은 곧 사랑 안에서 일치된 성부 성자 성령이시다'라는 삼위일체 교리를 긍정하는 것은 하나님에 대한 기독교적 이해의 중심을 형성한다. 하나님의 삼위일체적 본성은 하나님이 사회적관계적임을 의미한다. 즉 하나님은 '사회적 삼위일체'이시다. 따라서 우리는 하나님이 '공동체'라고 말할 수 있다. 하나님은 완벽하고 영원한 사귐을 누리시는 성부와 성자와 성령의 공동체이다.

삼위일체 교리가 갖는 의미는 한 걸음 더 나아간다. 즉 영원한 신적 존재 안에서 관계적이신 하나님은 또한 창조 세계와의 관계 속으로도 들어오신다. 우리는 기독교의 이 위대한 선언을 어떻게 이해해야 하나? 그리고 하나님은 어떤 방식으로 우리와의 관계 속으로 들어오시는가? 이제 우리는 하나님의 이러한 관계적 역동성에 대해 살펴볼 것이다.

하나님은 초월적이고 내재적인 존재로서 세상과 관계하신다

기독교 신학은 하나님이 창조 세계와의 관계 속으로 들어오시는 방식의 근본적 특성을 묘사하는 데 처음부터 '초월' transcendence과 '내재' immanence라는 용어를 사용했다. 그런데 불행하게도 이 두 단어는 종종 잘못 이해되고 있다. 따라서 두 단어의 의미를 자세히 살펴볼 필요가 있다.

첫째, 하나님은 세상을 초월하신다. 초월이란 다음을 의미한다.

- 하나님은 세상과의 관계에서 자기충족적self-sufficient이시다. 즉 하나님

은 하나님이 되시는 데 세상이 필요하지 않으시다. 하나님은 세계가 있기 전부터, 세계의 도움 없이도, 영원한 연인eternal Lover이시다.
- 하나님은 세계 속에 완전히 잠기지 않으신다. 하나님은 이 세상 '위에' 또는 '너머에' 계신다.
- 하나님은 자유롭게 세상과의 관계 속으로 들어오신다. 어떤 것도 하나님을 강제로 얽어매지 못한다. 하나님은 자신의 본성에도 강제적으로 얽매이지 않으신다.

성경은 하나님의 초월성을 대단히 힘있게 선언한다. 전도서 기자는 다음과 같이 경고한다. "하나님은 하늘에 계시고 너는 땅에 있음이니라"전 5:2. 마찬가지로 선지자 이사야는 주께서 '높이 들린 보좌 위에' 앉으신 것을 보았다사 6:1.

그러나 또한 하나님은 세상 속에 내재하신다. 이것은 다음을 의미한다.

- 하나님은 창조 세계 속에 온전히 현존하신다.
- 하나님은 이 세상 속에서 활동하신다. 하나님은 자연의 섭리에 함께하시며, 무엇보다도 하나님은 인간 역사 가운데 일하신다.

성경은 하나님이 세상과 맺으시는 관계의 내재적 차원을 찬미한다. 구약성경의 기자들은 거듭해서 하나님은 성령을 통해 창조 세계를 지탱하시는 분이시라는 주제를 표명한다욥 27:3; 33:4; 34:14~15; 시 104:29~30. 예수께서도 햇빛이나 비, 새의 양식 공급, 꽃의 아름다움 같은 자연의 과정을 성부가 하시는 일로 여겼다마 5:45; 6:25~30; 10:29~30. 그리고 아테네인을 향한 유명한 연설에서 바울은 하나님은 "우리 각 사람에게서 멀리 계시지 아니하도다. 우리가 그를 힘입어 살며 기동하며 존재하느니라"행 17:27~28고 말한다.

하나님은 초월하시며 동시에 내재하신다. 하나님이 세상과 맺으시는 관계의 두 가지 측면은 우리의 하나님 이해에 중대한 의미가 있다. 첫째, 하나님을 피조물과의 관계 속으로 들어오지 못할 만큼 저 멀리 세상 너머에 계신 분으로 여겨서는 안 된다. 하나님은 우주 속에서 일어나는 일을 보거나 듣거나 알지 못하는 멀리 동떨어져 있는 신이 아니다.

둘째, 하나님을 창조 세계의 통치자가 되지 못할 정도로 세상 속으로 완전히 함몰된 분으로 여겨서도 안 된다. 하나님은 '우리 각자의 내면 안에 있는 신적인 불꽃' 또는 모든 살아 있는 피조물들을 하나로 결합하는 위대한 '매트릭스'Matrix 정도로 환원될 수 없다.[6]

하나님은 영으로서 세상과 관계하신다

초월적이시며 동시에 내재적이신 하나님은 또한 '영spirit' 이시다요 4:24. 이것 역시 우리에게 하나님이 세상과 관계하시는 방식에 대해 말해 준다.

기본적으로 성경에서 '영'이란 단어는 '숨'breath이나 '바람'을 의미한다. 숨은 생명의 표지이므로 '영'도 모든 생명체, 특히 인간 안에 있는 생명 원리를 가리키는 말이다. 성경 기자들은 하나님이 각 인간 안에 있는 생명의 원천이심을 거듭해서 말하고 있다. 하나님이 아담의 코에 "생기를 … 불어넣으시니 사람이 생령이" 되었다창 2:7.

"하나님은 영이시다"라는 선언은 창조 세계와 하나님이 생명의 관계를 맺고 있음을 확증해 주는 말이다. 즉 하나님이 생명의 원천이심을 인정하는 말이다. 하나님은 우리에게 생명을 주시는 분이다. 그리고 우리는 생명 자체를 하나님께 의존하고 있는 존재들이다.

그런데 "하나님은 영이시다"라는 고백에는 더 깊은 의미가 담겨 있다. 생명을 주시는 분으로서 하나님이 세상과 맺고 계신 관계는 삼위일체 하나님 내부에서 이루어지고 있는 근본적이고 영원한 관계에 기초를 두고 있다. 즉 "하나님은 영이시다"라는 말은 우리가 경배하는 하나님이 정적인 존재가 아니심을 의미한다. 하나님은 '살아 계신' 분이시다. 영원부터 영원까지 하나님은 살아 계신 분이시다. 하나님은 역동적이신 분, 활동하시는 분이시다.

하나님 내부에서 이루어지는 생명의 활동에 대해 예수께서는 이런 말씀을 하셨다. "아버지께서 자기 속에 생명이 있음 같이 아들에게도 생명을 주어 그 속에 있게 하셨다"요 5:26. 즉 하나님의 생명이란 신성의 원천이신 성부께서 자신과 신성을 공유할 성자를 낳으시는 그 영원한 활동을 말한다. 그리고 성자를 향한 성부의 사랑은 성부를 향한 성자의 사랑으로 보답을 받는다. 이때 성부와 성자 사이에서 이루어지는 관계가 곧 삼위일체의 세 번째 위격이신 성령이시다.

그러므로 "하나님은 영이시다"라는 말은 하나님이 관계적인 하나님이심을 의미한다. 영원부터 영원까지 삼위일체 하나님은 하나의 생명적 역동성이시다. 그리고 하나님 내부에 존재하는 생명력은 창조 세계 속으로까지 흘러서 넘친다. 이처럼 영원한 삼위일체 내부에서 그 자신이 역동적 활동이시기에 하나님은 자신이 자유롭게 창조하신 피조물들의 생명의 원천이자 지탱자가 되신다.

하나님은 인격으로서 세상과 관계하신다

하나님은 '인격person'이시다. 하나님은 '인격'으로서 창조 세계와의 관계 속으로 들어오신다.

• 우리가 하나님을 인격이라고 이야기하는 까닭은 우리가 하나님을 측량할 수 없으며, 의지를 가지고 계시며, 자유로우신 분으로 경험하기 때문이다.[7]

첫째, 우리가 하나님을 인격으로 인정하는 것은 하나님은 측량 불가능한 분으로서 세상과 관계하시기 때문이다.

우리가 인간을 묘사할 때 '인격'이라는 단어를 사용하는 것은 우리가 서로 측량 불가능한 존재로서 경험하기 때문이다. 상대의 눈에 완전히 그 내면이 환히 다 드러나는 사람은 아무도 없다. 우리는 다른 사람의 심연을 측량할 수 없다. 결국, 우리는 모두 서로에 대해 여전히 신비스럽고 비밀스러운 존재로 남아있다.

더구나 우리와의 관계 속으로 들어오시는 하나님 또한 여전히 우리에게 궁극적인 신비로 남아 계신다. 하나님은 우리의 이해 능력을 완전히 넘어서 계신 분이다롬 11:33~34. 세상에 대한 관계에서, 하나님은 여전히 측량 불가능한 존재로 남아 계신다. 그러므로 하나님은 '인격'이시다.

둘째, 우리가 하나님을 인격으로 인정하는 것은 하나님은 '의지'로서 창조 세계와 관계하시기 때문이다.

인간이 서로 인격으로 이야기하는 것은 우리가 스스로 결정하는 능동적인 행위자이기 때문이다. 우리에게는 목표와 목적이 있고 스스로 계획을 세울 수 있다. 목표와 목적, 그리고 계획에 따라 세상 속에서 우리가 하는 행동의 특색이 정해진다.

하나님은 '의지' 이시다. 하나님은 창조 세계를 향해 목적을 갖고 계시며, 자신의 목적을 완성하시기 위해 이 세상 속에서 활동하신다. 그러므로 하나님은 인격이시다.

셋째, 우리가 하나님을 인격으로 선언하는 까닭은 하나님께서 '자유'를 갖고 이 우주와 관계하시는 분이기 때문이다.

우리는 전적으로 자유롭게 행동한다는 점에서 서로 인격으로 지칭한다. 우리의 행동은 다른 사람의 전적인 지배를 넘어서 있다. 만약 강요된 노예처럼 다른 사람의 지배를 당한다면 그 사람은 인격체로 인정받는다고 할 수 없다.

하나님은 세상과의 관계에서 자유로우시다. 하나님은 전적으로 우리의 지배를 넘어서 계신다. 사실상, 하나님은 우리의 유한한 인간적 자유의 원천이시다. 그러므로 우리는 하나님을 '인격' 이라고 말한다.

- 또한 하나님의 이름에서도 하나님의 인격성은 나타난다.

하나님이 모세에게 자신의 이름여호와(Yahweh)을 알리셨을 때, 그분은 자신의 인격성을 확증하신다출 3:14~15. 이 이름은 하나님을 위대하신 '스스로 있는 자', 즉 '스스로 있는 자로서 오실 분' 으로 이야기한다.[8] 즉 모세를 종으로 부르신 하나님은 인간의 역사 속에서 활동하시면서 자신의 정체성을 보여주실 분이시다.

예수께서 "아브라함이 나기 전부터 내가 있느니라"요 8:58고 대범하게 선언하셨을 때, 그분은 이 신적인 이름을 부르신 것이었다. 예수의 적들은 주님의 주장을 신성모독으로 여겼지만, 우리는 그것이 진리임을 알고 있다. 나사렛 예수 안에서 우리는 참으로 그 위대한 '스스로 있는 자', 즉 역사의 처음부터 마지막까지 역사 속에서 활동하고 계신 궁극적인 실재를 만난다. 예수 안에서 우리는 완전한 인격이신 하나님을 본다.

- 하나님의 인격성은 우리의 인격성을 확증해 준다.

하나님이 세상을 '인격'으로서 관계하신다는 사실은 하나님이 인격적인 분이라는 의미이다. 그런데 이것은 우리에게 있어서 중요한 의미를 함축한다. 우리 개개인과 인격적으로 관계하심을 통해, 하나님은 우리의 고유한 인격성을 긍정해 주신다. 또한 우리와 '인격 대 인격'으로서 관계하심을 통해, 하나님은 우리가 그분과 구별되는 존재임을 확증해 주신다.

- 하나님이 '인격'이시기에 당신이 인격이다.

이 점에서 기독교 교리는 비인격적 신을 말하는 다른 종교들과 큰 차이를 나타낸다. 다른 종교들은 신을 비인격적 존재로 보기에 인간의 인격성의 가치를 낮게 평가한다. 하나님을 비인격적 존재로 보는 종교는 삶의 궁극적 목적은 인간의 인격성을 잃어버리고 모든 것을 포괄하는 절대 속으로 용해되는 것이라고 여긴다. 그러나 그와 반대로 우리가 아는 하나님은 우리와 인격 대 인격으로서 관계하시는 분이시다. 그렇게 함으로써 하나님은 우리의 고유한 인격성을 영원히 존중해 주신다.

하나님은 '영원하신 분'으로서 세상과 관계하신다

우리가 아는 하나님은 삶의 인격적 원천이실 뿐 아니라 영원하신 분이시다. 신학자들은 하나님의 '영원성'을 세 가지 omnis전(全)의 개념으로 설명한다. 하나님은 편재하시고omnipresent, '어디에나 계시며', 전지하시며omniscient, '모든 것을 아시며', 전능하시다omnipotent, '무엇이든 하실 수 있다'. 이것들은 말하기는 쉽지만, 사실 이해하기 어려운 신학 개념들이다. 따라서 쉽게 오해되기도 한다.

그리스 철학자들은 가변적 시간과 사건의 흐름 너머에 있는 정적이고 불가변적 영역을 대조시켰다. 정적인 불가변성을 가변성보다 더 '실재적'인 것으로 여겼다. 그들에게 있어서 하나님의 영원성은 신적인 존재가 시간적 영역을 완전히 넘어서 계시며, 따라서 시간 내에서 일어나는 사건들에 전혀 영향받지 않는다는 것을 의미했다. 하나님을 이렇게 무시간적이고 정적인 존재로 보는 헬라적 개념은 우리가 아는 하나님과 일치하지 않는다.[9] 반대로 성경이 말하는 하나님은 피조물의 곤경을 보시고, 아시며, 관심이 있으시고, 거기에 반응하시는 분이시다. 성경은 시간에 영향받지 않는 하나님이 아니라 모든 시간 가운데 신실하게 현존하시는 하나님을 말한다.

그런데 이것은 어려운 질문을 하나 불러일으킨다. 그렇다면 모든 시간 가운데 신실하게 현존하시는 하나님이 시간과 관계하시는 방식은 무엇인가? 우리의 시간 경험은 하나님과 시간의 문제를 풀어 가는 실마리를 제공해 준다.

우리에게 있어서 시간은 과거, 현재, 미래의 세 가지 측면을 가진다. 비록 과거와 미래의 사건들에 대해서 말하지만, 궁극적으로 우리는 오직 현재의 사건만을 직접 인식할 수 있다. 과거에 대한 우리의 인식은 기억으로 제한된다. 미래와 우리 사이의 유일한 연결점은 예측 능력이다. 인간은 오직 지금 여기에 있는 것만을 직접 경험하며 살기에, 인간의 삶의 영역은 '현재'이다.

현재를 직접 인식하는 우리의 경험은 우리에게 영원에 대한 제한적 참여를 제공한다.현재를 직접 인식할 수 있는 우리는 제한적이나마 영원에 참여하는 것이다. 그리고 우리가 세상과 관계할 때 갖는 이 경험을 확장함으로써 하나님이 우주의 과정들과 관계할 때 갖는 경험이 어떤 것일지 들여다볼 수 있다.더 나아가 인간은 세상을 경험하는 방식을 확장함으로써 하나님이 이 우주의 과정들을 경험하시는 방식을 이해한다. 즉 인간이 현재 자신에게 일어나는 일을 인식하는 방식으로 하나님은 이 우주의 모든 일을 인식하신다. 다시 말해서 하나님은 모든 사건을 직접적이고 동시적으로 인식하신다. 그 사건이 '과거'이든 '현재'이든 '미래'이든 상관없이, 그것은 모두 하나님의 '현재' 안에 있다.그것은 모두 하나님에게는 '현재'의 사건이다.

비유를 드는 것이 이 개념을 이해하는 데 도움이 될 것이다. 로즈 보울Rose Bowl 행진을 본다고 하자. 1월 1일 나는 캘리포니아의 패서디나로 가서, 행진이 지나갈 거리 중 하나의 도로변에 자리를 얻는다. 그러면 키의 한계와 주변에 몰려든 엄청난 인파들 때문에, 행진에 대한 나의 시야는 내가 서 있는 지점을 지나가는 행진 차 하나로 제한될 수밖에 없다. 그러나 만일 자가용 비행기를 가진 친구가 있어서 날 태워 주었다고 하자. 그러면 하늘 높이 날면서 아래를 내려다보는 것이기에, 행진에 대한 나의 시야는 훨씬 넓다. 지나가는 행진 차 하나만을 볼 수 있는 것이 아니라 한번에 행진 전체를 볼 수 있다.

완벽한 비유는 아니지만, 이 비유를 활용해 보자. 우리 인간은 '도로변'의 위치에서 시간을 보는 것과 같다. 우리는 우리의 현재 속으로 들어오는 사건 하나하나만을 경험할 수 있을 뿐이다. 그러나 하나님은 우주적 '비행기'로부터 시간 전체를 한번에 조망하신다. 이렇게 모든 사건은 동시적으로 하나님의 포괄적 '현재' 안에 있다.

하나님의 편재, 전지, 전능에 대한 우리의 이해는 하나님의 영원성에 대한 이러한 이해를 배경으로 전개된다.

- 먼저, 하나님의 편재에 관한 이야기부터 시작해 보자.

그리스도인은 흔히 모든 것에 어디에나 하나님이 계신다고 말한다. 그러나 사실 그 말을 뒤집어 표현하는 것이 더 낫다. 즉 사실은 모든 것에 하나님이 계신 것이 아니라 모든 것이 다 하나님 앞에 있는 것(무엇이든 다 하나님 앞에 있는 것)이다. 하나님은 우주 안의 모든 일을 직접 '조망'하신다.

- 편재는 당연히 하나님의 전지(全知)로 이어진다.

하나님의 전지(全知)에 관해 이야기할 때, 그것을 하나님이 이 세상과 맺으시는 관계에 대한 진술이 아니라 신적인 존재의 고립된 속성에 대한 진술로 여기는 그리스도인들이 있다. 그들은 하나님이 모든 실제 사건만을 아시느냐, 아니면 모든 가능한 사건도 아시느냐 같은 문제로 논쟁을 벌인다.

'전지'란 하나님은 이 세상을 완벽하고 완전하게 인지하심을 지칭하는 말이다. 하나님은 우주 안의 모든 일을 아신다. 하나님은 모든 사건을 동시적으로 인식하기에 모든 것을 아신다.

- 전지와 편재는 곧 하나님의 전능을 의미한다.

하나님의 전지에 대해서 그랬던 것처럼, 전능에 대해서도 이 세상과 별개로 하나님의 존재 속성에 관한 진술로 여기는 그리스도인들이 있다. 그들은 하나님은 그분이 원하시는 것은 무엇이든 하실 수 있다고 주장한다. 이렇게 추상적인 의미로 하나님의 능력을 어떤 이론적인 능력과 결부시키는 것은 단지 무의미한 난제와 명백한 딜레마만 일으킬 뿐이다. 소위 하나님이 자신이 드실 수 없을 정도로 무거운 바위를 만드실 수 있는지 없는지 같은 문제를 놓고 무의미한 논쟁을 벌이게 한다.

그런 잘못된 논쟁과 달리, "하나님은 전능하시다"는 고백은 하나님은 창조 세계를 향한 자신의 계획을 완성하실 수 있는 분이라는 인정이다.

하나님은 멀리 떨어져서 세상을 관망하시는 분이 아니다. 하나님은 영원하신 존재로서, 즉 모든 시간 가운데 신실하게 현존하시는 분으로서 우주와 관계하신다. 또한 창조 세계의 최종 목적과 모든 사건을 아시는 분으로서 세상 속에서 활동하신다. 그리고 인간 역사 속에서 하나님이 하시는 모든 활동은 그 최종 결과에 이바지한다. 자신의 목적을 알고 계시기에, 하나님은 자신이 창조 세계에 의도하시는 선을 위해 모든 악을 극복하실 수 있다. 그리고 전능하신 하나님은 옛 질서를 새로운 질서로 바꾸실 수 있는데, 그 일은 영광 중에 예수께서 다시 오실 종말에 완전히 이루어질 것이다.

• 하나님의 영원성을 인정하는 것은 우리의 신앙에 굳건한 기초를 제공해 준다.

전지하신 분이시기에 하나님께서 우리의 최선을 아신다고 확신한다. 또한, 전능하신 분이시기에 하나님께서 우리에게 최선을 이루실 것을 신뢰한다. 그리고 편재하신 분이시기에 우리는 삶의 모든 순간 하나님께 우리 자신을 맡길 수 있다. 그분은 세상 끝까지 우리와 함께하시는 분이시다.

• 영원하신 하나님을 아는 것은 우리를 담대한 기도와 확신 있는 행동으로 인도해 준다.

모든 시간 가운데 신실하게 현존하시는 하나님은 역사에 대한 자신의 계획을 완성하시는 일에 우리를 열정적인 간청과 순종하는 활동을 통해 참여하는 동역자로 초대하신다. 이 두 가지 활동을 통해 우리는 '현상 유지에 대항한다'. 우리는 세상의 현재 상태가 하나님의 계획과 완전히 일치한다고 인정하지 않는다. 기도와 행동을 통해 우리는 미래의 하나님 나라의 능력이 지금 현재 속으로 뚫고 들어오게 하시는 성령의 활동에 우리 자

신을 도구로 드린다.[10]

하나님은 '자애로우신 분'으로서 세상과 관계하신다

마지막으로, 우리가 아는 영원하신 하나님은 그분이 하시는 모든 일에 완전히 선하시다. 즉 하나님은 창조 세계와 관계하심에 도덕적으로 올바르시다. 우리는 하나님의 선하심이 갖는 두 가지 측면을 지적할 수 있다.

- 하나님은 거룩하시다.
- 하나님은 자비하시다.

"하나님은 거룩하시다"는 말은 하나님은 자신의 피조물을 대하시는 데 있어서 완전히 올바르시고, 공정하시며, 정의로우시고, 의로우시다는 것을 뜻한다. 하나님은 도덕적으로 완벽하실 뿐 아니라 도덕을 위한 기준도 되신다. 하나님이 창조 세계를 대하시는 방식은 그분이 우리를 심판하시는 기준이 되며, 따라서 우리가 모든 인간 행위를 평가하는 기준이 된다.

"하나님은 자비하시다"는 말은 하나님은 우리에게 은혜로우시며, 자애로우시고, 오래 참으신다는 의미이다. 성경 기자들은 하나님이 세상과 맺으시는 관계의 자비로운 차원을 찬양했다(예를 들어 출 34:6; 느 9:17; 시 86:15; 103:8; 111:4; 116:5; 145:8; 사 54:10; 욜 2:13; 욘 4:2). 신약성경에 따르면, 하나님의 자비가 최고로 나타난 행위는 예수 그리스도가 우리의 구원을 위해 오신 것이다(엡 3:4-5; 딛 3:5). 하나님의 자비로우심에 대한 인식은 그분을 향한 우리 신앙의 성경적 기초가 된다.

거룩하시고 자비로우신 하나님을 아는 지식은 이 영광스러운 하나님을 향한 기쁨과 경외 가운데 찬양으로 이어져야 한다. 더 나아가, 그것은 우리의 삶을 혁명적으로 바꾸어 놓아야 한다.

하나님의 거룩하심은 개인적이고 사회적인 차원에서 인간의 삶에 중대한 의미가 있다. 만일 우리가 '정의', '공정성', '의로움' 같은 근본 개념들을 분명하게 이해하려면, 우리는 인간의 의견이 아니라 하나님과 그분의 행위를 바라보아야 할 것이다.

무엇보다도, 자비가 풍성하신 하나님은 다른 사람과의 관계에서 우리가 그분을 닮을 것을 명하신다. 사랑의 사도 요한은 우리에게 하나님의 성품과 우리의 행위가 연결되어야 할 것에 대해 말한다.

"그가 우리를 위하여 목숨을 버리셨으니 우리가 이로써 사랑을 알고 우리도 형제들을 위하여 목숨을 버리는 것이 마땅하니라"요일 3:16.

창조자 하나님

성경은 단순하지만 심오한 선언으로 시작된다.

"태초에 하나님이 천지를 창조하시니라"창 1:1.

이 진술은 삼위일체 하나님이 이 우주를 존재케 하셨으며, 자신의 창조 세계와 관계를 맺으신다는 영광스러운 진리를 대담하게 선언한다. 이렇게 영원하신 하나님은 우주의 창조자가 되시며, 세상은 하나님의 피조물로서 존재한다.

성경의 하나님이 우주의 창조자라는 이 선언은 그리스도인들이 우주에 대해 고유한 이해를 하고 있음을 의미한다. 우리가 아는 하나님은 이 세상의 창조자이시다. 우주는 저절로 존재하게 된 것이 아니다. 우주는 하나님의 뜻과 행위로 존재하게 된 것이다.

그렇다면 하나님의 세상 창조는 어떤 종류의 '행위'인가? 이 질문을 제기하면서 '빅뱅' 이론 같은 우주의 기원에 관한 특정한 과학 이론을 살펴보려는 것이 아니다. "하나님은 창조자이시다"라는 우리의 고백이 창조자와 세계 사이의 관계에 대해 갖는 함축된 의미들을 살펴보려는 것이다. 하나님의 창조가 어떤 종류의 행위인가에 대한 다섯 가지 답변을 살펴보자.

- 창조는 하나님의 자유로운 행위다.
- 창조는 하나님의 사랑의 행위다.
- 창조는 삼위일체 하나님의 행위다.
- 창조는 주권자 하나님의 행위다.
- 창조는 하나님의 미래 행위다.

하나님은 자유의 행위로 세상을 창조하신다

우리가 창조자로 고백하는 하나님은 세상을 자유롭게 창조하는 분이시다. 하나님은 어쩔 수 없이 우주를 창조하신 것이 아니다. 어쩔 수 없이 세상을 창조하셨다는 말은 하나님은 하나님이기 위해서 이 세상이 있어야 한다는 뜻이다. 그러나 우리가 아는 하나님은 초월적이신 분, 즉 세상의 유무와 별개로 이미 완전하신 신적 실재이시다. 하나님은 이 우주의 존재 여부와 관계없이 영원히 하나님으로 존재하신다.

이것을 이해하는데 하나님의 삼위일체성이 우리에게 도움이 된다. 하나님은 상호 사랑으로 함께 연합된 사회적 삼위일체이시다. 하나님은 자신의 영원한 생명 내부에서 이미 완전한 사랑의 하나님이시다. 하나님이 사랑의 하나님이 되시는 데 세상이 필요하지 않다. 영원부터 영원까지 성부는 성자를 사랑하시며, 성자도 성부를 사랑하시고, 두 분이 그렇게 나누는 사랑이 성령이시다. 이 우주가 존재하는 이유는 하나님이 자신의 존재를 나눌 우주를 창조하시기로 은총 가운데 자유롭게 선택하셨기 때문이다.

하나님은 사랑의 행위로 세상을 창조하신다

창조는 하나님의 자유로운 선택일 뿐 아니라 하나님의 사랑으로부터 나오는 행위이다. 하나님은 사랑이시다. 즉 성부, 성자, 성령 사이에서 나타나는 사랑이시다. 그런데 하나님의 심장 내부에 존재하는 영원한 사랑의 관계가 '밖으로 흘러넘친 것'이 바로 그분의 창조 행위이다. 창조 세계는 하나님 자신의 본성사랑의 흘러넘침으로써 창조되었기에, 창조 세계는 하나님의 영원한 사랑을 받는 수혜자이자 동시에 그 사랑을 비춰주는 거울로서 존재한다.

삼위일체 하나님이 세상을 창조하신다

성부, 성자, 성령 모두가 창조의 행위 속에 함께 하셨다.
구체적으로 말하자면,

- 성부는 세상을 창조하시되the Father creates the world
- 성자를 통해through the Son
- 성령의 능력으로by the divine Spirit 창조하신다.

- 성부 하나님은 창조 행위에서 주된 역할을 하신다. 성부는 존재하는

모든 것의 직접적인 창조자이시다^{고전 7:6}. 성부의 뜻이 모든 존재의 근거이다^{계 4:11}. 그러므로 모든 세계는 자신의 존재를 성부께 의존한다^{행 17:28}.

모든 존재의 목적은 성부 하나님의 영광이다. 모든 피조물의 목적은 그분을 찬양하는 것이다. 자연세계는 하나님을 찬양하는 뜻을 자연히 수행한다^{시 19:1}. 그러나 성부는 최고의 피조물인 인간에게는 분명한 의지와 의식을 갖고^{따라서 가장 충만하게} 하나님을 영화롭게 할 것을 원하신다.

- **성자는 창조의 원리이시다.**[11]

성자는 성부의 창조 사역 가운데 함께 하셨던 말씀, 또는 질서의 원리이시다^{요 1:3, 14; 골 1:16a}. 이는 세상의 모든 것이 예수와 그분의 이야기와 연결될 때만 비로소 그 존재 의미를 발견함을 뜻한다^{골 1:16b}. 성자는 모든 피조물이 창조자와 어떻게 관계를 해야 하는지를 보여주셨다. 예수는 '아버지'로 부르셨던 분에게 겸손히 의지하고 순종하는 삶을 사셨다^{요 5:26}.

- **성령은 세상을 창조하시는 신적인 능력이시다.**

공허를 품으시는 분으로서^{창 1:2; 참고. 욥 26:13}, 성령은 우주에 형태를 주는 능력이다. 성령은 모든 살아 있는 피조물에게^{창 6:17; 7:22; 시 104:30}, 특별히 인간에게^{창 2:7; 6:3; 욥 33:4} 생명을 주시는 능력이다.

창조 행위에서 삼위일체의 각 위격이 맡는 역할은 아무렇게나 정해진 것이 아니다. 오히려 하나이신 하나님의 영원한 역동성 가운데 각 위격에게 주어진 역할로부터 나온 것이다. 성자를 영원히 사랑하시는 성부는 성자가 성부의 사랑에 사랑으로 응답하듯 피조물로 하여금 자신의 사랑에 응답하도록 세상을 창조하신다. 성령은 성부와 성자 사이의 관계의 영으로서, 하나이신 하나님이 세상을 형성하시는 능력이시다.

창조는 주권적 창조자의 행위이다

창조자로서 하나님은 세상과의 관계에서 당연히 특별한 지위를 누리신다. 하나님은 창조 세계를 주관하신다. 주권이란 창조 세계가 나아갈 방향이 무엇인지 선언할 권리가 오직 하나님께만 있음을 의미한다. 하나님의 뜻만이 우주적인 순종을 받아야 한다. 그러나 주권자 하나님은 언제나 자신의 성품, 즉 사랑에 따라서 행동하신다는 사실도 기억해야 한다. 하나님은 언제나 자신이 사랑의 흘러넘침 가운데 만드신 우주를 위해 최선이 되는 일을 하신다.

그런데 이 세상에 악이 존재한다는 사실은 하나님이 창조 세계에 대해 어느 정도까지 주권을 갖고 계신지에 대한 질문을 던지게 한다. 다음 두 가지 개념을 통해 그에 대한 답변에 쉽게 접근할 수 있다.

- 현재 주권과 미래 주권
- 원칙상 de jure 주권과 사실상 de facto 주권

- 먼저, 현재와 미래라는 두 가지 측면에서 이 세상을 조망해 보자.

엄밀하게 말하면, 주권은 세상을 향한 목적을 이루실 수 있는 하나님의 능력을 가리키는 말이다. 이런 측면에서 보면, 지금 우리는 예수께서 다시 오심으로써 하나님의 주권이 영광스럽게 드러날 때를 기대하는 중이다. 그때 비로소 하나님의 주권은 완전해지고 분명해질 것이다.

그날이 이르기 전까지는, 하나님의 주권을 의심하게 하는 많은 것들이 존재한다예를 들어 시 73:3-14. 그러나 성경의 하나님은 그저 가만히 계신 분이 아니다. 하나님은 창조 세계를 그 의도된 목적을 향해 인도하시며 역사 속

에서 시종일관 일하고 계신다. 하나님은 결국 자신의 사역을 완성하시며 주권자가 되실 것이기에, 우리는 그날에 이르는 모든 과정에서도 하나님의 주권을 긍정할 수 있다. 종말 이전에도, 하나님은 창조 세계를 인도하시며 선을 위해 악을 극복하는 일을 하고 계신다.

- 다음으로, '원칙적' 또는 '권리상' 주권de jure과 '사실상' 주권de facto이라는 개념에 대해 살펴보자.

창조자로서의 하나님의 지위라는 측면에서 보면, 원칙적으로 오직 하나님만이 주권을 주장하시고 행사하실 수 있는 분이다. 즉 하나님만이 '권리상' de jure 주권자이시다. 그러나 우리 역사의 실제 상황에서는 하나님의 완전한 뜻이 항상 명백하게 드러나지는 않는다. 피조물인 인간이 자신을 향한 하나님의 계획이나 뜻에 항상 따르는 것도 아니다.

그러나 이것이 이야기의 끝은 아니다. 언젠가 때가 되면 하나님은 결국 모든 창조 세계를 자신의 영광스러운 계획에 일치시키실 것이다. 그때가 이르면 하나님은 단지 '원칙적으로' 뿐 아니라 '사실상' 으로도 주권자가 되실 것이다. 그날이 오기까지 하나님은 창조 세계를 의도된 목표를 향해 능동적으로 이끌어 가고 계신다. 피조물이 하나님의 뜻을 인정하고, 반영하면서, 순종하며 살아갈 때 하나님은 우리의 현재 속에서도 실존하시는 주권자가 되신다.

창조는 미래 행위다.

마지막으로, 또 다른 중대한 질문이 하나 있다. 하나님은 언제 세상을 창조하시는가?

- 어떤 의미에서 그 대답은 명백해 보인다. "태초에!"

어쨌든 세상은 지금 엄연히 존재하고 있고, 성경은 다음과 같은 분명한 선언으로 시작된다. "태초에 하나님이 천지를 창조하시니라"창 1:1. 그러므로 창조는 먼 과거에 이미 일어난 사건이다.

창조는 실제로 '태고', 즉 '태초에' 일어났다. 이런 의미에서 '창조'란 이 세상을 존재케 하신 하나님의 자유로운 행위를 가리키는 말이다.

• 그러나 다른 의미에서 창조는 미래 사건이다.

'창조'는 세상을 정해진 목표를 향해 이끌어 가시는 하나님의 사역 완성을 가리키는 말일 수 있다. 즉 '창조'란 이 세상을 계획하신 바대로 만들어 가시는 하나님의 행위이다. 이런 의미로 볼 때, 세상의 창조는 단순히 시간의 시작점이 아니라 역사의 끝에 위치한다. 창조의 행위는 아직 완성되지 않았다. 지금도 하나님은 이 세상을 창조하시며 역사 속에서 여전히 일하고 계신다.

창조에 대한 이와 같은 이해는 성경의 중심 사상을 이루고 있다. 신구약 성경의 선지자들은 모두 하나님이 우주를 하나님이 계획하신 그 완벽한 '실재'로 변화시킬 날을 고대했었다. 예를 들어 이사야를 통해 하나님은 이렇게 선언하셨다. "보라 내가 새 하늘과 새 땅을 창조하나니 이전 것은 기억되거나 마음에 생각나지 아니할 것이라 너희는 내가 창조하는 것으로 말미암아 영원히 기뻐하며 즐거워할지니라"사 65:17~18. 수 세기 후에 요한도 이사야의 예언을 되풀이했다. 영광스러운 미래에 대한 그의 비전에서, 요한은 '새 하늘과 새 땅'을 보았다계 21:1.

언젠가 하나님은 이 우주를 그분의 계획과 목적에 따라 완성하실 것이다. 그때까지 세상은 그 위대한 날이 오기를 열망하고 있다롬 8:19~25.

• 미래를 하나님의 창조 사역의 종지부로 보는 이러한 관점은 이 세상

과 그 안에 사는 우리 자신을 어떻게 보아야 하는지에 대해 심원한 의미를 지닌다.

만일 창조가 하나님의 미래 행위라면, 우리가 누구인지를 발견해야 곳은 과거가 아니라 미래다. 우리는 진정한 본성을 태고의 아담으로부터 물려받지 않았다. 우리의 참된 본성은 부활하신 주님이 드러내셨듯이 미래에 있을 우리의 부활 참여에 놓여 있다 고전 15:48. 우리의 궁극적인 정체성은 부활을 통해 우리가 '하늘에 속한 자의 형상' 고전 15:49을 입게 될 때 우리 안에 완전히 이루어질 그리스도의 형상에 있는 것이다.

미래의 어느 날 우리는 창조자 하나님의 영광스러운 목적에 완전하게 들어맞은 작품이 될 것이다. 그 영광스러운 목적은 곧 더할 나위 없는 최고의 공동체이다. 그날에 우리는 하나님, 이웃, 그리고 하나님이 가져오실 새로운 세계와 영원한 사귐을 누리게 될 것이다. 바로 이것이 우리의 참된 본향이요 우리의 궁극적 정체성이다.

때가 이르면 삼위일체 하나님이 자신의 창조 사역, 즉 세상과 우리를 하나님의 자녀로서 만드시는 일을 완성하신다는 것이 우리의 희망이다. 이러한 희망은 삼위일체이시며, 관계를 맺으시고 창조자이신 하나님을 향한 우리의 찬양을 더욱 새롭게 해준다. 또한, 그 희망은 우리로 하여금 영광스러운 미래의 빛 안에서 현재를 살아가도록 도전한다.

1. 기독교의 하나님 이해는 신적인 실재에 대해 다른 종교들이 제시하는 개념들과 어떻게 다른가?

2. 삼위일체 교리는 소위 '기독교 이단들'이 퍼뜨리는 개념과 어떻게 다른가? 이 교리를 부인하는 그룹에게 '기독교'라는 명칭을 부여할 수 있겠는가? 왜 그렇게 생각하는가?

3. 하나님의 본성에 대해 어떤 개념을 갖고 있는가는 중요한 문제인가? 하나님에 대한 당신의 이해는 당신의 삶의 방식에 어떤 영향을 끼치는가?

4. 당신은 '삼위일체'를 어떻게 이해하는가? 당신은 그것을 다른 사람에게 어떻게 설명하겠는가?

5. 하나님이 인격이시라는 기독교의 가르침이 우리 자신의 정체성을 이해하는 데 중요한 이유는 무엇인가?

6. 하나님은 세상을 '주관'하고 계신가? '원칙상의' 주권과 '사실상의' 주권 개념에 대해 설명해 보라.

7. 하나님의 영원성에 대한 믿음 안에서 담대하게 기도하고 확신 있게 살아가는 삶이란 어떤 것인가?

8. "그리스도를 통해 참된 그리스도인이 되라"는 명령에 따르기 위해 오늘날 우리는 어떻게 살아야 하겠는가?

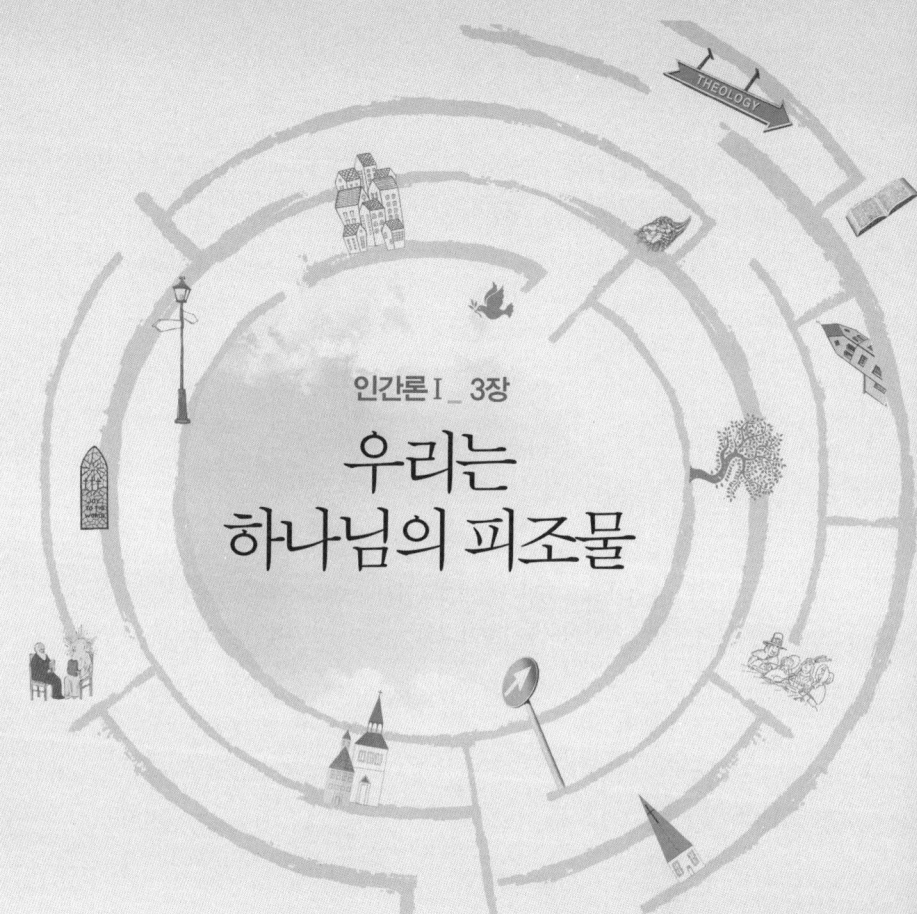

인간론 I _ 3장

우리는 하나님의 피조물

Created For Community
Connecting Christian Belief with Christian Living

우리가 그를 힘입어 살며 기동하며 존재하느니라
너희 시인 중 어떤 사람들의 말과 같이 우리가 그의 소생이라 하니

사도행전 17장 28절

연재만화 〈베티〉에 나오는 장면이다.

주인공 베티와 그녀의 두 친구 베아와 알렉스가 '왈도 찾기 그림책'을 뚫어지게 쳐다보고 있다. 갑자기 알렉스가 큰 소리로 외쳐 친구들을 놀라게 한다.

"여기 있다! 저기 기둥 뒤에."

그리곤 베티와 함께 걸어가면서 알렉스는 조용히 이렇게 읊조린다.

"그래, 왈도를 찾아내는 것은 문제없어. 하지만 내가 누구인지는 찾지 못하겠단 말이야."

알렉스의 솔직한 고백에 우리는 모두 공감한다. 우리의 마음 상태를 그대로 반영해 준다. 겉으로 보기에 우리는 '별문제 없이 잘 살아가는' 듯 보인다. 그러나 내면의 가장 깊은 곳에서 우리는 모두 "나는 누구인가?"라는 질문을 하고 있다. 그런데 우리는 이 질문에 대해 만족스러운 답을 갖고 있지 못하다. 우리가 정말 누구인지에 대해 실마리조차 갖고 있지 못하다. 그 결과 우리는 자신이 누구인지도 모르는 가운데 인생을 살고 있다.

"나는 누구인가?"라는 질문은 당신과 내가 처음 던지는 질문이 아니다. 예수께서 태어나기 오래전 구약 시대 시편 기자는 우주의 방대함과 장엄함에 대해 깊이 묵상하면서 놀라움 속에서 이렇게 외쳤다. "사람이 무엇이기에 주께서 그를 생각하시며 인자가 무엇이기에 주께서 그를 돌보시나이까?"시 8:3~4 모든 시대 인간들이 그러했듯이, 이 시편 기자 역시 우리 인간이 누구인지에 대한 질문을 던졌다.

그런데 그는 그 대답을 대부분 현대인이 추구하는 것과는 상당히 다른 방향에서 찾았다. 그는 우리의 정체성을 인간이 창조 세계 속에서 차지하고 있는 고유한 위치로부터 이끌어 냈다. 시편 기자는 이렇게 외쳤다. "그 인간를 하나님보다 조금 못하게 하시고 영화와 존귀로 관을 씌우셨나이다. 주의 손으로 만드신 것을 다스리게 하시고 만물을 그의 발 아래 두셨으니" 시 8:5~6. 이 시편은 모든 인간이 가지고 있는 정체성에 대한 질문이 종교적 질문임을 보여준다.

정체성에 관한 질문은 궁극적으로 종교적인 또는 영적인 질문이다. 시편 기자를 따르면, 우리의 정체성은 인간이 우주 속에서 누리는 특정한 위치에서 이끌어진다. 즉 우리는 물질적 우주보다는 높고 하나님보다는 낮은 위치에 있는 존재이다.

자신이 누구인지도 모르며 혼란을 겪고 있는 현대인들에게 복음은 참으로 좋은 소식을 전해 준다. 기독교 신앙은 우리가 하나님의 피조물임을 선포한다. 우리는 예수께서 선포하셨던 것처럼, 하늘에 계신 하나님 아버지에게 속한 존재다. 우리는 하나님의 피조물이기에 우리가 어디서부터 왔으며 또 어디로 가고 있는지를 알 수 있다. 하나님 안에서 우리는 우리의 기원과 운명을 발견한다. 우리가 하나님 안에 우리의 기원과 운명이 있음을 깨달을 때, 우리는 비로소 자신이 누구인지를 이해하기 시작한다.

이처럼 하나님을 인정하는 신앙은 인간의 정체성 추구를 위한 기초를 놓아준다. 이번 장에서 우리는 인간이 가진 보편적 질문에 대해 기독교 신앙이 제공하는 답변이 무엇인지를 알아볼 것이다. 우리는 우리가 누구인지를 알 수 있다고 담대하게 선언한다. 시편 기자와 더불어 우리는 우리의 정체성이 하나님의 창조 세계 안에서의 우리의 위치에서 비롯한다고 주장한다.

- 우리는 하나님의 작품이다.
- 우리는 하나님의 형상이다.
- 우리는 다른 영적 존재들과 관계를 맺고 있다.

우리는 하나님의 작품이다

"인간이란 무엇인가?" 아름다운 묵상 기도인 시편 8편의 저자는 이렇게 질문한다. 그리고 인간은 하나님이 "하나님보다 조금 못하게 하시고 영화와 존귀로 관을 씌우신"시 8:5 존재라는 결론을 내린다.

인간의 정체성에 관한 질문에 대해서, 기독교 신앙은 시편 기자와 전체 구약성경의 전통의 맥을 따라서 인간은 하나님의 작품이라고 선언한다. 그런데 우리가 하나님의 작품, 즉 창조자 하나님의 피조물이라는 선언의 의미는 구체적으로 무엇인가? 우리가 하나님의 작품임을 인정하는 것에는 다음과 같은 깨달음이 포함된다.

- 우리는 하나님에게 의존된 존재다.
- 우리는 우리의 기원을 오직 하나님 안에서 발견한다.
- 우리는 하나님이 정하신 특별한 목적을 가진 존재다.

우리는 하나님에게 의존되어 있다

 고대인들과는 대조적으로, 현대인들은 피조물로서의 자신의 위치를 정체성의 기초로 보지 않는다. 오히려 자신을 능동적인 창조자, 곧 자신을 둘러싼 세상을 변화시키는 창조자로 여긴다. 이와 같은 현대적 인간관은 현대 생물학의 연구결과와 잘 들어맞으며, 무엇이 인간을 다른 생물과 구별 짓는가를 밝히려는 생물학의 관심을 잘 반영해 준다.

 현대 생물학 연구는 살아있는 유기체들과 환경 사이의 관계에 주목한다. 동물은 유전으로 결정된 한계들 탓에 세상에 묶여 있다. 그러나 인간은 유전 인자에 그렇게까지 엄격하게 제한을 받지 않는다. 오히려 인간은 생물학자들이 말하는 '유연성과 적응성'이라는 특징을 가진다. 이러한 특질은 인간에게 다른 동물 이상으로 자신의 환경을 변화시키고, 심지어 통제할 수 있는 능력을 부여해 준다.[1]

 적응성과 연관된 인간만이 가진 또 다른 고유한 특성으로서 '자기 초월성'이 있다. 다른 생물들과는 달리, 인간은 자신으로부터 한 걸음 떨어져서 볼 수 있다. 인간은 '지금-여기'를 '초월'할 수 있다. 인간은 자신에 대해 반성할 수 있으며, 살아있는 인격체로서 자신에 대해 꼼꼼히 성찰할 수 있다.

 인간의 적응성과 자기 초월성 때문에 인간은 이 세상이 주는 어떠한 정체성도 가질 수 없다. 인간의 유연성이란 우주에는 인간을 위한 어떤 생물학적 '본향'도 없음을 의미한다. 다시 말해 다른 생물들은 생물 체계 안에서 하나의 분명한 '적소'適所를 가진다. 그러나 생물학자들은 인간에 대해서 인간의 존재 목적을 설명해 주는 어떤 정해진 역할도 발견하지 못했다.

 동시에 인간의 적응성과 자기 초월성 때문에 인간은 자신의 환경을 계속 새로운 방식으로 경험할 수 있는 고유한 가능성을 누린다. 즉 우리가 어떤 '세상'을 창조하든지, 우리는 '그 이상'의 어떤 실존을 또 상상하며 꿈꾸며 계획할 수 있다.

같은 이유 때문에 인간은 자신이 이루어낸 성취나 자신이 만들어낸 '세상'을 통해서는 결코 완전한 자기완성에 이를 수 없다. 인간은 세상 속에서 자신의 '본향'을 가질 수 없다. 인간은 이 세상을 본향으로 삼아 안식하기보다는 끊임없이 알 수 없는 무언가를 향해 움직여간다. 인간은 무언가 새로운 것, '미래', 지금은 없는 어떤 것을 계속 추구한다. 인간은 '지금-여기,' 또는 현상유지보다 더 나은 것을 계속해서 추구하고 있다. 인간은 자신을 위한 환경을 만들고 또다시 만들지만, 결코 자신을 위한 '본향'을 창조해 내지는 못한다.

어떤 학자들은 인간 상황의 이러한 측면을 '세계 개방성'이라고 명명한다.[2] 인간의 이러한 일반적 특징은 커다란 신학적 중요성이 있다. 그들의 주장을 따르면, 인간은 '세상을 향해 개방되어' 있기에 '무한히 의존적'이라는 것이다. 즉 인간은 계속해서 자신의 정체성을 세상에 의존하고 있으나 스스로 만들어내는 '세상' 속에서 궁극적인 완성을 발견하지 못한다. 따라서 인간의 완성은 이 세상 '너머'에 놓여 있음이 틀림없다는 것이다. 그러므로 그들은 결론짓기를, 인간은 자신이 추구하는 바의 완성을 이 세상이 아닌 '무언가'에 의존하고 있다는 것이다. 요컨대 만일 인간이 참으로 만족할 만한 정체성을 발견하고자 한다면, 그것은 반드시 세상 너머에 존재하는 어떤 정체성의 '원천'으로부터 와야만 한다는 것이다.

이와 같은 대단히 현대적인 결론은 우리에게 5세기 어거스틴이 했던 감동적인 선언을 상기시켜 준다.

"오, 하나님! 우리의 마음이 당신 안에서 안식을 얻기까지 우리는 결코 평안을 누리지 못합니다."[3)]

우리는 오직 하나님 안에서 우리의 기원을 발견한다

우리의 '세계 개방성'은 결국 우리가 피조물임을 가리킨다. 우리는 세상 너머에 있는 실재에 의존하고 있는 존재다. 이처럼 현대 생물학의 인간 이해는 우리를 다시 기독교 신앙으로 이끌어준다. 우리는 성경의 하나님이 온 우주의 창조자이심을 인정한다.

하나님을 창조자로 인정하는 것은 하나님을 우주의 기원일 뿐만 아니라 우리 자신의 기원으로 인정한다는 의미이다. 그리스도인으로서 우리는 겸손히 선언한다. '우리의 기원' 더 나은 표현으로 '나의 기원' 은 "창조자 하나님에게 있다". 하나님이 우리의 기원이라고 말하는 것은 우리 삶의 두 가지 중요한 차원을 인정하는 것이다. 즉 이 고백은 다음 두 가지에 대해 말한다.

- 인격체로서의 우리의 실존
- 우리가 공유하는 인간 본질 또는 본성

하나님과 우리의 인격적 실존 | 우리가 자신을 스스로 창조하는 것이 아니다. 나는 나 자신의 실존의 원천이 아니며, 당신도 당신 자신의 실존의 조성자가 아니다. 우리는 우리의 생명을 우리가 부모와 조상이라고 부르는 허다한 다른 사람들에게 빚지고 있다.

우리가 자신을 스스로 창조하지 못한다는 말에는 더 깊은 의미가 있다. 궁극적으로 우리는 우리의 실존을 창조자 하나님에게 빚지고 있다. 우리는 단순히 우리 부모들이 아이를 갖기로 했기 때문에 이 세상에 존재하게 된 것이 아니다. 하나님이 자유와 은총 가운데서 우리에게 실존을 부여하셨기 때문에 여기에 있는 것이다.

그러므로 "하나님이 우리의 기원이시다."라는 말은 그분이 우리 실존의 조성자이심을 의미한다. 그러나 이것은 단순히 우리의 물리적 실존만을 언급하는 것이 아니다. "우리는 하나님 안에서 우리의 기원을 발견한다."라는 말은 삶의 의미에 관한 진술이다. 즉 하나님은 자유와 은총 가운데서 우리의 실존에 의미를 부여해 주신다. 그리고 이 의미는 그분이 우리를 향한 목표, 목적 또는 운명으로부터 비롯한다.

현대인들은 파편화되고 갈피를 잡지 못하는 실존에 어떤 의미를 발견하고자 광적으로 찾아 헤매고 있다. 그러나 복음에 따르면, 우리의 삶은 이미 의미가 있다. 하나님은 목적을 가지고 우리를 창조하셨다. 웨스트민스터 소요리 문답이 명료하게 말하듯이, 우리 인생의 목적은 "하나님을 영화롭게 하고 그분을 영원토록 즐거워하는 것"이다.[4] 우리는 하나님이 우리에게 뜻하시는 영광스런 친교를 누리기 위해 존재한다. 우리는 공동체가 되기 위해 창조되었다.

하나님과 우리의 인간 본성 | 하나님이 우리의 기원이심을 인정하는 것은 우리가 공유하는 인간 본성에 중요한 의미를 지닌다. 무엇보다도 그것은 하나님만이 사람됨의 의미를 선언할 특권이 있음을 깨닫는 것을 의미한다.

5장에서 우리는 예수 그리스도 안에 계시된 인간 본성을 주제로 살펴볼 것이다. 여기서는 인간 본성에 대한 고백이 갖는 중요한 실제적 의미에 대해 생각해 보고자 한다. 먼저 사람됨의 의미를 하나님이 선언하신다는 말의 의미는 우리의 삶은 겉으로 볼 때 아무런 관계가 없어 보이는 사건들의 무의미한 집합이 아니라는 것이다. 하나님은 미리 목적을 갖고 우리를 계획하셨다. 그리고 우리 삶은 하나님의 목적과 계획을 반영할 때 참된 의미가 있다.

또한, 사람됨의 의미를 하나님이 선언하신다는 말은 모든 피조물의 가치는 하나님이 부여하시는 가치에 따라 정해진다는 것을 의미한다. 이것은 현대 사회에 만연된 사고방식과 대비된다. 오늘날 사람들은 자신을 가치의 결정자로 보는 경향이 있다. 현대 사회의 인간들은 우리의 목적에 얼마나 유용한가에 따라서 다른 인간들을 포함한 모든 것의 가치를 평가한다. 그러나 사람됨의 의미를 하나님이 선언하신다는 것은 가치 있음과 없음을 결정하는 것이 인간의 권한이 아님을 뜻한다. 우리의 임무는 모든 창조 세계와 피조물을 하나님의 관점에서 보고, 하나님의 관점을 따라 그것들을 가치 있게 여기는 것이다.

이것은 특히 인간의 가치, 다시 말해 우리 각 개인의 가치문제에 잘 적용된다. 우리는 자신의 가치를 다른 사람들에게서 확인받으려고 애쓰면서 너무 많은 시간을 보내고, 너무 많은 노력을 기울인다. 우리는 다른 사람들이 우리를 어떻게 대하는지를 살피고, 다른 이들이 우리를 어떻게 평가하는지를 알려고 애쓴다. 그러나 우리의 가치는 다른 사람의 평가에 의해 정해지는 것이 아니다. 궁극적으로는 단지 하나님의 의견만이 중요하다. 그리고 그 하나님의 복음은 하나님께서 우리 모두가 가치 있게 여기시므로 우리 모두를 가치 있는 존재들이라고 선언한다. 이 좋은 소식은 우리로 하여금 삶의 모든 도전을 굳세게 직면할 수 있도록 도와준다.

하나님은 우리 각자에게 커다란 가치를 부여하시면서, 또한 은총 가운데 베풀어지는 타인의 가치도 인정할 것을 명령하신다. 우리가 우리 자신의 가치를 타인을 통해 구걸하지 않을 수 있을 때, 우리는 타인의 가치도 인정할 수 있다. 즉 우리가 자신을 어떤 '서열'과 상관없이 참으로 가치 있는 존재로 여길 수 있을 때, 우리는 우리가 만나는 타인의 가치도 그렇게 자유롭게 인정할 수 있게 된다. 중요한 것은 하나님은 우리를 가치 있게 여기시듯 타인들도 가치 있게 여기신다는 것을 깨닫는 것이다.

하나님이 가치 있게 여기시는 것을 우리도 가치 있게 여기는 것은 현대의 윤리적 문제들에 대한 우리의 응답에 방향을 제시해 준다. 예를 들어 하나님을 따라서 가치를 부여하는 확신은 현대의 중대한 생태 위기에 대해 우리가 어떤 자세를 가져야 할지를 가르쳐 준다. 즉 하나님은 창조 세계 자체를 가치 있게 여기시기에, 우리는 하나님의 청지기로서 환경에 관심을 둬야 한다. 하나님은 우리가 이 땅을 그 효용가치가 아니라 하나님이 보시는 바에 따라 가치 있게 여기라고 명령하신다.

기독교적 가치관은 낙태와 안락사 같은 삶과 죽음의 문제에 대한 우리의 접근에도 영향을 끼쳐야 한다. 태아는 부모가 '원했던 아이'이냐 아니냐에 관계없이 가치를 가진다. 사회가 그 아이를 하나의 인격체로 인정하느냐의 여부와 관계없이 태아는 고유한 가치를 가진다. '삶의 질'을 누릴 때에야 살 가치를 갖게 되는 것이 아니다. 하나님은 모든 인간의 삶을 가치 있게 여기신다. 따라서 우리도 그렇게 여겨야 한다.[5]

우리에게는 아담을 통해 하나님이 정하신 특별한 목적이 있다

우리는 하나님의 작품으로서의 정체성을 가진다. 우리는 우리의 기원이

신 하나님에게 의존되어 있다. 하나님은 우리 실존의 원천이시며, 사람됨이 무엇인지를 결정하시는 분이시다. 또한, 우리의 정체성과 관련해, 우리에게는 하나님이 정하신 특별한 목적이 있다.

최초의 인간 ㅣ 우리가 하나님의 작품이라는 좋은 소식은 자연스럽게 우리가 인류의 시작에 대하여 질문을 던지게끔 한다. 많은 사람들이 성경에서 '아담'이라 부른 최초의 인간으로부터 인류가 시작했는지를 묻는다.

오랫동안 그리스도인들은 인류의 시작을 에덴동산에 두는 창세기 이야기와 인간의 기원에 대한 과학 이론들을 조화시키기 위하여 고심해 왔다. 성경에는 인간이 지구 상에 나타난 물리적 과정에 대해서는 자세히 나오지 않지만, 일관성 있게 아담을 최초의 인간으로 말한다. 이것은 자신이 누구인지를 알려고 하는 인간의 탐구에 커다란 신학적 중요성을 지닌다.

아담이 최초의 인간이라는 선언은 인류의 출현과 더불어 창조 세계를 향한 하나님의 목적이 새롭고 특별한 차원에 도달했음을 의미한다. 아담은 하나님의 특별한 작품으로서 지구 위에 나타났다. 창조자는 아담을 향해 고유한 목적을 가졌고 그와 특별한 관계, 즉 '언약' 속으로 들어오셨다. 이 언약은 하나님이 우주에 대해 새로운 의도를 갖게 되셨음을 의미한다. 즉 하나님은 아담 안에서 창조 세계가 창조자와 새로운 방식으로 관계를 맺게 되기를 바라신 것이다.

그러나 아담에 대한 하나님의 목적은 아담이라는 역사적 개인 한 명에게 국한되지 않는다. 아담과 더불어 창조자는 창조 세계 전체와 특별한 관계 속으로 들어오신다. 하나님의 언약은 아담과 그 후손을 향한 것이다. 따라서 아담의 자손들로서 우리는 하나님의 프로그램 안에서의 특별한 역할과 하나님 앞에서의 특별한 책임을 함께 공유한다.

인류의 연대성 | 아담이 인류의 시작이라는 성경의 선언은 모든 인간이 아담의 후손이라는 것을 의미한다. 이것은 우리 신앙에 커다란 중요성을 지닌다. 모든 인류는 하나님 앞에서 하나의 연대성을 갖는다는 의미이다.

아담 안에서 온 인류가 연대성을 갖는다는 말은 인간 개개인에 대한 영광스러운 긍정을 의미한다. 아담과 언약 속으로 들어오실 때, 하나님은 아담의 모든 자손에게 가치를 부여하셨다. 그리고 하나님은 모든 인간이 하나님의 목적에 함께 참여하기를 바라신다. 이처럼 하나님께서 모든 사람이 하나님의 목적에 함께 참여하기를 바라시기에, 우리는 정의를 세우는 일에 관심을 두고 온갖 형태의 인종 차별을 단호히 거부해야 한다.

그런데 하나님으로부터 특별한 목적을 부여받은 존재로서 아담 안에서 온 인류가 연대성을 갖는다는 말은 또한 어두운 면도 가진다. 그것은 우리가 '죄'라고 하는 보편적 실패에 모두 함께 참여하고 있음을 의미한다. 여기에 대해서는 다음 장에서 살펴볼 것이다.

우리는 하나님의 형상이다

시편 기자와 더불어 우리는 묻는다. "사람이 무엇이기에 주께서 그를 생각하시나이까?"시 8:4 이 질문에 대해 성경은 두 번째 심원한 대답을 제공한다. "하나님이 자기 형상 곧 하나님의 형상대로 사람을 창조하시되 남자와 여자를 창조하시고"창 1:27. 또는 시편 기자가 인간에 대해서 스스로 묻고 대답했듯이 "그^{인간}를 … 영화와 존귀로 관을 씌우셨나이다"^{시 8:5}.

우리는 하나님의 작품일 뿐 아니라 하나님의 형상이다. 그런데 하나님의 형상이란 개념은 절대 간단치 않다. "우리는 하나님의 형상이다."라는 선언은 몇 가지 중대한 질문을 일으킨다. 하나님의 형상이란 말은 대체 무엇을 의미하는가? 그리고 우리는 어떻게 하나님의 형상인가?

궁극적으로 '하나님의 형상'은 인류를 향한 하나님의 계획과 관련되어 있다. 즉 우리를 향한 하나님의 목적이 무엇인지를 말해 준다. 하나님의 의도, 즉 하나님이 우리로 하여금 창조 세계 안에서 이루기를 바라시는 역할이 무엇인지를 말해 준다. 요컨대 '하나님의 형상'이란, 하나님의 특별한 피조물로서 우리의 정체성이 무엇인지에 대한 묘사이다. 우리는 하나님으로부터 특별한 부르심을 받았고, 그것을 지금 이루어 가고 있으며, 언젠가는 완전히 그것에 따라 살게 될 것이라는 점에서 하나님의 형상이다. 그리고 이 부르심^{또는 계획}이란 창조 세계 안에서 우리가 창조자의 본성을 반사하는 거울이 되는 것이다.

여기에 대해 자세히 살펴보자. 하나님의 형상이라는 말에는 다음이 포함된다.

- 특별한 지위
- 미래의 목적
- 공동체 안에서의 영광스러운 사귐

하나님의 형상이란 특별한 지위와 관계있다

우리가 하나님의 형상일 수 있는 기초는 창조자의 은혜에 있다. 즉 하나님은 은총 가운데서 우리에게 특별한 지위를 주신다. 이러한 인간 고유의 신분에는 여러 차원이 존재한다.

- 인간의 특별한 지위는 인간이 하나님의 특별한 사랑을 받는 존재임을 의미한다.

물론 하나님은 전 우주를 사랑하신다. 그러나 인간은 그중에서 가장 커다란 사랑을 받는 존재이다. 인류를 너무도 사랑하시기에 성부는 그분의 독생자를 우리의 구세주로 주시기까지 했다요 3:16.

- 인간의 특별한 지위는 인간이 하나님이 보시기에 특별한 가치가 있는 존재임을 의미한다.

물론 하나님은 모든 창조 세계를 가치 있게 여기신다. 그러나 하나님은 우리에게 특별한 가치를 두신다. 예수는 제자들에게 목숨을 돌보는 일에 대해 염려하지 말고 하늘에 계신 은혜로우신 성부를 신뢰하라고 말씀하시면서, 이러한 특별한 가치에 대해 지적하셨다. "공중의 새를 보라 심지도 않고 거두지도 않고 창고에 모아들이지도 아니하되 너희 하늘 아버지께서 기르시나니 너희는 이것들보다 귀하지 아니하냐?"마 6:26

- 인간의 특별한 지위는 인간에게 특별한 책임을 부여한다.

인간 외의 생물과 무생물은 하나님을 영화롭게 해야 할 자신의 책임을 상당히 자연스럽게 수행한다. 그래서 시편 기자는 말한다. "하늘이 하나님의 영광을 선포하고"시 19:1.

그러나 창조자에 대한 인간의 응답에는 인간을 다른 피조세계와 구별하는 무언가 특별한 면이 있다. 에덴동산에서 아담에게 주어졌던 금지 명령을 통해 알 수 있듯이창 2:16~17, 하나님은 우리가 창조자에 대한 적극적인 순종을 통해 하나님의 사랑에 사랑으로 응답하기를 바라신다. 인간에게는 하나님의 계획에 자발적으로 따를 수 있는 특권이 주어져 있다.

그와 같은 하나님의 바람은 우리에게 커다란 책임을 부여한다. 성경은 그 책임을 창조 세계 속에서 '지배권'을 행사해야 할 사명과 연결짓는다.

불행하게도 우리는 종종 이 '지배권' 개념을 현대 산업사회를 배경으로 두고 해석한다. 자연 세계가 인간만을 위해 존재하기에 마음대로 착취할 수 있다는 지배권에 대한 잘못된 결론에 도달하여, 성경도 그러한 견해를 지지한다고 주장한다. 하나님께서 최초의 인간들에게 자연을 착취해도 좋다는 허락을 내리셨다고 말하기도 한다. "그들로 바다의 물고기와 하늘의 새와 가축과 온 땅과 땅에 기는 모든 것을 다스리게 하자"창 1:26. 또한 "인간이란 무엇인가?"라는 질문에 시편 기자가 내렸던 결론을 제시하기도 한다. "주의 손으로 만드신 것을 다스리게 하시고 만물을 그의 발 아래 두셨으니"시 8:6.

물론 성경은 하나님의 형상을 지닌 존재로서 인간이 이 땅을 지배해야 한다고 선언한다. 그러나 이 선언의 기초는 현대 산업주의자들의 생각과는 상당히 다른 곳에 놓여 있다. 그것의 의미는 고대 왕들의 관습과 연관되어 있다.[6]

고대 근동 지방의 왕들은 종종 자신이 직접 갈 수 없는 도시나 지방에 자신의 형상을 세워두었다. 그 형상들은 왕의 위엄과 권력을 나타내는 데 목적이 있었다.[7] 마찬가지로 하나님은 창조자를 나타내는 대표자들로서 인류를 이 땅 위에 두신 것이다.[8] 그러므로 이 창조 세계의 주권자는 인간이 아니라 하나님이시다. 우리가 받은 명령은 단지 하나님을 대표하는 자로서 행동하는 것이다.

그렇다면 우리는 어떻게 창조 세계에 대해 창조자를 대표하는가? 하나님의 대표자로서 우리의 중심적인 역할은 창조 세계를 관리하는 책임을 가지는 것이다. 창세기 기자는 선언한다. "여호와 하나님이 그 사람을 이끌어 에덴 동산에 두어 그것을 경작하며 지키게 하시고"창 2:15.

이는 우리의 관리 역할이 창조자 자신에게서 왔음을 의미한다. 또한, 창조 세계를 우리의 목적을 위해서가 아니라 하나님의 청지기로서 관리해야 한다는 것도 의미한다. 창조 세계를 인간 자신의 목적을 위해서 착취하는 것이 아니라 소중히 돌보는 것을 의미한다.

창조 세계 자체를 위하여 그 세계를 돌보고 관리한다는 개념은 우리가 하나님 형상의 의미를 올바르게 이해하도록 돕는다. 창조 세계에 대해 '지배권'을 행사한다는 것은 자연 세계를 인간을 위한 도구로 여기는 것을 뜻하지 않는다. 우리가 맡은 역할은 더 높은 목적을 위한 것이다. 하나님이 자신의 대표자로 우리를 지명하신 것은 창조 세계가 우리를 통해 하나님의 성품을 경험할 수 있도록 하라는 의미이다. 즉 하나님은 하나님 자신의 성품과 본성을 비추는 거울이 되라고 우리를 부르신 것이다.

따라서 우리가 자연 세계를 돌보고 서로 사랑하며 하나님을 경배할 때, 우리는 경배 받으시기에 합당하신 유일한 분, 곧 창조자의 자비와 사랑의 성품을 드러내는 것이다. 그렇게 할 때 우리는 하나님 형상의 기능을 감당하게 된다.

하나님의 형상은 미래의 목적과 관련되어 있다

이러한 결론은 우리가 흔히 "인간은 누구나 하나님의 형상대로 창조되었다"라고 말할 때, 하나님의 형상을 지녔다는 말 속에 더욱 깊은 의미가 들어있음을 암시한다. 여기서 몇 가지 중요한 질문들이 제기된다. 그렇다면 하나님의 형상은 누구 안에 있는가? 그리고 우리는 어떤 의미에서 하나님의 형상이 모든 인간 안에 있다고 말할 수 있는가?

흔히 우리는 모든 인간은 하나님의 형상대로 창조되었다고 말한다. 어떤 의미에서 이것은 옳은 말이다. 성경도 그렇게 말하고 있기 때문이다^{창 9:6; 약 3:9}. 인간은 누구나 하나님의 형상대로 지음 받았다는 선언은, 하나님이 우리 각자를 사랑하시며, 우리 모두는 창조자에게 가치 있는 존재임을 기억하게 해준다. 더 나아가 그것은 모든 인간이 각자 자신을 향한 창조자의 계획에 따라 살아야 할 책임이 있음을 기억하게 해준다. 우리 각자에게는 사랑과 순종으로 하나님에게 응답하며, 그럼으로써 우리의 존재 목적을 삶으로 구현해낼 책임이 있다. 요컨대 모든 인간은 창조 세계에 하나님의 본성을 비춰주라는 부름을 받았다는 점에서 누구나 '하나님의 형상대로' 지음을 받았다.

이렇게 우리는 모든 인간이 하나님의 형상대로 지음 받았다고 선언할 수 있다. 하지만 신약 성경은 완전한 하나님의 형상은 오직 예수 그리스도뿐이라고 말하고 있다^{고후 4:4; 골 1:15}. 그리스도는 하나님의 형상이다. 왜냐하면, 오직 그분만이 하나님이 본래 창조하신 인간 본연의 모습을 드러내시기 때문이다^{골 4:6}. 그리고 오직 그분만이 우리로 하여금 참된 인간의 길에 참여할 수 있게 해 주신다.

'하나님의 형상' 이라는 예수님의 지위는 우리에게 놀라운 의미를 부여한다. 그리스도를 통해 우리 그리스도인들도 이 영광스러운 특권에 참여하는 것이기 때문이다.

하나님의 형상에 대한 우리의 참여는 현재에도 영향을 미친다. 현재에도 우리는 그리스도의 형상으로 변화되어 가는 중이다^{고후 3:18}. 이러한 변화는 우리가 어떻게 살아야 하는지를 생각하게 한다. 우리는 "하나님을 따라 의와 진리의 거룩함으로 지으심을 받은 새 사람을" 입어야 한다엡 4:24; 참고. 골 3:9~10.

우리는 현재에 이미 그리스도 안에 있는 하나님의 형상을 맛보고 있지만, 궁극적으로 하나님의 형상에 대한 우리의 완전한 참여는 미래에 놓여 있다. 하나님의 형상이신 그리스도와의 일치는 예수께서 다시 오실 때 우리에게 이루어질 영광스러운 운명이다롬 8:29. 우리를 그리스도의 부활에 참여하게 하심으로써고전 15:50~53, 하나님은 우리를 주님과 같은 형상으로 변화시키실 것이다요일 3:2. 이 좋은 소식은 우리로 하여금 '하늘에 속한 자의 형상'을 입을 날을 소망 가운데 기다리도록 격려해 준다고전 15:49.

이렇게 그리스도인들은 특별한 방식을 통한 하나님의 형상이다. 그리스도에게 연합된 우리는 그분이 지니신 하나님의 형상에 함께 참여한다. 더 좋은 표현을 사용하자면, 지금 우리는 그리스도를 닮아감을 통해 하나님의 형상으로 변화되어 가는 중이다. 그러므로 하나님의 형상대로 창조되었다는 것은 회심 때부터 시작하여 하나님이 우리를 하나님의 목표에 완전히 일치시키실 미래의 영광스러운 날까지 계속되는 하나의 과정이다. 그 미래의 영광스러운 날에 우리는 예수 그리스도처럼 참으로 하나님의 형상이 될 것이다.

하나님의 형상이 된다는 것은 사귐과 공동체와 관련되어 있다

우리가 하나님의 형상이 될 운명을 가진 것은 창조자 앞에서 특별한 지위를 갖게 하시는 하나님 은혜의 선물이다. 이 운명은 미래에 이루어질 우리 삶의 영광스러운 변화에서 그 목표에 도달하지만, 그러나 우리가 현재에도 부분적으로 경험할 수 있는 특별한 사귐, 즉 특별한 공동체적 기쁨에 중점이 있다.

물론, 이러한 공동체적 기쁨의 중심에는 우리가 그 사랑에 응답하면서 경험하게 되는 하나님과의 사귐이 있다. 이 사귐을 통해 우리는 이번 장의 앞부분에서 묘사한 것처럼, 인간의 근본적 '세계 개방성'으로부터 비롯하는, '본향'을 향한 추구를 이루게 된다. 우리는 하나님과 사귐을 누릴 때, 참으로 하나님의 형상이 된다.

궁극적으로 사귐의 기쁨은 단지 사적이고 개인적인 경험이 아니다. 하나님이 우리에게 뜻하시는 사귐은 공유되는 경험이다. 하나님의 형상은 공동으로 공유되는 실재이다. 하나님의 형상은 우리가 사귐 속에서 살 때 비로소 완전해진다. 하나님의 형상은 우리가 '공동체'를 누릴 때 비로소 우리의 것이 된다.[9]

창세기 1장의 창조 이야기는 하나님의 형상에 담긴 공동체적 측면을 강조하고 있다.[10] 하나님은 다음과 같이 선언하셨다.

"우리의 형상을 따라 … 우리가 사람을 만들자" 창 1:26.

그리고 창조자는 인간을 지으실 때 그들을 남자와 여자 자신의 형상대로 창조하셨다. 이러한 성경 이야기는 인간은 관계 속에 함께 있을 때 비로소 그들 각각이 단독적으로는 할 수 없는 방식으로 하나님의 형상을 반영할 수 있다는 사실을 말해 준다.

창세기 2장의 아담과 하와 이야기는 하나님의 형상이 가진 사회적이며 공동체적 본질을 심층적으로 말해 준다. 하나님이 첫 번째 인간을 부부로 만드신 것은 그들로 하여금 서로 공동체를 누리게 하시기 위한 것이었다. 여자의 창조는 남자를 고독으로부터 구하기 위한 것이었다. 한 남자와 한

여자로 이루어진 그 원초적 공동체는 점차 확장되어 갔다. 그 남편과 아내의 성적 결합으로부터 자손이 생겨났고, 마침내 사회가 생겨났다.

에덴동산에서 시작된 공동체는 역사의 종말 때 마침내 완성에 도달한다. 성경은 언젠가 창조 세계를 향한 하나님의 뜻이 완성될 날이 올 것을 말해 준다. 그날이 오면, 하나님은 한 사회를 실현하실 것인데, 거기에서 우리는 하나님의 자녀들이 서로 간에, 그리고 창조 세계와 창조자와의 완벽한 사귐을 누리게 될 것이다계 22:1~4.

2장을 통해 우리는 왜 하나님의 형상이 오직 인간 공동체를 통해서 비로소 표현되는지를 깨달을 수 있다. 우리가 아는 하나님은 삼위일체 하나님완벽한 사랑 안에서 함께 연합된 성부, 성자, 성령이시다. 이렇게 하나님이 '공동체' 성부, 성자, 성령이 함께 나누시는 사귐이시기에, 하나님의 형상대로 창조된 인간은, 인간 상호 간의 사귐과 연관될 수밖에 없다. 다시 말해 인간이 하나님의 성품을 반영할 수 있는 것은 삼위일체 하나님 중심에 있는 그 완벽한 사랑을 본받아 서로 사랑할 때이다.

하나님 자신이 삼위일체이시기에, 우리가 공동체를 누릴 때에야 비로소 하나님의 형상을 지닌다고 말할 수 있다. 우리가 사귐 속에서 살 때, 비로소 우리는 하나님이 어떤 분인지를 보여줄 수 있다. 궁극적으로 '하나님의 형상'은 하나의 사회적 실재이다. 그것은 인간을 '사귐 속에 있는 존재들'로 보게 한다.

우리가 사랑 안에서 살 때, 즉 우리가 참된 공동체를 표현할 때 우리는 창조주 하나님의 특징인 사랑을 반영한다. 그리고 우리가 하나님의 성품인 사랑을 반영하는 것은, 우리가 우리 자신의 참된 본성에 따라 사는 것이다. 다시 말해서 우리는 오직 '공동체적 존재'가 될 때 비로소 우리의 참된 정체성을 발견한다. 그 참된 정체성은 인간의 '세계 개방성', 즉 자신의 환경을 고치고 또 고치는 우리의 쉼 없는 시도가 그토록 추구해 온 바로 그 '세계'이다.

예수께서도 철저한 제자도로 우리를 부르시면서 이 진리를 명확하게 말씀하셨다. "누구든지 제 목숨을 구원하고자 하면 잃을 것이요 누구든지 나를 위하여 제 목숨을 잃으면 찾으리라"마 16:25. 참된 삶에 이르는 길은 그리스도와의 관계 안에서 자신의 생명을 내어주는 것이다. 참으로 우리는 그리스도를 따르는 자들의 공동체 안에서 서로 사귐을 나눌 때 비로소 우리의 참된 정체성을 발견하게 된다. 이렇게 우리는 삼위일체 하나님의 성품을 반영해 주는 거울이 됨으로써 우리의 창조자를 영화롭게 한다.

참으로 우리는 공동체가 되기 위하여 창조되었다.

우리는 우주 안의 다른 영적 존재들과 관계 맺고 있다

"인간이란 무엇인가?"라고 시편 기자는 질문했다. 이 질문은 그로 하여금 인간과 다른 영적 존재들 사이의 관계에 대해 생각하게 하였다. 인간은 우주 안에서 '하나님혹은 천사보다 조금 못한' 위치를 갖는 존재로서의 정체성을 가진다시 8:5.

인간은 우주 안에서 혼자가 아니다. 물론 이 세상에는 다른 물리적 생명체도 살고 있다. 그러나 더 나아가, 성경 기자들은 우리가 보통 '천사'나 '마귀'라고 부르는 다른 영적 실재들도 하나님의 창조 세계에 참여하고 있음을 말한다.

영적 실재들과 그 영적 실재들이 우리와 갖는 관계에 대해서, 다음 두 가지 사실에 주목할 필요가 있다.

- 영적 존재들은 하나님의 피조물이다.
- 영적 존재들은 인간 실존의 구조들에 연결되어 있다.

영적 존재들은 하나님의 피조물이다

인간들처럼 영적 존재들 역시 하나님의 피조물이다. 비록 영적 실재들이 물리적 존재는 아니지만, 그럼에도 그들은 의지와 이성의 힘을 소유한다. 더 중요하게 영적 실재들 역시 도덕적 존재, 즉 옳거나 그른 행동을 하는 존재들이다.

천사들 | 어떤 영적 존재들은 하나님이 주신 역할을 수행한다. 그들은 바로 하나님의 거룩한 천사들이다.

하나님의 측근으로서, 이들 천상의 존재들의 주된 의무는 그들의 군주이신 하나님을 찬양하고 섬기는 것이다 사 6:1-8. 하나님을 섬기는 종으로서, 그들은 지상에 있는 하나님 백성의 보호를 위해 급파되거나 하나님의 심판을 수행하면서, 하나님이 세상을 통치하시는 일을 돕는다 왕상 22:19.

천사들은 하나님의 구원이 펼쳐지는 드라마에 관심을 둔다 벧전 1:12. 그들은 성육신하신 성자 예수의 이야기에 적극적인 참여자로 등장한다. 또 천사들은 예수께서 다시 오실 때 다시 한번 두드러진 역할을 감당할 것이다 마 13:39; 25:31; 막 8:38; 13:27; 눅 12:8; 살후 1:7; 계 7:1; 8:1-9:21; 16:5.

천사들은 주님이신 그리스도를 경배한다 히 1:5-14. 사실 그리스도와의 연합을 통해 우리는 천사들보다 높은 지위에 있다 히 2:5-9. 어느 날 우리는 그 천상적 존재들을 심판하기조차 할 것이다 고전 6:3. 그때까지 천사들은 대개 우리가 알 수 없는 방식으로 하나님의 명령을 따라 우리를 섬긴다.

성경에 따르면, 그 천상의 권세들 역시 피조물이기에 그들을 경배하거나 그들에게 인도를 요청하는 것은 우상숭배다. 그런 가증스러운 행위로서 강신술降神術: 미래에 대한 안내를 받기 위해 죽은 자나 영들과 접촉하려는 시도이 있다. 이런 행위는 미래를 주관하시며 우리가 인도를 구해야 할 유일하신 참 하나님에 대한 신앙을 그분보다 못한 권세들에 대한 신앙으로 대치하는 것이다.

점성술이나 점치는 행위 역시 우상숭배다. 이러한 행위들 역시 미래에 대해 알아보겠다는 헛된 시도 가운데서 미래의 주관자이신 하나님에게서 등을 돌리는 것이다. 점성술은 실제로는 유일하신 참 하나님의 피조물에 불과한 천체들에 대해서 그것들이 마치 우리 삶에 영향을 끼칠 수 있는 권세인 양 잘못된 견해를 전제하는 것이다. 그리고 점占은 어떤 행위를 통해 인간이 장래 일을 알고 있는 권세들과 접촉할 수 있다고 가정한다. 두 경우 모두, 점성술이나 점의 참여자들은 지혜의 유일한 원천이신 분에게 인도를 구하지 않는다. 그들은 오직 하나님에게만 속한 것을 그분보다 못한 권세들에 돌린다.

마귀들과 그들의 우두머리 | 이처럼 천상의 존재들이 우상숭배의 대상이 될 수도 있다는 사실은 우리에게 영적 피조물 모두가 하나님을 섬기는 것은 아니라는 사실을 상기시켜 준다벧후 2:4; 유 1:6. 좋은 천사들도 있지만, 성경은 사단, 즉 '고발자'를 우두머리로 해서 악의 왕국을 형성하고 있는 마귀들의 존재에 대해서 말한다. 마귀들은 사단의 뜻을 행하는 존재들이고 하나님의 나라와는 원수 관계에 있다단 10:12~13; 10:20~11:1.

사단과 마귀들은 세상 속에서 하나님의 일을 방해하려고 한다. 그들은 비그리스도인으로 하여금 복음의 진리를 보지 못하게 하며, 그리스도인들을 죄로 유혹하고, 사람들로 하여금 그리스도인들을 박해하게끔 조장한다. 또한, 마귀들은 하나님의 창조 세계의 행복을 위협하며 공동체를 파괴하려고 한다. 이렇게 이들 반란자 무리는 인간들을 선동하여 자연환경, 하나님의 피조물, 다른 인간, 심지어 자기 자신을 해치게 한다. 기회만 주어지면, 마귀들은 한 인간을 완전히 사로잡아 그 인격을 손상하고 일그러뜨리기도 한다.

그러나 사단과 마귀 무리가 제아무리 반란을 일으키더라도 그들은 여전히 하나님의 궁극적인 통제 아래 있다는 것이 복음의 좋은 소식이다. 게다가 성육신하신 성자 예수는 악의 권세들에 대해 승리를 거두셨다. 따라서 그분은 전 우주의 주님이시다. 그리고 주님은 그분의 공동체에 참여하는 모든 사람과 자신의 승리를 나누시기에, 우리 역시 악의 권세를 두려워할 필요가 없다. 언젠가 영광스러운 날이 이르면, 하나님은 모든 악마적 세력들을 완전히 파괴하시고, 사단과 그의 무리를 새로운 창조 세계의 영원한 공동체로부터 쫓아내실 것이다.

영적인 존재들과 인간 실존의 구조들

영적 존재들과 인간과의 관계에 대해 생각할 때, 대개 천사 또는 마귀와 인간이 개인적으로 접촉하는 일을 떠올린다. 왜냐하면, 마귀가 인간을 개인적으로 유혹할 수 있다는 것을 잘 알고 있기 때문이다. 우리는 사람이 마귀에 완전히 사로잡히는 경우가 있음을 알고 있는데, 적어도 '성경 시대'에는 그런 일이 확실하게 일어났었다는 사실을 알고 있다. 그리고 요즈음 우리는 대중매체들을 통해서 개인적으로 천사를 만났다는 이야기들을 접한다. '칼빈과 홉스' Calvin and Hobbes 만화는 이렇게 천사들에 큰 관심을 보이는 현대의 문화적 세태를 잘 포착해 주고 있다.

> 홉스와 함께 바위에 앉아있던 칼빈이 중얼거린다.
> "나는 모든 곳에 천사가 있다고 생각해."
> 홉스가 질문한다.
> "정말 그렇게 생각해?"
> 칼빈이 대답한다.
> "그럼. 그들은 달력에도 있고, 책표지에도 있고, 카드 위에도 있고 … 우리가 상상할 수 있는 거의 모든 상품에 다 있지."
> 그러자 홉스가 간단하면서도 예리한 한 마디를 던진다.
> "정말 그래. 우린 지금 너무도 영적인 시대에 살고 있지."

인간과 천사·마귀와의 관계는 홉스의 냉소적 언급이 가리키는 것 이상의 차원을 가진다. 영적 존재들은 보통 사람들의 생각을 훨씬 뛰어넘는 활동 영역을 가진다. 성경은 그 우주적 세력의 활동을 더 깊고 넓게 이해할 수 있게 하는 기초를 제공해 준다. 즉 성경에 따르면, 영적 존재들은 우리가 '인간 실존의 구조들'이라고 부르는 것들과 연관되어서 작용한다.

'실존의 구조들'이란 인간 삶의 불가피한 환경인 사회적 상호작용의 다양한 차원들을 일컫는 말이다. 이러한 구조들은 인간 상호작용에 여러 개의 매개변수를 제공해 줌으로써 인간의 삶을 '규제한다'. 인간 실존의 구조들이 있기에 다양한 차원을 가진 인간의 사회적 경험이 비로소 가능해진다. 즉 인간 실존의 구조들은 인간의 사회적 삶을 결속시켜 주며, 그렇게 함으로써 인간 사회를 와해와 혼란으로부터 지키고 보존해 준다.[11]

'실존의 구조들'은 인간 삶의 여러 차원에 작용한다. 종교적 구조들에는 사회에 우주적 또는 초월적 준거점을 제공해 주는 다양한 신화, 전통, 관습들이 포함된다. 마찬가지로 중요한 것으로서, 우리가 실재의 본질을 인식하는 수단인 다양한 이데올로기들, 즉 지적인 구조들이 있다. 도덕적 구조들에는 사람들 사이의 상호작용을 촉진하고 조직화시키는 규범과 관습들이 포함된다. 그리고 정치적 구조들에는 우리가 자신을 다스리는 수단인 정치 제도들이 포함된다.[12]

인간 실존의 구조들은 하나님이 인간의 유익을 위해 창조 세계에 질서를 부여하시는 수단이다. 창조자는 우리가 조화 가운데서 살기를 바라시는데, 이러한 '실존의 구조들'은 조화로운 사회적 삶 또는 공동체을 촉진해 준다. 예를 들어 친밀한 악수나 정중한 "안녕하십니까?" 같은 문화적 관습은 서로 낯설었던 사람들 사이에 사귐을 촉진해 준다.

하나님은 천상의 존재들이 바로 이러한 '실존의 구조들'을 통해 일하도록 하셨다. 천사의 무리는 이러한 구조들을 진정한 인간 공동체를 조성시키는 방향으로 인도해 간다.

예를 들어 하나의 구조로서의 도덕법에 대해 생각해 보자. 하나님은 그 법을 통해 우리의 실존이 하나님을 영화롭게 하는 방향으로 이끌어지기를 바라신다. 따라서 우리 사회의 도덕규범들은 참된 사랑의 관계를 가능하게 해주는 매개변수들을 갖추어야 한다. 천사들의 임무는 건전한 사회도덕을 진작시킴으로써 인간 삶에 대한 질서와 규제를 한층 더 촉진하는 것이다.

그러나 마귀의 무리 때문에 종종 인간 실존의 구조들이 하나님, 인류, 창조 세계와 적대적인 관계가 되기도 한다. 실존의 구조들을 악마적으로 오용함으로써, 악의 실재들은 인간들을 속박한다엡 6:12. 공동체를 건설하는 일에 인간을 돕기는커녕, 그 권세들은 인간을 노예로 삼으면서, 그 자체로는 결코 인간의 충성 대상일 수 없는 전통과 형식에 절대적으로 순종하라고 요구해 온다.

마귀들은 '실존의 구조들'을 이용해 하나님의 뜻이 아닌 사단의 뜻을 이루려고 한다. 하나님은 그 구조들을 통해서 정의, 의, 사랑과 같은 성경적 원칙들을 구체화하는 인간 상호활동이 촉진되기를 바라신다. 그런데 이러한 원칙들이 더는 인간의 사회적 삶을 규제하지 못할 때, 그 구조들은 하나님이 주신 목적즉 하나님과의 사귐, 창조 세계의 조화, 그리고 풍성한 대인 관계를 촉진해야 할 목적에 따라 작용하기를 실패한 것이다.

신약성경은 실존의 구조들이 가진 이중적 가능성을 보여 주는 본보기로서 인간 정부를 제시한다. 바울은 정부는 하나님이 악인을 벌하고 선인에게 상을 주기 위해 보내신 하나님의 종이라고 한다롬 13:1~7. 그러나 요한계시록에 따르면, 그 동일한 구조, 즉 정부가 박해를 통해서 교회를 해치려 하는 사단의 도구가 될 수도 있다. 오늘날도 사단은 정부의 합법적 경찰 기관을 하나님의 백성을 공격하는 자신의 도구로 사용할 수 있다. 얼마나 많은 정부가 그리스도인들을 무자비하게 박해해 왔는가! 마귀는 입법 구조들을 부패시켜 하나님이 창조 세계에 세우려 하는 공동체에 파괴적인 영향을 미치는 법을 제정하게 할 수도 있다.

삶의 종교적 차원 역시 그 구조들이 가진 이중성의 또 다른 본보기다. 즉 마귀들은 사람들을그리스도인을 포함해서! 속박하는 도구로 종교·도덕규범을 이용할 수 있다골 2:20~23. 심지어 하나님이 우리를 그리스도에게로 이끌기 위해 주신 구약의 율법도 이러한 마귀적 조정과 오용을 통해 우리를 속박하는 권세가 될 수 있다$^{갈\ 3:23-24}$. 사단과 그의 일당이 그리스도인의 삶의 안정을 율법이라는 발판에서 찾게 할 때, 도덕법의 오용이 일어날 수 있다.[13] 이렇게 될 때 그 도덕법은 우리를 하나님에게 이끌어주기보다는 사실상 거짓 신이 된다. 즉 우리에게 거짓된 의미, 안전감, 정체성을 주는 원천이 된다.

마찬가지로 '미혹케 하는 영들'도 인간의 종교적 전통들을 조종하여 거짓된 가르침을 퍼뜨릴 수 있다$^{딤전\ 4:1}$.

이렇게 실존의 구조들은 마귀의 세력에 조종당할 수 있다. 그러나 그리스도가 사단의 권세를 끝장내셨기에 '인간 실존의 구조들'은 궁극적으로는 그리스도의 주권 아래 놓여 있다. 따라서 때가 되면 인간 실존의 구조들은 결국 하나님의 통치에 따르게 될 것이다. 그리고 지금도 '인간 실존의 구조들'은 우리의 창조 목적인 공동체를 촉진하는 도구가 될 수 있다. 그러므로 우리는 성령의 지도를 따라 담대하게 그 구조들을 하나님의 뜻에 더 가깝게 일치시키려고 노력한다. 예수께서 만유의 주님이심을 알기에 우리는 인간의 사회적 삶의 어떠한 차원도 원수에게 내어놓으려고 하지 않는다. 오히려 그리스도인으로서 우리는 예수의 이름으로 삶의 모든 영역$_{정치든\ 경제든\ 심지어\ 예술이든}$에 담대히 뛰어들어갈 수 있다.

우리는 누구인가?

어느 시대나 인간이 던졌던 중심 질문은 바로 "우리나는 누구인가?"였다. 인간의 정체성에 대한 물음에 대해서 복음은 좋은 소식을 선포한다. 우리는 하나님의 작품이다. 우리는 하나님의 형상이다. 그리고 우리는 천상의 존재들과 관계를 맺고 있다.

    그러나 이러한 고귀한 정체성은 궁극적으로 오직 그리스도를 통해서 충만하게 우리의 것이 된다. 예수 그리스도는 창조 세계를 향한 하나님의 목적에 따라 우리를 참된 공동체 속으로 인도하시는 분이시다. 그러나 우리가 주님의 얼굴을 더 깊이 바라보기 전에, 먼저 우리는 나쁜 소식에 대해 살펴보아야 한다. 즉 우리는 먼저 성경이 '죄'라고 부르는 인간의 비극적 실패에 관해 살펴보아야 한다. 다음 장이 그 기회를 제공해 준다.

THEOLOGY
생각하고 적용해 보기

1. 사람들 앞에서 자신을 소개할 때, 당신은 자신에 대해 뭐라고 이야기하는가? 그것은 어떤 의미에서 당신의 진정한 정체성에 대한 소개인가?

2. 하나님이 우리의 창조자라는 인정은 당신 자신을 보는 방식에 어떤 영향을 끼치는가?

3. 인간은 동물이나 다른 피조물들과 어떻게 다른가? 또 어떻게 유사한가?

4. 인간은 모두 한 최초의 인간, 아담의 자손들이라고 믿는 것이 중요하다고 생각하는가? 이런 믿음은 우리 삶의 방식에 어떤 영향을 끼칠 수 있는가?

5. 하나님의 형상이 사회적 실재이냐 아니면 개인적 실재이냐 하는 문제는 어떤 차이를 가져오는가?

6. '수호천사들'이나 '영적 가이드'에 대해서 우리는 어떻게 보아야 하는가?

7. 우리는 천사들과 어떤 관계를 맺어야 하는가? 사단과 그의 마귀들에 대한 우리의 반응은 무엇이어야 하는가?

8. 그리스도인들이 별점(또는 오늘의 운세)을 읽어도 되는가? 이런 것들은 왜 위험한 일인가?

9. 만일 '인간 실존의 구조들'이 공동체를 진작시킬 수 있는 선한 도구로 이용될 수 있다면, 그 구조들을 하나님의 뜻에 일치시키기 위해 당신이 '담대하게' 그리고 적극 벌일 수 있는 구체적 노력의 목록을 제시해 보라. 예를 들어 정치와 정부에 대해서 당신은 무엇을 하겠는가?

인간론Ⅱ_ 4장
인간의 실패

Created For Community
Connecting Christian Belief with Christian Living

모든 사람이 죄를 범하였으매 하나님의 영광에 이르지 못하더니
―
로마서 3장 23절

찰리 브라운이 자신의 무릎 위에서 졸고 있는 스누피와 함께 편안히 침대에 누워 있다. 그 소년은 혼잣말로 이렇게 중얼거린다.

"잠 못 이루는 밤이면 가끔 난 이런 질문을 던져 보곤 하지. 나는 대체 어디서 잘못된 것일까?"

곧 연이어 씁쓸한 표정을 지으며 찰리는 이렇게 말한다.

"그러면 한 목소리가 내게 들려오지. '그것은 하룻밤에 답을 얻을 수 있는 문제가 아니야.'"

우리에게 통찰력을 주는 '피너츠' 만화에 나오는 일화다. 찰리 브라운의 말은 우리 모두의 내면에도 있는 감정을 해학적으로 표현한 것이다. 마음 깊은 곳에서 우리는 자신이 참으로 역설적 존재임을 느낀다. 때로 우리는 정말 자긍심을 가져도 좋을 만한 일들을 한다. 우리는 이타적으로 행동한다. 다른 사람들을 돌보아 주며, 심지어 그들을 위해 희생하기도 한다.

그러나 또 어떤 때는, 너무도 자기중심적이고 야비하게 행동한다. 심지어 다른 사람들을 희생시키면서까지 자신의 유익을 추구하기도 한다. 다른 사람들이 세워놓은 것을 허물어 버린다. 우리를 양육해 주는 고마운 땅을 착취한다. 이렇게 우리는 스스로에 대한 비극적 사실을 깨닫는다. 즉 우리는 선과 악, 경건한 아름다움과 마귀적 추함으로 섞여진 존재이다. 또한, 위대한 잠재력과 지독한 실패가 함께 뒤섞여 있는 존재이다. 우리는 한편으로는 죄인이고, 또 한편으로는 성인이다.

기독교 신앙 역시 이러한 역설적 상황에 대해 말해 주고 있다. 우리는 하나님이 만드신 좋은 작품이다. 그러나 무언가가 지독하게 뒤틀려 있다. 지금 우리는 본연의 우리가 아니다. 우리는 실패자다. 인간 상황의 이러한 어두운 측면을 성경 기자들은 '죄'라고 부르고 있다.

이번 장에서 우리는 인간의 실패에 대해 살펴보려고 한다. 이를 위해 우리는 다음과 같은 세 가지 중대한 질문을 제기한다.

- 죄란 무엇인가?
- 우리는 어떻게 죄에 휘말리게 되었는가?
- 죄의 존재 때문에 생기는 결과들은 무엇인가?

죄는 실패다 – "하나님의 기준에 미치지 못함"

성경은 우리가 개인적 경험을 통해 이미 알고 있는 바를 단호하게 주장한다. 우리가 실패했으며, 지금도 계속해서 실패하고 있다는 사실이다. 우리는 죄인이다. 죄란 무엇인가? 성경은 죄를 근본적인 실패로 이해한다.

죄는 인간 마음의 실패다

성경이 말하는 '죄'의 기본적 의미는 '기준에 미치는 못함' 또는 '미달'이다.[1] 우리가 하나님이 바라시는 존재가 되지 못했음을 가리킨다. 즉 죄란 우리를 향한 하나님의 뜻을 이루지 못한 우리의 실패를 말한다.

인간의 실패는 근본적인 실패다. 단순히 우리 삶의 표면에 존재하는 대수롭지 않은 결점 정도가 아니라 죄는 아예 우리 내면의 핵심, 곧 우리 각자의 '중앙 통제실'에 자리를 잡고 있다. 죄는 우리 존재의 핵심, 또는 성경의 어휘를 사용하자면, 우리의 '마음'을 감염시킨다막 7:14~23; 마 12:33~37. 죄는 너무도 뿌리 깊은 병이라, 성경은 죄가 우리의 마음을 감염시킨다고 선언한다예로 롬 7:18; 엡 2:3; 예 17:9. 마음의 부패 때문에 우리의 태도와 행동도 부패하게 되었다.

바울은 이러한 인간 마음의 부패를 생생한 언어로 묘사한다. 죄 때문에 우리의 "미련한 마음이 어두워졌고"롬 1:21, 우리의 마음이 '부패'해졌다고딤전 6:5 선언한다. 죄 탓에 우리의 생각은 '허망'해졌다롬 1:21. 우리는 영적인 진리를 이해할 수 없게 되었다고전 2:14; 고후 4:4. 실제로 우리의 마음은 하나님과 원수가 되었다롬 8:7~8.

죄는 인간 마음에 감염된 병균으로서 인간의 감정도 부패시킨다. 바울은 우리가 '각색 정욕과 쾌락에 종노릇' 하고 있다고 말한다딛 3:3. 인간은 이러한 자신의 상황을 싫어하기는커녕 즐기는 가운데, 오히려 빛보다 어둠을 사랑하고 있다고 예수 그리스도는 말씀하셨다요 3:19.

이렇게 죄의 영향력은 너무도 뿌리 깊은 것이기에 성경은 우리를 죄의 노예라고 말한다. 예수께서는 "죄를 범하는 자마다 죄의 종이라"고 선언하신다요 8:34.

이런 선언을 들을 때 우리의 첫 번째 반응은 반발심일 것이다. "말도 안 되는 소리!"라고 이의를 제기한다. "인간을 비천하고 사악한 존재로 이야기하다니. 선한 일도 얼마나 많이 하고 있는데, 어째서 인간의 마음이 온통 죄로 물들었다고 하는가!"

성경 기자들도 때때로 인간이 옳은 일을 한다는 사실을 부인하지 않는다. 인간이 정말로 선한 행위를 할 가능성에 관해서 이야기하기도 한다롬 2:14~15. 그러나 인간이 선을 행할 수 있다는 주장에는 에누리가 필요하다. 왜냐하면, 우리는 겉으로는 선해 보이는 행위들 이면에서 기껏해야 선악이 뒤섞여 있는, 또는 순전히 이기적인 동기를 자주 발견하기 때문이다.

얼마나 자주 우리는 자신이 예수의 비유에 나오는 '자기를 의롭다고 믿는' 유대인과 같은지 모른다.

"두 사람이 기도하려 성전에 올라가니 하나는 바리새인이요 하나는 세리라. 바리새인은 서서 따로 기도하여 이르되, 하나님이여, 나는 다른 사람들 곧 토색, 불의, 간음을 하는 자들과 같지 아니하고 이 세리와도 같지 아니함을 감사하나이다. 나는 이레에 두 번씩 금식하고 또 소득의 십일조를 드리나이다 하고"눅 18:9~12.

어떤 신학 교수가 자신이 대형 기독교 집회에서 대표 기도를 했던 일을 들려준 적이 있다. 그는 열정적이고 유창하게 기도를 했다. 기도를 마쳤을 때 그의 마음속에 들어온 첫 번째 생각은 "좋아, 잘했어!"였다고 한다.

그 신학교 교수처럼, 우리는 자주 우리의 가장 선한 행위 속에도 악한 동기가 뒤섞여 있는 것을 발견한다. 바리새인의 습관적 기도가 보여 주는 것처럼, 겉보기에 선한 우리의 행위들이 자기 의로움이나 이기적인 동기에서 비롯했을 때도 있다. 너무나 쉽게 우리는 자신이 '다른 사람들' 보다 더 '자기 희생적'이고 '이타적'이라고 생각하며 속으로 우쭐거린다. 그리고 우리는 훗날 기대되는 보답의 양에 따라 다른 사람에게 베풀 친절의 정도를 결정하기도 한다.

이러 저러하게 우리의 마음은 참으로 죄에 깊이 물들어 있다. 우리는 실패했다. 즉 하나님의 기준에 미치지 못한다. 죄란 이렇게 실패다. 논의를 진전시키기 위해 이런 질문이 필요하다. "그렇다면 죄는 구체적으로 어떤 실패를 말하는 것인가?"

죄는 공동체가 되는 데 실패한 것이다

물론 죄는 우리의 행위를 가리킨다. 우리는 자주 악한 행위를 한다. 겉보기에 선한 행동에도 악한 동기가 묻어있을 때가 있다.

그러나 성경은 죄를 단순히 우리의 행위에 국한하지 않는다. 전에 말했듯이, 심층적 차원에서 죄는 우리의 존재에 관한 것이기도 하다. 죄는 존재의 실패다. 그렇다면 구체적으로 우리는 어떤 존재가 되는 데 실패한 것인가?

이 질문에 대한 답을 찾기 위해서, 3장에서 말한 바 있는 하나님 형상 이야기로 돌아가야 한다. 하나님이 우리를 당신의 형상을 지닌 존재로 창조하셨다. 하나님 형상의 중심에는 인간이 하나님의 성품을 반영하는 존재가 되기를 바라시는 하나님의 바람이 있었다. 그러므로 이렇게 볼 때 '죄'란 다름 아니라 우리가 하나님의 형상을 반영하는 데 실패한 것이다.

그러나 이것이 전부는 아니다. 2장에서 보았듯이, 사랑이신 하나님은 삼위일체, 즉 성부 성자 성령의 공동체이시다. 그리고 하나님은 우리가 하나님의 공동체를 반영하기를 바라신다. 즉 우리는 공동체가 되기 위해 창조되었다. 따라서 이렇게 볼 때 죄란 다름 아니라 우리가 '공동체'가 되는 데 실패한 것이다.

이러한 실패는 우리가 하는 행위를 통해 밖으로 드러난다. 먼저, 그것은 하나님에게 대항하고, 이웃과 다투며, 창조 세계를 오용하는 등 인간의 적극적인 행동을 통해 나타난다. 또한, 우리가 마땅히 해야 할 일을 하지 않는 행위를 통해서도 나타난다. 하나님과 이웃을 향한 우리의 수동적 무관심이 바로 그것이다. 또한, 우리가 창조 세계의 청지기로서의 우리의 책임을 회피할 때도 밖으로 드러난다. 이렇게 하나님이 뜻하시는 사귐에 우리가 참여하지 않을 때, 우리는 '하나님의 기준에 미치지 못한 것'이다.

이런 가르침에 대해 강력하게 이의를 제기하는 사람들이 있다. "그건 이미 낡아빠진 신학 이론에 불과하지 않은가?" "죄라니, 현대에 이 무슨 케케묵은 소리인가? 인류는 이미 그러한 미개한 죄의식을 극복하지 않았는가?"라며 말이다.

우리는 오직 복음을 통해서만 죄를 알 수 있다

지금 우리는 '죄'라는 꼬리표를 회피하는 사회에 살고 있다. 우리는 자신을 죄인으로 부르기를 좋아하지 않는다.[2] 물론 우리는 자신의 결점을 인정한다. 그러나 우리는 그것들을 책망받을 죄라고는 생각하지 않는다. 우리의 결점, 심지어 우리의 비열한 행위에 대해서도, 우리는 그것을 어떤 병의 결과로 돌리며 변명한다. 또는 어린 시절에 당했던 처우나 사회적 환경 탓으로 돌린다. "그래, 나는 지금의 내가 바람직하지 못하다는 것은 알아."라고 우리는 기꺼이 인정한다. 그러나 "그건 내가 희생자이기 때문이야. 나를 죄인이라고는 부르지 마."

현대인이 죄를 부인하는 것에 대해 놀랄 것은 없다. 왜냐하면, 궁극적으로 참된 죄책감은 우리가 복음을 들을 때 비로소 생겨나는 것이기 때문이다.[3] 우리는 하나님이 우리를 위해 받으신 고통을 깊이 알게 될 때, 비로소 인간이 얼마나 철저한 죄인인지를 깊이 알게 된다.

성경은 고통받으시는 하나님 이야기를 들려준다. 인간의 죄의 짐을 대신 지시는 하나님 이야기는 이미 구약에서부터 시작되었다. 이스라엘이 신실하지 못함에도 자비로우신 하나님은 끝까지 신실하셨다. 그러나 그 이야기는 죄 없으신 예수께서 받으신 고통에서 절정에 도달한다. 우리의 죄공동체의 파괴는 너무도 심각하여, 그것은 오직 예수의 희생을 통해서 하나님이 우리 대신 고통을 받으셨을 때 비로소 극복될 수 있었던 것이다.

♬ 웬 말인가 날 위하여 주 돌아가셨나
이 벌레 같은 날 위해 큰 해 받으셨나
내 지은 죄 다 지시고 못 박히셨으니
웬 일인가 웬 은헨가 그 사랑 크셔라[4] ♪

이렇게 '죄'는 예수의 생명이라는 대가가 필요했던 인간의 비극적 실패를 가리킨다. 그런데 대체 인간은 어떻게 해서 이러한 통탄할 상황에 부닥치게 되었는가? 이제 이 질문에 대해서 살펴볼 차례다.

죄는 '처음부터' 우리와 함께 있었다

성경은 우리가 하나님의 작품이라고 선언한다. 그러나 지금 우리는 하나님이 바라시는 모습이 아니다. 우리는 하나님의 목적에 따라 사는 데 실패했다. 인간은 누구나 이렇게 실패했다.

이렇게 "모든 사람이 죄를 범하였으므로 하나님의 영광에 이르지 못하게 되었다." 그렇다면 이러한 '미달' 사건은 언제 시작되었는가? 죄는 어떻게 이 세상에 들어왔는가? 그리고 그것은 왜 나에게까지 뻗쳐 왔는가?

창세기는 인간의 실패가 '처음부터', 즉 최초의 인간 때부터 계속되어

온 인간의 특징이었음을 가리켜 준다. 이것은 하나님이 우리를 애초에 죄 있는 존재로 창조하셨다는 말은 아니다. 죄는 '태초에'는 존재하지 않았다. 죄는 인간의 의지적 행동을 통해 세상에 들어온 것이다. 그렇게 죄가 들어온 사건을 우리는 타락이라고 부른다.

인간은 죄인으로 '타락' 했다

인간이 죄인으로 전락한 이야기는 에덴동산의 아담과 하와 이야기에서 시작된다. 인간은 완벽한 순진함의 상태에서 그들의 삶을 시작했다. 하나님의 형상을 지닌 존재로서, 그들은 날이 서늘할 때 동산을 거니시던 하나님과 사귐을 누렸다창 3:8. 또 서로에 대해서도 공동체를 맛보았다. 벗었지만 그들은 서로 수치심을 느끼지 않았다창 2:25. 그리고 나머지 창조 세계와도 조화를 경험했다. 그들은 자신들이 가꾼창 2:15 나무에서 열매를 따먹었으며16절, 아담이 이름을 붙여준 동물들과 어울려 살았다창 2:19~20.

에덴에서 더할 수 없는 행복을 누렸음에도 이 최초의 부부는 하나님의 금지 명령에 불순종하기를 선택했다. 그렇게 함으로써 그들은 인류 전체를 죄 속으로 던져 넣었다창 3:1~7.

타락은 불신에서 시작되었다. 순진한 피조물이었기에, 아담과 하와는 아직 선과 악의 엄청난 차이를 직접 경험해보지 못했다. 또한, 그들은 죄의 독침도 개인적으로 경험해 보지 못했다. 이런 의미에서, 그들에게 있어서 금지된 행위는 정말 아담과 하와에게 없었던 것, 곧 선과 악을 아는 지식을 약속해 주었던 것이다.

뱀은 이러한 상황을 이용했다. 뱀은 하나님이 금지 명령을 내린 이유는 인간들에게 무언가 좋은 것을 주지 않기 위해 그런 것이라며, 교묘하게 하나님의 선하심을 의심하게 하였다. 뱀은 아담과 하와에게 수준 높은 지식 하나님이 악의적으로 혼자만 독차지하려 하는 그 지식을 얻을 가능성을 제시했다.

물론 하나님의 의도는 인간에게서 좋은 것을 **빼앗으시려는** 것이 아니었다. 오히려 그 금지 명령은 인간 자신을 위한 것이었다. 금지된 과일을 먹으면 생겨날 좋지 못한 결과들로부터 그들을 보호하기 위한 것이었다. 그러나 인간들은 뱀의 속이는 말에 귀가 솔깃했다. 결국, 아담과 하와는 하나님의 선하심을 의심하기에 이르렀다. 우리도 자주 그렇듯이!

동시에 그 금지 명령은 하나의 시험 역할도 했다. 그것은 최초의 인간들이 과연 창조자에게 온전한 순종을 하느냐의 여부를 가리는 시험이었다. 이런 의미에서 볼 때, 죄의 가능성은 하나님의 금지 명령으로부터 비롯되었다고 말할 수 있다. 하나님의 명령은 인간에게 선택권을 주었다. 신뢰하는 순종이냐 믿음 없는 불순종이냐 사이의 선택이었다. 이것은 우리도 항상 직면하고 있는 선택이다. 선택할 수 있다는 것 자체가 죄는 아니다. 악은 아담과 하와가 순종이 아닌 반항을 선택했을 때 비로소 생겨났다. 오늘도 마찬가지다. 우리가 선택에 직면해 있다는 것 자체가 문제는 아니다. 우리의 실패는 다만 우리가 따르기로 선택하는 그 길에 달린 것이다.

창세기 이야기는 인간의 행동에 따른 비극적 결과를 보여준다창 3:8~19. 일단 하나님께 불순종하자, 그 최초의 인간들은 더는 하나님 형상의 영광을 반영해 주지 못했다. 그 평화로운 공동체가 산산조각이 나버렸다. 불순종의 행위를 통해, 아담과 하와는 에덴동산의 삶의 특징이었던 하나님과의 사귐, 인간 상호 간의 사귐, 그리고 창조 세계와의 사귐을 완전히 허물어 버렸다.

동산 가운데 다니시는 하나님의 발걸음 소리를 듣자, 두려움을 느꼈고 하나님으로부터 숨으려 했다. 이러한 반응은 그들이 하나님과 가졌던 본래의 사귐이 깨어졌음을 알려 준다. 또 인간들은 서로의 시선으로부터도 자신들을 가렸는데, 이 또한 죄책감과 수치감 때문에 그들 사이에 예전의 사귐이 훼손되었음을 보여 준다. 그리고 자신들의 행위를 통해, 최초의 인간들은 본래 조화만을 알았던 창조 세계 속에 적의_{敵意}를 들여놓았다^{창 3:14~15; 17~19}.

그들의 행위의 결과, 이제 아담과 하와는 다함없는 행복을 기대할 처지가 아니었다. 하나님은 이미 아담에게 경고하신 바가 있었다. "네가 ^{그 금지된 나무 실과를} 먹는 날에는 반드시 죽으리라"^{창 2:17}. 그 죄의 결과는 비극적이었다. 인간들은 에덴동산으로부터 쫓겨났고^{창 3:23}, 죽음의 원리가 그들의 삶에 침범해 들어왔다. 하나님은 아담에게 그가 수고해야 하며, "너는 흙이니 흙으로 돌아갈 것이니라"고 말씀하셨다^{창 3:19}.

타락한 인간들은 이제 단계적으로 죽음의 독침을 경험한다. 그것은 현재 드러나는 영적인 죽음으로부터 시작한다. 현재 우리는 "죄와 허물로 죽어있다." 그리고 지상에서의 삶이 마치는 순간에 우리는 육체적 죽음과 그 죽음이 가져오는 불확실성과 직면한다. 그리고 어느 날 최후의 심판 때가 이르면, 죄인들은 생명의 원천이신 분으로부터의 최종적인 분리, 즉 하나님의 공동체로부터의 영원한 추방을 경험할 것이고, 그때 그들은 마침내 죽음을 결정적으로 경험하게 될 것이다^{계 20:14~15}.

아담의 죄 – 우리의 죄

"어떻게 죄가 세상에 들어왔는가?"라는 질문에 창세기는 인간의 타락

이야기로 대답했다. 바울은 그 태곳적 이야기를 되새기면서 다음과 같이 선언한다. "한 사람으로 말미암아 죄가 세상에 들어"왔으며롬 5:12, "아담 안에서 모든 사람이 죽었다"고전 15:22.

그러나 어떻게 우리가 거기에 연루되었는지는 아직 답변이 되지 않은 상태다. 아담과 나는 어떤 관계를 맺고 있는가? 왜 아담이 지은 죄의 효과가 그의 자손에게까지 미쳐야 하는가? 그리고 무엇보다도 도대체 왜 내가 죄인인가? 신학자들은 우리와 아담과의 관계를 이해할 수 있게 하는 여러 가능한 설명들을 제안한 바 있다. 토의를 시작하기에 앞서 먼저 그들의 제안을 도표로 정리해 보자.

	계약적 우두머리	자연적 우두머리	각자 우두머리
아담의 인격과 우리	아담은 우리의 대표자다	아담은 우리의 선조이다	우리 각자가 아담이다
아담의 행위와 우리	아담이 우리를 대표해 선택했다	아담 안에서 우리가 선택했다	각자가 아담으로서 선택한다

아담은 우리의 대표자다 | 하나님은 아담을 대표자, 즉 인류의 '계약적 우두머리' federal head로 임명하셨고, 그를 통해 모든 인간과 법적 계약을 맺으셨다.5) 간단한 조항을 가진 계약이었다. 만일 아담이 그 금지된 나무의 열매를 먹지 말라는 명령에 순종한다면, 그는 지속적인 삶을 누릴 것이지만참고. 롬 7:10 그가 불순종하면 죽음을 가져올 것이다.6) 모든 인류를 대신하여 임명된 대표자계약적 우두머리이었기에, 아담은 단순히 개인적으로 행동한 것이 아니라 우리 모두를 대신해 행동한 것이었다.7)

언뜻 보기에 계약적 우두머리라는 이 개념은 우리의 개인주의적 감수성과 충돌을 일으킨다. 우리는 오직 자신이 한 행동에 대해서만 책임을 지는 것이 아닌가? 나의 죄는 오직 내 문제일 따름이지 않는가?

그러나 우리는 현대에도 삶의 여러 차원에서 계약적 우두머리의 원리가 적용되는 것을 본다. 정부는 실례가 되는 한 가지 분명한 영역이다. 정부의 관리들은 나라의 모든 시민을 대표해서, 또는 그들의 이름으로 행동한다. 예를 들어 미국의 대통령과 의회는 미국민을 대신해 임명된 대표자들이다. 그들이 내리는 결정은 시민 각자에게, 심지어 다음 세대 미국인에게도 중대한 영향을 끼친다. 실제로 만일 우리의 입법자들이 정부가 거둬들인 수입 이상의 지출을 결정하거나 우리의 지도자들이 외국에 대해 전쟁을 선포하면, 우리는 모두 그 결정에 영향을 받지 않을 수 없다.

유사한 방식으로 하나님은 아담으로 하여금 그의 모든 자손을 대표해 행동하게 하신 것이다.

아담은 우리의 선조이다 | 아담을 우리의 계약적 대표자로 보기보다는, 우리는 아담을 인류의 선조로 보아야 한다. 그는 우리의 '자연적 우두머리' natural head이다. 이것이 그의 죄와 우리의 죄성 사이의 연관성을 설명해 준다. 아담을 우리의 자연적 우두머리로 말하는 것은 아담이 죄를 지었을 때 우리도 그의 안에 있었음을 뜻한다. 우리 각자는 실제로 아담 안에서 행동했고, 그렇기에 그의 죄는 말 그대로 우리의 죄이기도 하다.

그러나 이 말에 대한 우리의 첫 번째 반응은 항변이다. "말도 안 되는 소리!"라고 말할 것이다. "그것은 내가 엄마 뱃속에 생기기 수 세기 전에 일어난 일이다. 그런데 도대체 내가 어떻게 아담 안에 있었다는 말인가?"

그러나 이러한 항변에 대해 성경은 다음과 같이 이야기한다. 당신은 정말 그때 그 동산에 있었다. 당신은 그 타락 사건 때 아담의 '허리'에 있었다. 아브라함이 멜기세덱에게 십일조를 바쳤을 때 아브라함의 후손인 모든 레위인이 아브라함의 허리에 있었던 것처럼 말이다히 7:4~10을 보라. 이렇게 성경의 기자들은 전 인류의 단일성과 연대성에 대해 심원한 의식이 있다. 그들은 우리와 선조와 말 그대로 정말 연결되어있다고 주장한다.

우리가 아담과 함께 에덴동산에 있었다면, 어떻게 우리가 아담의 죄에 연루되는지를 이해할 수 있다.

우리가 아담이다 │ 물론 창세기는 선사시대에 살았던 한 인간의 이야기다. 그러나 우리의 이야기다. '타락'을 태곳적 과거에 일어난 사건이 아니라 지금 현재 경험하고 있는 비극으로서 생각하자.[8] 우리가 죄를 범함으로 무죄 상태에서 죽음으로 옮겨갈 때 일어나는 일에 대한 묘사로서 창세기를 읽으면 어떻게 될까?

타락 이야기는 죄를 지을 때 우리 각자에게 일어나는 일에 대한 묘사가 된다. '처음에는', 즉 죄를 범하기 전에는 우리는 무죄한 상태였다. 그 행동은 단지 하나의 가능성, 우리가 고려하는 하나의 선택사항에 불과하다. '처음에는' 잘못된 선택에 따르는 악한 결과에 대해 무지했다. 별다른 대가 없이 너무도 많은 것을 얻을 수 있을 것처럼 보이는 행동이었다. 그런데 우리가 그러한 충동에 굴복하고 나면, 숨어있던 독침이 나타난다. 그때야 비로소 우리는 그 행동이 얼마나 큰 해악을 불러오는지 경험하게 된다. 우리의 양심은 가책을 느끼고 그 실수를 후회한다.

얼마나 자주 우리의 실제 삶에서 이 같은 시나리오가 반복되는가? 사소한 배신행위, 실은 아침 일찍 여행을 떠날 생각이면서 몸이 안 좋다고 말하는 것 같은 사소한 거짓말, 작고 비밀스러운 불륜의 만남 등등. 처음에는 우리에게 이득을 줄 것처럼 보였다. 대가를 지급할 필요 없이 이득을 크게 볼 것 같아서 꾀했던 행동이었다. 그러나 일단 그 일을 저지르고 나면, 결국 우리는 그 독침을 맞게 된다. 우리가 그 행동을 통해 얻은 것은 너무도 작지만, 그 대가로 자신의 인격과 다른 사람이 받은 해악은 너무도 크다는 사실을 발견한다. 성경이 기록하고 있는 인간의 타락 이야기는 바로 우리 자신에 관한 이야기다. 우리 자신의 경험에 대한 묘사다.[9]

아담의 죄와 우리 | 타락 이야기에서 우리가 우리의 상황에 대한 귀중한 통찰을 얻을 수는 있지만, 그렇다고 그것이 단지 우리 이야기인 것만은 아니다. 그것은 '최초의' 죄, 즉 아담의 죄에 관한 이야기이기도 하다.

아담의 죄와 우리의 죄 사이에는 중요한 차이점이 있다. 첫 번째 유혹은 아담 바깥에서 아담에게 온 것이었다. 그것은 뱀이 일으킨 유혹이었다. 그러나 지금 우리가 처해있는 곤경은 경우가 다르다. 죄가 우리 존재의 핵심에 자리 잡고 있다. 유혹이 이미 우리의 내면에 근거지를 갖고 있다. 야고보가 말하듯이, "오직 각 사람이 시험을 받는 것은 자기 욕심에 끌려 미혹됨이다"약 1:14.

더욱이 아담의 죄는 본래 공동체에서 일어난 것이다. 우리 최초의 선조는 에덴동산에서 하나님과, 인간 상호 간에, 그리고 모든 창조 세계와 사귐을 누렸다. 그러나 지금 우리는 그때와는 상당히 다른 상황 속에서 죄를 짓는다. 즉 "죄와 허물로 죽어 있는" 자들로서엡 2:1, 공동체가 이미 실패한 상실의 상황에서 우리는 행동하고 있다.

이것은 아담의 죄에 우리가 어떻게 연루되었는가의 신비를 푸는 실마리를 제공할 수 있다. 에덴동산에서 인류는 훗날 역사에서는 찾아볼 수 없는 완전한 공동체를 누렸다. 그러나 최초의 죄는 이러한 영광스러운 사귐을 산산이 부서뜨리고 말았다.

그렇게 파괴된 최초의 공동체는 영원히 파괴된 상태로 남아있다. 역사 속에서 앞선 시대로 되돌아갈 수 없듯이, 우리는 그 '태초'로 돌아갈 수 없다. 일단 우리가 악을 범했으면 그 결과가 계속 남아있듯이, 지금 우리는 선조가 망쳐놓은 그 사귐을 원상태로 복귀시킬 수 없다. 지금 다시 시작하는 수밖에 없다. 현재 세상의 조건을 가지고 시작할 도리밖에 없다.

이런 의미에서 최초의 죄는 그 자체로서 유일무이한 것이다. 최초의 죄가 끼친 영향은 우리에게 언제까지나 남아 있다. 아담의 죄는 세상에 항구적인 손상을 입혔다. 돌이킬 수 없는 변화를 가져다주었다. 이제 더는 창조 세계, 동료 순례자들, 창조자, 심지어 자기 자신까지도 친구로서만 여기지 않는다. 완전무결한 사귐의 흠 없이 온전했던 최초의 공동체는 파괴되었다.

우정에 금이 갔을 때의 상황을 생각해보면 이해할 수 있다. 가까운 친구가 당신에게 심한 상처를 주었다. 당신은 즉각 진실한 용서의 말을 그에게 건네줄 수 있다. 그러나 그렇게 당신이 친구를 용서해 주었다고 하더라도, 당신이 받은 상처는 여전히 남아있다. 당신이 그를 다시 신뢰하게 되기까지는 시간이 걸린다. 완전한 신뢰는 영원히 회복되지 못할 수도 있다. 우정은 계속 커갈 수 있을지라도 상처의 기억은 남아있다. 이보다 훨씬 더한 방식으로, 최초의 선조의 죄는 그 동산의 본래 사귐에 영원히 남는 손상을 입혔다.

타락 사건은 먼 과거에 일어난 일이다. 그런데 계속해서 반복하고 있다.

아담의 불순종은 본래의 공동체 경험을 파괴했다. 그런데 우리의 선조가 저지른 사귐의 파괴는 지금 우리의 태도와 행동의 특징이기도 하다. 우리 역시 이러저러한 유사類似 공동체를 파괴하고 있다. 국가는 전쟁을 통해 평화를 깨뜨린다. 집안끼리 서로 다투고 반목한다. 행복했던 결혼 관계가 원수지간이 된다. 이런 일의 목록은 끝이 없다. 이렇게 사귐을 해치는 죄를 짓고 있음을 발견할 때, 우리는 최초의 인간이 범한 죄와 우리 모두에 대한 하나님의 의로운 심판이 얼마나 무시무시한 것인지를 조금이나마 체험한다.

최초의 선조를 죄로 이끌었던 유혹은 외부로부터 그들에게 온 것이었다. 그러나 지금 우리의 죄 된 태도와 행동은 우리의 존재의 내적 핵심, 즉 우리의 마음으로부터 밖으로 흘러나온다. 이렇게 인간의 실패는 인간의 존재 자체에까지 영향을 끼치는 근본적인 실패다. 그런데 우리 각자를 비참하게 만드는 그 타락한 본성의 원천은 대체 무엇인가?

여기에 대해 기독교 신학이 수세기 동안 선언해 왔던 바는 우리의 경험에 의해서도 확증된다. 즉 우리의 부패는 단순히 우리가 개인적으로 범한 행동의 결과가 아니다. 우리의 부패는 우리가 인류의 일원이라는 사실로부터 기인한다. 죄성은 여러 방식으로 우리 마음에 침입해 들어온다. 사회적 환경을 통해 우리에게 온다. 우리는 서로에게 죄 짓기를 가르친다.

죄의 침입에는 또 다른 측면이 있다. 아담의 죄와 우리 사이의 또 다른 연관성, 곧 우리의 자연적 우두머리로서 아담의 지위에서 비롯되는 연관성을 살펴보아야 한다. 우리 선조의 죄는 우리가 물려받은 인간의 본성을 돌이킬 수 없을 정도로 부패시켜 놓았다. 그 결과 우리는 신학자들이 말하는 '부패한 본성' 또는 '타락한 성향'을 물려받았다.

우리가 공유하는 다른 기본적 인간 특성과 마찬가지 방식으로, 부패한 본성은 우리에게 전해온다. 부패한 본성이 우리의 유전자 모음 안에 들어 있다고도 말할 수 있다. 어떤 의미에서 죄는 인간의 공통적 유전자 구조의 일부이다. 언젠가는 과학자들이 발견해낼 수 있고 또 없앨 수도 있는 특정한 '죄 유전자'가 있다는 말은 아니다. 유전적으로 물려받은 우리의 본성 자체가 도덕적인 결함을 가진다는 뜻이다. 그리고 이 결점은 부모로부터 자녀에게로 전달된다. 그러니 우리가 너무도 쉽게 죄를 짓는 것은 그렇게 놀라운 일이 아니다.

결함 있는 인간 본성의 작동

우리는 모두 부패한 인간성을 물려받았기에 우리는 죄 된 의지를 갖추고 죄 된 행동을 범한다. 우리는 적당한 기회만 주어지면, 유전과 사회화를 통해 우리 본성 속에 존재하게 된 것을 죄 된 행동으로 나타내 보인다.

그렇다면 이런 일은 언제 일어나는가? 우리가 인간의 공통된 실패에 참여하기를 시작하는 때는 언제인가?

부패한 본성이 '유전'된다는 말은 공동체를 파괴하는 잠재력이 태어날 때부터 우리 안에 있음을 가리킨다. 부패한 본성이 작동하는 방식을 묘사해보면 이해할 수 있다.

유아를 관찰해본 이들은 이 순진한 어린이들이 대개 자신의 작은 세계 외에는 어떤 것도 인식하지 못한다는 사실을 알게 된다. 유아들은 자연히 자기중심적이고 자기함몰적이다. 이렇게 유아에게는 자기중심적이고 자기함몰적인 것이 자연스러운 일이지만, 성장 후에는 악한 것이 된다. 하나님은 인간이 성장해감에 따라 개인적 독립심과 자존감 외에 다른 것을 원하신다. 하나님은 인간이 창조 세계, 동료 인간, 그리고 궁극적으로 창조자와 맺고 있는 상호의존성을 온전히 인식할 줄 아는 건강하고 균형 잡힌 태도를 갖추게 되기를 바라신다. 그러나 하나님의 기대와는 달리 우리의 자기 중심성과 자기함몰성은 커져만 간다. 결국, 공동체가 파괴된다.

유아가 가진 자기함몰성은 우리 각자의 내면에서 공동체 파괴 세력, 즉 부패한 본성으로 발전될 잠재력을 지니고 있다. 이 부패한 본성은 지나치게 자기중심적이거나 지나치게 자기를 비하하는 방향, 따라서 하나님이 기뻐하시지 않는 도덕적 선택들로 표현된다. 하나님을 추구하면서, 하나님의 공동체에 참여해야 함에도 우리는 하나님의 공동체 대신에 인간적으로 만들어진 편협한 대체물을 추구하는 자로 타락한다. 이런 일이 일어날 때, 우리는 '기준에 미치지 못하며' 죄의 끔찍한 결과가 뒤따른다.

죄에는 결과들이 따른다

물론 우리는 부패한 본성이 전달되는 것을 직접 인식하지 못한다. 자신이 처음으로 죄 된 행위를 저질렀던 날도 기억하지 못한다. 그러나 우리는 자신이 현재 죄를 짓고 있다는 비극적 실재를 계속해서 경험한다. 죄가 우리의 태도, 동기, 행동을 침범하고, 물들이며, 심지어 통제하는 것을 본다. 그리고 죄에 따르는 끔찍한 결과를 거듭해서 지켜본다. 우리는 죄가 삶을 파멸시키고, 가정을 파괴하며, 사회를 해치고, 심지어 지구의 생명 자체를 위협하는 것을 실감하고 있다.

이처럼 기독교 신앙은 인간의 죄가 비참한 결과를 가져옴을 인정한다. 그러나 기독교 신앙의 주된 관심은 우리가 죄의 비참한 결과를 좀 더 넓은 지평에서 보는 것이다. 우리의 삶에 비참한 결과가 초래된 이유는 죄 때문에 하나님, 이웃, 창조 세계와 맺는 우리의 근본적 관계가 손상되었기 때문이다. 이렇게 죄는 우리를 향한 하나님의 뜻을 훼방한다.

죄에 따르는 끔찍한 결과들을 예리하게 보여 주는 다음 네 단어를 통해 우리가 처해있는 곤경을 묘사할 수 있다.

- 소외 alienation
- 정죄 condemnation
- 노예화 enslavement
- 타락 depravity

죄로 인해 우리는 소외를 겪는다

죄는 인격 상호 간의 관계 영역에 파괴적 영향을 미친다. 이처럼 죄는 소외를 가져온다. 먼저 우리는 하나님과의 관계에서 죄가 가져오는 소외를 경험한다. 하나님은 우리를 자신의 친구^{자녀}로 창조하셨다. 그러나 우리는 스스로 하나님의 원수가 되기로 선택했다 ^{롬 5:10 상반절}.

에덴동산 이야기가 말해 주듯이, 하나님은 우리가 하나님의 현존을 누리며 살기를 바라신다. 그러나 그렇게 하기는커녕, 우리는 하나님을 피해 도망간다. 그분이 우리를 향해 적대심을 품고 있다고 가정하면서 두려움 속에서 산다. 그러나 사실상 적대심은 우리가 품고 있으며, 우리가 품은 적대심을 하나님께 투사한 것이다. 우리는 우리의 두려움, 깨어짐, 적대심을 극복하게 해주실 수 있는 유일한 분으로부터 도망친다. 우리의 가장 깊은 필요를 채워주실 수 있는 유일한 분으로부터 도망가려고 한다.

이렇게 우리가 하나님으로부터 소외되어 있기에, 죄는 다른 인간들로부터도 우리를 소외시킨다. 하나님의 계획은 인간이 서로 건강하고 풍성한 관계를 누리는 것이었다. 그러나 그렇게 살기는커녕, 지금 우리는 서로 이용하고 이용당하며 살고 있다. 우리는 권력, 영향력, 명예를 놓고 다툰다. 또는, 다른 사람들이 우리의 존엄성과 자존감을 빼앗아 가도록 무기력하게 허용하기도 한다.

또한, 우리는 창조 세계로부터도 소외되어 있다. 하나님은 우리가 하나님의 창조 세계와 조화 가운데 살아가기를 원하셨다. 그러나 우리는 자신을 창조 세계를 관리하는 명령을 받은 청지기로 여기지 않았으며, 오히려 창조 세계를 우리의 욕망 충족을 위한 노예로 삼았다. 이제 우리는 하나님을 대신하여 관리해야 할 유기적인 전체로서 지구를 바라보지 않는다. 대신 '본향'을 향한 그 끝없고 오도된 추구 속에서, 산업 활동을 위한 재료로 여기거나, 우리가 정복해야 할 적대적인 대상으로 창조 세계를 바라본다. 우리의 죄는 창조 세계를 파괴하였다. 바울이 선언한 바대로, 지금 창조 세계는 인간의 죄로 말미암은 속박 아래 놓여있으며, 새 창조가 가져올 해방을 '탄식하며' 기다리고 있다롬 8:19~22.

소외를 가져오는 죄의 영향력은 우리의 개인적 실존에까지 미친다. 지금 우리는 우리를 향한 하나님의 계획대로 살고 있지 않다. 그 결과 우리는 참된 자아로부터도 소외되어 있다. 즉 지금 우리는 우리가 창조 받은 본연의 우리가 아니다. 자신의 내면에서 우리는 파괴적 상실감을 느끼고 있다. 이런 이유로 우리는 우리 자신의 최악의 원수가 되어 버렸다.

죄로 인해 우리는 정죄를 받는다

하나님의 법정에서 보면, 죄는 어두운 법적 결과를 낳는다. 즉 거룩하신 하나님 앞에 죄 된 피조물로서 서 있는 인간에게는 마땅히 '정죄'가 따른다. 죄를 지으면 의로우신 재판장 앞에서 정죄를 받게 된다는 의미이다.

이러한 비극적 상황은 하나님의 본래 의도와는 정반대이다. 본래 하나님은 우리가 하나님의 형상을 지닌 의로운 존재로서 하나님의 거룩한 성품을 반사하며 살도록 계획하셨다. 그런데 우리의 타락한 본성은 행동으로 표현되어, 우리는 죄를 범하고 있다. 우리 삶에 죄가 있기에 의로우신 재판장이신 하나님은 우리에게 유죄 판결을 내리실 수밖에 없다 요 3:18.

하나님은 즉시 우리를 멸하실 수도 있지만, 은총 가운데 너그러이 우리가 마땅히 받아야 할 벌을 내리시지 않는다. 우리는 유죄 선고를 받았고, 따라서 죽어 마땅하다. 사형 선고는 여전히 우리에게 내려져 있으나 은혜로우신 재판장은 우리에게 임시적 '집행 유예'를 결정하셨다.

그러나 언젠가는 상황이 달라질 것이다. 최후의 심판 때가 이르면, 모든 인류의 재판장이신 하나님은 우리에게 받아 마땅한 평결을 내리실 것이다. 유죄 선고를 받은 모든 인간은 하나님의 현존으로부터 쫓겨날 것이다 계 20:11~15; 마 25:31~34, 41.

불행하게도 이러한 은혜로운 집행 유예를 죄에 더 깊이 빠져 들어가는 기회로 삼는 사람들이 있다 롬 1:18~32. 겉보기에는 다르게 보일지 모르나 이 죄인들은 지금 파멸을 향해가고 있다. 그들을 기다리는 지옥은 하나님의 뜻에 일치하여 살지 않는 실패의 자연적 결과다.

인간은 모두 언젠가 재판장이신 하나님 앞에 서게 될 것이라고 성경은 분명히 가르치고 있다. 또한, 성경은 그때 우리는 우리의 행위에 따라 심판받을 것이라고 말한다 고후 5:10; 계 20:12~13. 하나님의 최종 선고가 내려지는 근거는 우리의 행위다.

성경의 이러한 가르침은 중요한 의미를 가진다. 우리가 물려받은 죄 된 본성 때문에 정죄를 받는 것이 아님을 의미한다. 그리스도의 형상으로 우리를 빚어 가는 일을 완성하는 날에, 성령께서는 우리 속에서 그 타락한 성향을 뿌리째 뽑아내실 것이다. 우리가 사형 선고를 받는 것은 잘못된 도덕적 선택을 통해 우리가 우리 안의 그 타락한 본성을 밖으로 표현했기 때문이다.

행위에 따라 심판을 받을 것이라는 성경의 가르침은 정상적 인간 발달에는 소위 '책임성의 나이'라 불리는 시기가 있음을 제시한다.[10] 우리가 아주 어릴 때는 하나님은 우리의 행위에 대한 책임을 묻지 않으신다 민 14:29~31; 신 1:39; 사 7:15~16; 마 18:1~14; 19:14. 왜냐하면, 그때는 아직 우리가 도덕적 선택을 할 수 있는 처지에 있지 못하기 때문이다. 그러나 어느 시점이 되면, 우리는 순진함의 상태에서 책임성 위치로 옮아가며, 도덕 행위자로서 완전한 책임을 지기 시작하게 된다.

이러한 지적은 책임성 있는 도덕 행위자로 성장할 수 없는 사람들예를 들어 죽은 유아들이나 심각한 정신적 장애인들의 경우는 하나님에게 위탁할 수 있음을 의미한다. 비록 그들도 부모로부터 타락한 인간 본성을 물려받았긴 하지만, 그들에게는 도덕적 선택도덕적으로 옳거나 그른 결정들을 할 수 있는 능력이 없다. 따라서 그들에게는 의로우신 하나님 앞에서 영원한 정죄를 받아야 하는 행위가 없다.

죄로 인해 우리는 노예가 된다

죄는 소외와 정죄를 가져오는 존재일 뿐 아니라 자신의 손아귀에 우리를 넣고서 지배하는 악한 외부 세력이기도 하다. 즉 죄는 '노예상태'를 가져온다. 신약 성경이 말하는 죄에 대한 '노예상태'는 1세기 당시의 노예 제도에서 그 이미지를 빌어온 것이다. 당시 로마 군대는 타민족을 정복하고 돌아올 때마다 그 피정복자 중 가장 우수한 이들을 끌고 와 로마 시민을 섬기는 노예로 삼았었다.

죄란 이렇게 우리를 사로잡아 노예로 삼는 군대와 같다. 이 힘에 노예로 붙잡혀 있기에 우리에게는 죄를 짓지 않는 선택을 할 힘이 없다. 즉 죄가 우리를 지배하기에 우리는 죄를 짓지 않을 수 없다롬 7:21-23.

"그렇다면 '자유 의지'는 뭐란 말인가? 인간은 자유로운 도덕 행위자들이 아닌가? 그런데 어떻게 죄의 노예라는 말이 가능하단 말인가?"

아침에 우리는 선택한다. "오늘은 검은 구두를 신을까 아니면 갈색 구두를 신을까?" 점심에도 우리는 선택한다. "치킨 샌드위치를 주문할까 아니면 새우 샐러드를 주문할까?" 계속 이런 식의 선택이 이어진다. 이러한 일상생활의 선택 가운데 우리는 자신을 자율적인 선택 행위자로 여긴다. 즉 우리는 한쪽으로 기울게 하는 어떤 외부적 세력의 방해 없이 독자적으로 결정을 내리는 존재이다.

우리는 이러한 일상생활의 경험을 도덕적 의사 결정 영역에도 확장시키는 경향이 있다. 즉 우리는 아침에 옷을 선택할 때와 같은 자유를 가지고 자신이 도덕적 결정을 내리고 있다고 가정한다. 그러나 이것은 성경이 정의하는 자유와 자유인의 개념이 아니다. 성경이 말하는 자유인이란 자신 앞에 놓인 선택사항 중 하나를 마음대로 선택하는 중립적 의사 결정자가 아니다. 사실 그런 사람은 존재하지 않는다. 그런 이상은 환상일 뿐이다. 성경이 제시하는 이상은 자신이 마땅히 살아야 하는 바대로 살 수 있는 사람이다.

우리가 개인적인 경험을 통해 알고 있듯이, 모든 경우 우리의 선택권은 사실 제한적이다. 수없이 많은 영향과 여건들 탓에 우리에게 가능한 행동 반경은 제한될 수밖에 없다. 그러나 우리의 '자유'를 제한하는 더 중요한 차원이 있다. 우리는 결코 중립적인 선택 행위자로서 도덕적 의사 결정 과정에 임하지 않는다. 실제로 우리는 이미 한쪽으로 기울어져 있다. 죄 탓에 우리는 이미 악을 향해 기울어져 있다.

이런 비극적인 상황을 고려해볼 때, '자유'란 선을 선택할 수 있게 되기 위하여 악을 향한 경향성으로부터 놓임 받는 것을 의미한다. 진정한 자유란, 그리스도를 통해 우리에게 주어지는 하나님의 선물이다. 이것이 바로 예수께서 하신 말씀의 의미이다. "그러므로 아들이 너희를 자유롭게 하면 너희가 참으로 자유로우리라"요 8:36.

죄로 인해 우리는 타락했다

죄는 인간을 무력화시킨다는 말로 우리가 처한 곤경을 요약할 수 있다. 죄는 인간을 타락하게 하였다. 이 수렁에서 벗어나기에는 인간의 자력自力은 너무도 부족하다. 어째서 그런가? 이에 대한 답은 우리가 앞서 했던 토의에 놓여 있다.

'타락'이란 자신의 비참한 상황에서 벗어날 수 없는 우리의 무능력 또는 무력함을 가리킨다.

죄는 아름다웠던 인간 얼굴에 묻은 표면적 오점 정도가 아니다. 죄는 근본적 오염이다. 죄는 우리 존재의 핵심 자체를 오염시킨다. 죄는 우리 삶의 모든 측면을 오염시켰다. 우리 실존의 어떤 차원도 우리가 '죄'라고 부르는 그 적군의 공습을 막아내지 못했다.

이렇게 죄는 근본적 문제이므로 그 치유 역시 근본적이어야 한다. 죄는 인간 마음속까지 침투해 들어왔기에 인간의 마음에서 비롯된 행동으로는 죄를 치유할 수 없다. 죄가 우리를 노예로 사로잡았기에 우리 안에는 곤경을 스스로 타개할 능력도 없다. 우리 병의 치유는 반드시 우리 밖에서 와야 하며, 우리 존재의 핵심에까지 미쳐야 한다. 우리의 인간 조건이 바뀌려면 우리에게는 인간 외부로부터 오는 어떤 힘의 도움이 필요하다. 죄의 힘보다 더 큰 힘의 도움이 필요하다.

그런데 많은 사람이 인간의 근본적인 실패를 인정하지 않는다. 그들은 '타락'을 인간 조건으로 묘사하기에는 부적절하다고 여긴다. 예를 들어 중세 로마 가톨릭 교회의 어떤 신학자들은, 타락이 제아무리 나쁜 것이었다 해도 그것이 인간의 자연적 능력, 특별히 이성의 능력을 손상하지는 못했다고 말했다. 즉 인간의 이성은 여전히 하나님에 대한 어떤 지식을 획득할 수 있는 능력을 갖추고 있다는 말이다.

그러나 종교개혁가들은 이러한 생각을 거부했다. 개혁가들은 죄의 효과가 인간 존재의 모든 차원에 미친다는 성경적 진리를 회복했다. 인간의 이성도 죄의 권세에 굴복했다. 따라서 우리를 오도할 수 있다. 종교개혁가들이 말한 '전적 타락'이란 바로 인간의 이런 곤경을 일컫는 말이다. 우리에게는 결코 스스로 자신의 곤경을 타개할 능력이 없다. 우리에게는 내놓을 만한 어떠한 의도 없다. 우리는 마틴 루터가 말한 '외부에서 오는 의'에 의지할 수밖에 없다. 죄로부터의 구원은 반드시 하나님에게서 와야만 한다.

현대인들은 인간은 타락했다는 메시지를 받아들이기를 꺼린다. 인간 삶의 어떤 측면만큼은 죄의 결과에 손상되지 않은 채 남아있다고 믿는다. 그래서 순백함과 순수가 있을 영역을 찾아 끊임없이 헤매고 다닌다. 섹스를 순수가 발견되는 영역으로 여기는 사람들이 많다. 그들은 잃어버린 에덴 동산으로 되돌려 보내줄 수 있는 완벽한 성적 결합을 갈망한다. 어떤 이들은 자력 치료 심리 프로그램에 매달린다. 어떤 이들은 우리 안에 있다고 하는 어떤 능력을 풀어놓아 주겠다고 약속하는 뉴에이지나 동양 종교 구루에게 모여들기도 한다. 어떤 이들은 자신의 일에 파묻힘으로써 마음의 고통을 잊으려고 노력한다.

그러나 복음은 각종 거짓말에 속고 있는 현대인에게 우리가 처한 상황에 관한 진실을 들려준다. 에덴으로 돌아가는 길은 없다. 섹스, 돈, 쾌락, '성공'을 통해서도 돌아갈 수 없고, 어떤 내적 능력의 방출을 통해서도 돌아갈 수 없다. 그 모든 것은 인간적 연약함으로 판명될 뿐이다.

그러므로 이것을 인정하자. 지금 우리는 스스로 어찌해볼 도리 없이 절망적으로 타락한 상태다. 이것이 바로 우리의 상황이다. 우리는 하나님에 의하여 선하게 창조되었다. 하나님은 우리가 삼위일체 하나님의 성품을 반영하기를 원하셨다. 그러나 지금 우리는 처음부터 인간 실존의 특징이었던 실패에 사로잡혀 있다. 그 실패는 우리 존재의 핵심까지도 오염시키는 근본적 문제다. 이러한 실패는 우리에게 소외와 정죄와 노예상태와 타락을 가져왔다. 그런데 우리 자신 안에는 어떠한 해결책도 없다. 해결책이 있다면, 그것은 반드시 우리 자신 너머로부터 와야만 한다.

기독교 신앙의 좋은 소식은 인간의 이러한 비참한 영적 빈곤에 대한 해결책을 준다. 도움의 길이 있다! 인간의 이러한 상황 속으로 하나님이 근본적으로 개입해 주셨다. 하나님의 은혜가 들어왔다. 그리스도를 통해서 하나님은 우리를 죄로부터 건져낼 준비를 하셨고, 성령을 통해 우리의 창조 목적인 공동체 속으로 우리를 인도해 들이신다.

우리는 죄의 결과와 그에 대한 하나님의 대책을 다음의 도표와 같이 정리해볼 수 있다. 이 표는 6장과 8장에 가서 완성될 것이다.

인간의 상태	예수 그리스도의 공급	성령의 도우심
소외		
정죄		
노예 상태		
타락		

다음 장부터 우리는 인간의 문제에 대해 하나님이 주신 은혜로운 해결책에 대해 살펴볼 것이다.

생각하고 적용해 보기

1. 현대인이 이해할 수 있는 방식으로 죄가 무엇인지를 설명해 보라.

2. 아담의 범죄가 우리에게까지 영향을 미치는 것은 '공정'한가? 아담을 온 인류의 조상으로 볼 때, 그의 타락이 그의 후손들에게 영향을 끼치지 '않는' 것이 과연 가능했을까? 우리의 죄는 어떻게 다른 사람들에게 영향을 끼치는가? 죄가 과연 혼자만의 일로 끝날 수 있을까?

3. 겉으로 보기에는 '선한' 사람들도 사실은 '기준에 미치지 못하는' 죄인이라고 말할 수 있는 예를 들어 보라.

4. 현대인은 죄에 대한 성경의 가르침을 어떤 식으로 회피하려 하고 있는가?

5. 죄라는 용어는 사용하지 않지만, 죄의 실재를 인정하고 있음을 보여 주는 예에는 어떤 것이 있나?

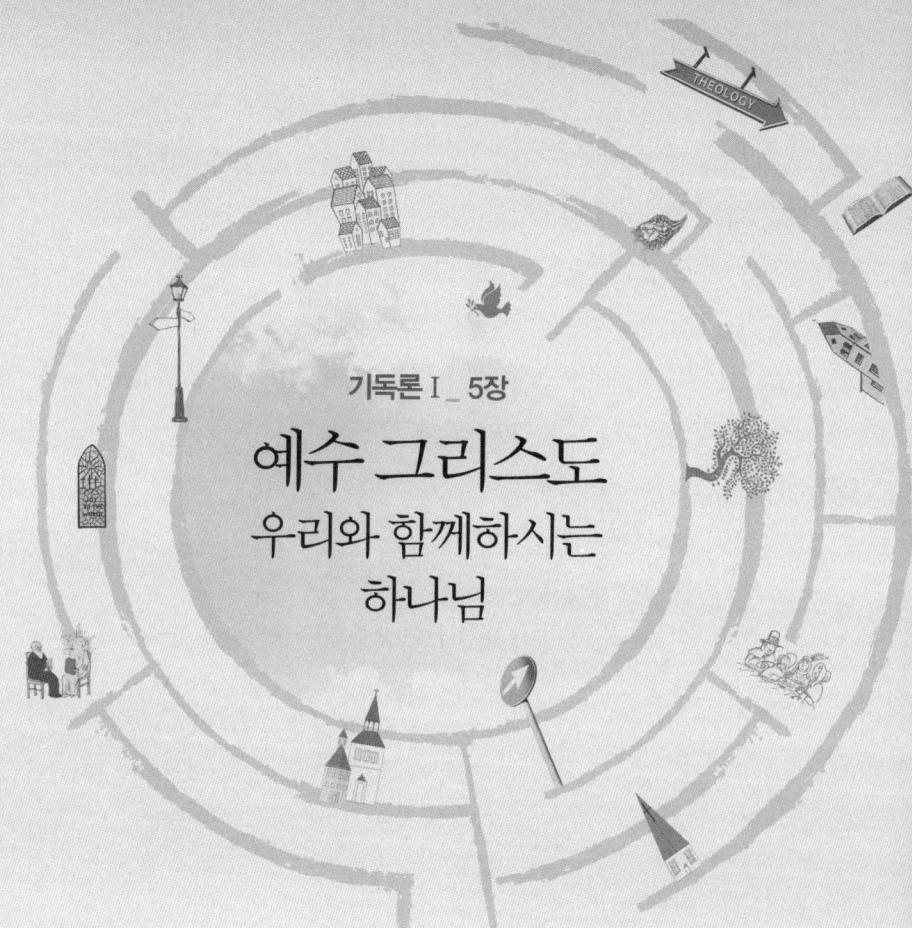

기독론 I _ 5장
예수 그리스도
우리와 함께하시는 하나님

Created For Community
Connecting Christian Belief with Christian Living

그런즉 이스라엘 온 집은 확실히 알지니 너희가 십자가에 못 박은 이 예수를
하나님이 주와 그리스도가 되게 하셨느니라 하니라

사도행전 2장 36절

1994년 12월호 〈라이프〉Life지의 표지에는 나사렛 예수의 그림이 다음과 같은 글귀와 함께 실렸다. "예수의 신비를 찾아서: 그는 누구였는가? 그리고 그것이 왜 오늘 우리에게 중요한가?"

예수는 누구였나? 아니 누구인가? 실제로 그 나사렛 사람의 정체성은 역사상 가장 당혹스러운 문제이다. 예수의 지상 생애 동안에도 그분의 정체성을 두고 이러쿵저러쿵 말이 많았다^{막 16:13, 16}. 예수에 관한 토론은 2000년이 지난 오늘날에도 사라지기는커녕 그분이 팔레스타인 길을 걸으셨을 때만큼이나 격렬하게 이어지고 있다. 제자들을 놀라게 했던 예수의 질문 "사람들이 나를 누구라고 하느냐?"^{막 8:27}는 지금도 여전히 중대하고 도발적인 질문으로 남아있다.

그날 제자들은 예수에 대해 사람들이 가진 여러 생각을 자세히 보고했다. 그런데 그때 베드로가 입을 열어 심오한 고백을 터뜨렸다. "주는 그리스도시니이다"^{막 8:29}.

성령의 영감을 받은 베드로의 고백은 지금도 우리 신앙의 중심을 차지한다. 모든 시대의 그리스도인과 더불어, 우리는 나사렛 예수의 삶 속에서 하나님이 행하셨음을 인정한다. 주님의 탄생 속에서 옛 예언의 성취를 보았던 마태와 더불어, 우리는 나사렛 예수가 임마누엘, 즉 '우리와 함께하시는 하나님' 이심을 선언한다.

"예수는 그리스도이시다"라는 이 힘 있는 선언은 기독교의 신앙을 표현하는 핵심 어휘다. 그리스도인이 서슴없이 선언하는 신앙고백이다. 그런데 하나님이 예수 안에서 행하신다는 고백이 구체적으로 의미하는 것은 무엇인가? 예수의 죽음 후 2천 년이 지난 오늘에도 그 고백은 여전히 의미가 있는가? 현시대의 상황 속에서 우리는 어떻게 예수의 정체성을 이해해야 하는가? "예수는 누구인가?"라는 질문에 대해 우리는 어떻게 답변해야 하는가? 그리고 그것은 우리가 살아가는 방식에 어떤 영향을 미치는가?

이번 장은 "예수는 누구인가?"라는 질문에 대한 답변을 제시한다. 모든 시대의 그리스도인이 그랬던 것처럼, 우리도 예수의 정체성을 다음의 세 가지 중요한 진술을 통해 이해하고자 한다.

- 예수는 참 하나님이시다.
- 예수는 참 인간이시다.
- 예수는 하나님인 동시에 인간이시다.

예수는 참 하나님이시다

교회는 예수께서 임마누엘, 즉 '우리와 함께하시는 하나님' 이심을 인정하는 데서 탄생했다. 초대 교회의 유대인 신자들은 예수 안에서 그들의 조상의 하나님을 만났다고 믿었다. 예수의 삶과 사역에 내포된 의미를 숙고해본 결과, 그들은 나사렛 예수가 하나님이시며 구세주이심을 인정할 수밖에 없었다[벧후 1:1]. 그들의 증언에 근거해서, 교회는 예수는 하나님이시라고 결론을 내렸다. 오직 그분만이 하나님이시라고 말이다.

그런데 이러한 고전적 신앙 고백을 오늘날에도 받아들일 수 있을까? 오늘 이 시대에 2,000여 년 전에 살았던 한 인간을 하나님이라고 부르는 선언이 과연 가능한가? 또 그렇다면 하나님의 지위를 가진 사람은 오직 예수 그리스도 외에는 또 없는가?

예수는 하나님이신가?

그리스도인으로서 우리는 예수에 관한 진실을 알게 하시는 분이 성령이심을 안다. "성령으로 아니하고는 누구든지 예수를 주시라 할 수 없느니라"^{고전 12:3}. 그러나 성령은 예수의 지상 생애 중 특별히 어떤 면을 통해 우리로 하여금 그 깨달음에 이르게 하시는가? 이 질문에 대답하기 위해서 우리는 예수의 삶 중에서 초기 목격자들의 특별한 관심을 끌고, 그래서 그들로 하여금 그러한 대범한 결론에 이르게 했던 차원들에 대해 검토해 보아야 한다. 특별히 우리는 다음 주제를 다룰 것이다.

- 예수의 죄 없음
- 예수의 가르침
- 예수의 죽음
- 예수의 주장
- 예수의 부활

이러한 예수의 삶의 모습 중 어떤 부분이 예수가 누구신지를 이해하도록 이끌었는가?

예수의 죄 없음[1] | 신약성경에 따르면, 예수는 죄 없는 삶을 사셨다. 그

분은 도덕적으로 책잡힐 만한 어떠한 행위도 하지 않으셨다[히 4:15]. 그분은 타락한 인간의 특징인 죄를 향한 편향성으로부터도 자유로우셨다[고전 5:21; 히 9:14; 요일 3:5]. 그렇다면 이것은 "예수는 주님이시다"라는 우리의 고백을 위한 기초가 될 수 있을까?

예수의 죄 없음은 그분의 인격이 지닌 하나의 매력 포인트다. 복음서에서 예수의 행위에 관한 이야기를 읽을 때, 우리는 자연스럽게 그분의 인격에 마음이 끌리면서, 그분의 정체성에 관해 궁금증을 갖게 된다. 이렇게 예수의 도덕적 삶은 우리로 하여금 그분의 정체성에 대해 질문하게 한다.

그런데 예수의 죄 없음이 그분의 지상 생애 동안 만만찮은 반론에 직면했던 문제였음을 간과해서는 안 된다. 당시 종교 지도자들은 예수를 큰 죄인이라고 확신했다. 그들이 보기에, 예수는 불경스러운 죄인들과 가깝게 지내는 인물이었다. 예수는 유대 사회의 전통과 심지어 모세의 전통조차 무시하셨다. 가장 나쁘게는 신성모독죄를 범한 인물이었다.

이렇듯 예수의 죄 없음은 모두가 인정하는 문제는 아니었다. 오직 예수를 임마누엘로 알고 있는 사람만이 그분을 죄 없으신 분으로 고백한다.

예수의 가르침[20] | 마찬가지로, 예수의 신적인 가르침에 대해서도 모두가 받아들인 것은 아니다. 예수의 말씀은 청중에게서 상반된 반응을 일으켰다. 오직 그분을 '우리와 함께하시는 하나님'으로 아는 사람만이 그분의 가르침을 신적인 권위를 가진 것으로 받아들인다.

예수의 죽음 | 예수의 죽음을 지켜보던 로마 군인들은 다음과 같은 고백을 했다. "이는 진실로 하나님의 아들이었도다"[마 27:54]. 예수의 죽음 앞

에서 그들은 그분의 신적인 정체성을 강력하게 느꼈다.[3]

그러나 신앙의 눈이 아니라면 예수 그리스도의 죽음의 의미도 쉽게 간과한다. 선한 뜻을 품었던 대중적 영웅 내지는 순교자의 희생 정도로 예수의 죽음을 격하시킬 수 있다. 망상 속에 살았던 이상주의자가 스스로 불러온 재난으로 치부할 수도 있다. 심지어 예수의 죽음은 하나님으로부터 버림받은 고통스러운 경험을 의미했다. 예수는 격한 고통 속에서 울부짖으셨다.

"나의 하나님, 나의 하나님, 어찌하여 나를 버리셨나이까?" 막 15:34; 27:46

예수의 죽음이 그토록 중요한 것은 그분이 바로 하나님이시기 때문이다. 즉 예수가 임마누엘 '하나님이 우리와 함께 계시다'는 뜻, 마태복음에서는 그리스도가 예언된 구주라 하였다. 이실 때, 비로소 그분의 죽음은 죄인 된 인류를 위한 하나님의 위대한 자기희생이 되는 것이다.

예수의 주장 | 복음서 기자들은 예수가 자신의 정체성에 대해 놀라운 주장을 하셨다는 데 동의한다. 우리는 그분의 주장 속에서 그분이 누구신지에 대한 단서를 발견할 수 있다.[4]

존 스토트는 『기독교의 기본 진리』[5]에서 복음서에 기록된 예수의 자기 주장을 유용하게 정리해 준다. 첫째, 예수의 자기주장은 자신을 중심에 두는 가르침에서 나타난다. 다른 사람에게는 겸손하라고 말씀하시면서, 정작 주님 자신은 거듭해서 사람의 관심을 자신에게 집중시키셨다. 나는 생명의 빵이다. 나는 세상의 빛이다. 나는 부활이요 생명이다. 나는 구약 성경의 성취이다. 나는 모든 사람을 내게로 이끌 것이다 요 12:32 등등.

둘째, 예수께서 행하셨던 표적의 배후에는 자신이 유일무이한 사명을 가진 자임을 말하는 선언이 있다. 물을 포도주로 바꾸시고, 군중을 먹이시며, 눈먼 자의 시력을 회복시켜 주시고, 죽은 자를 살리시는 등의 표적을 통해, 주님은 자신이 하나님의 새로운 질서를 가져오는 분이심을 주장하셨다.

셋째, 오직 하나님에게만 속한 권한을 행사하심으로써, 예수는 자신의 신성神性을 간접적으로 밝히셨다. 즉 그분은 사람들의 죄를 용서해 주셨다. 그분은 생명을 주고, 진리를 가르치며, 심지어 세상을 심판하는 등의 신적인 특권이 자신에게 있음을 보여 주셨다.

마지막으로, 예수는 때로 자신의 신성을 직접적으로 주장하셨다. 성부와의 독특한 관계에 대해 말씀하셨는데, '아버지 안에' 있으며, 아버지를 아는 아들, 또 아버지와 하나이신 아들로 그 자신을 보여 주셨다요 10:30~38. 또한 그는 '스스로 있는 자'라는 하나님의 이름을 자신에게 부여하시기도 하셨다요 8:51~59. "아브라함이 있기 전부터 내가 있느니라"Before Abraham was born, I Am. - 역주. 그리고 부활 후에 주님은 제자들의 경배를 받아들이셨다요 20:26~29.

이러한 두드러진 주장에 대해 우리는 어떤 결론을 내릴 수 있는가?

역사를 살펴보면, 어떤 사람이 자신에 대해 대담한 주장을 펴는 것이 드문 일은 아님을 알게 된다. 자신이 하나님과 유일무이한 관계를 맺고 있음을 주장한 것은 예수만이 아니다. 당시 유사한 주장을 폈던 이들이 있었다. 그리고 오늘날에도 짐 존즈Jim Joneses, 데이비드 코레쉬David Koreshes, 룩 조레츠Luc Jorets같은 이들이 있고, 또는 그들만큼은 아니지만, 문선명 같은 이들이 있다. 이러한 자칭 메시아들과 예수는 어떻게 다른가?

그런데 예수에 대해서는 특별히 주목해야 할 점이 있다. 그는 자기주장이 입증될 미래를 기다리고, 심지어 요청하였다는 점이다. 예수는 때가 되면 반드시 아버지께서 자신의 존재와 사역의 정당성을 입증해 주실 것이라고 단언하셨다.

예수의 부활 | 신약성경에 따르면, 예수의 그러한 단언에 대한 하나님의 반응은 신속하고도 결정적이었다. 즉 하나님은 십자가에 못 박혀 돌아가신 예수를 죽은 자들 가운데서 일으키셨던 것이다. 그렇다면 이것이 그분의 정체성을 위한 기초가 될 수 있는가?

이 질문에 대답하기 전에 먼저 우리는 또 다른 중요한 문제를 다루어야 한다. 즉 부활은 정말 일어났는가? 하나님이 예수를 죽은 자들 가운데서 일으키셨다는 주장은 과연 오늘날도 가능한 것인가?

물론 '현대인'에게 부활은 역사적으로 불가능한 일이다. 죽은 자는 절대 다시 살아나지 못한다.[6] 그럼에도 신약성경의 저자들은 계속해서 예수의 부활을 하나의 역사적 사실로 증언하고 있다. 빈 무덤과 부활하신 예수의 출현을 그 근거로 들고 있다. 예수께서 부활하셨다는 주장은 과연 충분한 설득력이 있는가?[7]

복음서들은 그 부활의 아침에 예수의 무덤이 비어 있었다고 보고한다. 그리고 그들은 그 빈 무덤이 바로 예수가 죽음을 이기고 승리하셨음을 말해주는 표적이라고 역설한다. 우리는 여러 다른 반론들의 타당성을 검토해봄으로써 그들 주장의 타당성을 살펴보고자 한다.

• 예루살렘의 지리를 잘 모르던 그 여인들이 엉뚱한 무덤을 찾아갔을 것이다.

그러나 복음서들은 그 여인들 외에도, 제자들을 비롯하여 여러 다른 사람들이 같은 무덤을 보러 갔다고 보도하고 있다. 그렇게 많은 사람이 예수의 시신이 놓였던 장소에 대해 똑같은 실수를 범했을 가능성은 희박하다.

• 예수의 제자들이 시신을 훔쳐갔을 것이다.

사실 이것은 예수의 무덤을 지켰던 군인들이 뇌물을 받고 퍼뜨렸던 낭설이었다 마 28:11~15. 생각해 보라. 사기극을 벌였다는 사람들, 곧 제자들은 후에 부활에 대한 자신들의 증언을 위해 기꺼이 목숨까지 내어놓는 순교자가 되었다. 과연 그들이 스스로 지어낸 거짓을 위해 그렇게까지 고통을 감수하려 했을까?

• 예루살렘 당국이 시신을 가져갔을 것이다.

예수의 부활 이야기가 도시 전체에 퍼져가기 시작했을 때, 그들은 그 시신을 공개하기만 하는 것으로도 기독교 운동 전체를 완전히 진압할 수 있지 않았겠는가?

• 예수는 죽은 것이 아니라 기절했을 뿐이다. 처음부터 끝까지 모두 음모, 즉 '유월절 음모'였을 것이다.[8] 예수는 십자가에서 죽은 척하는 것을 통해서 제자들로 하여금 자신이 죽음을 정복했음을 믿도록 속인 것이다.

과연 그러한 사기극이 성공할 수 있었을까? 예수는 고난 주간의 마지막 순간에 거의 죽도록 고통을 당하셨다. 그런데 그런 사람이 단 며칠 만에 제자들에게 자신이 죽음을 정복했다는 확신을 심어줄 수 있을 만큼 충분한 신체적 건강을 회복하는 일이 가능한가?

신약성경은 하나님이 예수를 죽은 자들 가운데 일으키셨다고 선언함으로써 그 빈 무덤을 설명한다. 이 외의 다른 대안적 설명들은 모두 개연성이 부족하다.

신약성경의 기자들은 부활의 증거로 부활하신 예수의 출현 사건들을 제시한다. 부활의 아침 이후 살아 계신 예수를 직접 눈으로 본 사람들이 많은 것으로 볼 때, 부활은 분명한 역사적 사건임이 틀림없다는 것이다. 이것 역시 우리가 받아들일 수 있는 설명인가? 이번에도 그에 대한 반론들을 평가해봄으로써 그 타당성을 따져보자.

- 출현 사건들은 모두 꾸며낸 이야기일 것이다.

부활에 대한 단언을 실은 최초의 문서로 보이는 글 고전 15:3-8에서, 바울은 살아있는 목격자들의 이름을 언급하고 있다. 실존하는 목격자들을 만나 이야기의 진위를 확인해 보라고 독자에게 요청하고 있다.

- 출현 사건은 환각 현상이었을 것이다.

부활하신 주님을 만났던 상황은 환각 현상이 일어나기에 좋은 상황이 아니었다. 부활하신 주님을 보고자 하는 강렬한 내적 갈망도 없었고, 환각 현상이 일어나기에 적절한 외적 환경도 아니었다. 예수의 제자들은 끔찍한 죽임을 당한 주님을 다시 볼 수 있으리라고는 꿈도 꾸지 않았으며, 예수는 환각 현상과는 대조적으로 여러 다양한 장소와 시간대에 그들에게 나타나셨다.

그것은 단순히 개인적이거나 주관적인 목격담이 아니었다. 사실상 여러 사람에 의해 동시적으로 체험된 사건이었다.

이렇게 빈 무덤과 부활하신 주님의 출현 사건들은 "그분은 죽은 자 가운데서 다시 일어나셨다"는 선언을 실증해 준다.

이에 덧붙여 다른 두 가지 확정적인 증거들이 더 있다.

첫째, 부활은 예수의 제자들이 예배드리는 날을 변경시켰다. 본래 제자들은 안식일 토요일을 예배의 날로 삼는 엄격한 유대교 전통에 깊이 잠겨 있던 사람들이다. 그럼에도 초대 그리스도인들은 고난 주간의 사건들 이후

곧바로 한 주간의 첫날 주의 날에에 모임을 갖고 고전 16:1~2; 계 1:10 예수의 부활을 경축하기 시작했다.

둘째, 부활은 초대 교회에 폭발적인 성장을 가져왔다. 많은 경건한 유대인들이 갑자기 그리스도인이 되었고 행 2:41, 47, 얼마 지나지 않아 예수의 부활에 관한 메시지는 전체 로마 세계 안에 강력한 영향력을 끼치게 되었다 롬 10:18; 골 1:6.

이런 것을 생각해볼 때, 지금 우리는 초대 그리스도인들처럼 하나님이 예수를 죽은 자들 가운데서 일으키셨다고 담대하고 확신 있게 선언할 수 있어야 한다 행 2:32~36; 13:32~29; 17:18; 고전 15:14~17. 실제로 주님의 부활은 기독교 신앙의 중심적 위치를 차지하고 있다 롬 10:9. 부활은 예수가 하나님으로서의 정체성을 가졌음을 말해 주는 표지이다 롬 1:4. 왜냐하면, 부활은 예수가 자신의 존재와 사명에 대해 이해하고 계셨던 바를 하나님이 확증해 주신 사건이기 때문이다.

그런데 예수의 부활은 기독교 변증에 있어서만 중요한 것은 아니다. 부활은 그리스도를 따르는 제자들로서 지금 우리가 그분을 경험하는 일에도 매우 중요하다. 왜냐하면, 부활은 현재 우리가 하는 신앙 체험과 역사적 인물로서의 나사렛 예수를 연결해 주는 고리이기 때문이다. 부활은 지금 우리가 하는 신앙 체험이 지금도 살아 계신 주님에 대한 체험이라는 사실을 보증해 준다. 만일 하나님이 예수를 죽은 자들 가운데서 일으키시지 않았다면, 예수가 '아버지'라 부르셨던 분, 곧 예수가 선포하셨던 나라의 하나님과 우리가 사귐을 누리고 있다고 주장할 수 없을 것이다.

예수는 신성을 지니신 유일무이한 분인가?

하나님은 예수를 죽은 자들 가운데서 일으키심으로써 예수의 자기주장을 확증해 주셨다. 부활은 예수의 신성에 대한 기독교의 고백을 거부하는 현대의 회의론자에게 주어진 하나님의 응답이다. 그런데 우리 시대에 예수의 신성보다 더 문제시되는 것은 예수만이 신성을 지니신 유일무이한 분이라는 기독교의 주장이다. 다원주의적 풍조에 따라 사람들은 초자연과 접촉하게 해주고 신적인 것을 체험하게 해준다는 '구루'들에게 점점 더 열린 태도를 보이고 있다. 그런 현대인들에게 오직 예수만이 임마누엘, 즉 '우리와 함께하시는 하나님'이라는 기독교의 주장은 걸림돌이 될 수밖에 없다.

이러한 다원주의 풍조 속에서 예수의 유일무이한 지위를 주장할 수 있을까? 우리가 예수의 신성에 대한 고백에 담긴 그 영광스러운 의미를 제대로 이해한다면 우리는 그렇게 할 수 있다. 모든 시대의 그리스도인들이 주장해왔던 그 의미대로 우리가 예수의 신성의 의미를 고찰한다면, 마땅히 예수는 신성을 지닌 유일무이하신 분일 수밖에 없다.

예수는 하나님을 계시하시는 분이다 | 예수만이 신성을 지닌 유일무이한 분인 까닭은 그분만이 우리에게 하나님을 계시하시는 분이기 때문이다 요 14:9~10.

신약성경의 기자들은 우리가 예수 안에서 하나님을 본다고 거듭 증언하고 있다. 지상에서의 삶과 사역을 통해 예수는 우리에게 하나님이 어떤 분인가를 보여주셨다. 그분의 가르침은 우리에게 하나님에 대한 깨달음을 준다. 그분의 성품은 우리에게 하나님의 성품이 무엇인지를 보여준다. 그분의 죽음은 우리에게 하나님의 고통을 드러내 준다. 그리고 그분의 부활은 우리에게 하나님의 창조 능력을 생생하게 선포해 준다.

하나님에 대해 예수가 보여주시는 그림의 핵심은 사랑의 아버지로서의 하나님이다눅 15:11~32. 실제로 예수는 하나님의 자기 희생적이고 자애로운 사랑을 표현하는 것으로서 자신의 사명을 이해하셨다.

예수 그리스도 자신도 자애로운 사랑을 가지신 분이셨다. 예수는 방향 없이 헤매는 무리를 '목자 없는 양'으로 여기셨다마 9:36; 막 6:34. 예수는 병자마 14:14, 눈먼 자마 20:34, 배고픈 이들마 15:32; 막 8:2의 곤경에 마음이 움직이셨다. 또 예수는 사랑하는 이를 잃고서 슬퍼하는 이들을 향해 측은히 여기는 마음을 품으셨다눅 7:13; 요 11:35.

예수는 죽은 자를 일으키시며요 11; 눅 7:14, 군중을 가르치시고마 6:34, 병자들을 고쳐주시며마 4:23; 9:35; 14:14; 19:2, 자신의 자애로움을 표현하셨다. 예수 그리스도의 경건한 자애심은 적들에게까지 뻗어 갔다. 예수는 자신이 사랑하는 동포로부터 거절을 당하게 될 것을 예언하시며 예루살렘을 바라보시며 눈물을 흘리셨다마 23:37. 붙잡혀 가시는 중에도 그분은 난투극 중에 다친 군인의 귀를 손으로 만지며 고쳐주셨다눅 22:51. 돌아가시는 순간에도 예수는 자비를 베푸시어 그 로마 군인들의 죄를 용서해 달라고 성부께 기도하셨다눅 23:34.

예수의 삶은 하나님의 사랑의 마음을 보여주실 뿐 아니라 삼위일체 하나님이 사랑이시라는 사실도 우리에게 가르쳐준다. 예수께서 성부와 누리셨던 그 특별한 관계를 기억할 때 이것을 이해할 수 있다. 예수가 하나님을 부르실 때 선호하셨던 호칭을 볼 때, 예수가 성부와 특별한 관계를 맺고 있었음이 분명하게 드러난다. 예수는 하나님을 '아바'라고 부르셨는데, 이는 '아빠'와 같은 정겨운 애칭이다.

그런데 하나님을 '아바'라고 부르셨던 예수는 단지 한 인간이 아니었다. 영원하신 성자이셨다. 예수는 자신이 받은 사랑을 성부께 다시 돌려드리는 성부의 유일하신 독생자, 곧 사랑받는 성자이셨다. 성부 자신이 예수의 세례 시에 이러한 관계를 확증해 주셨다.

"이는 내 사랑하는 아들이요 내 기뻐하는 자라"마 3:17.

예수는 성부와 성자 사이에 오고 가는 그 영원한 역동인 신적 사랑을 성부와의 관계를 통해서 드러내 주셨다. 예수가 '아바'를 사랑하시고 그 '아바'에게서 사랑을 받으시는 것처럼, 성자는 성부를 영원히 사랑하시며 성부도 성자에게 영원히 사랑을 받으신다. 예수는 우리로 하여금 하나님의 실재를 볼 수 있게 하는 창문의 역할을 하셨다. 이 창문을 통해서 볼 때, 하나님은 성부 성자의 영원하신 공동체이며, 이 공동체는 영원한 사랑의 관계이며, 이 사랑의 관계는 곧 성령이라는 것이다.

예수께서 하나님을 드러내신 것은 막연한 신학적 주장만을 낳지 않는다. 하나님을 계시하셨던 예수의 사역의 궁극적 목표는 우리를 하나님께로 이끄시는 것이다마 11:27; 눅 10:22. 예수는 자신이 드러내신 하나님의 성품이 우리 각자 안에서, 그리고 우리 사이에서 살아있는 실재가 되기를 바라신다. 바울이 선언하듯이, 하나님을 계시하시는 분이신 예수 그리스도는 우리 안에 '형성' 되셔야 한다갈 4:19. 성령은 바로 이 일을 하신다8장을 보라.

예수는 우리에게 삼위일체이신 하나님의 성품을 드러내시며, 또한 자신의 성령을 통해 우리 안에 하나님의 성품을 형성시켜 가신다. 따라서 우리 주님은 신성을 지니신 유일무이한 분이다.

예수는 주님이시다 | 둘째, 예수만이 신성을 지니신 유일무이한 분이신 까닭은 그분이 바로 주님이시기 때문이시다.

신약성경의 저자들은 예수에 대해 말할 때, 신성을 지칭하는 칭호인 '주님'을 거듭 사용한다. 그리고 모든 시대의 교회는 "예수는 주님이시다"라고 고백해 왔다.

이는 예수와 피조물이 근본적으로 어떤 관계를 맺고 있는지를 확인해 주는 고백이다. 예수는 온 세상의 주님이시다. 따라서 그분은 마땅히 그리고 언젠가는 모든 사람의 경배를 받으실 분이시다.빌 2:9~11.

'온 우주의 주님'이란 예수께서 역사의 주님이라는 사실을 의미한다. 예수는 우주의 시작부터 마지막 때까지 그 전체적 의미를 드러내는 분이다. 모든 피조물과 각 인간의 삶은 오직 그분 안에서, 그리고 그분과의 관련성 안에서 비로소 그 참된 의미와 정체성을 발견할 수 있다. 그분은 우주의 주님이실 뿐 아니라 각 개인의 삶의 주님이셔야 한다. 모든 피조물의 역사와 지금까지 살았던 모든 인간의 역사는 나사렛 예수라는 역사적 인물의 생애와 연결될 때, 비로소 자신의 참된 의미를 발견할 수 있다.

"예수는 주님이시다"라는 이 선언은 인류 전체를 커다란 두 진영으로 나눈다. 예수의 주되심을 인정하는 사람과 그렇지 않은 사람이다. 그러나 이 고백은 결합하는 역할도 한다. 9장과 10장에서 살펴보겠지만, 이 고백은 예수의 주되심을 인정하는 사람들 전체를 인간적인 구별을 초월하는 하나의 커다란 사귐 안으로 묶어 준다.

"예수는 주님이시다"라는 고백은 개인의 삶과는 별 관계가 없는 거창한 신학적 진술이 아니다. 예수의 주되심을 선언하는 것은 예수를 우리 삶의 주님으로 인정하는 것을 마땅히 포함한다. 예수는 우리의 모든 행위와 생각을 포함하여, 우리 실존의 모든 차원을 다스리셔야 한다 고후 10:5. 그러므로 교회와 더불어 예수의 주되심을 고백하는 것은 우리로 하여금 자신을 열어, 그분의 주되심이 우리의 일상적 삶 속으로 뚫고 들어오게 한다.

이제 결론을 지어보자. 하나님의 계시이자 피조세계의 주님으로서, 예수는 하나님이 누구이며, 어떤 분인지를 이해하기 위한 표준이 된다. 그렇기에 우리는 하나님의 실재에 대한 온갖 선언을 예수의 삶과 가르침이라는 잣대를 통해서 평가해야 한다. 하나님을 계시하시는 분으로서, 또 삶의 주님으로서, 예수는 우리의 하나님 체험의 매개자이다. 하나님께로 가는 길은 오직 나사렛 예수를 통해서만 가능하다. 현대사회의 풍조가 어떠하든, 우리는 오직 예수만이 신성을 지니신 유일무이하신 분이심을 계속해서 선언해야 한다.

예수는 완전한 인간이시다

기독교 신앙의 중심적 고백은 예수가 임마누엘, 즉 "우리와 함께하시는 하나님"이라는 선언이다. 또한, 우리는 "예수는 그리스도이시라"고 고백하는데, 이는 나사렛 예수의 실재의 또 다른 차원에 대한 선언이다. 우리는 예수라는 역사적 인물의 삶 속에서 완전한 신성뿐 아니라 온전한 인간성도 발견한다. 예수는 완전한 하나님 하나님의 구현 이실 뿐 아니라 완전한 인간 우리를 향한 하나님의 목적의 구현 이시다.

이제 우리는 예수의 인간성이 가진 세 가지 측면, 곧 "예수는 완전한 인간이다"라는 기독교의 고백에 내포된 세 가지 차원에 대해 살펴볼 것이다.

- 예수는 참으로 인간이셨다.
- 예수는 참된 인간의 전형이시다.
- 예수는 '새로운 인간' 이시다.

예수는 참으로 인간이셨다

히브리서 기자는 선언했다. "자녀들은 혈과 육에 속하였으매 그도 또한 같은 모양으로 혈과 육을 함께 지니셨다"^{히 2:14}. 이것이 의미하는 바는 무엇인가? 어떤 의미에서 예수는 아담의 모든 자손과 같은 인간성을 공유하셨나? 이 질문에 답하기 위해 예수의 지상 생애를 살펴볼 필요가 있다.

예수는 인간 실존의 조건 아래 사셨다 ㅣ 복음서 기자들은 나사렛 예수는 참으로 인간이셨다고 분명하게 밝히고 있다. 즉 그분은 우리처럼 현세적 실존의 조건 아래 사셨다.

- 인간 실존의 조건 아래 사셨다는 말은 예수도 모든 인간에게 공통적인 다양한 필요를 경험하셨음을 의미한다.

주님은 피곤해 하시거나 목말라 하시기도 했다^{요 4:6~7}. 그분은 벗을 갈망하셨다^{마 26:36~38}. 또 그분은 원기를 회복하시기 위해 도움을 청하는 사람들의 무리로부터 잠시 물러나 홀로 쉬면서 기도하는 시간을 가져야 할 필요성도 아셨다^{막 1:35. 9)}.

또 예수는 시련을 겪으셨으며, 유혹에 직면하셨고, 사단의 공격을 받기도 하셨다^{마 4:1~11; 16:22~23; 26:36~39}. 그러나 예수는 원수를 물리치고 승리하셨다^{히 4:15}.

그런데 예수께서 거뜬히 유혹을 물리치셨다는 것은 우리로 하여금 다음의 질문을 하게 한다. 과연 그분은 진짜 유혹과 직면하셨던 것일까? 예수가 죄를 짓는 것도 가능했을까? 예수는 과연 우리가 느끼는 것처럼 유혹의 힘을 느끼셨을까?

한 가지 중요한 점에서 예수의 유혹은 우리의 유혹과 달랐다. 야고보는 인간이 받는 유혹에 관해 이렇게 선언한다. "오직 각 사람이 시험을 받는 것은 자기 욕심에 끌려 미혹됨이니"약 1:14. 그러나 예수는 아담으로부터 타락한 본성을 물려받지 않고 태어나신 분이기에 우리와 달리 그분은 타고난 본성적 성향에 의한 유혹은 받지 않으셨다.[10]

그렇지만 예수는 진짜 유혹을 경험하셨다. 사실 예수는 악에 대한 인간의 싸움과는 비교될 수 없을 정도로 사단의 유혹하는 힘을 다 맛보셨다.[11]

이것을 이해하기 위해 당신 자신의 경험에 대해 생각해 보라. 유혹의 힘을 느끼는 강도強度는 그 유혹에 저항하는 정도에 상응한다. 쉽게 굴복하는 영역에서는 그 유혹의 실재를 거의 느끼지 못한다. 별 투쟁도 없이 쉽게 악한 충동에 굴복하기 때문이다. 그러나 우리가 그리스도인으로서 영적 성장을 이룬 영역에서는 유혹의 힘이 얼마나 강한 것인지 경험한다. 이렇게 투쟁 없이 굴복해버리고 마는 것과 온 힘을 다해 저항하는 것 사이의 차이를 알 때, 우리는 마귀에 대한 예수의 투쟁이 어떤 것이었는지를 상상해볼 수 있다.

예수는 사단이 자신에게 내미는 그 제안이 무엇인지를 충분히 잘 아시는 분이셨기에 그 유혹의 힘을 남김 없이 다 맛보셨다. 예수는 자신 앞에 놓인 선택에 무엇이 걸려 있는지를 인식하고 계셨다. 그리고 자신이 내리는 결정에 따르는 결과도 인식하고 계셨다. 이런 의미에서 예수는 그 어떤 인간보다도 시련과 유혹을 가장 강도 높게 겪으셨다.

• 인간 실존의 조건 아래 사셨다는 것은 예수도 우리가 겪는 여러 제한 가운데 있었음을 의미한다.

예수께서도 시간의 제한을 받으셨다. 예수에게도 하루는 24시간이었고 일주일은 7일이었다. 그리고 예수의 지상 체류 기간은 겨우 33년에 불과했다.

예수는 공간의 제한도 받으셨다. 모든 곳에 동시에 계실 수 없으셨다.

더욱이 예수는 힘에서 유한하셨다. 자신의 체력이 허락하는 것 이상으로 자신을 밀고 나가실 수 없었다. 모든 인간처럼, 그분에게도 잠과 휴식과 혼자 있는 시간을 통해 원기를 회복하실 필요가 있었다.

예수는 심지어 지식에서도 제한을 받으셨다. 사람들이 기다리는 인자의 도래가 정확히 언제일지는 그분 역시 모르시는 바였다 마 24:36.

이러한 다양한 제한은 우리의 삶에 그렇듯이 예수의 삶에도 중요한 의미가 있었다. 예수께서도 자신의 최종 사명을 완수하기 위해 선택하고 자신의 행동을 계획하셔야만 했다. 자신의 관심과 시간을 다투는 여러 좋은 선택사항들 사이에서 하나를 택하셔야 했다. 자신의 소명에 따라 우선순위를 정하고, 그에 따라 해야 할 일을 선택하셔야 했다.

예수가 어머니 뱃속에서 완벽한 성인으로 나오지 않으셨다는 사실을 덧붙일 필요가 있을까? 예수는 유아로서 자신의 생을 시작하셨다. 그리고 어린 시절 동안 그분은 신체적으로, 지적으로, 영적으로, 사회적으로 성장하셨다 눅 2:52. 심지어 어른이 되어서도, 예수는 경험을 통해 계속 성숙해 가셨다. "그가 아들이시면서도 받으신 고난으로 순종함을 배웠다" 히 5:8.

요컨대 나사렛 사람 예수에게 주어진 어떤 특별한 혜택은 없었다. 다른 인간들보다 빨리 성숙해지신 것도 아니었고, 인간 실존의 제한을 초월하지 않으셨으며, 타락한 세상을 살아가는 삶의 어려움을 면제받으신 것도 아니었다. 다시 말해서 그분은 어떤 슈퍼맨, 즉 인간의 몸을 입고 살지만 타고난 능력을 통해 초인간적 힘을 발휘하는 어떤 외계인이 아니었다. 예수는 모든 시대의 교회가 언제나 고백해 왔듯이 참 인간이셨다.

예수의 인간 되심은 중요하다 | 인간으로서의 예수의 삶은 하나님의 사역 가운데 그분이 맡으신 역할에서 대단히 중요하다. 만약 예수께서 인간이 아니셨다면, 우리는 우리의 죄로부터 구원 받을 수 없었다 히 2:14, 17.

예수의 경험은 매일매일 살아가는 우리의 실제적인 삶을 위해서도 중요하다. 예수는 타락한 세상의 삶 속에서 분투하는 우리를 긍휼히 여기실 수 있다. 우리의 '대제사장'이신 예수는 모든 면에서 우리처럼 유혹을 당하셨지만 '죄는 없으신' 분이시기에, 우리의 약함을 긍휼히 여기실 수 있다 히 4:15. 그러나 예수의 긍휼은 수동적인 감정이 아니다. 사단의 공격을 이기셨던 분이시기에, 유혹을 당하는 우리를 적극 도와주실 수 있다 히 2:18.

간단히 말해서 예수는 우리의 사정을 아시고, 우리를 돌보시며, 우리에게 그분의 능력, 곧 그분의 성령을 주신다.

예수는 참된 인간의 전형이시다

"예수는 참 인간이시다"라는 우리의 선언은 단순히 그분이 많은 사람 중 한 사람이라는 의미는 아니다. 오히려 우리는 예수가 독특한 분이심을 주장한다. 예수는 비할 데 없이 인간다우셨고, 진실로 인간다우셨으며, 참 인간이셨다.

예수는 자신을 참된 인간의 전형으로 주장하셨다 | 예수는 우리에게 어떻게 살아야 하는지를 보여주시기 위해 이 세상에 왔다고 선포하셨다. 인류를 향한 하나님의 목적막 7:9; 마 19:1~9과 구약 성경의 참된 의미를 아는 사람은 종교 지도자들이 아니라 자신이라고 단언하셨다마 5:21~48; 막 12:24. 그리고 예수는 청중에게 자신을 따르고, 자신의 제자가 되며, 자신의 '멍에'를 메고, 자신에게서 배우라고 명령하셨다마 11:29.

그 자체만 두고 볼 때, 예수의 주장은 참으로 대담한 것이었다. "내가 곧 길이요 진리요 생명이다"요 14:6라는 그분의 선언은 자칫 허세와 교만으로 보일 수도 있다. 그러나 성부와의 특별한 관계를 말씀하신 다른 곳에서처럼, 이 주장을 하실 때에도 하나님이 반드시 자신의 주장을 확증해 주실 것이라고 말씀하셨다.

그 주장에 대한 하나님의 응답이 바로 부활이었다. 하나님은 예수를 죽은 자들 가운데 일으키심으로써, 예수께서 주장하신 바대로, 예수가 바로 참된 인간의 전형이심을 만방에 선포하신 것이다.

따라서 예수의 전 생애와 가르침과 죽음에 대한 하나님의 확증으로서의 부활은 우리로 하여금 예수를 참된 인간의 전형으로 보게 한다. 예수의 부활은 하나님이 뜻하시는 충만한 인간다움의 궁극적 본보기로서 다시 사신 그리스도를 제시한다.

예수는 우리의 모범이시다 | "예수는 참된 인간의 전형이시다"라는 우리의 고백은 예수가 하나님이 뜻하시는 인간다움의 원형을 계시하시는 분이심을 인정하는 것이다. 즉 예수 그리스도를 통해 우리는 하나님이 우리에게 원하시는 모습을 발견한다.

이 모범은 부활을 통해 계시되었다. 부활하신 주님은 언젠가 우리도 공유하게 될 변화된 모습을 보여주셨다. 예수를 죽은 자들 가운데서 일으키심을 통해, 하나님은 예수의 지상적earthly 신체적 실존을 영광과 불멸의 상태로 변화시키셨다. 이는 부활하신 예수 그리스도에 대한 첫 증인들이 보았던 모습이다.

이러한 변화된 모습은 우리를 향한 하나님의 계획이기도 하다. "우리가 흙에 속한 자의 형상을 입은 것 같이 또한 하늘에 속한 이의 형상을 입으리라"고전 15:49; 참고 요일 3:2. 그러므로 부활하신 예수 그리스도를 바라봄으로써, 우리는 우리를 향한 하나님의 목적이 우리의 현재 경험을 넘어선다는 사실을 발견한다. 즉 하나님은 소외가 아니라 사귐을 위해서 우리를 창조하셨고, 죽음을 위해서가 아니라 생명을 위해서 우리를 지으셨으며, 속박을 위해서가 아니라 자유를 위해서 우리를 살리신다.

우리를 위한 하나님의 모범은 예수의 지상 생애를 통해서도 계시되었다. 나사렛 예수는 우리가 어떻게 살아야 하는지를 보여 주는 계시이다. 예수는 하나님 나라에서 큰 자가 되는 길을 가르치기 위하여 오셨다. 예수는 진정한 위대함이 자기 중심성이 아니라 섬김, 고통, 자기 부인을 통해서 온다고 선언하셨다막 8:34~38; 10:35~45. 예수는 죽음도 많은 사람에게 생명과 축복을 가져오는 길일 수 있음을 우리에게 보여주셨다요 12:24.

이렇게 예수는 우리의 모범이시다. 우리는 예수를 우리의 태도와 행위를 위한 본보기로 여겨야 한다. 무엇보다도 우리는 그리스도의 겸손빌 2:3~8과 인내벧전 2:21~23와 사랑엡 5:2을 본받아야 한다.

무엇보다도 예수는 하나님의 뜻과 주된 초점이 우리가 고립적인 성인이 되는 데 있지 않음을 가르쳐준다. 오히려 '하나님 나라의 삶'은 바로 '공동체 속에서의 삶'이다. 우리는 공동체가 되기 위하여 창조되었다.

- 예수에게 있어서, '공동체 속에서의 삶'을 위한 기초는 성부와 나눴던 공동체의 삶이었다.

예수께서 하나님과 나누셨던 사귐에는 고독 속에서 하나님과 나누셨던 친교와 죽기까지 성부의 뜻에 완전하게 순종했던 겸손한 삶, 두 가지가 모두 포함된다^{빌 2:8}.

- 예수는 또한 다른 사람들과 공동체 속에서 사셨다.

예수는 자신만으로 만족해하는 은둔자가 아니었다. 예수는 서구인이 이상으로 여기는 '스스로 성공한 사람'이 아니었다. 예수의 삶은 친구들과 함께 우정을 나누는 삶이었으며, 동시에 곤궁한 자에게는 자애로운 사역을 펼치는 삶이었다. 예수는 '다른 사람을 위한 인간'이셨고, 또한 다른 사람들로부터 우정의 선물을 받는 분이셨다. 예수는 공동체에 한계선이 있을 수 없음을 보여주셨다. 공동체는 친구들을 넘어 버림받고 상처 입은 자들, 심지어 원수들에게까지 뻗어 가야 한다.

- 예수께 있어, '공동체 속에서의 삶'은 자연과의 사귐도 포함한다.

예수는 하나님이 식물과 동물, 풀과 참새를 돌보시는 분임을 가르쳐주셨다. 예수의 영적인 삶에는 광야를 껴안으며 창조 세계의 아름다움을 누리는 일이 포함되어 있었다. 예수는 바다를 잠잠하게 하심을 통해 자신의 정체성을 밝히 드러내시기도 했다.

요컨대 "예수는 참된 인간의 전형이시다"라는 말은 곧 그분이 우리의 모범임을 의미한다. 예수의 제자들로서 우리는 예수를 우리의 모범으로 삼아야 한다. 예수께서 계시하셨던 '공동체 속에서의 삶'을 살도록 노력해야 한다.

예수는 '새로운 인간' 이시다

우리의 이상이시며 모범으로서 예수는 참된 인간의 전형이 되신다. 그런데 그렇게 참된 인간의 전형이시기에 예수는 '새로운 인간,' 새로운 아담, 새로운 인류의 창시자, 새로운 인간 사회의 원천이 되시기도 한다. 이러한 선언은 우리로 하여금 예수의 삶과 부활을 지나, 바울과 다른 초대 그리스도인들의 신학적 성찰들을 살펴보게 한다.

새 인류의 창시자로서 예수는 첫 번째 아담과 극명한 대조를 보여주신다롬 5:12~21; 고전 15:21~22, 45~49를 보라. 아담은 불순종과 죄와 죽음을 자손에게 가져왔다. 그러나 그리스도는 순종과 은혜와 생명에 이르게 하는 의를 가져오셨다롬 5:19, 21; 고전 15:22.

새로운 인류의 첫 장을 열며 예수는 인류의 오래된 적의와 분열을 극복하셨다엡 2:14~15. 예수는 모든 나라에서부터 그분의 '몸'인 새로운 교제, 곧 교회로 사람들을 불러 모으셨다골 1:18. 그리스도와 연합된 우리는 함께 이 새로운 교제에 이끌리며 참여한다롬 6:3~5; 고후 5:17.

"예수는 참으로 인간이셨다"와 "예수는 참된 인간의 전형이시다"라는 선언과 마찬가지로 "예수는 '새로운 인간' 이시다"라는 이 고백 역시 우리의 현재의 삶에 대해 실질적 중요성이 있다. 예수는 "믿음의 주요 또 온전하게 하시는 이"이심을 의미한다히 12:2. 우리 앞서 가시는 개척자로서, 예수는 뒤에 있는 우리를 향해 자신을 따라오라고 명령하신다. 우리의 인도자로서, 예수는 성부가 우리 앞에 두신 목적을 향해 우리를 인도해 가신다. 예수는 우리 실존의 원천이시다. 예수는 우리에게 삶을 위한 자원을 제공해 주신다.

우리가 현재를 살아가는 힘은 우리 자신의 능력에 있지 않다. 우리는 부활하신 주, 곧 '새로운 인간'으로부터 얻는 능력에 의존한다요 15:1~8. 예수 그리스도는 우리에게 성령을 보내주심으로써 이러한 능력을 제공해 주신다. 여기에 대해서는 8장에서 자세히 살필 것이다.

"예수는 참 인간이시라"는 고백의 의미를 우리는 도표로 정리해볼 수 있다.

예수는 어떤 분이신가?	역사적인 기초	그 안에 내포된 의미
참으로 인간이시다	예수님의 지상 생애	그분은 구원하실 수 있다
참된 인간의 전형이시다	예수님의 부활	그분은 우리의 모범이시다
'새로운 인간'이시다	교회의 신학적 성찰	그분은 우리의 능력이시다

예수는 하나님이시며 동시에 인간이시다

그리스도인으로서 우리는 나사렛 예수가 참 하나님이심을 주장한다. 우리는 또한 그분이 참 인간이라고 주장한다. 그런데 이렇게 말함으로써 우리는 신학적으로 가장 난처한 문제와 마주친다. 이것이 도대체 어떻게 가능한가? 어떻게 한 역사적 인물의 삶 속에서 신성神性과 인성人性이 함께 공존할 수 있단 말인가? 예수는 하나님이시며 동시에 인간이시라는 우리의 선언은 도대체 무슨 의미인가?

어떻게 예수는 하나님이시며 동시에 인간이신가?

언뜻 보면, "예수 그리스도는 하나님이시며 동시에 인간이시다"라는 우리의 주장은 논리적으로 풀릴 수 없는 난제로 보인다. 한 존재가 하나님이면서 동시에 인간이라는 주장은 거의 자기모순에 가까운 말로 들린다. 그러나 이것은 모든 시대의 교회가 변함없이 가르쳐 왔던 바이다.

이 난제를 해결하기 위하여 우리는 신약성경을 살펴보아야 한다. 초대 그리스도인들은 예수는 참 하나님이시며 동시에 참 인간이시라고 확신했었다. 그런데 그리스도인들은 자신들의 확신을 다음의 두 가지 중요한 진술을 통해 표현했었다.

- 예수는 '말씀' 이시다.
- 예수는 성자^{聖子}이시다.

예수는 '말씀' 이시다 | 신약성경에 따르면, 예수가 하나님이시자 동시에 인간이신 까닭은 그분이 '말씀' 이시기 때문이다.

요한은 요한복음과 요한일서의 서두에서 예수를 '말씀' 이시라고 선언한다. 거기서 요한이 사용하고 있는 용어 '로고스' 말씀는 매우 의미심장한 단어다.[12]

그리스 철학자들을 따르면, 전체 우주에 질서를 정하고 인간의 삶에 방향을 제시하는 내적인 법칙이 존재하는데, 그들은 이 원리를 '말씀' 이라고 불렀다.

그런데 예수 그리스도의 이해에서, 이보다 더 중요한 것은 히브리인의 "하나님의 말씀" 사상이다. 히브리인에게 있어서 '말씀' 은 우리에게 하나님의 본성을 계시해 주는 것이었다. 그리고 '말씀' 은 말씀하시는 하나님의 창조 능력의 구현이며, 자신의 지혜로 세상을 창조하시는 하나님 자신이기도 했다 잠 8:2-31.

'말씀'이라는 용어를 통해, 요한은 창조하시고 계시하시는 분으로서의 예수의 정체성을 인정한 것이다. 예수는 하나님 창조의 말씀이시다. "만물이 그로 말미암아 지은 바 되었으니 지은 것이 하나도 그가 없이는 된 것이 없느니라"요 1:3; 참고. 10절. 그리고 예수는 하나님 계시의 말씀이다. "말씀이 육신이 되어 우리 가운데 거하시매 우리가 그의 영광을 보니 아버지의 독생자의 영광이요 은혜와 진리가 충만하더라"요 1:14; 참고. 골 1:15~16.

그러므로 "예수는 '말씀'이시다"는 선언은 나사렛 예수가 하나님 자신의 본성을 포함해 모든 실재의 의미를 계시하는 분이시라는 단언이다. 다시 말해서 인간이신 예수는 곧 하나님이 자신을 드러낸 계시다.

예수는 성자이시다 | 초대 그리스도인들은 예수를 성자聖子로서 인정함으로써 그분이 하나님이시자 동시에 인간이심을 선언했다.

구약 시대에 '아들'은 하나님의 일에 참여하기 위해 선택된 존재를 가리키는 말이었다. 즉 '하나님의 아들'은 세상 속에서 하나님의 사명을 완수하기 위해 선택된 하나님의 특별한 대리인이었다. 따라서 한 민족으로서 이스라엘은 '하나님의 아들'이었다. 그리고 이 칭호는 하나님이 특별한 임무를 맡기신 왕들이나 다른 특정한 인물을 지칭하는 데도 사용될 수 있었다출 4:22; 삼하 7:14; 사 1:2; 호 11:1.

그런데 신약성경은 예수를 하나님의 독생자獨生子, 곧 성자聖子라고 선언한다. 하나님은 예수에게 유일무이한 사명을 맡기셨고, 그 사명으로 예수와 성부는 직접 연결된다. 예수는 우리에게 하나님을 계시하시고, 그 계시로 하나님의 구원을 가져오기 위하여 오신 분이셨다. 그리고 예수는 성부의 뜻에 죽기까지 순종하심을 통해 자신에게 맡긴 그 유일무이한 사명을 완수하셨다.

유일무이한 사명을 완수하신 분으로서, 예수는 성부와 유일무이한 관계를 누리셨다. 예수는 성부의 유일무이한 아들, '하나밖에 없는' '유일하신 독생자'요 1:14, 성자이시다. 이와 같은 이해를 보이며, 히브리서의 저자는 결론을 내린다. "이는 하나님의 영광의 광채시요 그 본체의 형상이시라 그의 능력의 말씀으로 만물을 붙드신다"히 1:3. 그리고 바울도 말한다. "그 안에는 신성의 모든 충만이 육체로 거하신다"골 2:9.

예수는 성자이시며 '말씀'이시다 | '아들'과 '말씀'은 서로 긴밀하게 연결되어 있다. 두 칭호 모두 예수의 독특한 정체성을 가리킨다.

'말씀'과 '아들'은 모두 예수의 신성과 인성을 하나로 묶어주는 칭호다. '하나님의 영광의 광채시요 그 본체의 형상'이시며, 하나님이 그를 통해 우주를 만드신 분으로서, 성자는 모든 실재와 하나님 본질의 의미를 드러내는 분이시다. 이러한 계시로서, 그분은 우주를 지탱하시며, 하나님이 그를 통해 말씀하셨던 능력의 '하나님의 말씀'이시다.

성자이시자 '말씀'으로서, 예수는 삼위일체 하나님의 삶에 참여하신다. 예수는 성부와 영원한 사귐을 누리시는 삼위일체의 두 번째 위격이시다. 동시에 예수는 인간의 참된 삶이 '공동체 속의 삶'임을 우리에게 보여주신다. 하나님은 우리가 사귐을 하나님, 가깝고 먼 이웃, 그리고 모든 창조 세계와의 공동체 누리며 살도록 계획하셨다. 그리고 예수는 이러한 사귐을 누리는 이들의 친교인 새로운 인류를 시작하셨다. 이렇게 나사렛 예수는 참 신성하나님의 참 모습과 참 인성하나님이 창조 때에 의도하신 인간의 구현이다. 실제로 예수는 임마누엘, 즉 '우리와 함께하시는 하나님'이시다.

예수가 성육신하신 하나님이시라는 말은 무엇을 의미하는가?

예수의 정체성에 대해 요한은 이렇게 선언한다. "말씀이 육신이 되어 우리 가운데 거하시매"요 1:14. 흔히 신학자들은 '말씀이 육신이 되는 것'을 두고 '성육신'이라고 부른다. 즉 우리는 예수를 성육신하신 분으로 주장한다. 다시 말해 예수는 인간의 모습을 가지신 영원하신 말씀 또는 성자이시다.

그런데 이것이 의미하는 것이 무엇인가? 우리는 '성육신'을 어떻게 이해해야 하는가? 어떤 그리스도인들은 성육신을 하나의 특정한 역사적 사건으로 상상한다. 마리아의 자궁에서 일어났을 이 사건은 삼위일체의 두 번째 위격이 행하신 행위였다. 그 행위의 결과 한 인물, 즉 예수 안에서 신성과 인성이 연합되었다. 이러한 이해에 따르면, 예수의 삶의 인격적 중심은 하나님, 즉 영원하신 성자이셨다.

이런 식의 성육신 이해는 예수의 신성과 인성을 모두 지키기 위한 시도에서 비롯되었다. 그러나 불행하게도 이런 식의 이해는 성육신을 하나의 슈퍼맨 신화로 전락시켜 버릴 위험이 있다. 예수를 클라크 켄트슈퍼맨이 보통 인간 행세를 할 때의 이름 - 역주로 상상한다. 보통 사람의 차림새를 하고 있지만, 안쪽에는 언제나 커다란 'S' 자가 적힌 멋진 파란색 유니폼을 입고 있는 존재 말이다. 슈퍼맨이 언제라도 자신의 클라크 켄트 변장을 벗어 던지듯이 성자 역시 자신의 인성을 얼마든지 마음대로 잠시 제쳐놓을 수 있으리라고 생각한다. 결국, 예수는 하나님이셨지 진짜 인간은 아니었다는 것이다. 예를 들어 우리가 "글쎄, 결국 그분은 하나님이셨지 않아. 안 그래?"라고 말하며 예수가 겪으셨던 인간적 어려움을 별것 아닌 것으로 치부해버릴 때, 그런 식의 생각이 잘 드러난다.

성육신을 영원하신 성자의 행위로서만 치부해버리게 되면, '말씀'과 예수를 서로 별개의 존재로 생각하는 위험한 덫에 빠지기 쉽다. 그럴 때, 우리는 신약성경이 단호하게 거부하는 구분, 즉 영원하신 성자와 역사적 인물 나사렛 예수를 서로 별개의 존재로 구분 짓게 된다. 이렇게 되면, 우리가 예수와 별도로 그리스도에 관해 이야기할 수도 있는 문이 열리게 된다. 즉 예수 외에 다른 종교 스승들을 통해서도 그리스도가 일하신다는 말이 가능해진다.

그러나 이와 대조적으로 신약성경의 기자들은 '말씀'이 역사 속의 어떤 특정한 시점에서 행하신 행위로서 성육신成肉身을 제시하지 않는다. 예를 들어 자기를 비우신 예수 그리스도를 높이는 위대한 찬송시에서빌 2:6-11, 바울은 신중하게 그의 관심을 역사적 인물 예수에게로 집중시켰다. 즉 자신의 신적인 특권에 집착하지 않고, 겸손한 종으로서 죽기까지 하나님에게 순종하신 분은 바로 '그리스도 예수'이시다. 바울은 '예수는 주님이시다'라는 고백을 영원하신 성자가 역사 속의 어떤 특정한 시점에 이 세상 속으로 내려오셨다는 이야기에서 이끌어 내지 않았다. 오히려 하나님이 예수를 모든 이름 위에 뛰어난 이름으로 높이신 것은 주님의 전 생애, 특별히 그분의 순종적인 죽음에 그 근거가 있었다.

요한 역시 말씀이 육신이 되었다는 이야기를 하면서 신중을 기하고 있다. 영원하신 말씀이 마리아의 자궁 안에서 스스로 인간의 본성을 취하신 행동으로서 성육신을 언급하지 않는다. 사실 요한은 성육신이 일어난 정확한 역사적 순간마리아가 예수를 임신한 순간 같은을 지적하지 않는다. 요한은 성육신 상태의 시작을 돕는 매개물로서 처녀 탄생을 제시하지도 않는다.

예수의 기적적인 탄생에 집중하기보다는 요한은 예수의 지상 생애를 보았던 이들의 증언을 자기 주장의 근거로 들고 있다. 그들의 증언을 근거로 하여 요한은 성육신을 증명한다. "말씀이 육신이 되어 우리 가운데 거하시매 우리가 그의 영광을 보니 아버지의 독생자의 영광이요 은혜와 진리가 충만하더라"요 1:14. 예수를 본 이들은 그분 안에서 하나님의 영광을 보았다. 그 영광은 예수의 지상 생애를 통해 뚜렷이 드러난 영광이었다.

요한이 말한 바, "말씀이 육신이 되었다"성육신는 것은 예수가 존재하게 된 방식을 말하는 데 그 초점이 있지 않다. 사실 성육신은 예수의 지상 생애가 가진 의미를 선언하는 방식이다. 즉 인간이신 그 예수가 곧 하나님이라는 것이다. 바로 그분이 하나님의 계시이다. 바로 그분이 인간의 모습을 가지신 '말씀'하나님의 역동적이고 계시적인 말씀이다. 이 역사적 인물의 삶 속에서 우리는 하나님이 누구이시며참된 신성, 우리가 누구이어야 하는지참된 인성가 계시된 것을 발견한다. 참으로 예수 안에서 말씀이 육신이 되었다.

요컨대 성육신은 단순히 성탄절뿐만 아니라 클라이막스인 부활절에 이르기까지 쭉 축하되어야 한다.

어떤 의미에서 예수는 선재하시는가?

"예수는 말씀이시다"와 "예수는 성자이시다"라는 우리의 선언은 우리를 또 다른 중요한 선언, 즉 예수의 선재先在로 이끈다.

요한은 그의 복음서를 대담한 선언으로 시작하고 있다. "태초에 말씀이 계시니라. 이 말씀이 하나님과 함께 계셨으니 …"요 1:1. 예수가 '말씀'이라면, 그분은 분명 영원하신 분, 즉 지상에서의 생애 이전의 삶을 가지신 분임이 틀림없다. 다시 말해 예수는 선재하시는 분이라는 것이다.

그렇다면 선재先在란 도대체 무엇을 의미하는가? 흔히 우리는 선재에 대해 이해할 때, 성육신을 역사 속의 한 시점에서 일어난 사건으로 보는 데서 출발한다. 이렇게 우리가 성육신을 역사 속의 특정한 순간 아마 B.C. 4~6년에 일어난 하나의 사건으로서 이해한다면, 자연히 우리는 이런 식으로 따져 묻게 된다. "그렇다면 그 '말씀'은 성육신하시기 이전에는 무엇을 하고 계셨는가?"[13] 그리고 여기에 대해, 예수는 베들레헴에서 태어나기 이전에는 우주 속에다 별들을 던져 넣고 계셨다는 등의 온갖 공상적인 추측들을 만들어내게 된다.[14]

성육신 개념에서와 마찬가지로 이 선재 개념에서도 우리는 그것을 '말씀'에만 연결하고 나사렛 예수와는 분리해 생각하려는 경향을 피해야만 한다. 또한 이 선재 개념을 '말씀'이 예수 탄생 이전에 하셨을 활동에 대해 우리의 공상적 추측을 전개하는 빌미로 여겨서는 안 된다. 현대의 종교 다원주의적 풍조 속에서, 그런 식의 추측은 신적인 '말씀'이 다른 역사적 인물들이나 종교 지도자들 속에도 있었다 또는 지금 현재 일하고 있다는 식의 사상들에 대해서 우리를 무방비상태로 만든다.

'선재'의 의미가 무엇이든, 분명한 것은 그것이 나사렛 예수에 대한 묘사라는 사실이다. 우리는 예수의 선재를 말하는 것이지, 이 역사적 인물의 삶과 별개로 인식될 수 있는 어떤 영원한 존재의 선재를 말하는 것이 아니다. '선재'는 나사렛 예수의 정체성에 대한 선언이다.

그렇다면 우리는 어떤 의미에서 선재를 한 역사적 인물에게 속한 속성으로서 이야기하는 것인가? 그 핵심에서 선재 교리는 다름 아니라 예수 그리스도의 유일성과 최종성을 말하는 것이다.

사람들이 흔히 생각하는 것과 달리, 예수의 짧은 역사적 생애는 역사 속 일순간의 반짝거림 그 이상이었다. 예수의 삶은 영원의 핵심을 드러낸 삶이었다. 겉보기에는 짧았던 지상 생애였지만, 그것은 사실 하나님의 계시였다. 바울이 말하듯이, "아버지께서는 모든 충만으로 예수 안에 거하게 하시기를 … 기뻐하셨다"골 1:19~20.

예수의 선재를 고백하는 것은 예수가 사셨던 지상 생애의 유일성과 최종성을 확언하는 것이다. 예수는 진리의 구현이시다. 예수의 가르침은 하나님의 영원한 진리를 계시하는 참된 가르침이다. 그리고 그분의 삶은 하나님이 바라시는 참된 삶이 무엇인지를 우리에게 보여준다. 따라서 예수는 모든 종교적 진리와 모든 인간 행위를 측정하는 표준이 되신다. 즉 온갖 진리 주장과 선한 삶에 대한 교훈은 모두 이 역사적 인물에 의해 그 가치의 정도가 매겨져야 한다.

• 예수의 선재에 대해 말하는 것은 예수의 역사적 생애가 그분의 짧은 지상 생애의 한도를 넘어서는 중요성을 가진다는 선언이다.

예수의 삶은 역사 전체에 의미를 부여해 준다. 이는 그분의 삶이 곧 역사 전체 의미의 구현이기 때문이다. 구약의 사건들은 예수를 가리키는 것들로서, 그분의 삶을 통해 비로소 그 의미가 명확히 밝혀진다. 그리고 예수의 삶은 신약 시대, 즉 그분의 강림과 재림 사이의 기간에 일어나는 사건들을 위한 토대가 된다.

• 예수의 선재에 대해 말하는 것은 역사 자체가 그분에 관한 이야기라는 선언이다.

예수의 삶은 33년의 지상 생애로 끝나지 않는다. 역사history의 처음부터 마지막까지 그 전체가 그분의 이야기his story, 즉 예수 그리스도에 관한 이야기이다.

교회가 예수에 대해 고백해 왔던 위대한 선언들을 우리는 다음과 같이 정리해볼 수 있다.

- 예수는 참 하나님이시다. 그분은 우리에게 하나님의 삶의 정수를 보여 주셨다.
- 예수는 참 인간이시다. 그분은 진짜 인간의 실존을 사셨다. 그분은 모범적 인간 실존을 사셨다. 그분은 새로운 인류의 시대를 여셨다.
- 예수는 하나님이자 동시에 인간이시다. 그분은 '말씀'과 영원하신 성자의 구현이시다.

이 영광스러우신 분^{우리 주 예수 그리스도}은 임마누엘, 즉 우리와 함께하시는 하나님이시다. 임마누엘로서, 그분은 죄인이 된 인류에게 하나님의 구원을 가져오셨다. 그러므로 이제 다음 장에서는 그분이 행하신 구원 사역에 대해 살펴보도록 하자.

♬ 가장 아름다우신 분, 주 예수! 온 세상을 다스리시는 분,
오, 하나님이자 사람이신, 성자이시여!
나는 당신을 사랑합니다, 나는 당신을 높입니다,
당신, 내 영혼의 영광, 기쁨, 그리고 면류관! [15] ♪

1. 만일 예수께서 부활하시지 않았다면, 기독교 신앙은 어떻게 되는가?

2. 예수만이 신성을 지니신 유일한 분이라는 우리의 주장은 왜 오늘날 '정치적으로 부정확'한 것으로 여겨지는가? 우리도 현대 사회의 풍조에 따라서 예수는 그리스도인들만의 주님일 뿐이라고 말해야 하는가? 이 문제는 왜 중요한가?

3. 우리가 예수 그리스도를 통해서 비로소 하나님에 대해 알게 된 것들에는 어떤 것이 있는가?

4. 우리가 예수 그리스도를 통해서 비로소 우리 자신에 대해 알게 된 것들에는 어떤 것이 있는가?

5. 예수는 단지 우리의 삶을 위한 모범이실 뿐 아니라 삶을 위한 능력도 주시는 분이시라는 사실이 왜 중요한가?

6. 왜 많은 그리스도인이 예수를, 정말로 인간이셨던 분이 아니라 단지 인간 몸속에 사셨던 '슈퍼맨'으로 생각하고 있는가?

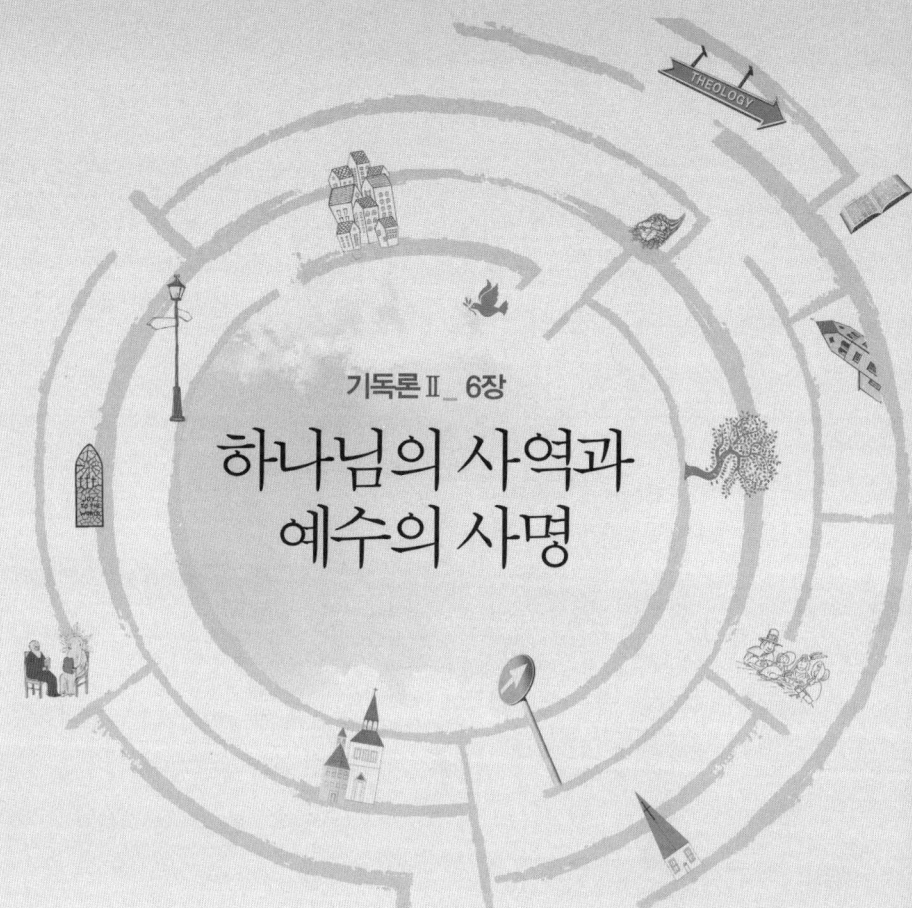

기독론 II_ 6장
하나님의 사역과 예수의 사명

Created For Community
Connecting Christian Belief with Christian Living

내가 이를 위하여 태어났으며 이를 위하여 세상에 왔나니

— 요한복음 18장 37절

이번에도 찰리 브라운이 침대 위에서 잠을 이루지 못하고 있다. 그는 이렇게 중얼거린다.

"잠 못 이루는 밤이면, 난 가끔 이런 질문을 던져 보곤 하지. '나는 왜 여기에 있는가?'"

그리곤 반듯하게 돌아누워 천장을 멍하게 쳐다보면서, 그는 우울한 목소리로 이렇게 덧붙여 말한다.

"그러면 한 음성이 내게 들려오지. '그러면 네가 가고자 하는 곳은 어디인가?'"

당신은 여기에 왜 있는가? 당신은 어디로 가기를 원하는가? 당신은 삶에서 무엇을 이루고자 하는가? 우리는 우리의 직업과 소명이 무엇인지를 묻는 중요한 질문들과 끊임없이 부딪히고 있다.

예수도 이러한 질문들과 대면하셨다. 사실 예수가 광야에서 사단에게서 받으신 유혹의 핵심은 그분의 개인적 정체성, 직업, 그리고 소명과 관련된 문제들이었다. 그러나 초지일관 예수는 커다란 사명 의식을 보이시며 자신의 사역에 임하셨다. 즉 그분은 성부가 자신에게 맡기신 목표, 곧 자신이 성취해야 할 목표와 사명이 있음을 알고 계셨다. 요컨대 예수는 소명 의식을 가지고 사셨던 분이셨다.

예수는 무엇을 하기 위해 오셨나? 예수께서 받으신 부르심은 무엇이었나? 어느 시대나 교회는 이런 질문들에 대해서 대답해 왔다.

5장에서 우리는 예수는 우리의 모범과 능력이심을 보았다. 그분은 우리에게 어떻게 살아야 하는지를 보여주시고, 또 그렇게 살 수 있도록 우리에게 성령을 주시기 위해 오셨다. 이번 장은 5장의 통찰을 토대로 전개된다.

이번 장에서의 주된 관심은 우리의 죄인 된 상황에 대한 하나님의 대책으로서 예수를 제시하는 것이다. 다음과 같은 질문들에 대해 답변하고자 한다. 예수의 삶과 죽음은 하나님과 우리 사이의 관계에 어떤 변화를 가져왔나? 2000년 전에 살았던 한 인간의 사명이 오늘 우리에게까지 영향을 미치는 것이 어떻게 가능한가?

나사렛 예수의 소명

예수는 무엇을 이루시기 위해 오셨나? 이 질문은 결코 지금 우리가 처음 묻는 것이 아니다. 예수의 사명 의식은 당시 팔레스타인의 최고 종교 지도자들을 당혹스럽게 만들었다. 그리고 예수의 부활 이후 예수의 제자들은 그들이 '생명의 말씀'에게서 경험한 것들이 어떤 함축된 의미가 있는 것인지를 이해하고자 부지런히 노력했다 요일 1:1~4.

초대 그리스도인들은 예수가 하나님의 사역에서 유일무이한 역할을 하셨다고 믿었다. 예수는 하나님으로부터 특별한 부르심을 받으셨다. 그리고 그 부르심에 철저히 순종하셨다.

하늘에 계신 아버지께서 예수께 맡기신 그 소명은 대체 무엇이었나? 예수의 소명은 신약성경 전체를 관통하고 있는 주제이다. 예수 자신도 선언하셨듯이 신약의 기자들은 시종일관 예수가 구약성경의 예언을 따라오신 것이라고 주장한다. 즉 예수는 하나님이 구약의 선지자들을 통해 이스라엘에 주셨던 약속들에 대한 하나님의 영광스러운 성취이다. 다시 말해서 예수는 아브라함으로부터 시므온과 안나에 이르기까지 수십 대에 걸친 의로운 히브리인들의 기대와 희망에 대한 하나님의 응답이시다. 따라서 우리가 성탄절에 이런 노래를 부르는 것도 당연하다. "그 숱한 세월의 희망과 두려움이 오늘 밤 당신 안에서 이루어졌네."[1]

특별히 예수는 다음과 같은 역할을 하시기 위해 오셨다.

- 이스라엘의 참된 메시아
- 하나님의 통치를 선포하는 인자
- 성부의 뜻에 순종하여 죽은 고난받는 종

그러나 이러한 개별적 역할들보다 더 중요한 것은 예수가 이러한 다양한 기대들을 하나의 커다란 목적으로 엮으셨다는 데 있다. 그리고 이러한 통일된 목적이 바로 예수의 소명 의식을 움직여 가는 비전이 되었다.

예수: 구약시대 희망의 성취

신약성경 기자들이 그랬듯이 우리도 예수의 삶을 구약성경의 맥락 속에서 읽는다. 우리는 예수가 히브리 성경에 간직된 희망과 기대들을 성취하셨음을 주장한다. 그 희망과 기대들에는 세 가지가 있었다.

- 메시아
- 인자

• 고난받는 종

예수는 메시아이시다 | 첫째, 우리는 예수가 하나님의 메시아, 곧 '기름 부음 받은 자'임을 인정한다.

예수의 메시아 됨^{그분은 그리스도이시다}은 어느 시대나 교회 선포의 중심이었다. 이는 예수를 그리스도, 즉 '기름 부음 받은 자' 또는 '메시아'로 불렸던 초대 교회 그리스도인들의 고백을 그대로 이어받은 것이다. 사실 이 칭호^{그리스도}는 얼마나 흔히 사용되었던지, 결국 예수의 지상에서의 이름과 융합되었다. 즉 '그리스도이신 예수'가 간단히 '예수 그리스도'란 말로 축약되었다.

그런데 예수는 지상 생애 동안 이 칭호로써 자신의 사명을 묘사하기를 꺼리셨다. 부활하신 다음에야 비로소 예수는 자신을 메시아로 말씀하셨다^{눅 24:26, 4}.

그 이유가 무엇일까? 왜 예수는 '메시아'라는 칭호와 자신이 연관되는 것을 꺼리셨을까? 그것은 메시아에 대해 당시 사람들이 일반적으로 갖고 있던 기대가 예수께서 오신 실제 목적과 달랐기 때문이다. 예수는 당시 사람들이 갖고 있던 잘못된 기대들을 성취하시러 오신 것이 아니었다. 예수는 메시아가 하는 일이 진정으로 무엇인지를 명확하게 제시하셨다. 하나님의 참된 메시아는 군사적 영웅이 아니다. 메시아의 목적은 로마를 전복시키는 것이 아니다. 메시아가 오는 것은 자신의 백성과 온 세상을 그들의 죄로부터 구원하기 위한 것이다^{마 1:21}.

예수의 탄생을 알렸던 천사들의 예언대로, 예수는 군사적 정복자로서 오시지 않았다. 예수는 죄인 된 인류에게 참된 해방과 영원한 평화를 주시는 구원자 메시아로 오셨다.

예수는 인자이시다 | 예수는 인자로서 오셨다. 예수께서는 이 '인자'라는 칭호를 다양한 방식으로 사용하셨다.[2] 그중 가장 중요한 것은 예수가 다니엘의 환상 중에 나오는 어떤 인물과 자신을 연결하기 위해서 이 칭호를 사용하셨다는 것이다. 다니엘서 기자는 환상 중에 '하늘 구름을 타고 오는 인자 같은 이'를 보았다. 이 인자는 옛적부터 항상 계신 분에게로 나아가 그 앞에 섰는데, 그 옛적부터 항상 계신 분은 그에게 "권세와 영광과 나라를 주고 모든 백성과 나라들과 다른 언어를 말하는 모든 자들이 그를 섬기게 하셨다"단 7:13-14.

다니엘의 이 비전을 근거로 유대인들은 말세가 되면 신적인 인자人子가 인류의 심판자로서 오실 것을 믿었다. 그때 인자는 이스라엘을 세상에서 가장 뛰어난 민족으로 들어 올리실 것이다.

다니엘처럼 예수도 이 세상 너머를 보실 수 있었다. 예수는 인자가 "권능자의 우편에 앉은 것과 하늘 구름을 타고 오는 것을 너희가 보리라"고 말씀하셨다막 14:62. 예수는 어느 날 이 인자가 돌아와서 민족들을 심판하고 하나님의 통치를 시작할 것이라고 선언하셨다마 25:31~46. 그리고 그 영광스러운 통치에 제자들이 참여하게 될 것이라고 약속하셨다마 16:27~28; 19:28. 인자는 다시 오실 때 자신의 이름을 고백하는 자들을 인정해 주실 것이다막 8:38; 눅 9:26; 12:8.

예수는 단순히 인자를 가리켜 말씀하셨을 뿐 아니라 자신이 곧 그 인자이심을 선언하셨다.[3]

예수는 고난받는 종이시다 | 마지막으로, 예수는 죽기 위해 보냄을 받은 존재로서 오셨다.

예수에게 있어서, 자신이 적대자들의 손에 죽임을 당할 수 있다는 사실은 전혀 놀라울 것이 없었다. 유대 지도자들과의 갈등이 고조되어감에 따라, 예수는 점점 더 분명한 표현으로 그 갈등의 절정이 무엇일지에 대해 말씀하셨다^{막 12:1~8}. 과거의 선지자들이 하나님 원수들의 손에 고난을 받았던 것처럼, 예수 역시 적대자들에 의해 죽임을 당할 것이다. 그리고 선지자로서 예수도 예루살렘에서 죽을 것이다^{눅 13:33}.

그러나 그러한 예수의 태도는 불가피한 일에 대한 단순한 수동적 묵인이 아니었다. 오히려 주님은 그 사건을 사명의 절정으로 보셨다. 즉 자신은 죽기 위해 왔으며, 따라서 기꺼이 자신의 생명을 내어놓을 것이다^{요 10:11, 18}. 예수는 성부의 뜻에 대한 자신의 순종이 결국 자신의 죽음에서 그 절정에 이를 것임을 아셨다^{요 12:28}.

하나님에 대한 순종이 고난과 죽음을 의미한다는 이 통찰력과 깨달음은 이사야 선지자의 예언에서 이미 충분히 제시된 것이었다. 이사야 선지자의 자세한 예언에 따르면, 하나님의 사역에서 특별한 사명을 맡은 자에게는 특정한 역할, 즉 하나님의 '고난받는 종'으로서의 역할이 주어진다^{사 42:1~4; 49:1~6; 50:4~11; 52:13~53:12 4)}. 그 종은 고난받고 죽기까지 성부의 뜻에 겸손히 순종할 것이며, 그렇게 함으로써 하나님을 영화롭게 할 것이다.

이러한 이사야의 예언을 마음에 담고, 예수는 기꺼이 성부의 순종하는 종이 되셨고, 십자가 위에서 자신의 생명까지 내어놓으셨다. 이것은 생명에 이르는 길에 대한 자신의 가르침을 몸소 실천해 보이신 것이었다. 예수는 생명을 잃는 것이 곧 생명을 얻는 길이라고 가르치셨다. 또한, 예수는 제자들에게 자신을 따라 같은 길을 걸으라고 명령하셨다.요 13:12~15.

그런데 죽음까지 불사하신 예수의 순종에는 우리에게 참된 삶에 이르는 길을 보여 주는 것 이상의 의미가 있었다. 즉 그 죽음은 우리로 하여금 하나님의 능력을 의지하여 하나님께 순종하며 살 수 있게 만들어 주었다.

자연에서 가져온 하나의 원리를 통해, 예수는 자신의 죽음이 생명을 가져올 것임을 설명하셨다. "내가 진실로 진실로 너희에게 이르노니 한 알의 밀이 땅에 떨어져 죽지 아니하면 한 알 그대로 있고 죽으면 많은 열매를 맺느니라"요 12:24. 이 말의 의미는 분명하다. 예수가 자신의 생명을 내어놓으신 것은 오직 그때 그분을 따르는 사람들에게서 새로운 생명이 움터 나올 수 있음을 아셨기 때문이다.

제자들과의 마지막 식사시간에 예수는 또다시 이 진리를 그들의 눈에 선하게 설명해 주셨다. 그분은 빵과 포도주를 주시며 말씀하셨다. 빵은 예수의 죽음을 통해서 주어질 생명을 상징한다. 포도주는 예수의 희생을 통해서 승인될 새로운 언약을 나타낸다. 이러한 예수의 자기희생 덕분에 제자들은 다가오는 하나님의 통치에 그분과 함께 참여할 수 있게 된다.

실제로 예수는 고난받는 종으로서 오셨다.

자신의 사명에 대한 예수의 비전

교회는 예수를 메시아, 인자, 그리고 고난받는 종으로서 고백한다. 그런데 개별적인 칭호만으로는 예수의 소명 의식의 핵심을 제대로 잡아내지 못한다. 예수는 단순히 구약성경에 묘사된 역할들을 따로따로 취하신 것이 아니다. 예수는 구약성경에 담긴 세 가지 기대를 하나로 합쳐서, 자신의 소명에 대한 통합된 비전을 만들어 내셨다.

예수는 이스라엘을 구원해 줄 왕적 메시아를 향한 갈망, 의로운 재판장으로 오실 인자에 대한 기대 그리고 고난받는 종에 대한 이사야의 예언이 한 사람을 통해서 단번에 실현될 것이라고 보셨다. 바로 그 한 사람이 예수 자신이셨다!

그 비전이 예수의 지상 사역을 움직였던 동기였다. 그리고 그 비전의 주된 특징은 종 된 섬김에 있었다. 예수는 사람들을 위하여 성부의 뜻에 순종하여 고난받는 것으로서 자신의 사명을 이해하셨다. 예수는 자신의 소명에는 거절과 심지어 죽음이 놓여 있으며, 그것들을 경험할 때 비로소 약속된 영광이 따른다는 사실을 아셨다. 예수는 자신의 메시아와 인자로서의 사명은 반드시 고난받는 종의 길을 통해서만 성취될 수 있다는 것을 아셨다눅 24:26.

이처럼 예수가 인자와 메시아일 수 있던 것은 바로 그분이 고난받는 종이셨기 때문이었다.

5장에서 우리는 예수가 참된 인간의 전형, 즉 인간 삶을 향한 하나님의 계획을 드러내 준 분임을 살펴보았다. 고난받는 종으로 사셨던 예수는 우리를 향한 하나님의 계획이 무엇인지를 보여주신다. 예수는 인간의 삶을 향한 하나님의 목적을 드러내 주시기에, 또한 우리의 삶을 평가하는 의로운 재판장과 표준이 되신다. 즉 우리를 향한 하나님의 계획은 예수처럼 우리도 하늘에 계신 우리 아버지의 순종하는 종으로서 살며, 다른 사람들을 심지어 고난도 감수하며 섬기며 사는 것이다.

또한, 예수는 우리의 메시아이기도 하다. 예수는 자신의 고난을 통해서 우리를 해방함으로써, 우리도 예수처럼 온전한 삶을 살 수 있게 만들어 주신다.

그런데 성부의 뜻에 대한 예수의 순종이 구체적으로 '어떻게' 우리에게 생명을 주는 것일까? 이 질문은 전통적으로 그리스도인들이 예수의 사역의 중심으로 간주했던 것, 곧 그분의 죽음에 대한 이해로 이어진다.

우리를 위한 예수의 죽음

하나님의 뜻에 따라 사람들의 구원을 위하여 자신이 죽임을 당할 것이라는 심오한 인식에 따라 예수는 전 생애를 사셨다. 예수의 가르침을 따라서 초대 그리스도인들은 예수를 인간의 죄를 위한 속죄자로 선포하였다.

"예수는 우리를 위해 돌아가셨다." 이것이 우리 신앙의 중심 선언이다. 그런데 우리는 이것을 어떻게 이해해야 하나? 예수의 죽음이 갖는 의미는 무엇인가? 예수의 희생이 어떻게 우리에게 영향을 미치는가?

우리는 그리스도의 십자가의 의미를 완벽하게 모두 이해할 수는 없다. 우리는 다만 그 앞에 침묵하며, 그것의 경이로움을 인정하고, 그 능력을 받아들일 뿐이다. 물론 그리스도가 우리를 위해 하신 일의 의미에 대해 나름대로 깊이 이해하고, 우리가 경험한 구원을 말로써 표현하려는 것은 그리스도인들이 갖는 자연스러운 바람이다.

예수의 죽음에 대한 설명들

하나님이 그리스도 안에서 우리를 위해 구원을 마련하셨다는 신약성경의 메시지는 모든 시대의 그리스도인들에 의해서 기쁘게 받아들여졌다. 그런데 기독교 사상가들은 이 메시지를 이해하기 위한 노력으로 그것의 다양한 주제들을 하나로 묶을 수 있는 속죄 '이론'을 제시해왔다. 그들의 목적은 하나님의 백성으로 하여금 예수가 이루신 공로의 의미를 이해하게 하고, 다른 사람들에게 그 구원의 복음을 명확하게 설명할 수 있도록 도우려는 데 있었다.

그중 교회 안에서 가장 널리 받아들여졌던 기본적 이론들로 다음의 세 가지가 있다.[5) 각각의 이론들은 예수가 우리를 위해 하신 일의 각기 다른 측면들을 조명해 주고 있다.

- 예수의 죽음은 악에 대한 승리를 가져왔다 – 역동적인 관점
- 예수의 죽음은 우리에 대한 하나님의 처분을 바꾸어 놓았다 – 객관주의적 관점
- 예수의 죽음은 우리에게서 헌신하는 마음을 이끌어낸다 – 주관주의적 관점

예수와 악: 역동적 이미지 | 어떤 그리스도인들은 예수의 공로를 이 세상 안에 새로운 힘, 새로운 '역동성'을 풀어놓으신 것으로 이해한다. 더욱 명확히 말하자면, 예수는 인간을 속박해왔던 '정사와 권세들'에 대해 승리를 거두셨다는 것이다.

처음에 십자가는 사단의 커다란 승리, 곧 악과 죽음의 승리처럼 보였다. 그러나 부활의 높은 고지에서 보면, 예수의 죽음은 인류를 지배하고 있는 모든 악한 권세들에 대한 승리의 사건이었다 골 2:15. 예수는 죄와 악의 감옥으로부터 우리를 구출해내셨다. 또는 속전을 치르고 해방하셨다.

예수의 공로를 이렇게 역동적 이미지를 통해 설명한 것은 교부 이레네우스 Irenaeus: 140~202까지 거슬러 올라간다. 흔히 이레네우스는 소위 '속전

이론' ransom theory의 최초 주창자로 언급된다.[6]

이레네우스의 이론에 의하면, 인류는 죄 때문에 마귀에게 속박된 상태였다. 이 속박에서 풀려나려면 마귀에게 그도 동의하는 우리의 속전贖값을 제공하는 수밖에 없었다. 예수는 이 속전으로 자기 자신을 내어주셨다. 그렇게 함으로써, 예수는 사단에게 붙들려있던 우리를 자유롭게 하셨다.

이레네우스는 이러한 이미지가 문자적으로 이해되기를 바라지는 않았을 것이다. 이레네우스는 십자가에서 하나님과 사단이 정말 역사적 거래를 벌였다고 믿지는 않았다. 단지 이레네우스는 그리스도의 승리가 갖는 의미를 설명하려 했던 것이었다.[7]

그런데 다른 사상가들은 이레네우스처럼 신중하지 못했다. 그들은 이 영광스러운 거래에 관련된 사소한 사항들에 대해서 온갖 사변들을 만들어 냈다. 심지어 어떤 이들은 우리를 해방하는 수단으로 하나님께서 속임수를 사용하셨다는 이론을 제안하기까지 했다.

어떤 교부의 이론에 의하면, 마귀는 인간의 행복을 시기해서 아담을 죄로 유혹했다. 그런데 사단은 인간을 그렇게 불행하게 만드는 자신의 권세 때문에 더욱 교만해졌다. 사단은 예수의 선을 보자, 예수마저 파멸시키고 싶었다. 그런데 마귀는 인간 예수 안에 감추어져 있던 신성을 알아차리지 못했다. 결국, 사단은 '미끼'예수의 인성를 달고 있는 '낚싯바늘'신성을 그만 삼켜버리고 만다.[8]

이런 식의 속전 이론은 절대 동의할 수 없다. 속죄를 이런 식으로 설명하는 것은 인성 속에 신성을 숨겨두심으로써 하나님이 마귀에게 속임수를 쓰셨다는 말이다. 하나님이 속임수를 쓰시다니 어떻게 그럴 수 있겠는가?

이러한 반대들에 대해, 어떤 초기 주창자들은 하나님의 속임수는 사실 사단 자신의 유익을 위한 것이었다고 주장하며 대응했다. 즉 하나님은 '선의의 속임수'를 사용하는 의사, 즉 정신적 원인의 질병이 있는 환자에게 심리효과용 가짜 약을 진짜 약인 것처럼 '속여서' 처방해 주는 의사와 같다는 것이다.

아마 동방정교회는 예외이겠지만, 일반적으로 현대 그리스도인들은 예수가 사단에 대해 승리를 거두신 사건으로 십자가를 이해하지 않는다.[9] 그러나 '속전'은 지금도 찬송가에 거듭해서 등장하고 있는 주제이다.

♬ 놀랍다 주님의 큰 은혜
우리의 죄를 속하시러
갈보리 십자가 위에서 어린 양 보혈을 흘렸네
주의 은혜 우리의 죄를 다 씻었네
주의 은혜 우리의 죄를 다 씻었네[10] ♪

분명 십자가에는 승리로서의 측면이 있다. 우리가 마음을 다해 부르는 다음과 같은 찬양이 그것을 인정하고 있다.

♬ 오 예수 안에 승리가 있네, 나의 영원하신 구세주
그분이 날 찾으셨고, 구속의 피로 날 사셨네
그분이 먼저 날 사랑하셨기에, 내가 그분을 알고 마땅히 그분을 사랑하네
그분이 날 승리 속으로 빠뜨리셨네. 정결케 하는 보혈의 강물 속으로[11] ♪

예수와 하나님: 객관주의적 이미지 | 이레네우스의 속전 이론은 교회

사의 첫 수 세기 동안 속죄에 관한 가장 지배적인 개념이었다. 동방정교회에서는 지금도 중요한 이론으로 남아있다. 하지만 현대 서구의 그리스도인들은 이레네우스보다 거의 천 년 뒤에 살았던 한 신학자에게서 더 깊은 영향을 받았다. 캔터베리의 대주교 안셀름Anselm: 1093~1109이 바로 그로서, 그가 쓴 작은 책 『왜 하나님이 인간이 되셨나?』 Cur Deus Homo?가 이 새로운 속죄 이론의 기초를 놓았다.

안셀름이 속전 이론을 거부한 것은 속전 이론이 이레네우스 시대 이후 유럽에서 전개된 당시의 봉건 사회에서는 적합한 이론이 아니었기 때문이다.[12] 안셀름 당시의 봉건법에 따르면, 모든 영지領地의 백성은 그 지역의 주권을 장악하고 있는 통치자를 무조건심지어 그가 그 주권을 불법적으로 찬탈한 자라 해도 섬겨야 했다.

로빈 후드 전설을 통해 당시의 봉건 영국 사회의 상황에 대해 알 수 있다. 리처드 왕이 십자군 전쟁을 위해 출국하자, 그 틈을 노린 존 왕자가 나라의 권력을 불법적으로 찬탈했다. 그리고 존은 노팅엄 지방 영주에게 로빈 후드를 잡아오라는 난처한 임무를 맡겼다. 로빈 후드를 역적으로 몰아 사형시키기 위해서였다. 이때 그 지방 영주와 그 수하의 가련한 군인들은 그러한 사악한 명령에 순종할 수밖에 없었다. 왜냐하면, 그때 존은 영국의 주권을 장악하고 있는 '사실상의' 통치자였기 때문이다. 리처드 왕이 돌아와 자신의 합법적 주권을 천명했을 때에야 비로소 로빈 후드는 충성스런 신하로 인정받고 무죄가 입증될 수 있었다.

중세 봉건제 사회의 상황에서 볼 때, 안셀름은 속전 이론에 치명적인 오류가 있다고 보았다. 왜냐하면, 그 이론은 사단을 섬긴 것에 대한 변명거리를 인간들에게 제공해 주기 때문이다. 중세 봉건 사회의 맥락에서 성경

이야기를 읽으면, 마귀는 이 세상을 다스리는 '사실상의' 군주이다. 그런데 중세법에 따르면, '사실상의' 주권자로서 사단은 인간들을 다스릴 합법적 권한을 가진다. 그리고 하나님이 다시 자신의 주권을 천명하시기 전까지, 인간은 사단을 섬겨도 되는 합법적 대의를 얻는다.

안셀름은 마귀를 포함한 모든 피조물이 오직 하나님께만 충성을 바쳐야 한다는 성경의 가르침을 지키고자 했다. 이를 위해 안셀름은 인간에 대한 사단의 유혹을 다음과 같이 비유했다. 그것은 반역을 일으킨 한 종이 다른 종들에게 동참을 설득한 것과 같다. 따라서 예수의 죽음은 속전 이론에서 말하는 것과는 달리 결코 마귀를 향한 것이 아니었다.

안셀름에 따르면 십자가는 사단에게 지급된 속전이 아니라 아버지 하나님을 향한 사건이다. 즉 예수의 죽음은 하나님과 사단 사이의 관계가 아니라 하나님과 인간 사이의 관계의 역사 속에서 일어난 사건이다.

안셀름은 십자가가 하나님 앞에서 인간의 지위에 변화를 가져왔다고 선언했다. 이렇게 안셀름은 속죄에 관한 '객관주의적 이론'을 제시했다. 그리스도의 죽음은 역사 속에 새로운 역사적 실재를 가져온 사건이었다는 것이다. 십자가의 공로를 설명하기 위해, 안셀름은 '보상 이론'을 제안했다. 이 이론은 당시 중세 사회의 관습에 기초한 것이었다.

안셀름이 선언하기를, 인간은 하나님의 가신들이다. 그분의 가신이기에 우리는 주권자이신 그분에게 합당한 영예를 돌려야 한다. 그러나 우리는 반역자가 되었다. 하나님을 우리의 왕으로 인정하기를 거부했고, 마땅히 하나님의 것인 영예를 그분에게 돌리지 않았다.

안셀름에 따르면 주권자이신 하나님의 영예를 범한 것은 반드시 보상되어야 한다. 그러나 우리는 우리의 힘으로 도저히 그 보상을 할 수 없다. 앞으로 절대 순종할 것이라고 서약한다고 해서 이전에 우리가 하나님의 영예를 범한 것이 보상되지는 못한다. 주권자에 대한 지속적인 순종은 하나님의 가신으로서 우리의 당연한 의무이기 때문이다.

우리는 우리 자신의 노력을 통해서 하나님에게 진 빚을 청산할 수 없다. 보상은 오직 인간이시며 동시에 하나님이신 누군가를 통해서만 올 수 있다. 예수가 인간이셔야 하는 까닭은 예수가 우리가 인간으로서 하나님에게 지고 있는 빚을 갚으실 분이기 때문이다. 또한, 예수가 하나님이기도 해야 하는 까닭은 예수의 삶에 죄가 없어야 하기 때문이다. 그러므로 안셀름은 결론짓기를, 이것이 바로 '하나님이 인간이 되신' 이유이다.

그러나 왜 예수는 꼭 돌아가셨어야 했는가?

안셀름에 따르면 예수의 거룩한 삶만으로는 하나님의 영예가 보상될 수 없다. 왜냐하면, 하나님에게 대한 완전한 순종의 삶은 한 인간으로서 예수에게도 당연한 의무였기 때문이다. 보상이 성립하려면 죄 없으신 분의 자발적인 죽음이 필요했다. 즉 예수의 죽음은 하나님의 가신으로서 예수가 마땅히 하셔야 하는 것 이상의 행위였으므로, 하나님에게 무한한 영예를 가져왔다는 것이다. 다시 말해 예수의 죽음은 당연한 의무 수행 이상의 행위였기에 우리의 죄에 대한 용서를 가져올 수 있었다.

안셀름의 이론은 종교개혁 동안 혁신적인 변화를 거쳤다. 제네바의 종교개혁가 존 칼빈은 그리스도는, 안셀름의 견해에서처럼, 하나님의 영예를 만족하게 한 것이 아니라 죄를 심판하시는 하나님의 진노를 만족하게 한 것이라고 주장했다.[13]

칼빈은 우리의 상황을 인간 법정에 비유했다. 유죄가 입증된 악인에게 인간 재판장이 형을 선고하는 것이 마땅하듯이, 마찬가지로 죄를 범한 우리에게 하나님이 형을 선고하시는 것은 마땅하다. 그러나 우리를 사랑하시는 하나님은 그리스도를 보내어 세상의 재판장이신 하나님 앞에서 죄인들이 받아 마땅한 벌을 대신 받게 하셨다. 이렇게 인간 법정에 비유되기에, 이 견해는 '형벌-대속 이론'이라고 불린다.

이 '형벌-대속 이론'은 19세기까지 개신교회 안에서 표준적 견해로 받아들여졌다.[14] 우리가 흔히 말하는, 예수가 우리 대신 '형벌을 받으셨다'는 말이 바로 이러한 견해의 반영이다.[15] 복음전도자들이 자주 들려주는 다음 예화를 생각해 보라.

한 젊은이가 멋진 스포츠카를 한 대 얻었다. 우쭐해진 그는 차를 고속도로로 몰고 나가 신이 나게 속도를 밟았다. 그러나 그는 제한속도 시속 55마일 구역에서 시속 100마일로 달리다가 결국 교통경찰에게 붙잡혔다. 교통법정에 선 그 젊은이는 죄를 시인하고 자비를 청한다. "예, 재판장님, 유죄입니다." 재판장은 형을 선고한다. "법률이 정한 바에 따라 벌금 200달러를 선고한다." 그러나 그 젊은이에게는 돈이 없었다. 벌금을 내지 못하면, 그는 힘겨운 감옥 생활을 해야 한다.
그런데 놀라운 일이 벌어졌다. 그 재판장이 자신의 법의를 벗고 자리에서 내려오더니, 자신의 지갑을 열어 100달러짜리 지폐 두 장을 꺼냈다. 그리고 그는 그 돈으로 그 젊은이의 벌금을 대신 지급하고 투옥을 면할 수 있게 해주었다. 왜 그가 그런 일을 했는가? 그것은 바로 그 재판장이 다름 아니라 그 젊은이의 사랑하는 아버지였던 것이다!

복음전도자들이 자주 사용하는 이 예화는 우리에게 그리스도가 우리를 위해 하신 일이 무엇인지를 들려준다. 즉 우리는 하나님의 법을 어겼다. 그러나 예수는 하나님의 정의에 따라서 우리에게 요구된 그 '벌금'을 대신 지급해 주셨다.

하나님의 정의로운 진노를 만족하게 하는 데 초점을 맞추는 이러한 '형벌-대속 이론'이 하나님의 영예에 대한 보상에 초점을 맞추는 안셀름의 이론을 대체한 이유는 무엇이었을까? 여기에 대한 답은 당시 유럽에서 일어나고 있었던 사회적 변화에서 찾을 수 있다.

당시 유럽은 봉건 질서가 무너지고 새로운 정치 체제의 민족 국가들이 등장하고 있었다. 통치자의 영예가 더는 사회 질서의 기초가 될 수 없었다. 당시 출현하고 있던 새로운 사회들은 법을 제정하고 유지하는 기관으로서의 시민 정부 개념에 사상적 근거를 두고 있었다. 즉 이제 시민의 의무는 통치자에 대한 순종이 아니라 국가의 법에 대한 순종을 의미했다.

어느 시대에나 그랬듯이, 이때도 그리스도인들은 죄와 구원의 드라마를 당시의 새로운 상황에 적합하게 표현하고자 했다. 즉 시대 상황의 변화라는 도전에 직면하여 기독교 사상가들은 그리스도의 죽음에 대한 신약성경의 가르침을 당시 새롭게 출현하고 있던 사회 질서에 걸맞은 방식으로 설명하려고 노력했던 것이다. 그런 과정에서 그들은 하나님의 법을 어긴 우리가 마땅히 받아야 할 벌을 예수가 대신 기꺼이 받아주셨다는 성경의 가르침을 특별히 강조한 것이다.

예수의 죽음은 우리에게서 헌신의 마음을 이끌어낸다: 주관주의적 이미지 | 그러나 무죄한 자의 피를 보고 기뻐하는 하나님이라니 이것이 대체 말이 되는가? 죄인 대신 무죄한 사람이 고통을 받도록 하다니 이것이 정

의란 말인가?

첫 번째는 안셀름의 연하 동료였던 아벨라드Abelard: 1079~1142가 안셀름 대주교의 보상 이론이 발표되자마자 즉각 제기했던 질문이다.[16] 그리고 두 번째는 종교개혁 이래로 형벌-대속 이론의 비판자들이 줄곧 제기해 왔던 질문이다.

아벨라드는 보상이라는 개념 속에 하나님에 대한 잘못된 견해가 내포되어 있다고 생각했다. 그는 예수의 죽음이 하나님의 영예를 보상한다는 생각에 반대했다. 왜냐하면, 자신의 죄 없는 아들의 죽음을 기뻐하는 하나님은 잔인하고 야만적인 하나님일 것이기 때문이었다.[17]

그렇다면 예수의 자기 희생적 행동의 의미는 무엇인가? 아벨라드는 대안을 제시했다. 예수의 죽음은 하나님의 진노를 진정시키기 위한 것이 아니라 바로 우리를 향한 것이다. 즉 십자가의 목적은 하나님에게서 어떤 커다란 태도변화를 얻어내려는 것이 아니라 바로 우리의 마음을 얻으려는 것이었다.

그렇다면 하나님은 어떻게 우리의 마음을 얻으시는가? 아벨라드에 따르면, 예수의 죽음은 인간을 향한 하나님의 큰 사랑의 위대한 표현이다. 십자가를 볼 때, 우리는 하나님의 사랑을 보게 되고, 따라서 그것은 우리를 하나님의 진노에 대한 두려움에서 자유롭게 해주며, 우리 안에 하나님을 사랑하고자 하는 갈망을 불붙여 준다.[18] 그리고 이 갈망으로 우리는 하나님의 원하시는 바를 행할 수 있으며, 따라서 하나님은 우리의 죄를 용서하실 수 있다.

이렇게 아벨라드는 그리스도의 죽음에 대한 안셀름의 객관주의적 이해를 주관주의적 접근으로 대체했다. 예수의 죽음을 통해 사랑의 성부는 죄인 된 인간의 마음을 자신에게로 이끌려고 하신다. 12세기 때부터 오늘에 이르기까지, 무죄한 예수 그리스도의 고통을 기뻐하는 하나님이라는 개념에 반감을 느끼는 그리스도인들은 아벨라드의 이론과 같이 '도덕적 감화'를 말하는 이론에 매력을 느껴왔다.

약점을 가졌지만, 현대에도 여전히 형벌-대속 이론이 그리스도인들 사이에 가장 영향력 있는 설명으로 받아들여지고 있다. 그러나 그와 달리 우리의 찬송가들은 예수의 죽음이 갖는 주관주의적 차원에 더 초점을 맞추는 경향이 있다. 즉 우리가 즐겨 부르는 찬송가 중에는 주님의 죽음이 어떻게 우리의 마음을 얻었는지 어떻게 우리가 십자가에 나타난 그분의 사랑 덕분에 그분을 사랑하게 되었는지에 대해 노래하는 것들이 많다.

♪ 주 달려 죽은 십자가 우리가 생각할 때에
세상에 속한 욕심을 헛된 줄 알고 버리네 …
놀라운 사랑 받은 나 몸으로 제물 삼겠네[19] ♪

이제 그리스도의 속죄 사역에 대한 중요 이론들을 일목요연하게 정리해 보자.

이론	주요 주제	주창자
속전	그리스도가 악에 대해 승리를 거두셨다	이레네우스
보상(만족)	그리스도가 하나님의 영예를 보상하셨다	안셀름
형벌-대속	그리스도가 우리의 벌을 대신 지셨다	칼빈
도덕적 감화	그리스도는 하나님의 사랑을 보여 주신다	아벨라드

그리스도의 죽음과 우리

지금까지 우리는 어떻게 기독교 사상가들이 복음의 효율적 선포를 위해 신약성경의 주제들을 하나의 통합된 이론으로 묶어 제시해 왔는가에 대해 살펴보았다. 그 결과 우리는 그리스도인들이 그리스도의 죽음을 여러 각도에서 이해해 왔다는 사실을 확인할 수 있었다. 복음에 대한 어느 특정 견해만을 옳은 것으로 여겨서는 안 된다. 인간이 처한 곤경 자체가 여러 측면을 가지고 있듯이, 인간의 죄와 실패에 대한 하나님의 대책인 예수의 죽음 역시 여러 측면을 가진다.

이제 우리의 중심적 질문으로 되돌아가 보자. 즉 예수는 어떤 의미에서 죄에 묶인 우리 인간에게 절실히 필요한 하나님의 대책인가? 오늘 우리는 예수의 죽음을 어떻게 보아야 하는가?

예수의 죽음과 인간의 곤경 | 하나님은 인간의 문제에 대한 해답으로서 예수를 보내셨다. 죄에 대한 토의였던 4장에서 우리는 인간 타락이라는 끔찍한 실재가 갖는 여러 중요한 양상들에 대해 살펴보았다. 성경이 지적하고 있는바, 죄는 인간에게 소외와 정죄와 노예화와 부패를 가져왔다.

그리스도인으로서 우리는 그리스도를 타락한 인간에 대한 하나님의 대책으로 선포한다. 하나님의 대책으로서 그리스도는 죄의 다양한 측면들을 모두 극복하신다.

이를 보여 주는 성경의 이미지들로, 4장에서 소개된 바 있는 다음 도표의 중간 부분을 채워 넣어보자. 이것은 어떻게 예수가 인간의 죄에 대한 하나님의 완벽한 대책인지를 잘 보여준다.

인간의 상태	예수 그리스도의 공급하심	성령의 도우심
소외	화해(Reconciliation)	
정죄	속죄(Expiration)	
노예상태	구속(Redemption)	
타락	대속(Substitution)	

• 그리스도는 단절된 인간관계에 대한 하나님의 대책이다.

4장에서 죄가 어떻게 인간으로 하여금 하나님을 대적하게 하였는지에 대해서 살펴보았다. 우리는 하나님의 원수가 되었다. 그러나 예수는 이러한 상황 속으로 들어오셔서 우리로 하여금 하나님과 더불어 화목하게 하셨다롬 5:10~11.

예수를 통해서, 이제 우리는 하나님과 새로운 관계를 누린다. 하나님의 원수였던 우리는 이제 예수 그리스도 덕분에 성부와 사귐을 경험할 수 있게 되었다. 예수는 하나님에 대한 우리의 적의敵意를 평화로 바꾸어 놓으신다롬 5:1. 그러나 예수의 죽음을 통해서 이렇게 관계를 회복하시는 주체가 성부 자신이라는 사실을 잊지 말아야 한다. 즉 우리는 마치 하나님 안에 어떤 내부적 균열이 있다는 식으로성부는 진노를 품으시고 성자는 그것을 진정시키신다는 식으로 말하지 않도록 조심해야 한다. 예수를 통해서 우리를 자신과 화해시키시는 주체는 바로 성부 하나님이시다. 하나님이 친히 예수 그리스도 안에서 세상을 자신과 화해시키신다고후 5:18.

또한, 예수의 화해 사역은 인간들 사이의 관계에까지 영향을 미친다. 십자가에서 예수는 인간 사이를 나누고 있던 온갖 벽들을 허물어뜨렸다엡 2:11~22. 그 결과 우리는 주님에 대한 공동의 충성을 통해 다른 사람들과 사검을 나눌 수 있게 되었다.

예수 그리스도의 화해 사역은 우주적인 함축된 의미가 있기도 하다. 3장에서 언급된 바 있는 '실존의 구조들'은 예수의 죽음으로 다시 한 번 주님 안에서 중심을 회복한다. 따라서 인간 실존의 구조들은 인간들과 적의가 아닌 조화의 관계를 맺게 된다골 1:19~20. 성경 기자들은 인간과 전체 피조물과의 화해에 대한 비전도 제시한다. 그리스도의 사역으로 언젠가는 동물들도 서로 조화 가운데 살 것이며사 65:25, 나무의 잎사귀들도 열방 가운데 치유를 가져올 것이다계 22:2.

- 예수 그리스도의 죽음을 법적 견지에서 이해할 수도 있다.

4장에서 우리는 어떻게 우리 행위로 하나님의 정의를 범했는지에 대해 말했다. 우리는 의롭고 거룩하신 하나님 앞에서 정죄를 받았다. 그러나 그리스도의 죽음은 우리로 하여금 하나님의 의로운 처분을 해결해 주었다.

이 개념은 구약성경에 묘사된 고대 히브리 희생 제사 제도와 긴밀히 관련되어 있다. 해마다 속죄일이 되면, 대제사장은 성막이나 성전의 지성소로 들어가 백성의 죄를 위해 합당한 희생 제사를 드렸다. 이것은 '속죄소'에서 행해졌다히 9:5. 희생 제물로 바쳐진 동물의 피는 그곳의 바닥 아래로 뚝뚝 떨어졌는데, 이는 그렇게 이스라엘의 죄가 피로 덮인다는 것을 상징했다.

히브리서의 저자는 그리스도가 하신 일을 구약 시대의 대제사장이 한 일과 비교한다. 예수는 '백성의 죄를 구속'히 2:17하기 위해 오셨다. 즉 그리스도는 우리를 위해 속죄의 제사를 드리는 대제사장이시다.

그러나 주님이 드리는 이 희생 제사에는 중요한 다른 점이 있다. 이번 경우에는 그 희생 제물로서 바로 주님 자신이 드려졌기 때문이다. 즉 십자가가 예전의 속죄소를 대체한 것이다. 희생 제물로 바쳐진 동물들의 피처럼, 십자가에서 흘린 예수의 피는 우리의 죄를 덮는다. 이렇게 그리스도는 우리에게 '속죄'를 주신다.

그렇다면 이 희생 제사는 '어떻게' 우리에게 구원을 주는가? 이에 대해 바울은 예수의 죽음은 하나님의 의를 확증해 주는 것이라고 설명한다롬 1:17; 3:21~26. 하나님이 그리스도를 보내어 세상 죄를 위한 속죄제물이 되게 하셨다요1 2:2; 4:10. 예수의 피는 우리의 죄를 '씻어내기'에 그분의 희생 제사는 우리로 하여금 하나님의 진노죄에 대한 그분의 처분를 모면케 한다. 이제 하나님은 우리의 죄를 용서하시고 우리를 의롭다고 선언하실 수 있다. 하나님은 예수를 믿는 사람이라면 누구나 자신의 현존 속으로 인도하실 수 있다롬 3:26. 하나님은 예수를 보내시어 속죄제물로서 죽게 하셨다. 예수의 피가 우리의 죄를 덮어주기에 이제 더는 우리는 하나님의 의로운 정죄 판결을 받을 필요가 없게 되었다.

• 예수의 공로에는 우주적인 차원도 있다. 우리 주님은 우리를 위한 구속 또는 속전으로서 돌아가셨다엡 1:7; 히 9:12; 딤전 2:6.

'구속'은 1세기 당시 로마제국 내 거주민들에게 익숙한 개념이었다. 당시 로마 군대는 새 영토를 정복할 때마다 피정복지 사람 중 가장 뛰어난 이들을 끌고와 경매 시장에서 노예로 팔았다. 그런데 이따금 성전 제사장들이 다른 상인들보다 더 비싼 값을 불러서 그 노예를 산 뒤 그들을 자유인으로 풀어주는 경우가 있었다. 즉 전에는 노예였던 이들을 제사장들이 '구속'해준 것이거나 '속전'을 치러준 것이다. 그러면 어떤 자유로워진 노예들은 그에 대한 보답으로 그들의 남은 삶을 성전 봉사에 바치곤 했다.

예수가 우리를 위해 하신 일이 바로 이것이다. 그런데 이 거래는 구체적으로 어떤 것이었나?

먼저 예수의 죽음은 우리를 무언가로부터 from 구속하신다. 예수는 우리를 죄악 된 삶 우리의 '불법'(딛 2:14)과 조상으로부터 물려받은 '망령된 행실'(벧전 1:18) 으로부터 구하신다. 십자가는 율법을 포함하여 갈 3:13 우리를 속박해 온 모든 정사와 권세들 예를 들어 골 2:15에 대한 예수의 승리다. 예수는 우리를 죄로 말미암은 죽음의 악한 권세와 롬 8:2 죽음의 권세를 쥐고 있는 마귀 히 2:14로부터 구하여 내신다.

어떻게 이런 일이 가능해지는가? 4장에서 우리는 인간의 죄 된 행위는 인간 존재의 핵심으로부터 비롯한다는 사실을 배웠다. 어떤 외부적 권세가 우리의 삶을 지배하고 있기 때문이다. 그런데 예수의 죽음은 바로 그 외적인 권세를 물리친 것이다. 인간은 여전히 자신을 정사, 권세, 죄, 마귀, 죽음의 노예로 여길지 모른다. 하지만 예수는 이미 자신의 죽음을 통해서 인간을 구속해 주셨다. 예수가 돌아가셨기에, 이제 우리는 더는 속박하고 파괴하는 어떠한 적대 권세들도 섬길 필요가 없다.

또한, 예수의 죽음은 우리를 무언가를 향하여 for 구속하신다. 구속의 행위를 통해, 예수는 열방으로부터 사람들을 사셔서 하나님에게 드리셨다 계 5:9. 그리스도가 치르신 값비싼 구속받은 사람으로서, 우리는 성부를 섬기는 일을 향하여 즐거이 우리 자신을 드린다.

- 예수는 인간의 부패에 대한 하나님의 대책이시다.

죄를 주제로 토의할 때 보았듯이, 인간은 자신의 상황을 변화시키거나 하나님을 기쁘시게 하기에 너무도 무기력하고 부족하다. 그래서 그리스도가 우리의 대속자로 오셨다. 자신의 죽음을 통해 예수는 우리가 스스로 도무지 할 수 없는 일을 우리를 위해 대신 이루어 주셨다. 즉 예수는 우리를 대신하여 돌아가셨다 고후 5:21; 갈 1:4; 엡 5:2; 히 9:28.

그런데 이것은 어떤 의미에서 그런 것인가? 이것을 이해하려면, 우리는 그분의 공로가 지닌 두 가지 중요한 차원을 구분할 필요가 있다. 먼저 예수는 우리의 죄를 위한 대속자로서 돌아가셨다. 그리고 예수는 우리의 죽음을 대신해 돌아가셨다.

신약성경은 예수를 우리의 죄를 대신 담당하신 희생자라고 가르친다. 위에서 언급했듯이, 주님이 구세주로서 우리의 불법을 대신 담당하심으로써 우리의 대속자가 되심으로서 이제 우리는 더는 죄의 무서운 결과들을 감당할 필요가 없게 되었다.

이것은 인간 실패의 모든 부정적 결과들이 갑자기 모두 효력을 잃게 되었음을 의미하지는 않는다. 우리가 개인적으로 혹은 집단으로 범한 불법에 따르는 결과들은 계속해서 우리 각자가, 혹은 우리가 함께, 심지어 창조 세계 전체가 여전히 감당해야 한다. 예수 그리스도의 죽음이 이런 것들의 무효화를 의미하는 것은 아니다. 예수 그리스도의 죽음이 의미하는 것은 이제 우리는 더는 죄의 궁극적 결과들을 감당할 필요가 없게 되었다는 사실이다.

그러면 죄의 궁극적 결과들이란 무엇인가? 성경은 죄를 죽음과 연결한다. 실제로 죄가 낳는 끔찍하고 영속적인 산물은 바로 죽음이다 롬 6:23. 그러나 신앙의 좋은 소식은 예수가 우리 대신 죽음을 맛보셨다고 말하고 있다. 그러나 어떤 의미에서 우리를 대신하여 예수가 돌아가셨다는 말은 그러므로 이제 우리는 죽을 필요가 없다는 것을 의미하는가?

무엇보다도 예수의 죽음은 이제 우리가 하나님으로부터 영원한 분리를 겪을 필요가 없어졌다는 사실을 의미한다. 십자가에서 예수는 하나님에게 버림을 당하셨다. 그분이 우리 대신 그렇게 '하나님으로부터 버림'을 당하신 것은 우리로 하여금 하나님과 영원한 사귐을 누릴 수 있도록 하시기 위함이었다.[20]

이 말은 이제 우리가 육체적 죽음을 경험할 필요가 없음을 의미하는가? 그 답변은 아니기도 하고 그렇기도 하다.

아니라는 답변은 예수의 죽음이 결코 우리가 육체적 실재로서의 죽음을 경험하지 않을 것임을 뜻하지 않는다는 의미다. 그리스도인들도 죽는다.

그렇다는 답변은, 그럼에도 이 죽음의 문제에서 주님은 여전히 우리의 대속자이시다는 의미다. 우리 대신 죽음을 겪으심으로, 예수는 우리를 위해 그 죽음의 경험을 변모시키셨다. 우리도 죽는다. 하지만 예수 그리스도가 우리를 위해 돌아가셨기에, 이제 심지어 이 악한 원수도 "우리를 우리 주 그리스도 예수 안에 있는 하나님의 사랑으로부터 끊을 수 없다"롬 8:39.

우리도 죽는다. 그러나 우리가 죽는 죽음은 이제 다르다. 이제 우리는 예수 그리스도를 통하여 죽음으로써 하나님을 만나보지 못한 사람들이 죽는 희망 없는 죽음을 겪지 않는다. 오히려 우리는 언제나 우리 주 예수 그리스도의 아버지 사랑에 에워싸여 있는 존재로서 죽는다. 우리에게 있어서 죽음은 하나님의 사랑으로 들어가는 문이 되었기에, 이제 죽음은 그 공포의 힘을 잃어버렸다.

예수의 죽음과 하나님의 공동체 | 이렇게 예수의 죽음을 인간의 곤경에 대한 하나님의 대책으로 볼 때, 우리는 주님이 돌아가신 목적이 창조세계를 향한 하나님의 목적을 실현하는 것이었음을 깨닫는다. 성경이 선언하는바, 하나님의 궁극적인 목표는 단순히 인간의 죄와 실패에 대처하

는 것 이상이다. 하나님이 우리를 죄로부터^from 구원하는 것은 결국 창조 세계를 향한 그분의 더 높은 목적을 향하여^to 우리를 인도하시기 위함이다. 즉 하나님은 우리가 영원한 공동체에 참여하게 되기를 바라신다. 하나님의 최종적 바람은 구속받은 창조 세계 속에서 삼위일체 하나님의 현존을 누리며 사는 구속받은 인간들의 공동체를 창조하는 것이다.

자신의 죽음을 통해 예수는 창조 세계를 향한 하나님의 전체 사역에서 중심 역할을 감당하신다. 그 역할에 대해 이제 우리는 좀 더 자세히 살펴보려고 한다.

앞에서 우리는 예수가 하나님의 생명 원리의 구현이심을 보았다. 하나님은 우리가 창조자에 대한 순종과 다른 사람을 위한 봉사 가운데 살아가도록 창조하셨다. 부활의 견지에서 볼 때, 십자가는 예수의 전체 생애에서 절정을 장식한다. 즉 주님의 죽음은 주님이 자신의 가르침을 통해 선포하시고, 자신의 삶 속을 통해 보여주셨던 진리^(자신의 생명(삶)을 내어놓을 때 비로소 충만한 생명(삶)이 찾아온다는 진리)를 영광스럽게 만방에 드러내신 사건이었다. 이렇게 예수의 죽음은 참된 삶^(공동체적인 삶)의 계시이다.

그러나 예수는 우리에게 어떻게 살아야 하는가만을 보여준 것은 아니다. 또한, 그분은 참다운 삶에 이르는 길을 직접 열어주셨다. 즉 자신의 죽음을 통해서 주님은 우리로 하여금 하나님의 공동체에 참여할 길을 직접 열어주신 것이다. 예수의 죽음은 두 가지 방법을 통해 이 일을 성취한다.

• 첫째, 전에 보았듯이, 이렇게 자신을 내어주는 희생을 통해 주님은 ^(우리를 향한 하나님의 목적에 참여하지 못하도록 방해하는) 우리의 죄를 정복하셨다.

예수의 희생은 하나님의 정죄 판결을 부르는 우리의 죄를 덮어 주었다. 그 결과 우리로 하여금 하나님과의 화해를 누리지 못하도록 방해하던 죄의 벽은 다시는 존재할 수 없다. 더 나아가, 예수는 우리를 지배하던 외부적 권세들도 몰아내셨다. 힘을 쓸 수 없게 된 외부적 권세들은 이제는 우리를 속박할 수 없다. 이제 그 권세들은 우리가 하늘에 계신 우리 아버지에게 돌아가는 길을 막을 수 없다. 또 그 권세들은 하나님과 그분의 사랑으로부터 우리를 결코 떼어놓지 못한다 롬 8:38~39.

• 둘째, 죄를 정복하신 것과 더불어 예수는 또 다른 방식을 통해서 하나님과의 사귐의 길을 우리를 위하여 열어놓으셨다. 즉 예수는 하나님의 원수였던 우리를 하나님의 친구로 변화시키는 데 따르는 대가를 스스로 감당하셨다.

적대 관계의 해소에는 대가 지급이 따른다. 당신도 그런 대가를 내본 경험이 있을 것이다. 당신과 매우 가까운 누군가가 당신에게 마음의 상처를 입혔다고 한번 가정해 보자. 다른 사람도 아니고 당신이 너무도 사랑하는 어떤 사람이 말이다! 이 끔찍한 상황을 극복하고 다시 조화롭고 평화로운 관계를 만들기 위해서 어떤 과정이 필요한가?

물론 당신의 첫 번째 반응은 잘못을 저지른 상대가 먼저 당신에게 다가오기를 기다리는 것이다. 당신에게 상처를 입힌 것은 그 사람이니 말이다. 그러나 심사숙고 후, 당신은 당신 자신이 먼저 다가가기로 마음을 먹는다. 사랑하는 그에게로 먼저 다가가서 그동안 소원해진 사이가 다시 회복되었으면 좋겠다는 뜻을 전한다. 당신의 진실을 보여주기 위해서 꽃을 보내는 등의 상징적인 행동을 하기도 한다.

바로 이것이 화해를 먼저 시작하는 일에 따르는 대가를 감당하는 일이다. 그러나 가장 큰 대가는 단절된 관계의 해악을 당신이 짊어질 때 경험하게 되는 그 고통이다. 비록 당신이 죄 없이 상처를 입은 쪽이라고 해도 당신은 단지 자신의 상처뿐만 아니라 상대의 적의까지도 당신의 어깨에 짊어진다. 당신이 그 죄지은 사람의 처지가 되어준다. 당신이 그 죄 된 행동의 수치를 짊어져 준다. 당신에게 등을 돌린 그 사랑하는 사람을 다시 당신에게 돌이키기 위해서이다. 비록 고통스러운 일이라 해도 당신은 기꺼이 그렇게 한다.

화해를 위한 대가에는 갈등을 종결시키기 위하여 먼저 화해의 손을 내미는 일이 포함된다. 그리스도 안에서 하나님은 자신을 향한 우리의 적의를 종결시키고, 우리로 하여금 자신과 새로운 사귐을 누리도록 하시기 위하여 먼저 화해의 일을 주도하셨다. 자신의 삶과 죽음을 통해 하나님의 구원을 선포하심으로써, 주님은 화해를 시도하는데 따르는 대가를 스스로 짊어지셨다.

화해를 위한 대가에는 부서진 관계의 고통과 적의를 자신이 경험하는 일이 포함된다. 우리의 죄와 실패는 하나님의 창조 세계에 커다란 해악을 끼쳤고, 창조자 하나님에게 커다란 고통을 끼쳤다. 화해를 이루시기 위하여 하나님은 예수 안에서 그 상처를 자신이 기꺼이 짊어지셨다.

그렇다면 구체적으로 어떻게 하나님이 그 고통을 지셨는가? 전에 살펴보았듯이, 그리스도는 십자가에서 하나님으로부터 버림을 받는 경험을 통해 소외를 맛보셨고, 그 결과 우리는 화해를 누릴 수 있게 되었다. 따라서 타락으로부터 생겨난 그 어떤 고통도 우리가 끼치는 고통이든지 아니면 우리가 당하는 고통이든지 이제 더는 피조물과 창조자, 더 나아가 인간과 인간 사이의 참된 사귐의 길을 막을 수 없게 되었다.

그러나 이것으로써 십자가의 역동성이 지닌 충만한 신비가 다 밝혀진 것은 아니다. 예수가 짊어지신 '하나님에게 버림받음'은 성자뿐 아니라 성부께도 영향을 미쳤다. 예수가 성부와의 공동체가 깨어지는 경험을 겪으셨듯이, 성부도 성자와의 사귐이 깨어지는 경험을 겪으셨다. 이렇게 십자가는 인간의 죄가 일으킨 고통의 경험이 하나님의 심장부에까지 들어왔음을 말해 주는 표이다. 하나님에 대한 우리의 적대감 때문에 예수와 성부 사이의 관계가 일시 중단되었다. 그러나 그 결과 이제 우리는 성부와 성자 사이의 영원한 사귐에 참여할 수 있게 되었다. 이 얼마나 위대한 구원자 하나님의 사랑인가!

자신의 죽음을 통해서 주님은 인간의 실패로 야기된 고통을 자신과 성부와의 관계 속으로 받아들이셨다. 그렇게 함으로써 예수는 인간들 사이의 새로운 사귐^{그의 몸인 교회}을 시작하셨다. 예수의 제자들로서, 지금 우리는 우리의 창조 목적, 곧 하나님, 이웃, 창조 세계와의 영원한 공동체를 미리 맛보고 있으며, 언젠가 예수가 영광 중에 오시면 그 충만함을 누리게 될 것이다. 그 위대한 날이 이르기까지, 부활하시고 승천하신 주님은 성부와 함께 우리를 위해 중보하고 계신다^{롬 8:34; 히 7:25; 요일 2:1}. 그러나 동시에 그분은 지금도 우리와 함께 계신다. 왜냐하면, 예수는 자신의 성령을 통해 이미 우리 중에 현존하고 계시기 때문이다.

그리스도의 대책을 받아들이기 | 이렇게 예수의 죽음은 진정한 공동체로 가는 길을 열어 놓았다. 그러나 남아 있는 마지막 질문이 하나 있다. 그렇다면 우리를 위한 그분의 공로는 어떤 경로를 통해서 실제 우리의 것이 되는가?

신약성경은 예수의 속죄 사역을 하나의 객관적이고 완성된 사실로서 선언한다^{벧전 3:18}. 주님의 죽음은 영 단번^{once for all}의 죽음이었다. 그 죽음은 하나님과 인류 사이의 관계에 근본적인 변화를 일으키고, 우주적 권세들에 대해 그리스도의 주권을 확증해준 사건이었다. 그러한 우리가 주님 안에 있는 새로운 신분을 적극 자신의 것으로 받아들이기까지는 예수의 죽음도 우리에게 어떠한 구원의 능력도 발휘하지 못한다. 즉 주님이 비록 자신의 피 값으로 우리의 구원을 사셨지만 우리가 믿음으로 응답하지 않는다면, 그것은 우리에게 어떠한 가치도 갖지 못한다. 우리를 위해 예수가 희생되셨지만, 믿지 않는 자는 "이미 벌써 심판을 받은 것"이다요 3:18.

이렇게 신약성경은 예수의 공로는 우리가 그 혜택을 적극 자신의 것으로 받아들여야 한다고 말씀하고 있다.

예수의 죽음이 새로운 상황을 열어 놓으셨다면, 왜 굳이 우리의 반응이 중요한 것일까? 왜 하나님은 우리에게 그분의 죽음에 대해 개인적으로 응답할 것을 말씀하시는가?

아마 다음의 비유가 도움될 것이다. 미국의 대통령은 범죄자를 사면해 줄 수 있는 권한을 가지고 있다. 대통령이 어느 날 전국의 감옥에 갇힌 모든 죄수에게 전적인 대사면을 선언했다고 하자. 그러면 그 선언은 새로운 상황을 시작시킨다. 즉 그동안의 모든 실형 선고는 즉시 무효가 된다. 그러나 이러한 새로운 실재가 어떤 한 죄수에게 실제로 영향을 끼치기 위해서는 반드시 그 죄수의 개인적 반응이 필요하다. 즉 그 죄수 자신이 그 감옥에서 스스로 나와야 한다! 실제적 결과를 맺기 위해서는 그 대통령의 선언이 단지 새로운 법적 실재모든 죄수에 대한 사면를 시작시키는 것 이상이어야 한다. 즉 그것은 죄수로 하여금 적합한 마음의 반응그 메시지를 사실로 믿거나 받아들이는 것과 적합한 행동자유를 향해 감옥 문을 박차고 나오는 것을 하게 하는 방식으로 모든 곳에 선언되어야 한다.

이는 영적인 드라마에서도 마찬가지다. 우리의 죄가 하나님의 진노를 불러일으켰다는 사실은 단지 인간이 처한 비참한 상황의 한쪽 면에 불과하다. 단순히 하나님의 진노를 일으켰을 뿐 아니라 우리는 또한 그분을 대적하고 있다. 즉 우리는 우리를 사랑하시는 창조자를 두려워하고 증오하고 있다.

그러나 하나님의 관점에서 보면, 예수의 속죄 희생은 새로운 상황의 시작이었다. 즉 그리스도를 통해서 하나님은 영 단번에 이미 우리와 화해를 이루셨다. 그러므로 문제는 더는 그분에게 있지 않다.

하지만 불행하게도 우리는 여전히 죄 가운데 하나님에 대해서 적대감을 품고 있다. 따라서 이미 세상을 자신과 화해시키신 하나님과 화해하기 위해서 우리는 그분에게로 돌아가야 한다^{고후 5:19~20}.

따라서 복음을 선포하는 일은 대단히 중대하다. 그리스도가 우리를 위해 돌아가셨다는 복음 전도자들의 선포는 하나님과 화해하라고 애타게 부르시는 하나님 자신의 목소리이다^{고후 5:20}.

이 '애타게 부르시는' 일이 바로 우리가 다음 7장에서 살펴볼 성령이 하시는 일이다.

1. 죽음을 통해 생명에 이른다는 예수의 가르침과 본보기는 우리에게 어떤 의미를 주는가?

2. 속죄에 관한 세 가지 이론들, 역동적, 객관주의적, 주관주의적 이론 중 당신은 어느 것에 끌리는가? 그 이유는 무엇인가?

3. 우리는 어떻게 예수의 죽음의 의미를 현대인에게 설명할 수 있을까? 당신이 생각하기에 가장 유용한 접근법은 무엇인가?

4. 예수가 우리 대신 죽음을 맛보셨다는 우리의 믿음은 우리의 삶의 방식에 어떤 영향을 끼쳐야 하는가? 우리가 죽음을 직면하는 방식에는 어떤 영향을 미치는가? 안락사와 같은 생명윤리의 쟁점에 대한 우리의 반응에는 어떤 영향을 미치는가?

5. 예수가 우리의 화해를 위한 대가를 지급하셨다는 것은, 우리에게 상처 입힌 사람들에 대한 우리의 반응에 어떤 영향을 미치는가?

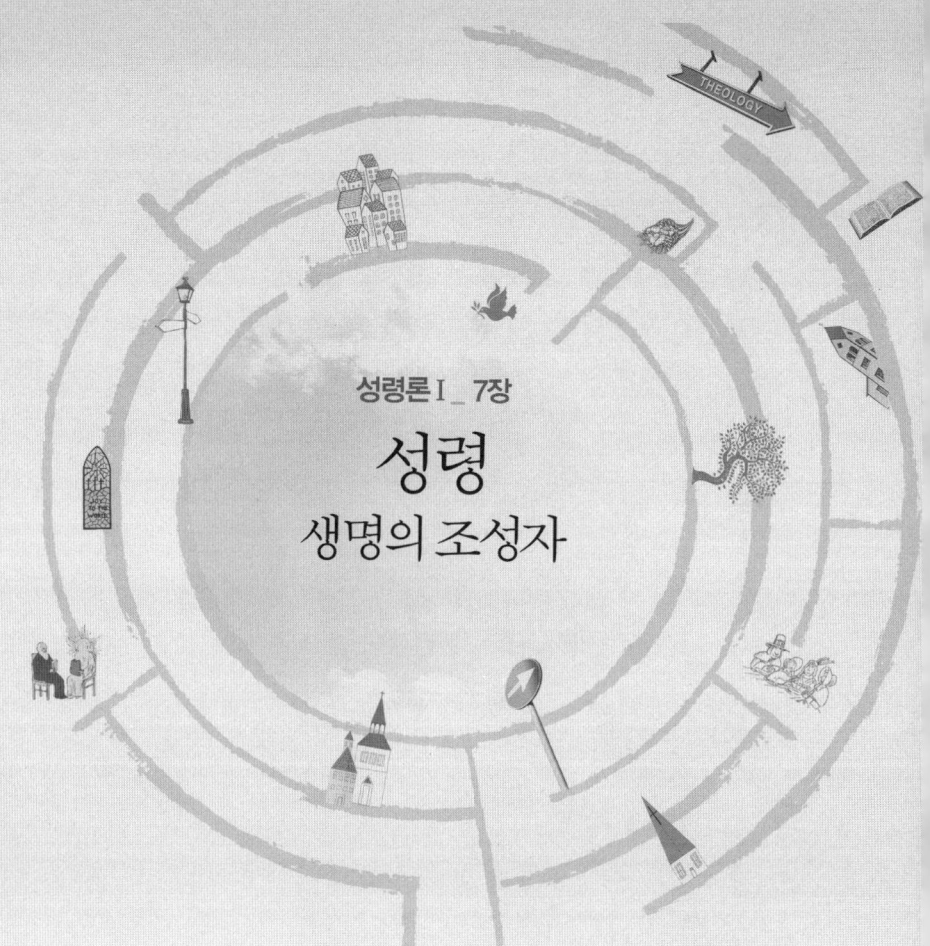

성령론Ⅰ_7장

성령
생명의 조성자

Created For Community
Connecting Christian Belief with Christian Living

보혜사 곧 아버지께서 내 이름으로 보내실 성령
그가 너희에게 모든 것을 가르치고
내가 너희에게 말한 모든 것을 생각나게 하리라
—
요한복음 14장 26절

한 아이가 목사님의 설교를 유심히 듣고 있다.

그런데 갑자기 그의 귀에 모르는 단어 하나가 들려왔다. 그 아이는 어머니를 향해 고개를 돌리더니 조용한 목소리로 그 단어의 뜻을 물었다.

"엄마. 난 성부the Father도 알고, 성자the Son도 알겠는데, 도대체 '홀리 스피아민트' Holy Spearmint가 뭐야?"

연재만화 "패밀리 서커스"에 실린 일화다. 꼬마 아이는 성령을 나타내는 단어 Holy Spirit을 Holy Spearmint로 잘못 알아들었던 것이다.

얼마 전까지만 해도 사람들은 삼위일체 중 성령Holy Spirit에 대해 제대로 알지도 못했고, 토론도 안 했고, 언급도 잘 하지 않았다. 그리스도인들은 성자이신 예수와 성부이신 하나님에 관하여 이야기하는 데 익숙했으나 성령에 대해서는 그렇지 못했다. 얼마나 낯설었는지 '홀리 스피아민트' 가 될 지경이었다.

그러나 최근 들어서 사정이 크게 바뀌었다. 우리는 오순절 교회의 엄청난 성장을 목격했다. 은사주의 운동의 성공은 교회의 중심부에까지 상당한 영향력을 미쳤다. 이러한 변화들은 성령에 대해 과거와 비교될 수 없을 만큼 커다란 관심과 토론을 촉발시켰다.

성령에 대한 책들이 쏟아져 나왔고, 우리 삶 속에서 일하시는 성령의 역할 문제를 다루는 수많은 세미나와 모임들이 열렸다. 그러나 아직도 많은 이들은 과거와 마찬가지로 삼위일체의 세 번째 위격에 대해 분명한 이해를 하지 못해 혼란스러워하고 있다. 성령과 관련하여 우리를 혼란스럽게 만드는 문제들은 여러 가지가 있다.

- 어떤 그리스도인들은 성령의 정체성 문제에 대해 혼란을 느낀다. 성령은 대체 누구^{또는 무엇}인가? 성령은 완전한 하나님인가? 아니면 하나님보다는 못한 존재인가? 성령은 완전한 인격인가? 아니면 그저 비인격적인 힘에 불과한가?

- 어떤 그리스도인들은 성령의 사역 문제에 대해 혼란스러워 한다. 성령은 어떤 일을 하시는가? 그리고 그분은 어떻게 일하시며, 어디서 일하시는가? 우리 안에서, 우리를 통하여, 그리고 우리 주위에서 활동하시는 분이 성령이라는 것을 우리는 어떻게 확신할 수 있는가?

이 두 가지 질문이 우리가 이번 장에서 다룰 주제이다. 즉 우리의 목표는 성령이 누구이며 성령이 하시는 주된 일이 무엇인지에 대해 이해하는 것이다. 좀 더 구체적으로 말해서, 우리는 다음 두 가지 측면에서 성령에 대하여 논의하려고 한다.

- 첫째, 성령은 삼위일체의 세 번째 위격으로서 위대한 완성자이시다. 그분은 하나님의 사역을 완성하시는 일을 하는 하나님이시다. 성령은 우리와 함께하시는 하나님의 인격적 현존이시다.

- 둘째, 성령은 성경을 통하여 말씀하시는 위대한 화자^{話者}이시다. 그분은 성경을 통하여 우리를 만나시는 하나님의 목소리이다. 성령은 자신의 말씀을 통하여 우리를 만나시는 하나님의 인격적 현존이시다.

성령과 삼위일체 하나님

"성령을 믿사오며." 사도신경에 나오는 이 간단한 고백 안에 삼위일체의 세 번째 위격인 성령에 대한 온 교회의 믿음이 간단명료하게 요약되어 있다. 그리스도인으로서 우리는 단순히 성부 하나님과 성자 예수께만 우리를 드리는 것이 아니다. 우리는 성령께도 우리를 드린다. 성부와 성자처럼, 성령도 우리의 신뢰와 찬미를 받으시기에 합당하신 분이시다. 왜냐하면, 성령 역시 완전한 인격이시며 완전한 하나님이시기 때문이다.

그런데 우리는 이것을 어떻게 아는가? 어떻게 우리는 성령이 인격이시고 하나님이심을 확신할 수 있는가? 우리는 어떻게 성령이 성부와 성자와 마찬가지로 우리의 찬양을 받으시기에 합당한 분임을 아는가? 여기에 대해 우리는 두 가지 방향에서 고찰할 것이며, 어떻게 "성령을 믿사오며"라는 교회의 위대한 신앙고백에서 하나로 합쳐지는가를 살펴볼 것이다.

우선 우리는 성경 속에 나타나고 있는 성령의 발자취를 추적하고, 그 다음으로 삼위일체 하나님 안에서의 성령의 위치에 대해 살펴볼 것이다.

성경 속에 나타난 성령

성령을 완전한 인격과 완전한 하나님으로 이해하는 우리의 신앙고백은 실로 위대한 보물이다. 그러나 하나님의 백성이 처음부터 성령의 정체성을 완전한 인격과 완전한 하나님으로 인식해온 것은 아니다. 또 어느 날 갑자기 그런 인식이 하늘에서 뚝 떨어져 내려온 것도 아니다. 성령에 대한 기독교의 가르침은 오랜 역사적 과정의 산물이자 절정이다. 하나님의 인도하심 가운데 삼위일체에 대하여, 그리고 삼위일체 안에서의 성령의 위치에 대하여 점진적으로 이해해 왔던 내용을 종합한 것이다.

이제 우리는 이 역사적 과정을 세 가지 커다란 국면을 중심으로 추적해 볼 것이다.

- 성령과 구약성경
- 성령과 그리스도
- 교회 시대 속에서의 성령

구약 시대의 성령 | 구약성경에 나타난 성령에 대하여 살펴볼 때, 우리는 고대 히브리인들이 현재의 우리와 같은 정도로 하나님의 계시를 충만히 갖지 못했다는 사실을 반드시 기억해야 한다. 그들은 하나님을 삼위일체로서 성부, 성자, 성령으로서 알지 못했으며, 따라서 성령을 삼위일체의 세 번째 위격으로서 완전히 인식하지는 못했다.

그럼에도 구약 시대 사람들은 하나님의 성령에 대하여 심오한 인식을 하고 있었다. 이 인식의 모판이 되었던 것은 '영' spirit에 해당하는 히브리어 단어 '루아흐' ruach로서, 이는 '바람' 창 8:1; 출 10:13과 '숨' 겔 37:1~10이라는 개념과 깊이 연관되어 있었다.[1]

고대 히브리인들은 숨과 생명을 서로 밀접한 관계가 있는 것으로 생각했다. 숨을 쉰다는 것은 생명이 있다는 것이었고, 숨이 멎는다는 것은 생명이 끝났음을 의미했다. 이와 같은 연관관계는 결국 그들로 하여금 '영'이라는 용어를 살아있는 모든 피조물 안에 있는 생명 원리를 가리키는 말로 사용하게 만들었다 창 6:17; 7:15, 22. 또한, 그들은 모든 피조물의 생명의 원천은 하나님이시라는 사실도 알고 있었다. 고대 히브리인들은 생명을 창조하시고 지탱하시는 하나님의 능력, 즉 하나님 자신의 영이신 성령을 지칭하는 말로 '영'이라는 단어를 사용했다.

또한, 히브리인들은 하나님의 성령을 거룩한 존재로 믿었다. 즉 성령은 도덕적으로 완전하시다. 이렇게 성령은 거룩하시기에, 성령은 죄를 짓는 인간과 결코 함께 머무실 수 없다. 따라서 다윗은 이렇게 호소했다. "나를 주 앞에서 쫓아내지 마시며 주의 성령을 내게서 거두지 마소서"시 51:11. 이 하나님의 종 다윗은 전에 하나님의 성령이 불순종한 사울 왕을 버리셨음을 기억했던 것이다. 간음죄를 범한 죄인으로서, 다윗은 이번에는 그 하나님의 능력이 자신을 버리지 않을까 두려워했다.

그런데 구체적으로 고대 히브리인들은 성령을 어떻게 이해하고 있었을까? 하나님을 삼위일체로서 알지 못했던 그들에게 성령은 세상 속에서 일하시는 하나님의 능력이셨다. 구체적으로 말하자면, 성령은 하나님의 사역에서 두 가지 중심적 활동을 하시는 하나님의 능력이셨다.

• 첫째, 성령은 우주를 창조하고 지구상의 생명을 지탱하는 일을 하시는 하나님의 능력이셨다.

창세기의 창조 이야기를 보라. 하나님이 말씀으로 우주를 창조하실 때 성령이 활동하셨다. 하나님의 성령이 '수면에 운행'하고 계셨고, 그다음 하나님의 천지 창조 말씀들이 이어졌다. 무엇보다도 성령은 인간의 창조에 참여하셨다. 하나님이 그의 코에 숨생기, 즉 생명의 성령을 넣어 주셨을 때, 아담은 비로소 살아있는 존재생령가 되었다창 2:7.

성령은 단순히 생명을 생성시키시는 하나님의 능력일 뿐 아니라 또한 생명을 지탱하시는 능력이시다시 104:29~30; 사 32:15. 모든 살아 있는 피조물들은 하나님의 성령 덕분에 그들의 존재를 유지하고 있다. 이것은 특히 인간에게 적용된다창 6:3; 욥 27:3; 34:14~15. 실제로 하나님이 성령을 거두어 가시면, 생명은 그 순간 소멸할 수밖에 없다창 6:3; 전 12:7.

• 둘째, 성령은 특정한 사람들의 삶 속에서 특별한 방법으로 활동하시는 하나님의 능력이셨다.

구약성경에는 하나님이 특별한 방식으로 힘을 부여해 주신 사람들에 관한 이야기가 거듭해서 등장한다. 때때로 하나님의 성령은 특정한 사람들의 어떤 기술출 31:1~5; 35:31이나 지도력삿 3:10; 6:34을 향상시켜 주기 위하여 임하기도 했다. 그러나 다른 때에는, 성령의 현존은 사람에게 초인간적인 힘을 부여해 주기도 했다. 예를 들어 성령이 임하자 삼손은 비상한 신체적 능력을 발휘할 수 있었다삿 14:6, 19; 15:14.

특별히 선지자들에게는 성령을 통한 하나님의 능력이 거듭해서 주어졌다. 때때로 그들은 하나님의 직접적인 지배 밑에 놓이기도 했다삼상 10:6, 10; 19:19~24. 그러나 성령이 선지자들에게 하신 일반적 활동은 그들의 마음속에 하나님의 말씀을 대언하고자 하는 강력한 충동을 일으키시는 일이었다민 24:2~3; 대하 15:1~2.

어떤 형태로든 성령의 현존은 하나님이 맡기신 사명을 완수하기에 필요한 능력을 제공해 주었다.

이스라엘이 약속의 땅에 정착한 후에, 점차 성령은 대개 정치 또는 종교 지도자들에게 임하셨다. 성령을 받는 사람들은 주로 왕이나 제사장이나 선지자들이었다.

성령이 지도자들을 통하여 그들 사이에 현존하셨지만, 이스라엘의 성령 체험은 궁극적으로는 불만족스러웠다. 구약 시대 동안 성령은 언제나 일시적으로만 사람들에게 임하셨다. 사울 왕의 비극적 경험을 통하여 알 수 있듯이, 그 누구도 심지어 백성의 지도자들도 감히 성령을 항구적으로는 소유할 수 없었다. 그리고 몇몇 특별한 사람들만이 성령을 받았다. 하나님의 영에 직접 접근할 수 있는 사람은 한정되어 있었다. 보통의 사람들은 하나님이 자신의 현존을 드러내는 매개자로 선택하신 소수 지도자에게 의존할 수밖에 없었다.

이러한 불만족스러운 경험은 구약 시대 하나님의 백성으로 하여금 미래를 바라보게 하였다. 그들은 하나님의 성령이 그들 중에 그리고 그들 모두의 내면에 항구적으로 거하게 될 한 위대한 날을 간절히 소망하며 기다렸다.

이러한 소망은 장차 '기름 부음 받은 자' 메시아가 올 것이라고 말했던 선지자들에 의하여 더욱 강화되었다. 메시아는 단순히 자신이 성령이 충만한 분일 뿐 아니라 사 42:1, 또한 사람들에게 성령을 충만히 부어주실 분이시다. 이 영광스러운 일이 일어나면, 모든 하나님의 백성은 큰 자에서부터 작은 자에 이르기까지 모두 하나님을 알 것이고 성령의 충만을 누리게 될 것이다 렘 31:34.

성령과 예수 그리스도 | 신약성경은 구약시대 하나님 백성의 희망과 기대가 예수 안에서 성취되었다고 말하고 있다. 즉 예수는 그리스도, 곧 '기름 부음 받은 분'이셨다.

실제로 예수는 그 '기름 부음 받은 분', 즉 선지자들이 기다렸던 분이며, 그 '유일한 방식으로 성령을 받으신 분'이었다. 신약성경 기자들은 예수의 삶에 있어서 성령이 하신 중요한 역할에 대하여 강조한다.

예수의 지상 생애가 시작되는 순간부터 성령은 중요한 역할을 하셨다. 주님은 성령으로 잉태되셨기 때문이다 눅 1:35. 예수의 사역 시작과 더불어 성령의 역할도 본격적으로 시작되었다. 예수가 세례받으셨을 때, 성령은 하나님이 맡기신 사명을 예수께 부여했다. 성령은 예수의 사역 절정에서도 중요한 역할을 감당했다. 하나님은 성령의 능력을 통하여 예수를 죽은 자 가운데서 일으키셨기 때문이다 롬 8:11; 참고. 1:4.

이렇게 성령은 수태에서부터 부활에 이르기까지 예수의 전 생애에 걸쳐서 일하셨다. 성령은 주님의 발걸음을 인도하셨고 예를 들어 마 4:1, 주님에게 사역을 감당할 능력을 부여해 주셨다 마 12:28. 유일한 방식으로 성령을 받으신 분으로서, 예수는 성령이 사람들에게 부어지는 통로가 되는 분이었다. 세례 요한이 말했듯이, 예수는 제자들에게 '성령으로 세례를 주는' 분이다 요 1:29~34.

예수 자신도 그들의 내면배에서 생수의 강이 흘러나올 만큼 성령을 충만히 부어주실 것이라고 제자들에게 약속하셨다 요 4:14; 7:37~39. 예수가 떠나가시면, 성부가 또 다른 '보혜사'를 보내시어 그들에게 사명을 감당할 힘을 주실 것이다 요 14:16; 16:7. 그 오시는 보혜사는 '돕는 이' Helper로서 제자들에게 모든 것을 가르치실 것이며, 그들에게 주님의 가르침을 생각나게 하실 것이고 요 14:25~27, 그들을 진리 가운데로 인도할 것이다 요 16:12~15. 이 성령은 세상을 향해 예수를 증언하실 것이며 요 16:7~11, 제자들을 그리스도의 증인으로 서게 도와주실 것이다 요 15:26~27.

성령과 교회 | 이 약속은 오순절 날 영광스럽게 성취되었다 행 2:1. 지상 사역을 완성하시고 승천하신 주님은 마침내 그 오순절 날 제자들에게 성령을 충만히 부어주셨다.

그러나 오순절은 단순히 하나의 지나간 사건이 아니다. 그것은 하나님의 인간 구원의 역사에 있어서 하나의 이정표가 된 사건이었다. 즉 오순절은 성령이 전무후무한 방식으로 이 세상에 들어오신 사건이었다. 그렇게 함으로써, 그분은 역사 속에 새로운 시대, 곧 성취의 시대를 개막하셨다.[벧전 1:10~12]

성령의 부으심을 통하여 성령의 현존과 능력과 인도를 받는 공동체, 즉 교회가 탄생하였다. 더불어 교회 사명[선교]의 시대가 개시되었다. 오순절을 기해서 성령은 새로운 역할을 맡으셨다. 즉 이 시대 동안 이제 성령은 바로 이 새로운 공동체[예수 그리스도의 제자들의 친교]에 사역을 집중하게 된다.

오순절의 실재는 그날 성령을 받은 제자들에게만 국한되지 않는다. 오순절은 모든 그리스도인을 포괄하는 실재이다. 성령 강림의 영향은 모든 나라 모든 세대의 모든 그리스도인에게까지 미친다. 지금 우리는 우리를 하나의 사귐 속으로 모으시는 성령의 현존을 누리고 있다[고전 12:13]. 예수 그리스도와 그분의 공동체에 연합된 존재로서, 지금 우리는 성령의 충만에 참여하고 있다. 예수를 믿기에 우리 모든 그리스도인은 오순절을 경험했으며, 성령의 선물과 성령의 능력을 받았다. 사실 성령을 '받지' 않은 사람은 예수 그리스도에게 속한 사람이 아니다[롬 8:9].

따라서 오순절을 전환점으로 성령은 새로운 정체성을 가지셨다. 즉 지금 그분은 부활하시고 승천하신 예수의 현존을 그분의 공동체 속에 매개해 주시는 분이시다. 성령은 교회의 교사이시며, 인도자이시고, 능력 제공자이시다. 즉 그분은 주님을 대신하여 공동체 안에 거하시는 분이다.

그러나 성령의 현재의 역할이 예수 그리스도의 공동체의 삶 속에서 성령이 차지하는 위치만은 아니다. 성령의 활동에는 미래적 측면도 있다. 즉 성령의 정체성에는 또 다른 차원이 있다.

• 성령은 피조물의 역사를 목표를 향해 이끌어 가시는 하나님이시다.

미래의 어느 날 성령은 우리를 예수 그리스도의 형상으로 변화시키실 것이다. 이 변화에는 단순히 우리의 내적 인격뿐 아니라 우리의 몸을 비롯한 전 존재가 포함될 것이다. 바울이 선언했듯이, 예수를 일으키신 하나님은 성령을 통하여 우리의 죽을 몸도 '살리실 것이다' 롬 8:11.

또한, 이 미래의 사건은 창조 세계 전체가 현재의 이 고통스러운 속박으로부터 해방의 사건이 될 것이다. 그날이 오면, 전 우주가 '하나님의 자녀들의 영광의 자유'에 참여하게 될 것이다 롬 8:21.

그날이 오기까지, 우리 안에 거하시는 성령은 미래의 구원을 보장해 주는 '보증'으로서 일하신다 고후 1:22; 5:5; 엡 1:13~14. 성령은 우리 안에서 이미 변화의 사역을 시작하셨다 롬 8:10; 고후 3:18.

이제 기다림은 끝났다! 성령이 오셨다! 우리는 오순절 시대에 살고 있다! 그러므로 지금 우리의 임무는 성령의 도래를 위하여 기도하는 것이 아니라 "계속해서 성령의 충만을 받고" "성령 안에서 행하는 것"이다. 즉 주님이 약속하신 성령이 이제 우리 속에 있기에, 우리는 그 능력을 적극 자신의 것으로 만들어야 한다.

성령과 삼위일체 하나님의 삶

지금까지 우리는 구약 시대로부터 교회 시대에 이르기까지의 성령의 발자취를 추적해 왔다. 그러나 성령의 정체성을 더 깊이 이해하기 위해 우리는 삼위일체 교리로 되돌아가야 한다. 이 교리는 삼위일체 하나님 안에서 성령이 갖는 영원한 정체성을 보여준다.

영원하신 하나님 안에서의 성령 | 기독교는 성령을 성부, 성자와 함께

한 분 하나님을 이루시는 분으로 고백한다.[2] 우리는 영원부터 영원까지 성령이 삼위일체 하나님의 세 번째 위격이라고 선언한다.

그런데 우리는 이 선언을 어떻게 이해해야 하는가? 그 한 분 하나님 안의 성령이란 누구이신가? 그분의 영원한 정체성은 무엇인가?

이 질문에 답하기 위해 우리는 전에 살펴본 삼위일체 교리를 다시 한번 떠올려 봐야 한다. 구체적으로 말하자면, 성령은 성부와 성자 사이의 관계의 영이다. 이 같은 통찰에는 영광스러운 함축된 의미들이 내포되어 있다.

2장에서 살펴본 대로, 영원하신 하나님 안에는 교부들이 '성자의 영원한 산출'이라고 불렀던 일차적 운동이 있다. 즉 영원부터 영원까지 성부는 자신의 생명을 성부와 나누시고, 성자는 자신의 생명을 성부로부터 얻으신다. 이 영원한 역동성이 바로 성부와 성자 두 위격의 정체성을 이룬다. 즉 삼위일체의 첫 번째 위격은 '성자의' 성부이시다. 그리고 두 번째 위격은 '성부의' 성자이시다.

성부와 성자는 서로 구별되지만, 또한 함께 묶여 있다. 그렇다면 성부와 성자를 연합시키고 있는 그 끈은 무엇인가? 한마디로 말하면 바로 '사랑'이다. 영원부터 영원까지 성부는 성자를 사랑하시고, 성자는 성부의 사랑에 사랑으로 보답한다. 두 분을 묶어주고 있는 끈은 바로 그들이 서로 나누고 있는 사랑이다. 다시 말하자면, 하나님 안에는 성부와 성자 사이 사랑의 관계를 형성하는 이차적 운동이 있는데, 이 이차적 운동은 성령의 영원한 '유출'로 여겨진다.

성령의 실재에 관해 우리가 살펴보아야 할 점들이 아직 남아 있다. 모든 시대의 그리스도인들은 성령을 영원하신 하나님이시라고 고백해 왔다. 과연 우리도 그렇게 고백할 수 있을까?

물론 우리도 그렇게 고백할 수 있다. 왜냐하면, 성부와 성자 사이의 사랑은 영원하신 위격들 사이의 관계이기 때문이다. 성부는 영원한 사랑으로 성자를 사랑하시며, 성자도 영원한 사랑으로 그 사랑에 보답하신다. 이것은 두 분이 나누는 사랑의 끈도 영원하고 신적임을 뜻한다. 성부와 성자를 연합시키는 사랑은 곧 성령이시며, 삼위일체의 세 번째 구성원이시다. 그러므로 성부와 성자처럼, 성령도 영원한 신성을 가진다.

이런 결론은 하나님의 성품 또는 본질과 성령 사이를 연결짓는 성경의 흥미로운 말씀을 통해서도 확증된다. 요한이 말한 것처럼 "하나님은 사랑이시다"요일 4:8. 즉 하나님의 영원한 본질은 '사랑'이다. 예수께서 말한 바로는, 하나님의 영원한 본질은 '영'이다 요 4:24. 성경은 이렇게 '영'이라는 단어로써 하나님의 영원한 본성을 가리키기도 하며, 동시에 삼위일체의 세 번째 위격인 성령을 가리키기도 한다. 이와 같은 맥락에서 우리는 '사랑'이라는 단어로써 하나님의 영원한 본성을 가리키기도 하며, 동시에 성령을 가리키기도 한다.

성령이 성부 성자와 더불어 영원한 신성을 공유한다는 것은 비교적 쉽게 사람들이 인정한다. 그러나 사람들이 이해하기 어려워하는 것은 성령이 인격이시라는 사실이다. 어떤 그리스도인들은 성령을 비인격적으로 간주한다. 그들은 성령을 인격이기보다는 하나의 힘 신비하고 신적이긴 하지만, 어쨌든 비인격적인 힘에 더 가까운 존재로 생각한다. 그들은 성령도 성부와 성자와 마찬가지로 인격이시라는 사실을 이해하지 못한다.

이 난점은 우리가 성령을 '사랑'으로 이야기할 때 더 심화할 수 있다. 왜냐하면, 흔히 우리는 사랑을 단지 하나의 추상적이고 비인격적인 개념에 불과한 것으로 생각하기 때문이다. 만일 우리가 성령을 성부와 성자 사이의 사랑이라고 본다면, 성령은 사람들을 결합시켜 주는 어떤 흡인력처럼 하나의 비인격적 힘임이 틀림없다는 것이다.

그러나 성경은 성령을 완전한 인격으로 가르친다. 성경 저자들은 성령을 '그것'이 아니라 '그분'이라고 지칭한다. 또한, 성경의 저자들은 지성이나 감성이나 의지 같은 인격적 자질들을 가진 분으로서 성령을 대한다.

어떻게 그렇게 될 수 있을까? 성경의 인격적 언어들을 우리는 어떻게 이해해야 하는가? 어떻게 성령은 단순한 비인격적 힘이 아니라 인격인가?

이에 대한 대답은 삼위일체 하나님 안에서 성령이 성부와 성자와 갖는 그 긴밀한 결합 관계에서 찾아질 수 있다. 성부와 성자는 물론 인격적 존재이다. 그런데 우리가 기억해야 하는 것은 성부와 성자가 독특한 의미에서 인격적 존재라는 것이다. 즉 그분들은 가장 인격적인 존재라는 사실이다. 이렇게 독특한 인격성을 가진 분들이기에 그분들이 나누는 관계도 역시 마찬가지로 독특하다. 그분들의 독특한 사랑은 단순히 추상적이고 일반적 '사랑'이 아니라 하나의 독특한 관계이며 독특하게 인격적인 사랑이다. 따라서 우리는 성부와 성자처럼, 그들을 함께 묶어주는 존재인 성령도 역시 독특한 인격이라고 고백할 수 있다. 다시 말해서 성령은 삼위일체 하나님의 세 번째 인격이다.

성령을 비인격화하려는 경향은 '사랑'을 하나의 추상적 개념으로 여기는 경향에서 비롯되었음을 살펴볼 때, 우리는 우리의 주장을 더 잘 이해할 수 있다. 사랑이란 인격적 관계의 영역 너머에 독립적 개념으로 존재하는 것, 즉 '저쪽' out there에 있는 어떤 것이 아니다. 사실 '사랑'은 어떤 '인격들'이 서로 맺고 있는 관계에 대한 묘사이다. 사랑은 인격들이 서로 어떤 끈을 맺고 있는지를 묘사해 주는 말이다. 다시 말해서 사랑은 한 인격이

다른 인격을 위하여 자기 자신을 희생하고 있음을 묘사하는 표현이다.

우리는 '사랑'이란 말을 다음과 같은 방식으로 사용한다. 예를 들어 내가 "우리 아버지는 사랑이 많으신 분이다!"라고 말할 때, 나는 아버지가 가지고 있는 어떤 추상적 자질에 대하여 말하는 것이 아니다. 오히려 아버지가 어떻게 행동하고, 나를 포함해서 다른 사람들과 어떤 관계를 맺으시는지에 대한 묘사이다. 즉 그의 아내나 자녀, 교회 성도들, 또는 이웃들과의 관계에서, 다른 이들을 위해 지속적으로 자신을 내어주면서 돌보는 것과 같은 것을 말하는 것이다.

인간들의 사랑도 이렇다면, 하물며 하나님의 사랑은 어떻겠는가! 즉 성부와 성자 사이의 사랑은 삼위일체의 첫 번째와 두 번째 인격들로부터 분리되어 단지 개념의 영역에 속해 있는 어떤 추상적이고 비인격적인 힘이 아니다. 또 그 사랑은 성부와 성자가 각자 독자적인 자질로서 가진 어떤 '것'도 아니다. 반대로 성부와 성자를 연합시켜주는 그 사랑은 성부와 성자의 인격적 관계 속에 깊숙이 뿌리를 박고 있는 것이다. 따라서 성부와 성자가 독특한 인격적 존재이기에 그들 사이 관계의 영인 성령 역시 인격이시다.

하나님과 성령에 대한 성경의 언어들은 또 다른 방식으로 우리의 결론을 확증해 준다. 즉 성령이 인격인 것은 그분이 하나님의 인격적 성품이시기 때문이다. 성경은 '하나님은 사랑이시다'라고 말한다. 전에 우리는 삼위일체 교리가 하나님의 영원한 성품에 대한 이러한 선언의 기초가 된다는 것을 살펴보았다. 즉 하나님이 사랑이신 것은 영원부터 영원까지 성부가 성자를 사랑하시며, 그 성부의 사랑에 성자가 사랑으로 보답하기 때문이다. 이렇게 성부와 성자를 묶어주는 그 사랑이 바로 한 분이신 하나님의 본질이다. 그런데 우리 하나님은 인격이시다. 따라서 그분의 본질적 본성성부와 성자를 묶어주는 그 독특한 사랑 역시 인격이시다. 이때 그 독특한 사랑이 바로 성령으로서 삼위일체의 세 번째 인격이시다.

그런데 우리는 왜 이런 문제에 이처럼 많은 정력을 쏟아야 하는가? 성령이 인격이든 말든 그것이 그렇게 중요한 문제인가?

사실 이것은 이 세상에서뿐 아니라 이 세상을 넘어 영원 속에서도 가장 중대한 문제이다. 성령의 인격성 여부는 단순히 신학적 논쟁에만 소용되는 추상적 문제가 아니다. 교부 아타나시우스Athanasius는 이것이 왜 그렇게 중요한 문제인가를 우리에게 결정적으로 보여준 바 있다. 그의 시대에 성령을 비인격화하려는 사람들이 있었는데, 아타나시우스는 그들에 대한 반박 가운데 이 교의의 중요성을 잘 제시해 주었다. 아타나시우스의 지적을 따르면, 우리의 영원한 구원이 이 문제에 달려 있다. 성령이 완전한 인격이어서 우리가 누리는 하나님과의 교제가 하나님의 인격적 현존일 때에만 우리는 살아 계시며 인격적인 하나님과 진정한 교제를 누릴 수 있다. 만일 성령이 인격적 존재가 아니라면 우리는 살아계신 하나님과 인격적인 교제를 누릴 수 없을 것이다.

예수가 지적하셨듯이, 성령은 우리와 그리스도, 그리고 우리와 성부 사이의 연합을 매개해 주신다요 14:16~21. 만일 우리와 예수 그리스도 · 성부와의 사귐을 매개하시는 성령이 인격적 하나님이 아니라면, 그것은 우리가 여전히 하나님으로부터 단절된 상태에 있다는 말이 된다. 즉 우리는 영원히 잃어버린 자가 될 수밖에 없다.

그러나 하나님께 감사하라! 삼위일체의 세 번째 위격성부와 성자 사이의 사귐의 영으로서 성령이 우리를 성부와 성자 사이의 사귐 속으로 이끌어 들이셨기에 우리는 하나님과 하나 되었기 때문이다!

♬ 이 기쁜 소식을 온 세상 전하세
큰 환난 고통을 당하는 자에게
주 믿는 성도들 다 전할 소식은
성령이 오셨네 [3] ♪

성령 – 세상 속에서 하나님 사역의 완성자 | 삼위일체에 대한 토의에서, 우리는 하나님이 세상 속에서 하시는 활동에서 삼위일체의 각 위격들이 각기 어떤 역할을 감당하는가에 대하여 살펴보았다. 성부는 성자와 성령을 보내시는 원천 또는 창시자로서 역할을 하시며, 성자는 성령이 보내질 수 있도록 세상 속에서 성부의 뜻을 성취하시는 분이다.

성령은 신적인 사역을 완성하셔서, 마침내 위대한 공동체가 충만하게 이루어지게 하시는 분이다. 즉 성령은 위대한 '완성자'이시다.

완성자로서의 성령의 역할은 영원하신 삼위일체 내에서의 그분의 정체성에서 비롯한 것이다. 이것을 이해하려면, 세상 속에서의 하나님의 사역은 그 자체가 영원하신 삼위일체 하나님 안에 존재하는 역동성의 외부적 넘침이라는 사실을 상기할 필요가 있다.

삼위일체 교리에 대한 이전의 토의에서 우리는 창조와 구속의 전체 드라마는 사실 성부와 성자 사이의 영원한 관계로부터 흘러나오는 것이라는 사실을 제시한 바 있다. 하나님은 자기를 내어주시는 사랑, 즉 성부와 성자가 서로 나누시는 사랑, 곧 성령이시다. 사랑의 성부는 사랑으로 이 세상을 창조하셨고, 성자는 타락한 인간들에게 구원을 주시려는 성부를 위하여 사랑으로 일하셨다. 그러나 이러한 신적인 사역은 아직 완성되지 않은 상태다. 왜냐하면, 성부가 계획하시고 성자가 펼치신 그 구원에 우리가 참여해야 하기 때문이다.

바로 이것이 성령이 하시는 일이다. 성령은 성부와 성자 사이의 관계의 영이시기에, 성령은 세상 속으로 들어오시어 마침내 하나님의 계획을 완성하신다. 성령의 목표는 성자가 성부와 누리는 그 사귐 속으로 우리를 인도해 들이는 것이다. 이 사역은 하나님이 새 하늘과 새 땅을 세우실 역사의 마지막에 가서 비로소 완성될 것이다.

그 위대한 날이 올 때까지, 성령은 우리가 영원토록 누리게 될 그 영광스러운 미래 공동체를 미리 맛보게 하신다. 앞에서 보았듯이, 성령은 우리 안에 활동하시면서 우리가 마침내 하나님의 미래에 참여하게 될 것임을 보증해 주고 계신다(롬 8:16-17; 엡 1:13-14). 또한, 성령은 자연 세계도 새롭게 만드시면서 언젠가는 하나님이 우주 전체를 새 하늘과 새 땅으로 재창조하실 것임을 보증해 주고 계신다.

이 책의 나머지 장들은 바로 우리의 신앙이 가진 이러한 위대한 주제들에 대한 탐구가 될 것이다. 우리를 위하여 성령이 하시는 위대한 사역을 생각할 때, 우리는 가슴 깊은 데서 우러나오는 찬양을 삼위일체 하나님께 올릴 수밖에 없다.

♪ 거룩 거룩 거룩 전능하신 주여
천지 만물 모두 주를 찬송합니다
거룩 거룩 거룩 전능하신 주여
성 삼위일체 우리 주로다 [4] ♪

성령과 성경

삼위일체의 세 번째 위격으로서, 세상 속으로 보내어진 성령의 사명은 삼위일체 하나님의 사역을 완성하시는 것이다. 이를 위하여 성령은 생명의 원천이시자 동시에 생명을 새롭게 하는 능력으로서 일하신다.

미래의 어느 날, 즉 하나님이 우리의 창조 목적인 영광스러운 공동체새로워진 세상 속에서 삼위일체 하나님의 현존을 누리면서 살아가는 구속받은 백성의 사귐를 세우시는 날, 성령은 자신의 궁극적 목표를 이루실 것이다. 그날이 이르기까지, 성령은 영적인 생명을 창조하시고 기르시는 일을 하고 계신다.

이 일에 있어서 성령의 사역이 가장 집중되는 곳은 바로 성경이다. 즉 성령은 성경을 통하여 예수 그리스도에 대하여 증언하시며, 그리스도인들의 삶을 인도하시고, 하나님의 백성을 인도하신다. 다시 말하자면, 성령이 세상 속에서의 자신의 사역을 위하여 선택하신 가장 주된 도구는 바로 성경에 기록된 하나님의 말씀이다.[5]

그러므로 성경은 성령의 책이다. 성령은 성경에 영감을 주시는 분이자 성경을 조명해 주시는 분이다. 성경의 목적은 성령의 사역을 위한 도구가 되는 것이며, 동시에 성령은 언제나 성경과 일치하여 일하신다. 요컨대 기록된 말씀과 성령 사이에는 서로 돕는 관계가 있다.

말씀과 성령 사이의 관계에 대하여 더 많은 고찰이 필요하다. 이를 위하여, 우리는 성령과 성경 사이의 불가결한 관계를 요약해 주는 다음 세 가지 진술을 중심으로 우리의 논의를 펼쳐갈 것이다.

- 성경의 토대는 성령이다.

- 성령은 성경을 통하여 우리에게 말씀하신다.
- 성령의 책이기에, 성경은 권위를 가진다.

성경의 토대는 성령이다[6]

그리스도인들은 '성경의 사람들'이다. 우리는 성경이 우리 신앙의 토대이며, 우리의 삶을 인도해 주는 원천이라고 선언한다. 그러나 이것은 단순히 우리가 성경이라는 하나의 책을 찬미하는 것은 아니다. 사실 우리가 찬미하는 대상은 성경 너머에서 성경을 통하여 우리에게 말씀하고 계신 성령이다. 즉 우리가 성경을 높이는 까닭은 성령께서 그것을 말씀의 통로로 택하셨기 때문이다.

다음 두 가지는 성령이 성경에 대하여 하시는 근본적 역할을 명확히 설명해 주는 개념들이다.

- 영감 inspiration
- 조명 illumination

영감이란 성경의 저술과 편찬, 그리고 교회의 경전으로서의 정경화에 있어서 성령이 하신 활동을 가리키는 말이다.

영감은 선지자, 사도 등을 비롯한 여러 성경 저자들과 편찬자들의 삶을 인도하시거나 '감독'하셔서, 결국 그들이 쓰거나 편찬한 것이 성경이 되도록 하신 성령의 특별한 사역을 가리킨다 렘 36:1~2; 겔 11:5; 미 3:8; 벧후 1:21.[7]

위의 정의로부터 우리는 성경 문서들 자체가 '영감을 받았다'고 말할 수 있다. 즉 성경 문서들은 하나님이 쓰고 싶어하셨던 것을 그대로 반영해 준다.⁸⁾ 실제로 바울이 말했듯이 성령의 활동으로 "모든 성경은 하나님의 감동으로 된 것"딤후 3:16이다.

영감이 갖는 이러한 두 가지 측면을 하나의 간결한 정의로 모아 정리하면 다음과 같다.

> '영감'이란 성경의 저자들과 편찬자들에게 영향을 끼치어, 하나님이 인간에게 전하고자 하신 바가 적합하게 반영된 저술들을 만들어내신 성령의 활동을 가리킨다.

영감이 무엇인지를 정의하는 것은 그다지 어렵지 않다. 그러나 어려운 것은 성경의 문서들이 만들어졌던 과정에서 성령이 정확히 어떻게 일하셨는가를 밝히는 문제이다. 구체적으로 말한다면, 성령은 대체 어떤 수단들을 통해서 성경의 그 저자들과 편찬자들에게 영향을 끼치셨는가? 이는 결코 단순한 문제가 아니다. 성경 자체가 말해 주는 바로는, 성령은 실로 여러 다양한 수단을 사용하셨기 때문이다.

예를 들어 어떤 본문들은 그 기원이 신적인 구술에 있음을 암시한다. 즉 하나님 자신이 직접 말씀하셨고, 성경 저자들은 그것을 그대로 받아 적었다출 19:3-6; 레 1:1; 민 7:89; 민 12:8; 삼상 9:15; 사 6:8-9; 계 14:13.

그러나 다른 많은 본문은 더 간접적인 방식을 제시한다. 즉 그 본문들에 따르면, 성경을 저술하거나 편찬했던 경건한 사람들은 그 과정에서 능동적 행위자들이었다막 12:36; 행 1:16; 28:25; 고전 14:37. 이렇듯 인간 저자들이 능동적으로 관여한 책이기에, 성경에는 여러 다양한 문체들과 같은 사건에 대한 다양한 묘사와 심지어 인간적 감정의 분출 등도 발견되는 것이다.

또 성경의 어떤 부분들은 목격 진술에 기초해 있거나, 어떤 사람들이 하나님과 가졌던 만남에 대한 보고임을 말하고 있다 출 24:1~11; 왕상 22:19; 사 6:1~5; 고후 12:1~4.

그리고 또 어떤 본문들은 고대 문화의 지혜문학이나 이전 시대의 문서들을 자료로 편찬되었음을 말하고 있다 예를 들어 왕상 11:41; 14:19, 29.

이 같은 커다란 다양성을 우리가 단 하나의 영감 이론 속으로 통합시킬 수 있을까? 아마도 없을 것이다. 우리가 할 수 있는 최선은 영감에 대하여 본문이 말하고 있는 바를 포괄적으로 정리하는 것이다. 우리는 다음과 같은 서술적 요약 진술로 만족해야 할 것 같다.

> 성령은 직접 명령, 시급성, 또는 단순한 개인적 바람이나 충동 등을 통하여 신앙 공동체 내의 영적인 사람들을 움직여, 구술이나 경험 또는 전통이나 지혜문학 등을 자료로 삼아 그들로 하여금 하나님의 바람에 합하는 문서들을 저술 또는 편찬케 하셨다.

성령의 사역은 정경의 편찬에서 그치지 않았다. 그 후 성령의 사역은 우리에게 성경을 통하여 말씀하시는 일로 계속된다 요 14:26.

"성령이 성경을 통하여 말씀하신다"는 말은 성령이 죄 탓에 무디어진 우리에게 성경을 '살아 있는' 말씀으로 만드신다는 뜻이다. 즉 성령이 말씀하실 때, 우리는 성경 본문이 오늘 우리의 삶에 대하여 갖는 의미를 깨닫게 된다. 성령이 하시는 이 같은 계속된 활동을 우리는 조명이라고 부른다.

분명한 이해를 위해서 우리는 때로 영감과 조명을 마치 성령의 두 개의 분리된 사역인 양 말하기도 한다. 그러나 우리는 그 둘이 사실상 하나의 활동, 곧 성령이 성경 안에서 그리고 성경을 통하여 하시는 한 가지 활동의 두 차원임을 기억해야 한다.

성경이 쓰이고 편찬되는 과정에서부터 영감과 조명은 함께 작용했다. 훗날 성경이 된 각각의 책들 속에서 옛사람들은 성령의 음성을 들었다. 그랬기에 그들은 그 책들을 보존했고 훗날 영감 받은 성경으로서 편찬했던 것이다. 그리고 영감 받은 글로 먼저 인정받은 문서들에 대한 깊은 묵상이 연이은 책들을 낳았다.[9] 신앙 공동체는 그 문서들을 모아 하나의 성경으로 편찬했는데, 이는 그들이 그 저술들 속에서 바로 자신들의 상황에 대하여 말씀하시는 성령의 음성을 들을 수 있었기 때문이었다.[10]

마찬가지로 오늘도 성령은 우리로 하여금 성경을 이해하고 자신의 현재 상황에 성경을 적용할 수 있도록 조명의 사역을 하신다. 즉 오늘 우리도 성경 속에서 하나님을 만난다. 그리고 이러한 조명의 경험을 통하여 우리는 성경이 참으로 성령의 책임을, 즉 성령의 영감과 감독의 산물임을 고백하게 된다.

그러나 현재 우리의 경험과 과거 이스라엘과 초대 교회의 경험 사이에는 한 가지 뚜렷한 차이점이 있다. 예전에 하나님의 백성이 성령의 음성을 들었을 때 성경은 아직은 미완성이었다. 즉 후에 정경으로 추가될 저술들이 여전히 쓰이고 있었다. 그러나 현재는 성령은 완성된 정경, 즉 완전한 성경을 통하여 우리에게 말씀하고 계신다. 즉 이제는 후에 성경에 추가될 저술은 더는 존재하지 않는다. 성경은 이미 완성되었고, 이후에 쓰이는 어떤 책도 성경의 66권과 같은 식의 성령의 영감과 조명을 주장할 수 없다.

성령은 성경을 통하여 우리에게 말씀하신다

성경은 성령의 책이다. 그러나 성령은 성경을 통하여 정확히 어떤 일을 하시는가? 간단히 대답하자면, 성령은 성경 메시지를 통하여 우리에게 말씀하신다. 즉 성령은 성경 속에서 우리를 향해 말씀하시며, 그럼으로써 우리의 영적인 생명을 기르시며, 우리 안에 새로운 정체성을 창조하신다. 성령이 이 일을 하시는 방법에는 여러 가지가 있다.

- 성경을 통하여 우리에게 말씀하심으로써, 성령은 우리에게 영적인 양식을 제공해 주신다.

그리스도인들은 자연히 성경을 영원한 삶에 대한 메시지를 발견할 수 있는 궁극적으로는 유일한 터전으로 여긴다. 그렇기에 당연히 그들은 성경에서 신앙을 위한 양식을 찾으려 한다.

하나님의 말씀에 대한 그리스도인들의 이 자연스러운 갈망은 성경이 마땅히 우리 삶 속에서 차지해야 할 역할과 들어맞는다. 옛 경건주의자들은 이렇게 말했다. "성경의 진리는 우리를 주장한다."[11] 성경을 통하여 우리에게 말씀하심으로써 성령은 우리의 삶을 장악하신다는 것이다. 하나님의 말씀은 그리스도의 형상을 닮으려 하면서 제자의 길을 걸어가는 사람들에게 필요한 영적인 자양분을 준다. 베드로가 말한바, 아기에게 젖이 필요하듯 그리스도인에게는 성경이 필요하다 벧전 2:2.

그러므로 성경의 궁극적 목표는 바로 '영적인 형성' 이다. 그리스도인으로서 우리는 성경을 통하여 우리가 영적으로 성장하여, 삶의 모든 면에서 하나님을 기쁘시게 해 드릴 수 있기를 간절하게 갈망해야 한다.

이런 목표를 향해 우리는 부지런히 성경 읽기에 자신을 드려야 한다. 가능한 최선의 도구들을 이용하여 우리는 성경 본문의 의미를 발견하는 일에 전력해야 한다. 그러나 단순히 우리가 본문 자체에 대한 지식을 얻기 위하여 성경 연구에 전념하는 것은 아니다. 우리가 결국 의도하는 것은 성령이 성경 안에서 주시는 말씀을 통하여, 무엇을 믿어야 하며 어떻게 살아야 하는지에 대한 교훈을 받는 것이다. 성경 말씀을 통하여 성령은 우리에게 격려와 하나님과 이웃을 사랑할 힘을 주기를 바라신다. 그리고 성령은 성경을 통하여 우리에게 영적 싸움을 위한 양식과 새 힘도 주신다.

그러므로 우리는 성경을 읽고 연구할 때, 우리에게 들려질 하나님의 음성을 끈기 있게 기다린다. 우리는 성령이 그 본문을 통하여 우리에게 말씀하실 것을 기대한다.

♬ 주 예수 해변에서 떡을 떼사 무리를 먹이어 주심 같이
영생의 양식을 나에게도 풍족히 나누어 주옵소서[12] ♪

• 성경을 통하여 우리에게 말씀하심으로써, 성령은 우리를 새로운 정체성으로 부르신다.

어느 시대에나 그리스도인들은 성경을 기독교 공동체의 근본 문서로 인정해 왔다. 그 이유는 무엇인가? 그 대답은 성령이 성경을 통하여 하시는 일에서 발견될 수 있다. 성경이 우리 신앙의 토대인 것은 성경을 통하여 성령이 새로운 정체성 예수 그리스도 안에서 신앙을 통하여 우리에게 주어진 으로 우리를 인도하시기 때문이다. 즉 성경을 통하여 말씀하심으로써, 성령은 우리 안에 새로운 정체성을 창조하신다.[13]

어떻게 성령이 성경을 통하여 새로운 정체성을 우리에게 부여하는지에 대한 이 역동성을 이해하려면, 먼저 우리는 개인의 정체성이 어떻게 형성

되는지를 이해해야 한다.

인간은 누구나 삶의 의미에 대한 질문을 한다. 우리 각자에게는 근본적 질문들이 있다. 나는 누구인가? 나는 여기에 왜 있는가? 내 삶의 의미는 무엇인가? 이런 질문들에 대한 답이 발견될 때, 비로소 우리는 정체감을 얻는다. 사실 개인의 정체성은 자신의 모든 삶을 하나의 의미 있는 전체 속으로 통합시킬 수 있을 때 생겨나는 산물이다. 그러나 이런 통합이 가능하기 위해서, 우리는 먼저 우리 삶의 여러 다양한 양상들을 통합하는 틀을 발견해야 한다.[14]

우리에게 이 같은 틀을 제공해 줄 수 있는 출처들이 몇 가지 있다. 한 가지 예로 당신은 어떤 소명감, 즉 생애 동안 당신이 성취해야 할 어떤 위대한 사명이 있다는 의식으로부터 당신의 정체성을 이끌어낼 수 있다. 또는 당신은 당신의 삶이 무언가 위대한 계획의 일부라는 믿음에서 이 틀을 찾을 수도 있다.

그리스도인들은 자신의 삶을 하나의 통일된 전체로 모아주는 의미를 부여해 주는 이 같은 '해석의 틀'을 바로 성경 안에서 발견한다. 그런데 이 해석의 틀은 성경의 이야기, 즉 창조 세계를 영광스러운 미래를 향해 인도해 가시는 하나님 이야기와 연결되어 있다.

성령은 성경의 이야기를 통하여 우리에게 말씀하신다. 그 이야기를 통하여, 성령은 우리를 하나님 사역의 빛 안에서 자신의 삶을 보도록 초대하신다. 성령은 우리의 개인적 이야기를 하나님과 하나님의 백성의 이야기와 연결 지으라고 부르신다. 성경 속의 '옛날, 옛날, 한 옛날의 이야기'를 통하여, 성령은 우리를 하나님의 새로운 공동체 속으로 부르신다. 그리고 성령은 그 옛적 복음서 이야기들의 견지에서 우리의 개인적 삶을 보도록 인도하신다. 이렇게 우리가 성경 이야기의 견지에서 자신의 삶 전체를 내려다볼 때, 우리의 삶은 의미가 있기 시작한다. 그리고 우리는 우리 실존을 구성하는 여러 다양한 경험들 속에서 하나의 통일성을 보기 시작한다.

여기서 한 걸음 더 나아가 보자. 그렇다면 구체적으로 어떤 방식으로 성경은 우리의 삶에 특별한 해석의 틀을 제공해 주는가? 간단하게 대답하자면, 성경을 통하여 말씀하시는 성령은 우리로 하여금 각자의 삶을 하나님의 과거 활동에 대한 성경 이야기에 기초하고, 하나님의 미래 비전에 대한 성경 이야기에 따라 그 방향을 정하게 하신다.[15]

- 우리의 정체성은 하나님의 활동에 대한 성경 이야기에서 비롯한다.

성경 이야기를 통하여 성령은 그리스도 공동체의 토대가 되고, 공동체 참여의 기초가 되는 과거의 사건들로 우리를 이동시켜 주신다. 이 이야기의 중심에는 복음(예수의 수난과 부활, 그리고 그 후의 오순절 성령 강림 이야기)이 있다.

그러나 성령의 목표는 우리가 단순히 그 옛 사건들에 대한 역사적 지식을 얻도록 하는 데 있지 않다. 사실 성령은 우리를 그 이야기 속으로 이끌어 들이신다. 성령은 하나님이 그리스도 안에서 우리를 위하여 하신 일의 빛 안에서 우리 각자의 삶을 보기를 원하신다. 즉 성령은 그 빛 안에서, 겉으로 보기에는 무질서하고 의미 없는 생의 사건들 속에서도 우리 삶의 질서와 의미를 발견하게 되기를 바라신다. 성경의 이야기를 들려줌을 통하여, 성령은 우리의 현재를 그리스도의 과거 속으로 이끌어 들이신다. 성경은 이것을 '그리스도와의 연합'이라고 부른다. 이는 성령을 통하여, 과거 예수의 죽음과 부활이 현재 우리의 영적인 경험 속에서 실재가 되기 때문이다. 이렇게 예수의 삶에 대하여 들려주는 복음서 이야기는 지금 우리의 삶을 이해할 수 있게 해주는 뼈대, 즉 해석의 틀이 된다.

이런 이유로 그리스도인들은 흔히 자신의 삶을 '이전'과 '이후'와 관련된 말로써 묘사한다. 즉 우리는 우리의 인생 여정을 '옛 생활'과 '새 생활'로 구분 짓는다. 우리는 말하기를, 전에는 우리가 '잃어버린' 자들이었고, '이방인'이었으며, '하나님과 원수지간'이었다. 그러나 지금 우리는 그리스도를 통하여 '구원받았고' '화해되었으며', '하나님의 집' 또는 '하나님의 새로운 공동체'의 일원이 되었다. 그리고 우리는 우리의 고백을 설명하기 위하여 자신의 삶에 일어났던 특정한 사건들을 예로 든다. 우리는 우리의 이전 삶이 얼마나 헛된 것이었는지에 대하여 말한다. 그리고 어떤 상황 속에서 우리가 그리스도 안에서 하나님을 만나게 되었는지에 대하여 이야기한다. 그리고 지금은 얼마나 우리의 삶이 달라졌는지도 이야기한다.

• 성령이 우리 안에 창조하시는 새로운 정체성은 단순히 과거로부터만 기인하는 것은 아니다. 성경 이야기를 통하여 말씀하심을 통하여, 또한 성령은 미래에 대한 비전을 따라 삶의 방향을 정하도록 우리를 인도하신다.

성경 저자들은 하나님께서 우리를 비롯한 전체 우주를 향해 영광스러운 목표를 가지고 계신다고 선언한다. 성경 저자들은 공동체가 되기 위하여 창조된 우리가 언젠가는 이웃, 전체 창조 세계, 무엇보다도 하나님과 조화 가운데 살게 될 비전, 곧 새 창조에 대한 비전을 제시한다롬 8:18-21; 사 65:17-25; 계 21:1-5.

이러한 성경의 비전을 통하여, 성령은 우리 삶을 하나님의 미래의 빛 안에서 보도록 인도하신다. 성령은 우리가 삶의 목표와 열망을 하나님의 목표와 일치시키도록 인도하신다. 그리고 성령은 우리로 하여금 세상을 향한 하나님의 사역에 참여하게 하는 생의 목적과 소명을 발견하게 도와주신다.

성경이 단순히 그리스도인에게 정체성을 부여해 주는 해석의 틀만을 제공하는 것은 아니다. 성경을 통하여 우리에게 말씀하시는 성령은 우리가 그러한 정체성을 실제로 살아낼 수 있도록 우리를 성장시키신다. 성경을 통하여 성령은 하나님의 이야기에 따라 사는 것이 무엇인지를 발견하도록 우리를 인도하신다. 성령은 그리스도인들에게 무엇을 믿어야 하고 어떻게 행동해야 할지를 가르치신다. 그리고 성령은 우리에게 주어지는 성령의 능력을 적극 사용할 수 있도록 인도하신다. 우리의 삶을 하나님의 미래에 연결함으로써, 성령은 우리 자신과 우리의 현재를 이미 지금도 이 세상 속에서 일하고 있는 하나님의 미래의 능력을 향해 열도록 권고하신다.

성령의 책이기에 성경은 권위를 가진다

성령은 성경을 통하여 우리에게 말씀하신다. 그렇기에 우리는 성경을 우리 위에 있는 권위로 여기며 존중한다. 그러나 '성경을 존중한다'는 말의 구체적 의미는 무엇인가? 그리고 성경은 어느 정도까지 우리에게 권위를 가지는가?

많은 그리스도인은 성경의 권위를 진리성 또는 참됨과 연관 지어 생각한다. 즉 그리스도인으로서 우리는 성경은 참되며, 그러므로 권위를 가진다고 인정한다. 이러한 믿음을 분명하게 표현해 주는 두 쌍의 신학 용어들이 있다. 다음 문장은 그 네 단어를 모두 담고 있다.

성경은 축자적이며 전체적으로 영감 되었기에 무오하며 정확하다.

'축자적'과 '전체적'은 우리가 성경의 진리성의 범위에 대하여 믿고 있는 바를 요약해 주는 말들이다. 즉 성경은 그 전체가 다 성령의 책이기에 그 전체가 다 참되다는 것이다.

'전체적 영감'이란 전체 성경의 저술과 편찬에 모두 성령이 관여하셨음을 의미한다. 성경 안에서 발견되는 모든 것이 성령의 활동의 산물이다 딤후 3:16. 따라서 우리가 성경 중에서 성령의 활동이 기대되는 구절들을 따로 뽑아낼 필요가 없다. 우리는 성경 어디에서든 성령의 음성을 들을 자세를 갖추어야 한다.

'축자적 영감'이란 성령이 성경의 단어 선택에까지 관여하셨다는 선언이다. 성령이 성경의 단어 선택까지 '감독'하셨다는 것의 중요성을 이해하기 위해, 우리는 인간 의사소통의 역동성에 대하여 살펴볼 필요가 있다.

우리가 다른 사람과 직접 만나 이야기할 때, 의사소통할 수 있는 많은 수단이 있다. 즉 우리는 실제로 말 뿐 아니라 제스처, 몸짓, 목소리 톤 같은 도구들을 통해서도 '이야기한다'. 그러나 우리가 쓰여진 문서들을 통하여 의사소통할 때, 우리는 의미전달을 전적으로 말 자체에 의존할 수밖에 없다.

하나님은 인간에게 말 즉 성경에 기록된 형태로서의 하나님의 말씀을 통하여 의사소통하시기로 선택하셨음을 기억하라. 그렇기에 "성령이 성경에 영감을 부여했다"는 말은 성령이 성경의 어휘 선택과 어순에서 역할을 담당하셨음을 긍정하는 것이다.

우리가 이미 보았던 것처럼, 성령이 성경의 단어 하나하나를 인간으로 하여금 받아쓰게 하셨다고 생각하는 것은 잘못이다. 그렇지만 우리는 하나님의 뜻대로 메시지가 전달되도록 하시기 위하여 성령이 본문의 말들에까지 분명히 관여하셨음을 믿는다.

성경은 성령의 책이기에 우리는 성경을 신뢰할 수 있다. 신학적으로 말하자면, 우리는 성경이 무오하고 정확하다고 믿는다. '성경은 무오하다'는 말은 그 글들은 '거짓일 수 없다'는 것을 의미한다. 성령이 성경 저자들과 편찬자들의 삶 속에서 활동하셨기에, 우리는 그 글들을 믿을 수 있다. 그 글들은 우리를 잘못된 길로 인도하지 않는다.

'성경은 정확하다'는 말은 성경은 하나님이 우리에게 가르치시고자 하는 바를 정확히 제시한다는 것을 의미한다. 물론 성경의 중심적 목표는 신학적이며 윤리적 진리를 전달하는 것이다. 그러나 성경은 인간 지식의 다른 영역들과도 관계가 있다. 다른 영역에 대해서 언급하는 성경의 지식도 역시 정확한데, 그 지식은 그 저자의 목적을 달성하기에 문제가 없을 정도로 정확하다.

성경이 무오하고 정확하다는 말은 우리가 성경을 전적으로 신뢰할 수 있음을 선언하는 것이다. 따라서 우리는 성경 본문에 겸손하고 기대하는 마음으로, 즉 성령의 가르침을 받을 자세를 갖고 접근해야 한다.

성경에 대한 이러한 선언들은 우리에게 성경의 근본적 역할을 상기시켜 준다. 즉 성경은 우리에게 무엇을 믿어야 하며 어떻게 살아야 하는지를 가르쳐준다.

그런데 우리가 바라보는 대상은 성경 자체가 아니라 성경을 통하여 우리에게 말씀하시는 성령이라는 사실을 기억해야 한다. 성경에 대한 높은 확신은 결국 성경을 통하여 자신의 계시적 말씀을 선포하시는 성령에 대한 우리의 확신을 의미한다.[16]

이렇게 성경은 성령의 도구이기에 신뢰성과 권위를 지닌다. 성경의 무오성과 정확성은 성경을 통하여 참되게 말씀하시는 성령의 진리성에서 기인하는 것들이다. 즉 성경의 권위는 신적인 영감을 받은 계시적 말씀을 우리에게 조명해 주시는 성령의 권위에서 기인하는 것이다.

성경의 권위와 당신 | 성경은 성령의 책이기에 권위를 가진다. 이 말은 성경은 우리에게 궁극적 권위가 되어야 한다는 말이다. 다시 말하자면 성경의 권위는 우리 삶의 모든 차원에 도달해야 한다.

왜 그런가? 왜 우리는 성경의 권위를 그저 우리 삶의 '종교 생활 영역'에 국한할 수 없는가?

성경의 권위가 포괄적인 것은 종교적 헌신이 본래 그렇게 포괄적이기 때문이다. 즉 우리는 결코 우리의 신학적 확신을 우리 삶의 변두리로 국한할 수 없다. 신앙적 확신은 우리의 종교 생활 영역뿐 아니라 우리의 삶 전체에 영향을 줄 수밖에 없다.

우리 자신을 성경의 가르침 아래 두는 것은 우리로 하여금 성경의 눈을 통하여 세상을 보게 한다. 우리는 우리의 근본 신념들이 성경과 맞도록 애쓴다. 우리는 성경과 신앙 공동체로부터 기인하는 확신에 토대를 두고 우리 삶의 방향을 설정하고 삶의 동력을 얻기를 갈망한다.

모든 종교적 신념이 그렇듯이 성경에 근거한 우리의 신념도 단순히 우리 삶의 일부에 영향을 끼치는 것으로 끝나지 않는다. 성경에 근거한 확신들은 우리로 하여금 삶의 모든 영역에서 그런 확신에 합당하게 태도와 행동을 결정하라고 요구한다.

요컨대 우리가 성경을 우리의 권위로 인정한다면, 성령이 성경을 통하여 말씀하시는 바를 우리 삶의 모든 영역에서 실천해야 할 사명이 우리에게 있다. 우리는 주님의 순종하는 제자들이 되는데 헌신해야 한다. 그리스도인으로서 우리는 신앙과 삶을 연결 지어야 한다. 이를 위하여 우리는 성경을 통하여 정화하시는 성령에게 우리의 마음을 열어 드림으로써 우리의 삶이 바로 예수의 마음과 성품과 비전을 반영하도록 해야 한다.

♬ 주님, 나로 언제나
그리스도의 마음을 품게 하사
나의 모든 말과 행동에
주의 사랑과 능력이 나타나게 하소서[17] ♪

주님은 우리에게 바로 이것을 요구하신다. 주님은 자신의 가르침을 실천에 옮기라고 제자들에게 말씀하셨다[마 7:24~27]. 야고보가 말하듯이 그리스도인은 단지 말씀을 '듣기만' 하는 자가 아니라 말씀을 듣고 '행하는 자'가 되어야 한다[약 1:22~25].

많은 그리스도인의 생각과 달리 말씀을 '행하는 자'가 되는 것은 결코 가혹한 짐이 아니다. 오히려 반대로 그것은 인간이 경험할 수 있는 최대의 특권이다. 성경을 통하여 말씀하시는 성령의 지도 아래에 우리 자신을 맡길 때, 우리는 우리를 향한 하나님의 계획을 발견한다. 즉 우리는 성경에서 이 세상뿐 아니라 영원토록 우리 삶에 의미를 부여해 주는 기초를 발견한다. 이것을 알 때 우리는 마음으로 이러한 노래를 부르게 된다.

♬ 이 얼마나 굳건한 기초인가! 주의 성도들아,
우리의 신앙은 주의 놀라우신 말씀의 기초 위에 서 있네![18] ♪

생각하고 적용해 보기

1. 성령에 대하여 많은 혼란이 있는 이유는 무엇이라고 생각하는가? 기독교 신앙의 이러한 차원, 즉 성령론 중 당신에게 가장 혼란스러운 부분은 무엇인가? 당신 주위의 사람들에게는? 교회 전체적으로는?

2. 오순절과 지금 우리와의 관계에 대하여 서로 다른 의견들이 존재한다. '오순절'은 우리 각자가 개인적으로 경험해야 하는가? 아니면, 성령의 충만은 우리가 회심했을 때 이미 우리의 것이 된 것인가? 당신의 견해는 무엇인가? 그리고 그러한 각각의 입장들은 그리스도인으로서의 우리의 삶에 어떤 함축된 의미가 있는가?

3. 당신은 성령의 인격에 관한 문제가 중요한 문제라고 생각하는가? 성령을 가리킬 때 어떤 대명사('그' he 또는 '그것' it)를 사용해야 하나?

4. 성령이 성경을 통하여 말씀하심을 느꼈던 적이 있다면 상기해 보라. 어떻게 그런 일이 일어났는가? 이 과정에서 '주해'(예를 들어 성경 본문 그 자체에 대한 정밀한 연구)의 역할은 무엇이었는가?

5. '그리스도의 과거'와 '하나님의 미래'의 어떤 부분에서 당신은 삶에 방향을 제시해 주는 가장 의미있는 것을 발견했는가?

6. '무오성'이나 '정확성' 같은 단어들은 성경의 권위를 설명하는데 얼마나 중요한가?

7. 어떤 자동차 범퍼 스티커는 '성경에는 모든 답이 들어있다'고 말하고 있다. 여기에 당신은 동의하는가? 당신의 생각을 설명해 보라.

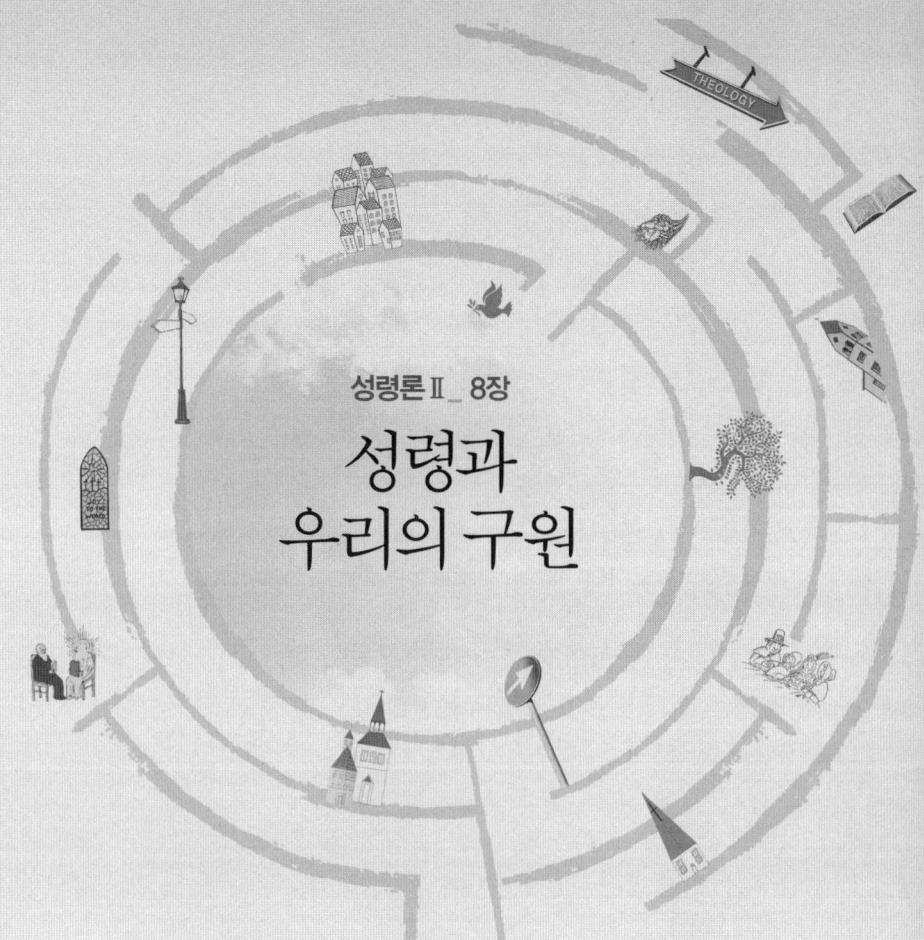

성령론 II _ 8장

성령과 우리의 구원

Created For Community
Connecting Christian Belief with Christian Living

진실로 진실로 네게 이르노니 사람이 물과 성령으로 나지 아니하면
하나님의 나라에 들어갈 수 없느니라
육으로 난 것은 육이요 영으로 난 것은 영이니
―
요한복음 3장 5~6절

어느 날 루시가 슈뢰더의 피아노에 기대서 이렇게 중얼거렸다.
"내 인생을 한번 회고해 보았는데, 난 거기서 아무런 흠도 찾아낼 수 없었지."

우쭐거리는 목소리로 말하면서 루시는 거창한 계획을 하나 발표했다.

"그래서 난 스스로 축하연을 열어서 나 자신에게 메달을 수여할 생각이야. 그리고 난 매우 감동적인 수락 연설을 할 거야. 그다음엔 나 자신에게서 축하 인사를 받을 거야."

베토벤 연주에 열중해 있던 슈뢰더는 루시의 말을 흘려듣고만 있었다. 그러나 루시의 다음 말이 그를 멈추게 하였다.

"완벽한 사람은 모든 일을 혼자서 할 수 있는 법이거든."

자신에게 정직하다면 우리는 자신에 대하여 루시와는 정반대의 평가를 하게 된다. 우리는 '흠 없는' 사람이 아니며, 혼자서 '모든 일'을 할 수 있을 만큼 완벽하지도 않다. 반대로 우리는 너무도 부족한 존재이기에 궁극적으로 혼자서는 아무것도 할 수가 없다.

그러나 동시에 그리스도인으로서 우리는 하나님의 자녀임을 알고 있다. 하나님은 실패와 무능력에 빠진 우리에게 내려오셨다. 하나님은 우리가 스스로는 할 수 없는 일을 우리 대신 해 주심으로써 하나님과의 사귐, 즉 공동체 속으로 우리를 인도해 주셨다.

우리를 위하여 하나님이 하신 일을 깊이 묵상할 때, 하나님의 은혜를 찬양하지 않을 수 없다. 자화자찬 파티를 열 계획을 세웠던 루시와는 달리, 우리는 존 뉴턴과 더불어 이렇게 노래하게 된다.

♬ 나 같은 죄인 살리신

주 은혜 놀라워!

잃었던 생명 찾았고

영생을 얻었네[1] ♪

7장에서 우리는 완성자로서의 성령에 대하여 살펴보았다. 성령은 삼위일체의 세 번째 위격이시다. 삼위일체 하나님의 경륜 속에서 성령이 하시는 중심적 임무는 세상 속에서 하나님의 사역을 완성하는 것이다.

우리에게 있어서 성령의 가장 중요한 활동은 바로 우리 안에 구원의 위대한 일을 완성하시는 것이다. 성령은 그리스도가 마련하신 대책을 우리의 개인적 삶에 적용함으로써, 우리의 창조 목적인 공동체 속으로 우리를 인도해 들이신다. 성령의 사역 결과로서 우리는 하나님, 이웃, 그리고 모든 창조 세계와 사귐을 경험하게 된다.

그러나 성령은 이 일을 단번에 완성하지 않는다. 그 대신 우리의 구원을 이루시는 성령의 활동은 하나의 과정이다. 즉 구원은 그 과정이 목표에 도달하는 날 성령이 우리를 우리의 이상과 모델이신 주 예수 그리스도의 형상으로 완전히 변화시킬 그 위대한 날 비로소 완성에 이른다.

그러므로 우리는 다음과 같은 정의를 내릴 수 있다.

구원은 우리를 예수 그리스도의 형상으로 완전히 변화시켜 가시는 성령의 사역이다.

이 장에서 우리는 구원에서 성령이 무슨 역할을 하시는지를 상세히 살펴볼 것이다. 구체적으로 말해서, 우리는 성령의 구원하시는 활동을 세 가지 국면으로 나누어 살필 것이다. 다음의 옛 격언이 이것을 요약해 준다.

- 나는 구원받았다.
- 나는 구원받고 있다.
- 그리고 미래의 어느 영광스러운 날 나는 구원받을 것이다.

이 말은 구원에 세 단계가 있음을 말하는 것이다.

- 회심 conversion
- 성화 sanctification
- 영화 glorification

이것들 하나하나를 다 살펴보겠지만, 우리는 영적인 여정의 시작점인 회심에 우리의 토의를 집중시킬 것이다.

우리의 회심에서 성령의 사역

그리스도인이 갖는 가장 근본적 경험은 하나님과의 만남을 통하여 자신이 변화되는 경험이다. 우리는 이러한 만남을 '회심'이라고 부른다. 이렇게 우리의 구원 경험은 회심에서 시작된다.

다음은 회심에 대한 간결한 정의이다.

> 회심은 삼위일체 하나님과의 만남을 통하여 우리의 타락한 옛 실존과의 철저한 단절이 시작됨으로써 하나님, 다른 그리스도인, 그리고 마침내 모든 창조 세계와 사귐 속에 사는 새로운 생활이 시작되는 경험이다.

회심을 정의하기는 비교적 간단해 보인다. 그러나 막상 회심이 무엇인지를 구체적으로 이해하려 할 때에 어려운 질문들이 생겨난다. 회심은 어떻게 일어나는가? 구체적으로 어떤 변화의 경험을 가져야 그리스도인으로 사는 삶이 시작되는가? 우리 신앙의 기초인 그 놀라운 만남을 통하여 구체적으로 어떤 일들이 일어나는가?

기독교 사상가들은 수세기에 걸쳐서 이러한 질문들과 씨름해왔다. 그러나 그들의 노력에도 회심은 여전히 신비로 남아있다. 이 '위대한 일'이 정확히 어떻게 일어나는지어떻게 하나님이 우리를 하나님의 공동체 속으로 인도하시는지는 여전히 우리의 이해를 넘어서 있다. 그렇지만 우리는 이 신비에 대하여 어느 정도는 말할 수 있다. 그를 위하여 우리는 다음과 같은 세 가지 견지에서 회심의 역동성을 살펴볼 것이다.

- 복음에 대한 우리의 개인적 응답
- 우리 삶 속에서 성령이 하시는 은혜의 사역
- 신앙 공동체 속으로의 우리의 편입

회심은 우리가 복음에 개인적으로 응답할 때 일어난다

예수가 전한 메시지의 핵심은 그분이 선포하신 하나님의 통치에 응답하라는 말씀이었다. "요한이 잡힌 후 예수께서 갈릴리에 오셔서 하나님의 복음을 전파하여 이르시되 때가 찼고 하나님의 나라가 가까이 왔으니 회개하고 복음을 믿으라 하시더라"막 1:14-15.

"회개하고 복음을 믿으라." 이 명령 속에 회심이 무엇인지가 요약되어 있다. 즉 회심이라는 위대한 변화는 우리가 죄에 대하여 회개하고, 그리스도를 통하여 하나님을 믿을 때 일어난다. 그러므로 회심을 이해하려면, 우리는 복음에 대한 개인적 응답을 이루는 이 두 요소에 관해 자세히 살펴보아야 한다.

회개 | 간단히 말해서, '회개'는 우리 마음의 근본적 방향 전환을 뜻한다눅 1:16-17; 고후 3:16-17. 이 '방향 전환'에는 우리의 전 존재가 포함된다.[2]

• 회개는 지성의 변화에서 시작한다.

회개는 생각mind의 변화를 포함한다. 즉 회개한다는 것은 이제까지의 자신의 모습, 자신의 삶, 자신의 행동에 대한 우리의 평가가 바뀌는 것을 의미한다. 전에는 괜찮다고 생각되었던 것들이 이제는 그 실제 모습 그대로 실패와 죄로 보인다. 전에는 자신을 기본적으로 선한 인간으로루시처럼 완벽하진 않더라도, 썩 괜찮은 사람으로 생각했지만, 이제는 자신을 '영적으로 가난한' 사람으로 본다참고. 마 5:3.

• 회개에는 감정의 변화가 따른다.

자신이제까지의 자신의 모습과 행동에 대한 평가가 바뀔 때, 우리는 과거에 대하여 후회하는 마음을 갖게 된다. 전에는 자신의 삶에 기본적으로 만족했지만, 이제는 깊은 불만족, 심지어 비탄을 느끼기도 한다. 바울처럼 이제 우리는 자신의 행동을 미워하게 된다롬 7:15.

- 회개는 의지의 변화를 포함한다.

생각의 변화와 마음속 깊은 비탄과 후회는 자연히 자신의 모습과 행동을 변화시키려는 갈망으로 이어진다. 더는 과거처럼 살고 싶지 않다. 대신 자신의 삶을 개혁하고자 결심한다. 우리도 바울처럼 자신이 '원하는 바 선은 행하지 아니한다'는 것을 깨닫는다롬 7:19; 참고. 마 5:6.

회개가 철저한 방향 전환이라는 사실을 이해하기 위하여 당신이 전에는 자랑으로 여겼으나, 지금은 생각만 해도 부끄러워지는 일 하나를 떠올려 보라.

당신의 운전 습관을 예로 들어보자. 처음 운전을 배웠을 당시에 당신은 계속해서 속도를 위반했고, 황색 신호를 무시했으며, 도로를 종횡무진으로 휘젓고 다녔다. 그러면서 당신은 자신의 그런 행동들을 무척 자랑스럽게 여기며 우쭐거렸다.

그러다가 바로 오늘 당신은 교차로에서 황색 신호등을 무시하다가 하마터면 치명적인 교통사고를 낼 뻔했다. 이제 당신은 지금까지 자신이 얼마나 위험한 운전을 해온 것인지를 문득 깨닫는다. 이제 당신은 교통 법규를 무시해왔던 것을 자랑으로 여기지 않는다. 오히려 지금까지의 태도와 행동에 대하여 깊이 후회한다. 다시는 결코 교통 법규를 어기지 않을 것을 스스로 맹세한다. 노란색 교통 신호일 때는 언제나 멈추어 서리라 결심한다. 모범적인 안전운전자가 되리라 굳게 마음먹는다.

이것이 바로 회개이다. 철저한 회개가 없는 회심은 있을 수 없다. 자신의 실패와 필요를 깨닫지 못하는 사람은 하나님에게 구원을 간청하지도 않을 것이기 때문이다.

그러나 회개는 구원을 위한 조건으로 충분치 못하다. 회개로는 지나간 과거가 배상 될 수 없으며, 회개한다고 미래가 철저하게 변하는 것도 아니다. 아무리 반성하고 후회하고 결심한다 해도, 죄는 또다시 우리를 사로잡는다.

앞서 들었던 예를 다시 생각해 보자. 당신은 운전 습관을 고치기로 마음먹었다. 그러나 앞으로 당신이 아무리 모범 운전을 한다 해도, 전에 당신이 다른 운전자에게 끼쳤던 상처들은 결코 지워질 수 없다. 만일 당신이 전에 사고라도 낸 적이 있다면 그 후에 아무리 20년 동안 안전 운전을 한다고 해도, 그 오점이 당신의 기록에서 지워질 수는 없다.

게다가 위험한 일을 당하고서 한번 회개했다고 해서 미래가 완전히 달라지는 것도 아니다. 모범 운전사가 되려는 당신의 결심은 얼마나 오래가는가? 아마 당신은 처음에는 하루나 일주일 심지어 한 달은 잘 지킬 것이다. 그러나 당신도 모르는 사이에 서서히 옛 습관이 다시 추한 고개를 쳐든다. 또다시 당신은 속도를 위반하고, 교통 신호를 무시하며, 도로를 종횡무진으로 휘젓고 있는 자신을 발견한다. 일시적 회개는 오랜 운전 습관의 마수로부터 당신을 자유롭게 하지 못한다.

따라서 회개만으로는 부족하며, 거기에 신앙이 덧붙여져야 한다.

신앙 | 신앙은 '인류가 가장 오해하고 있는 개념들' 중에서 으뜸 자리를 차지한다. 어떤 이들은 신앙을 지적인 자살과 같은 것으로 취급한다. 즉 신앙이란 도무지 불가능하고 말도 안 되는 것을 그냥 믿는 것이라는 것

이다.

루이스 캐럴의 동화 『거울을 통하여 보기』*Through the Looking Glass*를 보면, 『이상한 나라의 앨리스』로 유명한 앨리스가 백白의 여왕White Queen과 이런 문제에 관해 이야기하는 장면이 나온다.

"자, 이것을 믿어라. 내 나이는 백 한 살하고 다섯 달 하루이다."
여왕이 말했다.
"믿을 수 없어요."
앨리스가 대답했다.
"믿을 수 없다고? 믿으려고 다시 노력해봐. 숨을 한번 길게 내쉬고 눈을 감아봐."
여왕은 안됐다는 목소리로 말했다.
앨리스는 웃었다.
"노력해봐야 소용없어요. 불가능한 것을 어떻게 믿어요?"
그러자 여왕은 정색하고 이렇게 말했다.
"내가 보건대, 넌 이런 일에 연습이 부족하구나. 네 나이였을 땐, 난 매일같이 삼십 분 동안 이걸 연습했지. 어떤 날은 아침을 먹기도 전에 불가능한 것을 여섯 개씩이나 믿어버린 일도 있다니까."[3]

또 어떤 이들은 신앙을 주어진 실재를 넘어 도약하는 것으로, 즉 무작정 현실을 무시하는 맹목적인 것으로 여긴다.

"스타 트랙: 그다음 세대"Star Trek: The Next Generation의 한 단편 "정당한 상속자" 편에 그런 예가 나온다. 자칭 클링건Klingon 메시아라 주장했던 자가 결국 사기꾼이었음이 드러나자 그동안 그를 믿어왔던 올프Worf는 정신적 위기를 맞는다. 그런 올프에게 다타Data는 자신의 창조자들로부터 자신이 단지 기계에 불과하다는 사실을 들었을 때 자신이 가졌던 위기 경험에 대하여 들려준다. 다타는 자신이 '회로와 기계 장치의 조합' 이상의 잠재력을 가진 존재임을 '믿기로 선택했다'고 말한다. 어떻게 그런 선택을 할 수 있느냐는 울프의 물음에 다타는 이렇게 대답한다. "나는 신앙의 도약을 했지."

그러나 진정한 기독교 신앙은 말도 안 되는 것을 그냥 받아들이는 것도 아니고, 불가능한 것 속으로 도약하는 것도 아니다. 오히려 구원하는 신앙은 다음의 세 가지 요소들을 포함하며, 그 순서에 따라 발전한다.

- 신앙은 지식에서 시작한다.

먼저 우리는 복음을 통해서, 우리를 위한 예수의 역사적 죽음과 부활 이야기를 포함하여, 하나님의 여러 약속에 대하여 지식을 얻는다. 실제로 신앙은 바울이 지적한 대로 복음 메시지를 듣는 데서 시작한다롬 10:12~17.

- 지식은 동의로 이어진다.

우리는 복음 메시지의 진리를 지적으로 인정한다. 즉 우리는 복음 메시지를 참인 것으로 받아들인다. 신약성경에 반복해서 나타나는 표현인 "… 이라는 것을 믿는다" 또는 "… 을 신앙한다"는 표현은 신앙이 가진 지식과 동의의 차원을 분명히 드러내 준다. "나는 … 이라는 것을 믿는다"는 선언 뒤에는 언제나 내가 참인 것으로 여기는 진술문이 따른다.

다음 세 가지 진술에 대하여 생각해 보자.

"나는 눈이 하얗다는 것을 믿는다."
"나는 에이브러햄 링컨이 남북전쟁 동안 미국의 대통령이었음을 믿는다."

"나는 예수께서 나의 죄를 위하여 돌아가셨음을 믿는다."

서로 상당히 다른 성격의 선언들이긴 하지만, 각각의 선언들에는 어떤 진술이 실재의 특정한 양상에 대한 참된 표현임을 내가 개인적으로 인정한다는 뜻이 포함되어 있다.

구원하는 신앙에는 복음의 핵심을 이루는 특정 진술을 진리로서 받아들인다는 개인적 동의가 포함된다. 이러한 진술들에는 다음과 같은 것들이 있다.

> "나는 예수께서 '하나님의 거룩하신 자' 이심을 믿는다"요 6:69; 8:24; 20:30~31.
> "나는 예수께서 구약성경에 예언된 대로 돌아가시고, 장사되셨다가, 다시 살아나셨고, 증인들에게 나타나셨다는 사실을 믿는다"고전 15:1~8.
> "나는 '예수께서 주이심'과 하나님이 그분을 죽은 자들 가운데서 일으키셨음을 믿는다"롬 10:8~9.

그러나 신앙은 알고 동의하는 것으로 끝나지 않는다.

- 결국, 신앙은 신뢰로 완성된다.

신뢰란 복음의 진리를 개인적으로 나를 위한 것으로 받아들임을 의미한다. 신뢰는 개인적 위탁을 포함한다. 즉 신앙이란 그리스도 안에서 우리를 위하여 행동하신 하나님에게 그리스도를 통하여 나를 위탁한다는 것을 뜻한다. "… 을 믿는다"believing in: 문자적으로는 "… 안으로 믿는다"(believing into)라는 신약성경의 표현이 바로 이 같은 신뢰와 위탁을 암시한다. 거듭해서 우리는 "예수를 믿으라"는 말을 듣는다요 3:16. 이것은 "그리스도를 당신을 구원하실 분으로 신뢰하라"는 말이다.

사실 우리 일상사가 모두 신앙 문제이다. 예를 들어 분주했던 일과를 마치고 당신이 친구 집에 쉬러 갔다고 하자. 거실에 들어서니 특별히 편해 보이는 의자 하나가 당신의 눈에 들어온다. 그 의자가 얼마나 무게를 지탱할 수 있는지 당신은 전에 제조업자에게서 들어서 알고 있는 상태다. 그 제조업자의 말에 따르면, 그 의자는 700파운드도 끄떡없이 지탱할 수 있다는 것이다. 즉 얼마든지 당신이 안전하게 몸을 맡길 수 있는 의자임을 약속해 주는 정보이다. 당신은 그 정보에 대하여 들었고 또한 그것을 받아들인다. 속으로 당신은 다음과 같은 결론을 내린다. "나는 이 의자가 나의 몸무게를 안전하게 지탱해 준다고 믿는다."

그러나 그 의자가 제공하는 혜택을 실제로 누리려면 당신은 한 걸음 더 나아가야 한다. 지식과 동의는 위탁으로 이어져야 한다. 즉 당신은 그 의자에 당신을 위탁해야 한다. 당신은 그 의자에 자신을 맡겨야 한다. 다시 말해 당신은 그 의자에 앉아야 한다.

이것이 바로 신앙이다. 구원하는 신앙은 예수 안에서 행동하신 하나님에 대한 메시지를 듣고 인정하는 것 그 이상이다. 신앙이란 구원자이신 예수에게 자신을 맡기고, 주님이신 그분에게 자신의 삶을 위탁하는 것이다.

여러 해 전, 한 유명한 줄타기 곡예사가 큰 화제를 일으켰던 일이 있다. 그는 나이아가라 폭포를 가로지르는 줄을 설치했다. 그 가는 줄을 타고 폭포를 건너는 모험을 하려는 곡예사를 구경하기 위하여 수많은 사람이 몰려들었다. 사람들은 그가 그 줄 위로 작은 수레까지 밀고 가는 모습을 보고 경악했다. 그 곡예사는 군중을 향해 몸을 돌리더니 물었다. "당신들은 내가 이 수레에 사람을 태운 채 폭포를 건널 수 있다고 믿으십니까?" 사람들은 믿는다며 열광적으로 환호성을 올렸다. 그러자 그가 덧붙여 말했다. "그렇다면 누구 이 수레에 타실 사람 없습니까?"

'회개-신앙'으로서의 회심 | 지금까지 우리는 회개와 신앙을 서로 별개의 것으로 다루어왔다. 즉 우리는 회개와 신앙을 복음의 두 가지 구별된 응답으로 보았다.

이 구별이 유효한 때도 있다. 신앙에 선행하는 오랜 회개의 과정을 통하여 그리스도를 알게 된 그리스도인들도 있기 때문이다. 그러나 궁극적으로 이 둘은 서로 분리될 수 없다. 회개와 신앙은 함께 하나의 개인적 응답을 이루며, 하나님은 이 응답을 우리에게 요구하신다. 즉 참된 회개는 신앙을 전제하며 동시에 포함한다. 그리고 생명력 있는 신앙은 언제나 회개를 동반한다.

그리스도인에게 있어서 회심, 즉 '예수 그리스도에게 나아가는 것'은 회개하는 신앙 또는 믿음의 회개로 나타난다. 그러나 이 회심은 우리의 실제 삶에 있어서 무엇으로 나타나는가? 즉 회개가 우리의 삶의 방식에 대해 갖는 함축된 의미들은 무엇인가?

무릇 진정한 회심에는 커다란 개인적 방향전환이 따른다. 즉 회심은 옛 생활 방식과의 결별과 전적으로 새로운 생활 방식의 시작을 뜻한다. 이 변화는 삶 전체의 방향을 바꾸어 놓는다.

• 회심은 중대한 방향 전향이다.

무엇보다도 회심은 우리 삶의 방향을 하나님을 향해 돌려놓는다. 전에는 하나님에게 등을 돌리고 죄와 사단과 자아를 섬겼지만, 이제 우리는 그리스도 안에서 우리를 사랑하셨고 구원을 주신 하나님에게 돌아간다. 그리고 무엇보다도 이제 우리는 우리의 모든 행동에서 하나님을 기쁘시게 하기를 원한다.

하나님을 향한 방향전환은 다른 사람을 향한 방향전환으로 이어진다 막 12:28~34; 요일 4:20. 우리는 자아 중심적이던 옛 생활을 떠난다. 그리고 우리는 '다른 사람을 위한 인간' 이었던 예수를 본받는 일에 자신을 바친다. 우리는 다른 사람을 우리의 목적을 위한 수단으로 대하던 옛 충동을 버린다. 대신에 우리는 다른 사람을 하나님이 사랑하시고 예수 그리스도가 그들을 위해서 돌아가신 인격으로 보기 시작한다. 우리는 어려움에 부닥친 사람들을 도움으로써 그리스도를 섬기기를 원한다 마 25:40.

또한, 회심에는 창조 세계를 향한 방향전환이 포함된다. 전에 우리는 지구를 단지 인간의 이익을 위한 수단으로서만 대했다. 그러나 이제 우리는 삶의 모든 영역에서 하나님을 닮기를 원한다. 여기에는 창조 세계를 향한 하나님의 관심을 함께 나누는 일이 포함된다. 즉 이제 우리는 하나님의 뜻대로 선한 청지기가 되기를 노력한다 창 2:15. 그렇게 함으로써 우리는 창조 세계에 하나님의 성품을 보여주기 시작한다.

회심은 또한 당신 자신을 향한 방향전환을 의미한다. 회심은 당신으로 하여금 하나님에 의하여 지음 받은 존재로서의 참된 자신을 이해하게 한다. 회개하는 신앙은 인간 실존을 향한 하나님의 목적, 즉 우리를 향한 그분의 계획을 우리 삶 가운데서 살아내는 일에 스스로 헌신하는 것이다. 우리가 하나님을 발견할 때 더 나은 표현으로는 하나님이 우리를 발견하실 때 우리는 참된 자신을 발견한다.

회심에는 성령의 은혜의 사역이 필요하다

회심은 우리가 회개와 신앙으로 복음에 응답할 때 일어난다. 그러나 어떻게 이 일이 가능해지는가? 사단, 자아, 죄로부터 우리는 어떻게 돌아설 수 있는가? 어떻게 우리는 하나님, 이웃, 창조 세계, 그리고 우리의 참된 자신을 향해 돌아갈 수 있는가?

여기에 대한 답은 명백하다. 바로 성령의 사역이 그것이다. 회심은 우리 삶 속에 성령이 은혜의 사역을 하실 때 일어난다. 사실 성령의 활동이 없이 회심은 일어날 수 없다.

4장에서 우리는 이것이 왜 그런지에 대하여 배웠다. 바로, 인간이 전적으로 타락했기 때문이다. 이 말은 죄가 우리 실존의 모든 면에 퍼져 있기에, 우리 존재의 어떠한 부분도, 우리의 어떠한 선천적 자질도 썩지 않은 부분이 하나도 없다는 사실을 뜻한다. 즉 우리에게는 스스로 구원을 획득하기에 필요한 영적인 능력이 없다. 전적 타락이란 구원을 획득하기 위한 인간의 노력은 결국 모두 허사임을 뜻한다 롬 3:20; 갈 2:16, 21. 구원은 반드시 하나님에게서 와야만 한다.

그러나 좋은 소식이 있다. 하나님이 우리를 위하여 행동해 주셨다. 6장에서 살펴보았듯이 그리스도가 우리의 구원을 위한 준비를 해주셨다. 그리스도의 승천 이래로, 성령은 하나님의 구원 사역을 완성하시며 세상 속에서 일하고 계신다. 성령은 그리스도가 마련해 놓으신 구원을 우리 삶 속에서 실재가 되게 만드신다. 그렇게 성령은 우리 안에 새롭고 영적인 생명을 조성해 주신다 요 3:5~8.

회심에서 성령의 역할 | 그러므로 성령은 죄인 된 인간의 회심에서 일

하시는 하나님이다. 성경은 회심 과정에서 성령이 하시는 네 가지 특정한 역할에 대하여 말한다.

• 성령은 우리에게 죄를 깨닫게 하신다.

당신은 용서가 필요하다는 사실을 깨달을 때 비로소 하나님 은혜의 용서를 받을 수 있다. 당신은 삶의 방향이 잘못되었음을 깨달을 때 비로소 회심할 수 있다. 또한 하나님과 원수관계임을 인식할 때 비로소 죄로부터 하나님을 향해 돌아설 수 있다. 실패와 불의한 행동들을 하나님이 기뻐하시지 않는다는 것을 인식할 때, 비로소 그것들에 대하여 후회와 비탄을 느낄 수 있다. 당신에게 하나님의 자비가 필요함을 느낄 때 비로소 그리스도 안에 계시된 자비로우신 하나님께 당신 자신을 맡길 수 있다. 요컨대 당신은 당신이 죄인임을 깨달을 때 비로소 구원을 얻을 수 있다.

그렇다면 죄에 대한 깨달음은 어떻게 생기는가? 궁극적으로 대답은 이것이다. 바로 성령의 사역을 통해서이다.

우리로 하여금 죄를 인식하게 하는 많은 요인이 있을 수 있다. 어떤 이들에게 죄의식은 그들이 '뿌린' 것을 '거두기' 시작할 때, 즉 빗나간 삶이 가져온 끔찍한 비극을 경험할 때 생겨날 수 있다. 즉 부정하게 사업을 하다가 망했다거나, 부모의 책임을 소홀히 하다가 결국 아이들이 비뚤게 나가거나, 좋지 못한 습관이나 방탕한 생활 속에 빠져 있다가 치명적인 병에 걸리거나, 법을 어겼다가 결국 재판을 받게 된 경우 등이다. 또 어떤 이들은 엄격한 가정 교육 등의 영향으로 사소한 죄에도 쉽게 양심의 가책을 느낀다. 그리스도인 중에는 길을 잃은 인간 실존에 대한 성경 진리를 가르쳐 주었던 주일학교 교육을 통하여 자신이 죄인임을 깨닫게 되었다고 간증하는 사람들이 많다.

이렇게 다양한 계기들이 있지만, 죄에 대한 깨달음은 언제나 성령께서 하시는 일이다. 어떤 계기를 통하여 우리가 자신의 죄를 인정하게 되었든, 우리로 하여금 그렇게 죄의 끔찍한 실재를 보게 해주신 분은 바로 성령이시다.

예수께서도 그것을 성령이 하시는 일로 말씀하셨다. "그가 와서 죄에 대하여, 의에 대하여, 심판에 대하여 세상을 책망하시리라"요 16:8. 성령이 일하시면, 우리는 하나님의 의의 표준의 빛 안에서 우리의 죄 된 상태를 깨닫게 된다. 그리고 우리는 다가오는 심판의 날을 인식하게 된다.

이 위대한 신학적 진리에 한 가지 '각주'를 덧붙이려 한다. 죄책이 성령의 사역임을 아는 것은 복음을 선포하는 우리의 어깨 위에서 한 가지 커다란 짐을 덜어준다. 즉 우리는 사람들에게 그들이 죄인임을 증명할 필요가 없다. 우리는 그들이 얼마나 나쁜 존재인지에 우리의 관심을 집중시킬 필요가 없다. 성령은 우리의 도움 없이도 자신의 일을 하신다. 우리의 역할은 죄인 된 인간들을 구원하시기 위해 하나님이 그리스도 안에서 일하셨다는 좋은 소식을 선언하는 것이다. 우리가 이렇게 그리스도의 아름다우심을 높일 때, 성령은 자신의 사역을 통하여 듣는 자들로 하여금 자신의 죄를 깨닫게 하신다.

- 성령은 우리를 복음에 응답하도록 부르신다.

죄를 깨닫는 것은 위험한 일이 될 수 있다. 깊은 슬픔은 우리를 축 처지게 할 수 있다. 우리는 낙담과 좌절과 절망감에 빠질 수 있다. 가룟 유다가 양심의 가책 때문에 스스로 목숨을 끊었던 것처럼 슬픔은 우리 안에 자살하고자 하는 충동을 불러일으키기도 한다.

그러나 성령이 우리로 하여금 죄를 깨닫게 하시는 것은 죽음이 아니라 영원한 생명을 가져오기 위함이다. 성령은 우리가 죄를 단지 깨달을 뿐 아니라 용서하시고 치유하시는 하나님께 돌아가기를 바라신다. 그러므로 성령은 우리로 하여금 죄를 깨닫게 하실 뿐 아니라 하나님 은혜의 구원 초청으로 우리를 부르신다. 즉 성령은 우리로 하여금 회개하고, 그리스도를 통하여 우리를 구원하시는 하나님을 신뢰하라고 부르신다.

성령은 하나님이 주시는 구원에 참여하라고 우리를 부르신다. 그런데 어떻게 성령은 우리를 회개와 신앙으로 부르시는가? 결혼 잔치에 대한 비유를 통하여 예수는 이에 대한 대답을 주셨다^{마 22:1-14}. 그 이야기를 보면 어떤 왕이 잔치를 열고 종들을 보내 초대의 뜻을 알린다. 즉 종들을 통하여 왕은 손님들을 자신의 잔치로 부르는 것이다. 영적인 영역에서도 마찬가지다. 성령은 바로 복음을 전파하는 인간 심부름꾼들을 통하여 듣는 이들을 구원으로 부르신다.

이것은 성령께서 인간의 말을 통하여 자신의 능력을 드러내신다는 것을 의미한다. 성경이 바로 그렇게 주장하고 있다. 예를 들어 이사야를 통하여 하나님은 말씀의 능력을 생명수의 힘에 비유하셨다. "비와 눈이 하늘로부터 내려서 그리로 되돌아가지 아니하고 땅을 적셔서 소출이 나게 하며 싹이 나게 하여 파종하는 자에게는 종자를 주며 먹는 자에게는 양식을 줌과 같이 내 입에서 나가는 말도 이와 같이 헛되이 내게로 되돌아오지 아니하고 나의 기뻐하는 뜻을 이루며 내가 보낸 일에 형통함이니라"^{사 55:10-11}.

이것이 바로 성경이 복음의 심부름꾼을 칭찬하는 이유이다. "좋은 소식을 전하며 … 자의 산을 넘는 발이 어찌 그리 아름다운가"^{사 52:7; 롬 10:15}. 심부름꾼의 목소리는 곧 하나님의 목소리다. 그래서 바울은 자신과 동료에 관해 이렇게 말한다. "그러므로 우리가 그리스도를 대신하여 사신이 되어 하나님이 우리를 통하여 너희를 권면하시는 것 같이 그리스도를 대신하여 간청하노니 너희는 하나님과 화목하라"고후 5:20.

복음의 선포를 통하여, 성령은 우리에게 하나님 은혜의 부르심을 전하신다. 성령은 듣는 자로 하여금 하나님의 구원에 참여하라고 부르신다. 이 부름에 응할 때, 우리는 자신이 하나님으로부터 특별한 부르심을 받은 존재임을 발견한다. 즉 우리는 하나님이 "어두운 데서 불러 내어 그의 기이한 빛에 들어가게" 하신 존재들이다벧전 2:9; 참고. 롬 9:24; 딤전 1:9.

- 성령은 말씀을 받아들일 수 있도록 우리에게 조명해 주신다.

그러나 우리가 복음을 이해하지 못한다면 어떻게 우리가 복음에 응답할 수 있겠는가? 복음이 얼토당토않은 이야기로 들린다면 어떻게 우리가 그 메시지를 받아들이겠는가? 또는 바울의 표현을 따른다면, 이 세상 신이 우리의 마음을 혼미하게 하여 "그리스도의 영광의 복음의 광채가 비치지 못하게" 한다면고후 4:4, 어떻게 그리스도에게 우리를 맡길 수 있겠는가?

이러한 질문들은 우리에게 죄가 회심을 방해하는 지적인 장애물이 될 수 있다는 사실을 상기시켜준다. 타락한 인간의 지성은 사단의 마력에 붙들려 있기에 복음을 그저 말도 안 되는 소리로 거부해버릴 수 있다. 우리는 복음을 그저 순전한 넌센스로 취급해버릴 수 있다. 이렇게 우리의 지성이 복음을 거짓이라고 생각한다면, 어떻게 우리가 복음을 믿을 수 있겠는가? 만일 우리가 그리스도가 우리를 위하여 죽으셨다는 메시지의 진리됨을 깨닫지 못한다면, 어떻게 우리가 그리스도에게 나아갈 수 있겠는가?

이번에도 성경은 여기에 대하여 명확한 해답을 제시해 준다. 바로 성령이다. 성령은 우리의 지성을 열어 우리로 하여금 복음의 진리를 인식할 수 있게 해주시는 분이다고전 2:10. 복음이 전해지면, 무언가 반응이 나타난다.

믿을 수 없다며 그저 머리를 흔들며 가버릴 수도 있고, 아니면 더 자세히 알고 싶은 호기심이 일어나기도 한다.

만일 우리가 즉각 그 메시지를 무시해버리지 않고 흥미를 느낀다면, 그 순간 바로 성령이 일하시고 계신 것이다. 만일 우리가 복음에 담긴 그 지적인 탁월성을 알아보고, 그 진리가 우리의 삶을 주장하기 시작한다면, 우리는 바로 성령의 조명, 곧 빛의 비침을 받은 것이다. 성령의 역할이 바로 그렇게 우리 지성에 빛을 비추어, 우리로 하여금 복음 안에 선포된 하나님의 진리를 이해하고 받아들일 수 있게 하는 것이기 때문이다. 오직 그분이 우리 안에서 일하실 때, 비로소 우리는 복음의 진리에 사로잡혀 그 선포된 메시지에 회개와 신앙으로 응답할 수 있게 된다.

그러니 바울이 이렇게 외치는 것도 당연하다. "어두운 데에 빛이 비치라 말씀하셨던 그 하나님께서 예수 그리스도의 얼굴에 있는 하나님의 영광을 아는 빛을 우리 마음에 비추셨느니라"고후 4:6.

- 성령은 우리에게 복음에 응답할 수 있는 능력을 주신다.

그런데 우리의 어려움은 단순히 지적인 것만은 아니다. 우리의 지성이 진리에 눈멀어 있을 뿐 아니라 우리의 의지 역시 하나님을 향해 돌아가기에 무능하다. 4장에서 보았듯이, 타락은 인간의 개인적 의지가 죄에 속박되어 있음을 의미한다. 즉 죄의 지배를 거부하고, 성령의 부름에 자유롭게 응답하는 데 필요한 능력이 우리에게는 없다. 따라서 사랑의 성부가 주시는 구원을 받아들일 수 있기 위해서 죄의 능력보다 더 커다란 힘이 우리에게 부여되어야 한다.

우리는 어디서 이런 힘을 얻을 수 있는가? 성경의 대답은 분명하다. 바로 세상 속에서 하나님의 목적을 완성하시는 하나님의 능력, 곧 성령이시다. 성령은 우리에게 복음에 응답할 수 있는 능력을 주신다. 즉 성령은 우리에게 회개하고 믿을 수 있는 영적인 능력을 주시는 분이다.

이러한 역동성에 대해 바울이 말한 바 있다. 고린도의 그리스도인들에게 보낸 첫 번째 서신에서 그는 자신이 그 도시에서 복음을 선포했던 방식에 대해 이렇게 말했다. "내 말과 내 전도함이 설득력 있는 지혜의 말로 하지 아니하고 다만 성령의 나타나심과 능력으로 하여 너희 믿음이 사람의 지혜에 있지 아니하고 다만 하나님의 능력에 있게 하려 하였노라"고전 2:4-5.

성령의 빛조명이 우리의 타락한 지성의 눈을 뜨게 만들어 주는 것이라면, 성령의 능력은 우리의 타락한 의지를 바른 방향으로 돌려주는 것이다. 성령은 우리의 의지를 이끄셔서 우리 안에 회개와 신앙으로 복음에 응답하고자 하는 마음을 일으켜 주고, 또 그럴 수 있게 하여 주신다. 성령은 우리에게 죄에 대해서는 "아니오"를, 복음의 부름에 대해서는 "예"를 말할 수 있는 용기를 주신다.

다른 역할들에서처럼, 힘을 주시는 성령의 활동 역시 그 중심 포인트는 복음의 선포에 있다롬 10:17. 인간 심부름꾼들이 복음을 선포할 때, 성령은 듣는 이에게 복음에 응답할 마음을 주신다. 성령은 인간의 선포를 통하여 활동하시기로 선택하셨기에, 인간이 전하는 복음은 곧 하나님의 능력의 말씀이다. 성령의 능력을 받아, 복음은 실로 "모든 믿는 자에게 구원을 주시는 하나님의 능력"이 된다롬 1:16.

회심에서 성령 사역의 결과들 | 성령은 복음의 선포 가운데 일하신다. 성령은 죄를 깨닫게 하시고, 부르시며, 조명하시고, 힘을 주신다. 성령의 활동 목표는 우리의 회개와 신앙이다.

그런데 회심에서 성령의 사역은 여기서 끝나는 것은 아니다. 하나님 사역의 완성자로서, 성령은 인간의 죄에 대한 그리스도의 대책을 우리 삶에 적용하신다. 즉 우리 안에서 그리스도의 대책이 현실이 되게 만드신다. 그럼으로써 성령은 인간의 곤경에 대한 하나님의 해결책이 되신다. 성령은 우리를 죄로부터 건지심으로 하나님의 사역을 완성하시고, 우리로 하여금 우리의 창조 목적인 영원한 사귐에 참여할 수 있게 하신다. 우리가 회심할 때 성령은 또한 우리 삶 가운데 '거하신다'. 성령은 우리의 삶을 자신의 '집'으로 삼으신다. 성령은 우리 내면에 현존하시면서 죄를 이기시며, 우리로 하여금 하나님, 이웃, 창조 세계와의 사귐 속에서 살아가게 하신다.

회심에서 성령이 하시는 일들을 다음 네 가지 중요한 신학 용어들, 즉 거듭남, 칭의, 해방, 능력부여로 요약할 수 있다.

• 성령은 우리를 거듭나게 하신다.

4장에서 보았듯이, 죄 때문에 우리는 하나님 아버지로부터 소외되었다. 본디 하나님의 친구였어야 할 우리가 스스로 창조주의 원수가 된 것이다. 그 결과 우리는 이웃, 창조 세계, 그리고 우리 자신으로부터 소외되었다. 그러나 6장에서 우리는 어떻게 예수 그리스도가 이런 상황 속으로 들어오셔서 화해를 이루셨는지에 대하여 배웠다. 예수 그리스도 안에서, 하나님은 우리의 적개심에 종지부를 찍을 길을 열어 놓으셨다.

우리가 회심할 때, 성령은 그리스도가 마련하신 구원을 우리 삶에 적용하신다. 성령은 우리를 중생重生, 딛3:5하게, 다시 말하자면, '새로 나게' 또는 '거듭나게' 요 3:1~16 하신다. 즉 성령은 우리 내면에 현존하심을 통하여 우리 안에 새롭고 영적인 생명을 조성하신다.

육체적 출생이 우리를 육신의 부모와 특별한 관계로 맺어주듯이, 마찬가지로 우리의 영적인 출생은 우리를 하나님과 특별한 관계로 맺어준다. 즉 우리는 하나님의 자녀가 된다요 1:12-13. 성령을 통하여 우리는 하나님의 영적인 후손이 된다. 다시 말해서 우리는 하나님과의 사귐, 즉 공동체를 누리게 된다.

이런 사귐을 이루시는 성령의 역할은 영원하신 삼위일체 내에서 그분이 갖는 정체성에 따른 것이다. 7장에서 보았듯이, 성령은 성부와 성자 사이의 관계의 영이시다. 따라서 성령이 우리 안에 거하신다는 것은 삼위일체 하나님의 공동체가 우리 내면에 현존하게 된다는 말이다. 즉 성령을 통한 우리의 거듭남은 곧 우리가 성자와 성부가 누리시는 그 영원한 관계 속에 참여하는 것과 같다. 왜냐하면, 성자가 성부와 누리는 그 영원한 관계가 바로 성령이시기 때문이다.

> 성령을 통해 우리는 성자가 성부와 누리는 사랑의 영광스러운 관계에 참여한다.

그러나 하나님과의 이 새로운 관계는 결코 우리가 단독적으로 누리는 경험이 아니다. 오히려 성령은 우리를 새로운 가족 속으로 태어나게 하신다. 즉 우리는 새로운 백성, 화해된 백성, 옛 적대 관계들이 청산된 백성에 참여하게 된다엡 2:14-18.

- 성령은 우리에게 칭의를 주신다.

죄는 또 다른 끔찍한 결과를 가져온다. 우리는 거룩하신 하나님 앞에서 정죄를 받는다. 그러나 사랑 안에서 하나님은 우리의 죄에 대한 대책으로서 그리스도를 보내셨다. 자신의 죽음을 통하여, 예수는 우리의 죄를 덮으

셔서 하나님의 의로운 정죄 판결이 우리에게 임할 필요가 없게 만드셨다.[5]

우리가 회심할 때, 성령은 그리스도가 마련하신 구원을 우리 삶에 실제로 적용하신다. 우리 안에 계시는 성령의 현존은 우리에게 하나님 앞에서 새로운 신분을 주신다. 즉 우리는 하나님 보시기에 의로워진다^{의롭다는} ^{선언을 받는다}.[6]

전에는 우리의 불의가 하나님과의 공동체로 가는 길을 막았다. 그런데 성령은 우리 죄의 '더러운 넝마'를 벗기셨고, 대신 우리에게 그리스도의 의의 '옷'을 입혀 주셨다. 영원하신 성자의 의로 옷 입었기에 이제 우리는 성부와의 사귐^{공동체}을 누릴 수 있게 되었다.[7]

하나님과의 공동체는 자연히 다른 사람들과의 공동체로 이어진다. 하나님 앞에서 의롭다고 선언되었음을 알기에, 이제 우리는 예수께서 가르치신 대로 이웃과 모든 창조 세계를 향해 의롭게 행동하려고 노력한다^{마 18:21~35}. 우리는 모두 하나님의 놀라우신 은혜로 구원 얻는 죄인들임을 알기에, 우리는 성령이 우리 사이에 매어주신 특별한 연합과 평화의 줄을 힘써 지킨다^{엡 4:3}.

- 성령은 우리를 해방하신다.

죄는 우리를 지배하는 외부 세력이다. 죄의 세력에 노예가 되었기에, 우리의 의무대로 살 수 있는 자유가 우리에게는 없다. 하나님에게 순종하려 하기보다는, 우리는 악한 주인^죄에게 자원적이면서 동시에 필연적으로 지배를 받고 있다^{요 8:34}. 죄에 속박되어 있기에 우리는 또한 죽음의 지배 아래 놓여 있다^{롬 6:23}. 지금 우리는 영적으로 죽어 있다. 언젠가는 육체적으로도 죽을 것이다. 그리고 영원토록 하나님과의 사귐으로부터 분리될 것이다.

이런 우리의 상황 속으로 하나님이 그리스도를 보내셨다. 예수는 악의 세력에 대하여 승리를 거두셨고, 죄와 죽음과 사단을 정복하심으로써, 우리를 위하여 구속을 마련해 주셨다. 즉 예수는 속박되어 있던 사람들을 자유롭게 풀어놓아 주셨다.

우리가 회심할 때, 성령은 예수 그리스도의 구속 사역을 우리 삶에 적용하신다. 즉 성령의 현존은 우리 안에 계신 그리스도의 현존으로서 우리에게 해방을 주신다. 성령은 과거의 속박으로부터 우리를 풀어 주시고 새로운 자유를 주신다요 8:36; 고후 3:17. 언젠가는 성령께서 죄와 죽음의 권세로부터의 완전한 해방을 경험하게 해주실 것이다롬 8:11. 그런데 지금도 우리는 성령의 내주하시는 현존을 통하여 죄의 지배에 대하여 승리할 수 있다롬 6:14. 성령은 우리에게 죄를 거절하고 하나님의 뜻을 택할 수 있는 능력을 주신다.

그런데 성령께서 주시는 자유와 우리가 일상생활 속에서 행하는 중립적 의사 결정으로서의 자유를 혼동하지 않아야 한다. 즉 우리가 아침에 입고 나갈 옷을 결정할 때, 우리는 어떠한 외부적 간섭도 없이 중립적인 상태에서 우리의 의사를 결정한다. 그러나 도덕적 결정의 영역에서는 우리는 결코 중립적일 수 없다. 도덕적 선택에서 우리는 이미 한쪽으로 기울어져 있다. 불행히도 우리는 악을 향해 이미 기울어져 있다.

그러나 성령의 현존은 우리를 해방해 주신다. 성령은 악을 향해 기울어지는 우리의 성향을 압도해 주심으로써, 우리로 하여금 선을 택할 수 있게 해주신다. 이렇게 성령이 우리에게 주시는 자유는 우리로 하여금 마땅한 의무에 따라 살 수 있게 해주는 능력이다. 성령은 우리를 해방해서 공동체, 즉 성자가 성부와 누리시는 그 자유에 참여하게 하신다.

그러나 자유 가운데 사는 것이 결코 방종을 의미하지 않는다. 반대로 성령은 우리를 제자로 만들기 위하여 해방하신다 요 8:31-32. 즉 우리가 죄의 속박에서 해방되는 것은 '의의 종' 롬 6:18, 곧 '하나님의 종' 22절이 되기 위해서이다. 제자도는 그리스도의 모든 제자와 우리를 연결해 준다. 즉 우리는 공동체 안에서 살기 위하여 해방된다. 그러므로 우리의 자유는 '다른 사람을 위하여 살기 위한' 자유참고, 갈 5:13, 심지어 다른 사람을 위하여 우리 자신의 자유를 포기할 수도 있는 자유고전 9:19; 10:23-24이다.

- 성령은 우리에게 능력을 부여하신다.

인간의 죄는 근본적이다. 즉 죄는 인간 삶의 모든 차원을 전적으로 타락시켰다. 죄 탓에 우리는 하나님의 뜻대로 하나님과 다른 사람을 섬기기에 너무도 무기력하다. 그런데 이런 절망적 상황 속으로 예수께서 우리의 대속자로서 오셨다. 예수는 우리를 위하여 우리가 스스로 할 수 없는 일을 대신 이루어 주셨다.

우리가 회심할 때, 성령은 그리스도가 마련하신 구원을 우리의 삶에 적용하신다. 즉 성령은 자신의 현존을 통하여 우리에게 하나님의 능력을 부여해 주신다. 우리 안에 계신 성령은 우리가 하나님을 섬길 수 있도록 돕는 능력이시다행 1:8.

삼위일체 하나님의 영으로서, 성령은 우리로 하여금 성자가 성부께 하는 응답의 삶을 본받아 살게 하는 능력을 주신다. 성자가 보이는 응답의 삶은 서로 섬기는 삶과 삼위일체 하나님의 형상으로서 하나님의 성품을 피조물 가운데 드러내는 삶을 포함한다. 우리가 우리의 삶을 통하여 사랑의 성령이 우리 가운데 계심을 보여줄 때, 비로소 우리는 세상에 대하여 우리가 하나님과의 사귐 속에 살아가는 백성임을 참으로 보여줄 수 있다.

이제 4장에서 처음 소개되어서 6장에서 확대된 다음의 도표를 성령의 사역들로 채워 보자.

인간의 상태	예수 그리스도의 공급하심	성령의 도우심
소외	화해(Reconciliation)	거듭남
정죄	속죄(Expiration)	칭의
노예 상태	구속(Redemption)	해방
타락	대속(Substitution)	능력 부여

회심은 신앙 공동체 속으로의 편입을 뜻한다

회심의 역동성에 관해 우리가 살펴보아야 할 한 가지 측면이 남아 있다. 회심은 단순히 하나님과 한 개인 사이의 일이 아니다. 내가 결코 독자적으로 회심하는 것이 아니다. 하나님과의 구원의 만남은 결코 단독적인 경험이 아니다. 회심은 언제나 신앙 공동체, 즉 예수 그리스도의 교회와 관련이 있다. 우리가 신앙에 이르는 과정에서 그리스도의 공동체는 중대한 역할을 감당한다. 그리고 하나님과의 만남을 통하여 변화된 삶은 반드시 그리스도의 공동체 속으로의 편입으로 이어진다.

회심의 역동성이 갖는 이러한 측면을 우리는 다음 질문을 중심으로 살피고자 한다. 공동체는 어떤 역할을 하는가? 성령의 능력을 통한 복음에의 개인적 응답과 그리스도인들의 공동체 사이에는 어떤 관련이 있는가?

공동체는 복음을 선포하는 행위자다 | 신앙에는 반드시 먼저 복음 메시지를 듣는 일이 필요하다. 복음 메시지를 듣는 일에는 반드시 선포자가

필요하다. 그런데 선포자에게는 반드시 그를 보내는 공동체가 필요하다롬 10:14~15. 이것이 바로 교회의 역할이다. 궁극적으로 말해 그리스도의 공동체는 복음 선포의 행위자이다.

비그리스도인들에게 복음을 전하는 일을 생각해 보면, 우리는 신앙 공동체와 개인적 회심 사이의 관계를 쉽게 이해할 수 있다. '국외' 선교이든 '국내' 선교이든, 교회는 반드시 설교할 사람을 세운다. 그리고 그들의 노력을 통하여 사람들이 신앙을 갖게 된다.

그런데 우리의 회심에서 공동체의 역할은 비단 두드러진 활동에 국한되지 않는다. 우리가 그리스도를 통한 하나님의 구원 사역에 응답하게 된 것은 단순히 교회의 한 사람이 우리에게 복음을 말해 주었기 때문만은 아니다. 더 넓은 견지에서 그 과정을 살펴보면, 우리가 복음과 만날 수 있었던 것은 그리스도의 신실한 제자 공동체가 그동안 하나님의 사역에 관한 이야기를 기억했으며, 보존했고, 지켜왔기 때문이다. 이렇게 면면히 이어져 내려왔던 신앙 공동체가 특정한 날 대표자를 통하여 우리에게 복음 이야기를 전해준 것이다. 우리가 그저 혼자서 성경을 읽다가 신앙을 갖게 된 경우라 하더라도 공동체의 역할은 유효하다. 왜냐하면, 그 경우에도 성경 안에 있는 하나의 예수 그리스도의 교회가 우리에게 복음을 전한 것이기 때문이다.

또한, 실제로 말하는 것을 통한 전파가 교회가 복음을 선포하는 유일한 방식도 아니다. 복음의 선포는 기독교 예배 속에서 이루어질 수도 있다. 예배 가운데 공동체는 말씀과 상징과 의식을 통하여 예수 이야기와 그 이야기의 의미를 우리에게 들려주기도 한다.

복음의 좋은 소식은 공동체의 양육을 통해서도 표현된다. 실제로 교회는 진정한 사랑과 돌봄의 공동체가 됨으로써 예수 그리스도의 메시지를 강력하게 선포한다.요 13:35. 아직 신앙을 갖지 못한 사람들은 공동체의 삶을 접함으로써 말과 행동과 삶으로서 표현되는 복음 메시지를 만난다.

공동체는 우리를 공동체의 삶 속으로 편입시킨다 | 회심이 결코 독자적인 일이 될 수 없는 까닭은 우리가 교회의 복음 선포를 받는 과정을 통해서 하나님께 나아올 수 있기 때문이다. 그런데 회심이 독자적인 일이 될 수 없는 또 다른 이유가 있다. 그것은 회개하는 신앙회심이 단순히 죄로부터 하나님을 향한 방향전환일 뿐 아니라 우리가 참여하게 되는 새로운 공동체를 향한 방향전환이기 때문이다.

그렇다면 어떤 의미에서 우리는 이 새로운 공동체의 일부인가? 아마 당신은 자신이 한 지역 교회의 등록 교인이라는 사실을 떠올릴지 모르겠다. 또는 그리스도인은 모든 시대 모든 그리스도인으로 이루어진 '보이지 않는 교회'에 속해 있다는 생각을 떠올릴 수도 있을 것이다. 그런 생각들이 정당하지만, 교회 속으로의 편입에는 그런 것들보다 더 깊은 의미가 담겨 있다. 이것을 이해하려면, 우리가 속해있는 사회단체들이 우리의 삶 속에서 행하고 있는 역할에 대하여 생각해볼 필요가 있다.

7장에서 우리는 '해석의 틀'이라는 현대적 개념을 소개한 바 있다. 즉 현대 사상가들은 우리가 어떻게 우리의 사회적 모임으로부터 근본 범주를를 끌어오는지, 그리고 그 근본 범주를 통하여 우리가 어떻게 우리 자신과 세계를 이해하고, 경험하고, 표현하는지를 보여주었다.[8]

회심이란 기독교 공동체의 해석 틀을 받아들인다는 것이며, 그 해석의 틀이란 예수 그리스도 안에서 행해진 하나님의 사역을 통하여 세상을 바라보는 것이다. 즉 회심할 때 우리는 복음 이야기가 제공하는 범주들을 받아들인다. 그리고 우리는 이 범주들을 통하여 자신과 세상에 대한 이해의 방향을 결정한다.

해석의 틀이 우리의 정체성 형성 과정에서 하는 역할에 대하여 생각해 봄으로써, 우리는 둘 사이의 연관 관계를 더 분명히 이해할 수 있다. 7장에서 보았듯이 개인적 정체감은 삶의 다양한 측면들을 하나의 의미 있는 통일체 속으로 모아주는 범주들을 발견하는 능력에 달려 있다. 이러한 일련의 범주들을 가질 때, 비로소 우리는 '우리 자신의 이야기를 할 수' 있고, 우리 삶의 중요한 사건들을 하나의 일관된 자서전적 '이야기' 속으로 통합시킬 수 있게 된다.[9]

그런데 우리의 개인적 이야기들은 따로 격리된 것들이 아니다. 그것들은 다른 사람들의 이야기들과 궁극적으로는 우리가 속해있는 공동체의 이야기로부터 영향을 받는다.[10] 사실 가치와 궁극적 의미에 대한 우리의 생각들은 바로 이러한 커다란 이야기들로부터 얻어진다.

회심의 과정에서 우리는 기독교 공동체의 이야기와 그 이야기가 예시하는 범주들의 빛 안에서 우리의 개인적 이야기를 재해석한다. 즉 성경 이야기의 본을 따라 우리는 자신의 삶을 '옛 생활'과 '새 생활', '잃어버린 생명'과 '다시 찾은 생명', '죄'와 '은혜' 등의 범주를 가지고 해석한다.[11] 자신의 이야기에 대한 이런 식의 재해석은 우리가 기독교 공동체의 이야기를 자신의 것으로 받아들였음을 의미한다. 즉 이제 우리는 이 백성의 일부이다. 우리는 이 공동체 속으로 편입된 것이다.

복음 이야기는 세상을 보는 틀을 담고 있을 뿐 아니라 세상을 사는 삶의 방식을 보여준다. 신앙 공동체는 복음 이야기가 보여 주는 가치들에 따라 살려고 노력한다. 회심할 때 우리는 복음의 이상들을 받아들인다. 우리는 그 가치들을 우리 자신의 가치로 주장하며, 우리의 신념, 태도, 행동을 통하여 예수의 삶이 보여주었던 의미와 가치를 구현하는 일에 자신을 바친다. 요컨대 우리는 신앙과 삶을 연결짓기 위하여 노력한다.

이러한 헌신이 그리스도의 제자됨의 표지이다. 즉 그러한 헌신은 제자들의 공동체 속으로 우리를 더욱 연합시켜 준다. 그리고 우리가 제자들의 사귐의 삶에 더 깊이 참여할수록 우리의 삶은 점점 더 그 공동체의 가치에 따라 그 모습이 변화된다.

이것을 통해서 우리는 회심과 교회 속으로의 편입이 갖는 또 다른 연관관계를 이해하게 된다. 즉 회개하는 신앙^{회심}은 충성의 커다란 변화를 의미한다. 우리는 예전의 모든 충성을 버리고, 예수 그리스도 안에 계시된 하나님께 우리의 충성을 서약한다.

그러나 충성은 결코 개인적인 문제가 아니다. 우리는 어떤 것을 전적으로 혼자 믿는 것이 아니다. 우리의 인격적 충성은 항상 우리를 충성을 공유하는 다른 사람들, 더 나아가 그런 충성을 지켜왔고 전파해 왔던 공동체들과 연결해 준다.

회심을 통하여 예전의 충성을 부인하는 것은 또한 예전에 충성했던 공동체를 부인하는 것이다. 그리스도에게 우리의 충성을 서약하는 것은 우리가 새로운 공동체^{같은 주님께 대한 공동의 충성을 서약하는 사람들의 사귐} 속으로 편입되었음을 뜻하는 것이다. 우리는 모든 제자와 더불어 주님에 대한 신앙을 고백한다. 회심을 통하여 우리는 새로운 공동체^{즉 그리스도의 제자들}와 더불어 주님께 신앙고백과 충성을 드린다.

어떤 의미에서 그리스도의 공동체 속으로 편입은 자동적인 일처럼 보인다. 회심에 따르는 필연적 결과다. 회심한 이들은 이미 서로 지체이며, 제자들의 사귐의 참여자들이다. 그러나 그리스도는 새로운 그리스도인의 편입을 정식화공식화하는 특정한 행위들을 신앙 공동체에 남겨주셨다. 10장에서 우리는 신앙 공동체의 편입이 갖는 형식적인 측면에 대하여 자세히 살펴볼 것이다. 여기서는 세례에 대해서만 언급하고자 한다. 세례는 회심을 통하여 우리가 그리스도 안에서 새로운 정체성을 가졌음을 나타내 주는 표지이다.

회심이 그러하듯, 세례 역시 단독적인 일이 아니다. 자신에게 스스로 세례를 주는 사람은 없다. 세례는 단순히 개인의 행위가 아니라 교회의 의식 또는 성례이다. 이러한 의식을 통하여, 교회는 그 대표자들을 통해 우리를 지역 교회의 정식 구성원으로 인정해 주는 것과 동시에 상징적으로 교회의 삶 속으로 편입시켜 준다. 그리고 세례를 통하여, 우리는 새로운 공동체에 속함을 선언하고, 우리가 예수를 주로 고백하는 백성의 구성원임을 선포한다.

우리의 성화에서 성령의 사역

육체적 출생이 육체적 생명의 목적지가 아니라 시작점에 불과하듯이, 새로운 출생인 회심 역시 우리의 영적인 여정의 시작점일 뿐이다.

이것은 우리의 사역이 단순히 잃어버린 영혼을 '전도'하는 데 그쳐서는 안 됨을 의미한다. 비그리스도인을 전도하여 세례를 주고 교회에 오게 했다고 해서 우리의 책임이 끝나지 않는다. 우리의 목표는 제자로 삼는 것이기 때문이다마 28:19~20.

또한, 이것은 우리가 개인 구원을 단순히 회심에 국한해서도 안 됨을 의미한다. 구원은 많은 단계를 가진 하나의 과정이다. 인간의 관점에서 볼 때, 이 과정은 회심에서 시작하고, 일평생 지속하며, 주님이 다시 오시는 날 비로소 완성된다.

이제 우리는 구원의 '생애에 걸친' 측면, 즉 이른바 성화에 대하여 살펴보고자 한다.

'성화'는 성경의 중요한 개념이다. 성화는 넓은 뜻이 있지만, 언제나 그 의미는 거룩과 긴밀하게 연관되어 있다. 성화된다는 말은 따로 구별된다는 것을 의미한다. 성화된 대상이나 사람은 하나님 앞에서 새로운 지위를 얻는다 살후 2:13.

여기서 중요한 것은 협의의 성화 개념인데, 이때 성화는 거룩을 향한 추구와 관련되어 있다.

> 성화는 우리를 구별시키시고, 예수 그리스도의 형상으로 변화시키시며, 하나님을 섬기는 삶으로 인도해 가시는 성령의 지속적인 과정이다.

다음에서 우리는 네 가지 질문을 중심으로 성화에 대해 탐구할 것이다.

왜 거룩해야 하는가?

왜 거룩해야 하는가? 왜 우리는 거룩에 대하여 신경 써야 하는가? 어쨌든 나는 이미 구원받았다. 나는 천국에 갈 것이다. 그런데 왜 내가 이런 문제에 관심을 두어야 하는가?

이런 질문들에 대한 성경의 답변은 간단하고 명료하다. 우리 하나님이 거룩하시기 때문이다^{벧전 1:15}. 성령이 우리 삶 속에서 하시는 일도 바로 이것이다. 즉 우리로 하여금 하나님의 거룩을 닮게 하신다.

성경은 창조 세계를 향한 하나님의 계획이라는 맥락에서 우리가 거룩해져야 하는 이유를 다루고 있다. 하나님은 자신의 백성을 불러모으시고 계신다. 즉 하나님은 창조 세계에 하나님의 성품^{사랑}을 반영해 줄 수 있는 백성을 세우려 하신다. 이것이 바로 하나님이 구약성경에서 이스라엘을 선택하신 이유이며, 성령이 지금 현시대에 전 세계적인 사귐의 공동체를 불러내고 계신 이유이다.

이것은 거룩이 우리의 사고방식에서부터 시작함을 의미한다. 즉 하나님의 영광스러운 목적의 관점에서 볼 때, 우리는 우리 자신을 하나님의 소유된 백성으로 간주해야 한다. 우리는 우리를 선택하신 하나님께 속해 있다. 우리는 하나님을 영화롭게 하며 하나님의 목적을 이루기 위하여 존재한다^{엡 1:11~12}.

거룩이란 무엇인가?

신약성경을 읽을 때 우리는 모순처럼 보이는 부분을 발견하게 된다. 우리는 이미 거룩하다는 선언을 "너희는 … 거룩한 나라요"^(벧전 2:9) 듣는다. 그러나 동시에 우리는 아직 거룩하지 않다는 말도 듣는다. 성경은 우리가 거룩하도록, 즉 우리의 모든 일을 거룩하게 하라고 명령하고 있다^{벧전 1:15}. 어떻게 된 것인가?

성화에 두 가지 차원이 있음을 깨달을 때, 우리는 모순처럼 보이는 이 문제를 해결할 수 있다. 이 두 차원을 우리는 각각 '신분적 성화' positional sanctification와 '상태적 성화' conditional sanctification라는 말로 부를 수 있다.

• 신분적 성화란 하나님 앞에서 우리의 '신분'이 '그리스도 안에 있는 존재'임을 말해 주는 것이다.

우리를 위한 그리스도의 공로 덕분에, 하나님은 이미 우리를 하나님의 '거룩한' 또는 '구별된' 소유로 선언하셨다. 우리는 하나님에게 속해 있다. 그러므로 신분적 성화는 변경될 수 없는 하나의 실재이다. 성부가 그리스도 안에서 우리에게 주시고 성령이 우리의 삶에 적용하신 은혜로 말미암아, 지금 우리는 거룩한 백성으로서 하나님 앞에 서 있다. 이 지위는 우리의 개인적 감정, 태도, 행위의 변덕에 영향을 받지 않는다.

하나님 앞에서 우리가 확고한 지위를 갖고 있다는 사실은 매우 중요하다. 우리와 하나님 사이의 관계는 견고한 기반 위에 서 있기에, 그것은 그리스도인으로서 우리의 삶의 원천이 된다.

• 그러나 상태적 성화는 다른 문제다. 그것은 우리의 현재의 영적 '상태'나 영성 수준과 관련 있는 개념이다.

상태적 성화란 성령이 우리 삶즉 우리가 실제로 살아가는 방식을 변화시켜 가시는 과정을 일컫는 말이다. 즉 그것은 성령이 우리의 성품과 행위를 그리스도 안에 있는 존재인 우리의 신분과 일치시켜 가는 노력을 일컫는 말이다.

그러므로 우리의 성화 상태는 신분적 성화처럼 확고하고 고정된 것이 아니라 주관적이고 경험적이며, 따라서 가변적이고 유동적이다. 그런데 정상적인 그리스도인의 삶이라면 마땅히 계속해서 성장해가야 한다. 우리는 예전의 미성숙한 상태를 벗어나야 한다. 우리는 점차 성숙해가야 하며, 하나님의 표준이신 예수 그리스도와 점점 더 닮아가야 한다.

거룩해짐에서 우리의 역할은 무엇인가?

우리의 신분적 성화는, 즉 하나님 앞에서의 우리의 거룩한 지위는 오직 하나님의 은혜의 선언으로 말미암은 것이다. 그렇기에 신분적 성화에서 거룩해지기 위해 우리가 할 일은 아무것도 없다. 우리는 믿음으로 거룩해짐을 선물로 받을 뿐이다.

그렇다면 상태적 성화는 어떤가? 신분적 성화와 마찬가지로 상태적 성화 역시 하나님의 사역임을 인정해야 한다. 거룩함은 우리 삶 속에서 성령이 하시는 사역의 열매이다 갈 5:22~23. 오직 성령이 경건한 삶을 살아갈 능력을 주시기 때문에 우리는 승리한다 고전 10:13; 롬 8:12~14. 오직 성령이 우리를 그리스도의 형상으로 변화시켜 가시기 때문에 우리는 성장한다 고후 3:18.

그러나 성경은 성화의 과정에 인간이 해야 할 역할이 있음을 분명히 말하고 있다. 성령이 우리의 성화의 행위자이지만, 그분은 우리의 협조를 통하여 일하신다. 그렇기에 우리는 예수 그리스도의 형상을 닮아 가는 일에 부지런히 우리를 드려야 한다 히 12:14; 벧후 1:5~11. 바울 같은 모범적 그리스도인도 인간 편의 노력의 중요성에 대하여 강조했다. "내가 이미 얻었다 함도 아니요 온전히 이루었다 함도 아니라 오직 내가 그리스도 예수께 잡힌 바 된 그것을 잡으려고 달려가노라" 빌 3:12~14; 참고. 고후 3:18; 엡 4:14.

물론 우리가 해야 할 노력에는 하나님의 능력을 사용하여 죄, 사단, 자아와 싸우는 일이 포함된다 엡 6:10~18; 벧전 1:3. 그러나 우리가 기울여야 할 노력에는 죄를 이기기 위한 싸움 '소극적 거룩' 이외에 다른 차원이 있다. 즉 우리는 그리스도의 형상을 닮아 가기 위하여 부지런히 노력해야 한다 '적극적 거룩'. 이때 우리가 도움을 받을 수 있는 많은 자원이 있다. 성경 공부, 기도, 다른 그리스도인들의 격려, 성령이 주시는 힘 등이 바로 그것들이다.

과연 우리는 언젠가는 거룩해질 수 있는가?

성령의 목표는 우리가 성품과 행위에서 예수 그리스도를 닮는 것이다. 성령은 우리가 '그리스도의 장성한 분량이 충만한 데까지' 이르기를 바라신다엡 4:13.

그런데 우리의 삶을 살펴보면 거룩해지기에 아직도 멀었음을 발견하게 된다. 우리는 다음과 같은 질문을 할 수밖에 없다. 과연 우리가 거룩해질 수 있을까? 우리는 목표에 도달할 수 있는가?

이 세상에서 우리가 완전해질 수 있는 희망을 제시하는 듯 보이는 성경 본문이 하나 있다. "그 안에 거하는 자마다 범죄하지 아니하나니 범죄하는 자마다 그를 보지도 못하였고 그를 알지도 못하였느니라 … 하나님께로부터 난 자마다 죄를 짓지 아니하나니 이는 하나님의 씨가 그의 속에 거함이요 저도 범죄하지 못하는 것은 하나님께로부터 났음이라"요일 3:6, 9; 참고. 눅 1:69~75; 딛 2:11~14; 요일 4:17.

그런데 자세히 들여다보면, 이 구절들이 첫인상처럼 그렇게 강한 확신을 담고 있는 것이 아님을 알게 된다. 요한일서 앞부분에서 요한은 정반대의 주장을 한다. 요한은 죄가 계속해서 우리와 함께 있다고 주장한다. "만일 우리가 죄가 없다고 말하면 스스로 속이고 또 진리가 우리 속에 있지 아니할 것이요"요일 1:8. 물론 사도 요한의 바람은 우리가 완벽한 삶을 사는 것이지만, 그는 우리가 결국 죄를 지을 것임을 예상하고 있다. "나의 자녀들아 내가 이것을 너희에게 씀은 너희로 죄를 범하지 않게 하려 함이라. 만일 누가 죄를 범하여도 아버지 앞에서 우리에게 대언자가 있으니 곧 의로우신 예수 그리스도시라"요일 2:1.

요한은 그리스도인이 이 세상에서 완전에 도달할 수 있다고 가르치지 않는다. 우리의 목표는 오직 그리스도가 다시 오실 때 이루어진다요일 3:2. 그렇다면 그리스도인은 죄를 짓지 않는다는 요한의 선언을 어떻게 이해해야 하는가?요일 3:6, 9 요한이 사용했던 헬라어의 문법에서 답을 찾을 수 있다. 현재 시제 동사가 영어에서는 현재의 행동을 가리키지만, 헬라어에서는 계속된 행동을 지칭한다. 요한이 말하는 요지는 그리스도인은 계속해서 또는 습관적으로 죄를 짓지는 않는다는 것이다.

물론 우리는 여전히 하나님이 기뻐하시지 않는 특정한 행동을 저지른다. 그러나 우리는 그러한 죄짓기가 습관이 되지 않도록 애쓴다. 즉 우리는 그 어떠한 죄도 우리를 지배하지는 못하도록 노력한다. 그 어떠한 죄도 우리의 삶 속에서 습관의 힘을 얻지 못하게 한다.

하지만 우리가 이 세상에서 사는 한 성령에 협조하는 노력이 불필요할 정도로 거룩해지는 일은 없다. 또한, 더 이상의 성장이 불필요할 만큼 거룩해지는 일도 없다. 이 세상에 사는 한, 우리 앞에는 언제나 구원의 최종 목표, 즉 성경이 말하는 '영화'가 놓여 있다.

우리의 영화에서 성령의 사역

"나는 구원받았다." 이것은 회심回心을 말한다. "나는 구원받고 있다." 이것은 성화聖化를 말한다. 이제 세 번째 표현이 남아 있다. "나는 구원받을 것이다." 이 세상에서는 우리의 구원은 늘 미완성 상태이다. 회심했으며 성화되어 가고 있지만, 우리 앞에는 성령 사역의 최종 목표가 높여 있다. 이 목표를 우리는 영화榮化라고 부른다. 영화란 우리의 구원을 최종 완성, 즉 그리스도의 형상을 완전히 닮는 상태로 이끄시는 성령의 사역을 말한다.

우리는 두 가지 질문을 중심으로 이 희망에 대해 살펴보려 한다.

영화는 무엇을 의미하는가?

미래에 있을 우리의 영화에 대하여 요한은 이렇게 선언했다. "그가 나타나시면 우리가 그와 같을 줄을 아는 것은 그의 참모습 그대로 볼 것이기 때문이니"요일 3:2. 이 말은 무엇을 의미하는가?

간단히 말하자면, 영화예수 그리스도의 형상을 완전히 닮는 것는 우리의 실존 전체를 다 포괄한다. 즉 우리는그분의 신성만 빼고는 모든 면에서 예수 그리스도를 닮을 것이다.

• 영화에는 우리의 성품 변화가 포함될 것이다.

우리가 그리스도를 닮는 것은 우리도 그분처럼 성령의 열매를 완벽하게 반사하기 때문이다갈 5:22~23. 그렇게 되면 신분적 성화와 상태적 성화는 하나로 합쳐질 것이다. 즉 이제 우리의 거룩함은 하나님의 은혜 선언에만 근거하지 않는다. 우리는 우리의 성품과 행위에서도 의로울 것이다.

이렇게 되게 하려고 성령은 우리의 타락하고 죄 된 본성을 뿌리째 뽑아내실 것이다. 우리는 더는 유혹과 죄에 넘어가지 않을 것이기에, 우리는 전적인 자유를 가지고 하나님을 완벽하게 순종하게 될 것이다.

• 영화에는 우리의 신체가 새로워지는 일이 포함될 것이다.

부활을 통하여, 성령은 우리의 몸을 변화시켜서 부활하신 주님의 영광스러운 몸처럼 만드신다롬 8:11. 우리의 몸은 더는 부패, 질병, 죽음의 지배를 받지 않는다계 21:4. 그리스도의 영화로운 몸처럼 우리의 몸도 완전해질 것이다고전 15:20, 23.

- 영화는 우리를 공동체의 충만함 속으로 인도할 것이다.

우리는 영화를 개인 구원의 절정으로서 말해왔다. 그러나 앞으로 12장에서 볼 것처럼, 영화는 사실 우리가 공동체적으로 누리게 될 경험이다. 영화는 모든 그리스도인이 함께 부활할 종말에 일어난다. 그 때에 예수 그리스도와 연합되어 있는 사람들, 즉 예수 그리스도의 몸에 참여하는 사람들은 모두 그 종말의 사건을 누리게 될 것이다. 실제로 예수 그리스도와 연합되어 있는 모든 사람이 함께 그 부활에 참여하게 될 것이다. 그리고 예수 그리스도에 속한 모든 사람이 함께 그분의 형상으로 변화될 것이다. 부활 후의 삶 역시 고립적인 삶이 아니다. 부활은 하나님, 하나님의 백성, 그리고 새로운 창조 세계와의 영원한 사귐을 누리는 삶으로 우리를 인도한다.

예수 그리스도의 형상을 닮는 것은 우리가 그분이 누리시는 사귐즉 우리의 창조목적이자 하나님의 구원 활동의 최종 목표인 완전하고 영원한 공동체에 함께 참여하게 됨을 의미한다. 이 얼마나 영광스러운 것인가! 이 얼마나 기다려지는 날인가! 요한계시록의 교회와 더불어 우리는 이렇게 외친다. "아멘 주 예수여 오시옵소서" 계 22:20.

우리가 영화로워질 것을 어떻게 확신할 수 있는가?

신약성경의 저자들은 미래에 있을 우리의 영화에 대하여 추호의 의심도 품고 있지 않았다. 예를 들자면, 바울은 너무도 확신에 찬 나머지 영화를 마치 이미 일어난 사건인 양 표현할 정도였다. "의롭다 하신 그들을 또한 영화롭게 하셨느니라" 롬 8:29~30.

성경은 바울처럼 우리도 확신하게 하는 두 가지 확실한 이유를 제시하고 있다.

- 하나님이 우리를 위하여 우리의 충만한 구원을 지키고 계신다.

미래에 있을 우리의 영화를 확신할 수 있는 것은 하나님이 우리를 위하여 우리의 기업, 곧 충만한 구원을 그 위대한 날이 이르기까지 지키고 계시기 때문이다^{벧전 1:3-5}. 이 위대한 보화는 지금 어디에 있는가? 완벽하게 안전한 곳, 바로 하나님이 계신 천국에 있다. 예수께서 말씀하셨듯이, 천국에 있는 우리의 보화는 부패와 도적들로부터 안전하다^{마 6:19-21}.

그런데 이것을 우리는 어떻게 아는가? 즉 천국에서 보화^{구원}가 우리를 기다리고 있음을 우리는 어떻게 알 수 있는가? 이에 대한 답은 바로 성령이다. 하나님은 우리에게 성령을 주셨다. 이 성령은 바로 우리의 최종적 구원을 보장해 주는 하나님의 보증이다^{고후 5:5; 엡 1:13; 4:30}. 지금 우리 속에 현존하고 계신 성령은 예수께서 다시 오시는 날 하나님의 백성을 최종적으로 변화시켜 주실 것이다^{롬 8:11, 13-17}.

- 우리가 충만한 구원을 누릴 때까지 하나님이 우리를 지키고 계신다.

미래에 있을 우리의 영화를 확신할 수 있는 것은 그 위대한 날까지 하나님이 우리를 지키고 계시기 때문이다. 그런데 이것을 우리는 어떻게 아는가? 이번에도 우리는 성령을 바라본다. 성령은 하나님의 모든 계획을 하나하나 이루어 가시는 하나님이시다. 우리는 성령이 자신의 일을 완성하실 것임을 신뢰할 수 있다. 바울은 확신에 차서 이렇게 선포했다. "너희 안에서 착한 일을 시작하신 이가 그리스도 예수의 날까지 이루실 줄을 우리는 확신하노라"^{빌 1:6}.

하나님의 계획에는 자신의 백성을 보호하시는 일이 포함되어 있다. 적의 영토에 사절(使節)을 보낼 때 군대를 딸려 보내듯이, 하나님은 하나님의 능력^성령으로 지금 우리를 보호하고 계신다. 비록 우리가 적대적인 세상 속에서 살아가지만, 성령의 현존은 우리가 결국 우리의 영원한 본향에 안전하게 도착할 것임을 보장해 준다. 베드로가 말했듯이, 우리는 "말세에 나타내기로 예비하신 구원을 얻기 위하여 믿음으로 말미암아 하나님의 능력으로 보호하심을" 입고 있다^벧전 1:5.

이와 같은 사실을 알 때, 우리 역시 존 뉴턴과 더불어 하나님의 "놀라우신 은혜"를 찬양하지 않을 수 없다.

♫ 거기서 우리 영원히

주님의 은혜로

해처럼 밝게 살면서

주 찬양하리라[14] ♪

1. 회개와 신앙 중, 현대인들에게 더 어려운 것은 무엇인가? 또 그 이유는 무엇인가?

2. 우리의 영적인 여정에서 우리는 회심을 '넘어서' 더 나아갈 수 있는가? 그렇다면 어떤 의미에서? 또 아니라면, 어떤 의미에서 그러한가?

3. 당신의 회심에서 개인적 응답, 성령의 활동, 교회 공동체의 관여 등이 어떻게 상호작용했는지에 대하여 말해 보라.

4. 우리 자신을 개별적 그리스도인으로서가 아니라 새로운 공동체의 일원으로 보는 것이 왜 중요한가?

5. 신분적 성화와 상태적 성화의 구분에 대하여 당신은 동의하는가? 이런 구별이 중요한 이유는 무엇인가?

6. 미래에 있을 우리의 영화에 대한 비전이 현재 우리의 신앙생활에 왜 중요한가?

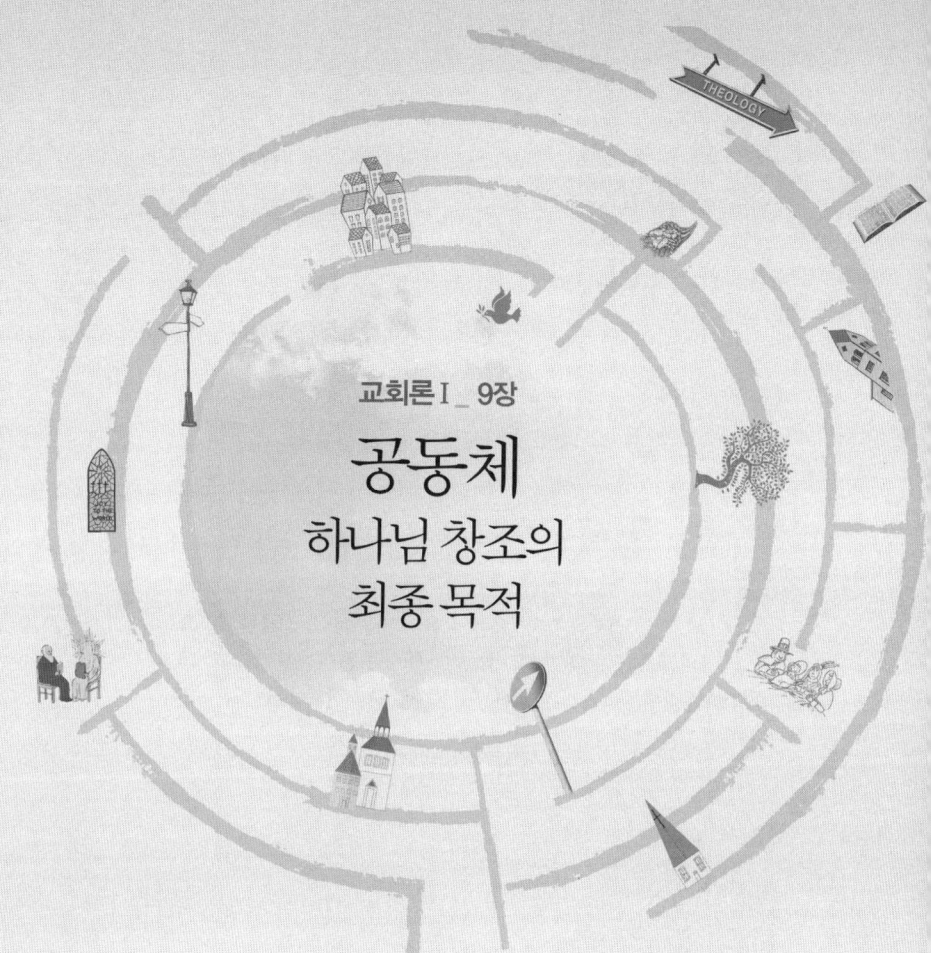

교회론 I _ 9장

공동체
하나님 창조의 최종 목적

Created For Community
Connecting Christian Belief with Christian Living

그러나 너희는 택하신 족속이요 왕 같은 제사장들이요 거룩한 나라요
그의 소유가 된 백성이니 이는 너희를 어두운 데서 불러 내어
그의 기이한 빛에 들어가게 하신 이의 아름다운 덕을 선포하게 하려 하심이라
—
베드로전서 2장 9절

코믹 연재만화 '쿠주'의 주요 등장인물인 던 목사가 주일 예배 중에 성경을 인용하며 설교를 하고 있었다.

"형제자매 여러분, 성경에 따르면 여러분은 세상의 빛입니다."

그런데 연이어 그의 솔직한 생각이 우발적으로 터져 나왔다.

"그러나 우리 교회를 보면, 우리는 사실 희미한 전구라고 해야겠지요."

불행하게도 던 목사의 익살스러운 표현은 사실에 너무 가깝다. 왜 이렇게 되었는가? 왜 교회가 겨우 '희미한 전구'로 비치고 있는가? 왜 우리는 어두운 세상을 비추는 환한 빛이 되지 못하는 것일까? 더 중요한 질문은 이것이다. 주님이 원하시는 생명력 있는 신앙 공동체로 교회를 개혁하기 위해 우리는 무엇을 해야 하는가?

주님이 원하시는 공동체가 되려면, 우리는 먼저 교회에 대해 확실하게 이해해야 한다. 하나님의 은혜 가운데 펼쳐지는 우리 공동체의 미래 모습에 대한 확실한 이해가 있을 때, 비로소 우리는 우리 공동체 안에 계신 위대한 능력, 즉 예수 그리스도가 자신의 백성에게 주신 성령의 도움을 간절히 구할 것이기 때문이다.

이를 위하여, 이제 우리는 성경이 말하는 교회에 대해 살펴볼 것이다. 특별히 하나님의 계획 속에서 교회가 맡은 역할에 대해 자세히 살펴볼 것이다. 이를 위하여, 우리는 두 가지 중요한 질문을 제기한다.

- 교회란 무엇인가?
- 교회의 사명은 무엇인가?

교회의 정체성

교회란 무엇인가? 우선 우리가 교회라는 말을 어떻게 사용하고 있는지를 생각해 보자. 흔히 우리는 교회를 단순히 어떤 건물인 양 이야기한다. "우리 교회는 1번가 모퉁이에 있어." 때로는 우리는 '교회'를 예배와 동일시하기도 한다. "너 다음 주 일요일에 교회에 갈 거니?" 또는 "너 오늘 교회 끝나고 뭐할 거야?" 우리는 종종 교회를 자신이 참여하고 있는 조직체인 양 말하기도 한다. 우리는 "나는 ○○교회 교인이 되기로 했어."라고 말하고, 사람들에게는 "당신은 교회 교인입니까?" 라고 묻는다.

이런 것이 교회인가? 교회란 벽돌과 나무로 지어진 커다란 건물을 말하는 것인가? 주일날 예배를 드리는 건물이 바로 '교회'인가? 아니면, 주일예배 자체가 교회인가? 우리가 참석하는 행사가 '교회'인가? 아니면, 교회는 큰 조직체인가? 우리 각자가 취향에 따라 회원 가입 여부를 결정하는 어떤 협회나 클럽인가?

그렇지 않다! 교회라는 말의 일반적 용례들은 교회의 본질을 표현해 주지 못하고 있다. 교회가 무엇인지를 이해하기 위해서, 우리는 성경의 관점에서 "교회란 무엇인가?"를 물어야 한다. 그때, 우리는 성경에서 대단히 놀라운 답변을 듣는다. 성경의 관점에서 보면, 교회는 바로 '백성'이기 때문이다. 그러나 모든 사람이 다 교회인 것은 아니다. 교회는 특별한 백성, 즉 성령을 통하여 공동체로 형성되어가고 있는 특정한 백성이다. 그리고 이 백성의 목적은 우리가 계속해서 강조해온 대로, 하나님, 이웃, 창조 세계와의 사귐 속에서 살아감으로써 주님이 역사를 이끄시는 방향을 지시해 주는 것이다.

교회는 '개척자 공동체' pioneer community이다. 왜냐하면, 교회란 하나님이 창조 세계를 위하여 펼쳐가는 미래를 지시해 주는 백성이기 때문이다. 성령의 인도 아래서, 교회는 현재 가운데 하나님의 창조목적인 영광스러운 공동체를 구현하기를 열망한다.

교회를 개척자 공동체로 말하는 것은 다음과 같은 의미가 있다.

- 교회는 관계를 맺는 relational 백성이다.
- 교회는 미래를 지향하는 future-oriented 백성이다.
- 교회는 사귐을 나누는 fellowshipping 백성이다.

교회는 관계를 맺는 백성이다

예수 그리스도의 교회는 우리가 회원으로 가입하는 클럽이 아니다. 우리는 커다란 조직체의 회원이 아니다. 우리는 특별한 백성이다. 우리는 그리스도를 통하여 우리를 구원하시는 하나님과 관계 속에 사는 백성, 하나님의 구원을 함께 나누는 사람들과 서로 관계 속에 사는 백성이다. '관계 속에 사는 백성'으로서의 이러한 교회 이해는 초대 그리스도인들이 자신의 공동체를 표현한 용어들 속에 분명히 드러난다.

에클레시아 ekklesia | '교회'라고 번역된 헬라어는 교회의 사람 중심성을 잘 보여준다. 오늘날 사람들은 흔히 '에클레시아'를 '교회 용어', 즉

신앙생활에 대하여 말할 때만 사용되는 특별한 용어로 간주한다. 그러나 본래 '에클레시아'는 초대 그리스도인들이 만들어낸 말이 아니었다. 사실 '에클레시아'는 1세기 로마 세계에서 일상적으로 사용되던 용어였다. '불러내다'를 뜻하는 동사 '칼레오' kaleo와 '밖으로'를 뜻하는 접두어 '에크' ek가 결합한 형태인 '에클레시아'는 당시 '회합'을 뜻하는 단어였다. 더 구체적으로 말하면, 에클레시아는 공동체에서 도시의 일을 다루기 위하여 소집되어 함께 모인 시민의 모임을 뜻했다^{참고. 행 19:32, 39, 41: 개역개정 성경에서는 각각 '무리', '민회', '모임'으로 번역됨 – 역주}.[1]

초대 그리스도인들은 이 용어를 자신들의 정체성을 표현하기에 유용하다고 여겼다. 왜냐하면, 그들이 바로 그렇게 함께 부름 받은 백성이었기 때문이다. 즉 그들은 '불러냄을 받은' 사람들이었으며, 그리스도 안에서 하나님에게 속한 자가 되기 위하여 복음의 선포를 통하여 세상으로부터 부름 받아 모인 사람들이었다.[2]

초대 그리스도인들이 자신들의 정체성을 표현하기 위하여 '에클레시아'란 용어를 선택한 것은 신약성경의 그리스도인들이 교회를 건물이나 조직체로 보지 않았음을 암시한다. 그들은 관계 속에 사는 백성, 곧 성령의 인도를 함께 받은 백성이며, 동시에 그리스도를 통하여 서로 연합된 백성이었다.

하나님의 나라, 그리스도의 몸, 성령의 전 | '에클레시아' 뿐 아니라 초대 그리스도인들은 여러 은유를 통하여 자신들의 정체성을 묘사했다. 그 중 세 가지가 특별히 중요하다.[3]

- 신약성경은 교회를 하나님에게 속한 하나님의 나라요, 거룩한 제사장

들이라고 부른다.^벧전 2:9

'나라'는 모든 그리스도인이 얻게 된 새로운 지위를 강조해 주는 말이다. 하나님이 전에 이스라엘을 택하셨듯이, 이제 성령은 교회를 하나님께 속한 나라로 불러내셨다. 그런데 이 새로운 지위는 이제 더는 특정한 민족적 생득권birthright에 기초하지 않는다. 이제 성령은 모든 민족으로부터 자신의 사람들을 불러내신다. 이렇게 교회는 "각 족속과 방언과 백성과 나라 가운데에서" 부름 받아 모인 사람들로 구성된 국제적인 공동체이다.^계 5:9

'제사장들'은 우리의 역할이 무엇인지를 말해 준다. 고대 이스라엘의 삶에서 제사장들이 특별한 역할을 했듯이, 그리스도인들은 하나님의 계획 속에서 중요한 임무를 수행한다. 그러나 그 둘 사이에는 한 가지 중대한 차이가 있다. 이스라엘에서는 백성 가운데서 오직 소수만이 제사장으로 선택되었지만, 교회에서는 하나님의 백성 모두가 제사장에 속한다. 따라서 제사장이 하는 사역은 모든 사람에 의하여 공유된다.[4]

우리는 어떻게 제사장 역할을 하는지에 대해서 후에 더 자세히 살필 것이다.

- 또한, 신약성경은 교회를 그리스도의 몸이라고 부른다.^고전 12:27; 엡 1:22~23; 골 1:18 [5]

인간의 몸처럼 교회도 다양한 지체로 구성된 하나의 통일체이다.^고전 12:1~31 지체마다 각기 해야 할 일이 서로 다르다. 그러나 모든 지체는 같은 목적을 가진다. 즉 우리는 다른 사람에게 관심을 가져야 하며, 전체를 섬기는 일에 자신의 은사를 사용해야 한다. 우리는 함께 그리스도의 사역을 감당해야 하며, 이 세상 속에서 그리스도의 구체적 현존이 되어야 한다.

우리는 이러한 사명에 대하여 후에 더 자세히 살펴볼 것이다.

- 또한, 신약성경은 교회를 성령의 전으로 묘사한다엡 2:19~22; 벧전 2:5.

고대 이스라엘에서 성전은 하나님이 이 땅에 거하시는 장소였다대하 6:1~2. 그러나 이제 성령이 현존하시는 중심 장소는 어떤 건물이 아니라 백성사람들이다. 즉 이제 우리가 성령의 전이기에, 우리는 마땅히 거룩한 삶을 살아야 한다고전 6:19~20.

이렇게 교회는 관계 속에 사는 백성이다. 그러나 아직 실제적인 질문 하나가 남아있다. 그렇다면 교회는 구체적으로 어디에 있는가? 즉 이 '관계 속에 사는 백성'은 어떤 형태를 취하고 있는가?

회중으로서의 교회 | 이 질문에 대하여 신약성경의 기자들은 명확한 답변을 제시해 준다. 성경의 기자들은 한 지역에 있는 그리스도인들의 회중congregation을 언급하는데 '교회'라는 명칭을 사용한다. 신약성경에 따르면, 우리는 '교회'가 한 특정한 지역에 있는 제자들의 가시적可視的 공동체라는 결론을 내리게 된다.[6] 이렇게 각 지역에 있는 회중들이 예수 그리스도의 교회이다.

성령이 그리스도인들을 예수 그리스도 안에서 '관계 속에 사는 백성'으로 함께 모으시는 곳이면 어디나 '교회'가 있다. 즉 예수 그리스도의 제자들이 함께 '불러냄을 받은' 백성으로 모이는 곳이면 어디나 교회가 있다. 다시 말해서 그리스도인들이 하나님의 백성으로서 예수 그리스도의 권위 아래, 성령의 능력으로 함께 모이는 곳이면 어디에나 '교회'가 존재한다.

이렇듯 교회가 '지역적' 본질을 가졌음을 강조하면서, 우리는 각 회중이 더 큰 규모인 하나님의 백성의 가시적 표현이라는 사실을 기억해야 한다. 그 큰 규모의 하나님의 백성은 특정한 지역, 특정한 시간을 초월해 있다. 실제로 우리는 모든 시대의 모든 그리스도인으로 구성된 하나의 몸에 참여하고 있다히 12:22-23. 또한, 우리는 전 세계의 그리스도인들로 이루어진 한 공동체의 일부이다.

교회는 미래를 지향하는 백성이다

교회는 자신을 그 목적으로 삼지 않는다. 하나님은 끼리끼리 모임이나 '거룩한 패거리'가 되라고 우리를 세상에서 불러내시지 않았다. 교회는 더 커다란 목적을 위하여 존재한다. 성령은 세상 속에서 하나님의 사역을 완성하시는 일에 우리를 사용하신다. 이것은 교회가 미래를 지향하는 백성임을 뜻한다. 즉 교회에는 종말 때에 완전하게 이루어질 거대한 목적을 향한 사명이 있다.

이것을 이해하려면, 우리는 하나님의 나라, 즉 하나님의 통치를 세워 가시는 성경 속의 하나님 드라마에 대하여 먼저 알아야 한다. 실제로 교회의 출현은 다음과 같은 예수의 선언을 그 맥락으로 가진다. "하나님의 나라가 가까이 왔다"막 1:15.

하나님의 통치 | 성경 드라마는 하나님은 창조자이기에 동시에 온 우주의 주권적 통치자라는 선언에서부터 시작한다. 오직 하나님만이 모든 창조 세계를 통치할 권리를 갖고 계시다. 이런 의미에서 온 우주가 하나님의 나라이다.

그러나 원칙상 참인 것이 사실상으로 아직 완전한 참이 아니다. 왜냐하면, 인간들이 창조자의 주권을 거부하고, 사단이 통치하는 것처럼 보이는 반역의 소굴을 세웠기 때문이다.

이런 상황 속으로 예수가 오셨다. 그리고 자신의 사역과 죽음과 부활을 통해서, 예수는 하나님의 통치권을 만방에 드러내 보이셨다. 그 결과 하나님은 예수를 온 우주의 주님으로 세우셨다. 어떤 이들은 지금 그분의 주권을 인정하고 하나님의 나라에 들어간다.

그러나 성경의 드라마는 과거에서 끝나지 않는다. 미래까지 뻗어 가는 장대한 드라마다. 미래의 어느 날 그리스도가 나타나시면, 원칙상 하나님의 권한인 것이 사실상으로도 전 우주적으로 참이 될 것이다. 그 위대한 날이 이르면, 모든 사람이 예수의 주권을 인정할 것이다빌 2:10~11. 하나님 나라의 원칙들이 그 새로운 인간 사회 전체를 통치할 것이다. 그리고 전 우주가 하나님의 통치 영역이 될 것이다.

그러므로 궁극적으로 하나님 나라는 미래의 어느 영광스러운 날 하나님이 우리에게 주실 은혜의 선물이다. 그러나 그 나라의 권능은 이미 이 세상 속에서 작용하고 있다. 왜냐하면, 하나님 나라의 권능은 미래로부터 현재 속으로 뚫고 들어오기 때문이다. 그 결과 우리는 그 위대한 '주의 날'이 이르기 전에도, 부분적이긴 하지만 참된 의미에서, 이미 하나님의 통치를 경험할 수 있다.

그렇다면 하나님 나라와 교회 사이의 관계는 무엇인가?

하나님의 통치와 교회 | 교부 어거스틴은 하나님의 통치와 교회 사이의 관계 문제를 놓고 씨름한 최초의 신학자 중 한 사람이다.[7] 그의 주장어쩌면 그의 주장에 대한 후대 사람들의 오해은 중세 시대 신학자들로 하여금 하나님 나라와 교회를 같은 것으로 보게 하였다. 즉 그들은 교회가 하나님 나라라고 결론지었다.

1800년대 후반기에는 정반대의 주장이 제기되었다. 보통 '고전적 세대주의' classic dispensationalism라고 불리는 이 주장은 교회와 하나님 나라 사이를 엄격하게 구별 지었다. 그 주장을 따르면, 하나님 나라는 미래에 지상에 있게 될 1000년 동안의 메시아 통치를 가리킨다.[8] 그 천년왕국은 이스라엘에 대한 하나님의 계획이 마침내 완성되는 때이다. 그 계획은 구약성경에서 시작되었는데, 종려 주일에 이스라엘이 그리스도를 거부한 결과 잠시 중단되었다. 이렇게 볼 때, 교회는 하나님의 '이스라엘-프로그램'에 있어서 단지 하나의 '삽입물'에 불과하다. 그래서 고전적 세대주의자들은 교회는 하나님의 통치와 아무런 관련이 없다고 주장했던 것이다.

그러나 성경은 이 두 가지 주장 중 어느 쪽도 지지하지 않는다. 우리는 하나님 나라를 교회와 동일시해서도 안 되며, 그 둘 사이를 지나치게 갈라 놓아서도 안 된다. 올바른 이해는 하나님 나라의 맥락 안에서 교회를 이해하는 것이다.

성경이 분명히 말하듯이 하나님의 나라는 교회보다 '더 크다'. '하나님의 나라'는 하나님의 주권적 통치를 가리킨다. 즉 미래의 관점에서 볼 때, 하나님의 통치영역은 단순히 예수 그리스도의 교회만이 아니라 천상을 포함한 전체 창조 세계를 포함한다.

반면에 교회의 기원은 역사 속에서 펼쳐진 하나님의 구원 활동에 있다. 즉 교회는 성부가 하나님의 뜻목표, 목적을 이루기 위하여 이 땅에 보내신 예수 그리스도에 의하여 시작되었다. 성령은 오순절을 기점으로 사람들이 복음의 선포에 응답하게 인도하신다. 그리고 우리가 회개와 신앙으로 복음의 선포에 응답할 때, 성령은 예수 그리스도의 주권을 인정하는 사람들의 공동체인 교회에 우리를 참여시키신다.

이렇게 볼 때, 교회는 하나님 나라의 산물이다.[9] 즉 교회는 하나님의 통치 선언에 대한 순종의 응답으로 존재하게 된 것이다.

교회는 복음 메시지의 산물이며, 교회의 목적 또한 세상 속에서 펼쳐진 하나님의 활동으로부터 기인한다. 성령이 교회를 세운 목적은 우리로 하여금 복음을 선포하고, 하나님의 다가오는 통치를 현재 속에서 인정하는 공동체로 세상 속에 살게 하기 위함이다. 이런 의미에서 교회는 '종말론적 공동체', 즉 미래를 향하는 백성이다. 우리는 언젠가 충만하게 나타날 하나님의 통치를 현재 가운데 말과 행위로써 증언하는 사람들이다.

교회와 미래 | 교회와 하나님 나라의 이런 관계는 교회에 대한 우리의 이해에 커다란 의미를 부여한다. 즉 그것은 우리가 미래를 지향하는 백성이 되어야 함을 뜻한다.

우리는 역사 속에서 펼쳐지는 하나님 사역의 목표가 여전히 미래에 놓여 있음을 거듭 강조하였다. 지금 하나님은 영원한 공동체를 세워가고 계신 중이다. 이것은 우리에게 커다란 의미가 있다. 즉 그것은 우리의 정체성이 과거나 현재가 아니라 바로 그 미래의 실재 때문에 규정된다는 것을 의미한다.

8장에서 우리는 이 원칙을 우리의 개인적 삶에 적용했다. 그때, 우리의 개인적 정체성은 미래에 의하여 규정되었다. 즉 우리는 하나님의 영원한 공동체에 참여하는 영광과 부활의 성도들이다.

마찬가지로 우리의 공동체적 정체성도 미래에 의하여 규정된다. 즉 교회의 정체성은 교회가 장차 맞이하게 될 운명에 의하여 규정된다. 그런데 교회의 운명은 새로운 인류, 즉 새로워진 창조 세계에서 삼위일체 하나님의 현존을 누리며 사는 하나님의 구속받은 백성의 영광스러운 공동체가 되는 것이다.

그날이 이르기까지, 성령은 우리를 세상으로부터 불러내어 '종말론적 백성', 즉 미래에 될 일을 현재 속에서 앞서 '개척하는' 공동체가 되게 하신다. 우리의 임무는 창조 세계를 향한 하나님의 미래 목표가 보여 주는 원칙들에 따라 현재를 사는 것이다. 우리의 목적은 미래의 어느 날 하나님이 우리에게 은혜 가운데 충만하게 주실 그 영광스러운 영원에 대한 맛보기가 되는 것이다. 즉 우리의 목표는 신앙과 삶을 연결짓는 것이다.

교회는 하나님 나라의 표지이다. 우리는 미래를 가리켜주는 백성이다.

교회는 사귐을 나누는 백성이다

교회는 관계 속에 사는 백성이며 하나님 나라의 표지이다. 사실 우리가 미래의 표지가 될 수 있는 것은 우리가 관계 속에 사는 백성이기 때문이다. 이것은 우리를 세 번째 관점으로 인도해 준다. 즉 교회는 사귐을 나누는 백성, 즉 공동체이다.

관계 속에 사는 백성으로서 우리는 사귐을 나누는 백성이다. 우리는 초대 그리스도인들이 자신을 특별한 백성, 즉 복음을 통하여 세상으로부터 부름을 받아 함께 하나님께 속한 무리로 보았다는 사실을 살펴보았다. 그래서 신약성경의 기자들은 교회를 나라, 몸, 성전 등으로 불렀다. 이러한 백성으로서의 교회는 공간적 시간적 경계들을 초월해 있으면서, 동시에 그것은 주로 특정 지역의 가시적可視的 회중교회의 지역적 표현을 통해서 나타난다. 이는 교회가 '사귐의 공동체'임을 뜻하는 것이다.

교회는 단순한 친목단체를 넘어선다. 왜냐하면, 우리는 우리의 삶을 결정짓는 근본적이며 수직적 헌신그리스도에 대한 헌신을 함께 공유하는 사람들이기 때문이다. 그런데 예수에 대한 공동의 충성은 다른 인간적 유대보다 더욱 긴밀한 유대를 우리 사이에 형성한다.[10] 예수는 우리를 제자의 길로 부르면서 이렇게 말씀하셨다. "아버지나 어머니를 나보다 더 사랑하는 자는 내게 합당하지 아니하고 아들이나 딸을 나보다 더 사랑하는 자도 내게 합당하지 아니하다" 마 10:37.

이런 깊은 유대감으로 우리의 수직적 헌신에는 수평적 헌신이 덧붙여진다. 즉 예수에 대한 공동의 충성은 우리를 함께 하나로 모아준다. 주님께 충성하기 때문에 우리는 서로에 대해서도 헌신한다. 우리는 한 제자 공동체로서 함께 '걸으려고' 한다. 즉 관계 속에 함께 사는 백성이 되려 한다. 이렇게 예수를 주님으로 부르는 사람들은 함께 한 몸사귐을 나누는 백성, 즉 공동체이 된다.

어떻게 이런 일이 가능해지는가? 대답은 바로 성령을 통해서이다. 그리스도가 교회를 설립하셨다면, 성령은 교회를 조성하신다.[11] 즉 성령은 우리를 단순한 개체들의 조합으로부터 사귐을 나누는 백성으로 변화시키시는 분이다. 회심을 통해서 성령은 우리를 고독과 소외로부터 이끌어 내신다. 그렇게 함으로써, 성령은 우리를 하나의 백성으로 엮어내신다. 그래서 실제로 우리 사이에는 하나 됨이 생겨나는데, 이는 곧 성령의 하나 됨이다 엡 4:3. 이렇게 성령은 우리를 함께 모아 예수 그리스도가 세우신 교회의 현대적 표현이 되게 하신다.

미래를 지향하는 백성으로서 우리는 사귐을 나누는 백성이다 | 하나님의 구원 사역에 관하여 이야기할 때, 우리는 거듭해서 개인을 강조했다.

하나님은 각각의 죄인들을 구원하신다. 이것이 옳은 말이지만, 이러한 강조는 본의 아니게 구원에 대한 불완전한 이해를 낳기도 한다. 또한, 교회에 대한 부적절한 이해를 낳기도 한다.

하나님의 목적은 개인의 구원이다. 하지만 하나님은 우리를 함께 구원하는 것이지, 따로따로 구원하는 것이 아니다. 즉 하나님은 우리를 공동체가 되도록 구원하는 것이지, 공동체에서 빠져나오도록 구원하는 것이 아니다.

성경은 우리가 하나님으로부터 소외되어 있다고 가르친다. 그런데 이 소외는 이웃, 창조 세계, 심지어 우리 자신과 맺고 있는 관계까지도 오염시켰다. 따라서 하나님의 계획은 단순히 우리와 하나님 사이의 관계만이 회복되는 것이 아니다. 하나님의 계획은 그 회복이 다른 모든 관계, 즉 우리가 이웃, 창조 세계, 우리 자신과 맺고 있는 관계에까지 영향을 미치는 것이다. 하나님의 관심은 단순히 한 개인이 구속받는 데서 끝나지 않는다. 하나님은 새로워진 창조 세계에서 하나님의 현존을 누리며 사는계 21:1~5 화해된 인류를엡 2:14~19 원하신다.

소외 상태를 공동체로 변화시키시기 위해, 성부는 성자를 보내셨고 성령을 우리에게 부어주셨다. 이 새로운 공동체 속에서는 예전의 모든 인종적, 사회적, 성性적 구별들은 더는 의미가 없다갈 3:28~29. 따라서 교회는 잃어버린 자들에 대한 전도 사명을 위하여 함께 모인 구원받은 개인들의 모임 이상의 실체이다. 교회는 사귐을 나누는 백성, 즉 구원의 공동체이다.

우리의 교회 이해에서 우리는 가장 근본적인 요점을 아직 언급하지 않았다. 사귐을 나누는 백성으로서 교회를 이해하는 것은 삼위일체 하나님을 이해하는 데서 출발해야 한다.

하나님의 형상으로서 우리는 사귐을 나누는 백성이다 | 하나님은 자신의 최고 피조물인 인간이 하나님의 영원한 본성을 반영해 주는 거울이 되기를 바라신다고 우리는 3장에서 주장했다. 다시 말해서 하나님은 우리가 하나님의 형상이 되기를 바라신다.

2장에서는 우리가 되어야 할 그 하나님의 형상 개념을 이해하기 위한 토대가 제시되었다. 즉 우리는 하나님이 '사랑'이심을 선언했다. 즉 영원부터 영원까지 하나님은 사회적 삼위일체^{성부 성자 성령}, 곧 사랑의 공동체이시다. 더 구체적으로 말하자면, 삼위일체의 역동성은 곧 성부와 성자가 서로 나누는 사랑, 즉 성령이시다.

하나님의 목적은 창조자의 성품이 인간들을 통하여 반영되는 화해된 창조 세계를 세우는 것이다. 더 나아가 삼위일체 하나님의 바람은 화해의 사귐 속으로 우리가 인도되는 것이다. 이때 이 사귐은 단순히 하나님 자신의 영원한 본질을 반영하는 것일 뿐 아니라 그것은 사랑이신 하나님의 본성 자체에 우리가 실제로 참여하는 것이다^{벧후 1:4}.

그렇다면 이 일은 어디에서 일어나는가? 신약성경에 따르면, 오순절로부터 시작된 역사 속의 그 화해된 사귐의 초점은 바로 예수 그리스도의 교회이다. 즉 하나님의 특별한 목적을 위하여 따로 구별된 백성으로서, 우리는 하나님이 어떤 분이신지를 보여 주는 백성이 될 것이다. 우리는 진정으로 사귐을 나누는 백성, 즉 사랑의 공동체가 됨으로써 하나님의 성품을 반영해 주는 거울이 될 것이다.[12]

그렇다면 이 일은 어떻게 일어나는가? 그 단서는 삼위일체 하나님의 계획에서 완성자로서 일하시는 성령의 역할에 놓여 있다. 즉 우리가 사귐을 나누는 백성이 되는 것은 우리가 성령의 교통^{communion} 가운데 참여하고 있기 때문이다.

이것을 이해하기 위해서, 우리는 하나님의 삼위일체적 본성과의 관련 속에서 하나님의 영원한 목적에 대하여 살펴보아야 한다. 성부가 성자를 보내신 것은 인류와 창조 세계로 하여금 하나님의 생명에 참여하게 하는 하나님의 영원한 계획을 실현하기 위함이었다. 그런데 우리가 8장에서 보았듯이, 성령은 우리의 회심을 통해서 우리를 하나님의 자녀로 만드신다. 이때 자녀의 지위는 성자가 성부에 대하여 누리는 바로 그 관계이다.

이렇게 우리가 회심할 때, 성령성부와 성자 사이의 관계의 영은 우리를 예수 그리스도의 형제자매로 만드신다. 그렇게 함으로써 성령은 성자가 성부와 누리시는 그 사랑을 우리도 함께 누릴 수 있게 한다. 즉 성령을 통해서, 우리는 삼위일체 하나님의 심장에서 일어나는 그 사랑에 참여할 수 있게 된다.

그러나 삼위일체적 사랑의 역동성에 참여하는 것은 단순히 각 개인이 따로 하는 것이 아니다. 반대로 그것은 우리가 모든 그리스도인과 더불어 누리는 특권이다. 우리 안에 현존하시는 성령의 활동은 우리로 하여금 성부와 성자가 누리는 그 관계 가운데 공동 참여자들로 만드신다. 즉 성령은 성부와 성자 사이의 관계를 우리에게 매개하면서, 하나의 백성 속으로 우리를 함께 모으신다. 이렇게 성령을 통하여 함께 하나가 됨으로써 비로소 우리는 삼위일체 하나님의 심장에서 일어나고 있는 그 장엄한 역동성사랑을 창조 세계에 참으로 반영해 줄 수 있다. 이렇게 우리는 성령을 함께 누림으로써 살아 계신 하나님과의 관계에 참여하게 되고, 우리 주 예수 그리스도의 공동체가 된다.

따라서 사랑의 공동체가 되기 위하여 부름 받은 교회는 평범한 실재가 아니다. 우리가 서로 나누는 이 사귐은 단순히 우리 공동의 경험이나 이야기에 근거한 사귐비록 이것도 중요한 것이지만이 아니다. 사실 우리의 사귐은 성령의 매개를 통하여, 성부와 성자 사이의 신적인 교통 가운데 공동으로 참여하는 것이다.[13]

이렇게 우리가 하나의 백성인 것은 성령이 우리를 함께 모아 성부와 성자 사이의 사랑 가운데 참여하게 하셨기 때문이다. 참으로 우리는 사랑의 공동체, 즉 성령을 통하여 우리 사이에 현존하는 사랑으로 함께 연합된 백성이다. 이러한 백성으로서, 우리는 삼위일체 하나님의 영원한 역동성을 현재 속에 반영하라는 부름을 받았다. 그런데 역동성이란 새 하늘과 새 땅에서 펼쳐지는 위대한 사귐 안에서 우리가 누리게 될 바로 그 신적인 공동체이다.

이것이 바로 우리이다. 이것이 바로 우리의 정체성이다. 우리는 하나님의 개척자 공동체, 즉 우리 안에 계신 성령을 통하여 삼위일체 하나님의 사귐에 함께 참여하고 있는 백성이다. 이러한 우리의 정체성은 세상 속에서의 우리의 사역을 위한 토대가 된다.

교회의 사명

개척자 공동체로서 교회가 해야 하는 일은 무엇인가? 우리의 소명은 무엇인가? 예수께서 우리에게 맡기신 사명은 무엇인가? 그리스도의 제자로서 우리의 사역은 무엇인가? 이 질문에 답하기 위해 먼저 우리가 물어야 할 질문이 있다. 즉 그것은 교회가 존재하는 근본적인 목적에 관한 물음이다. 먼저 여기에 답한 다음에야 비로소 우리는 교회의 사명이 무엇인지를 탐구할 수 있다.

우리의 목적 - 하나님을 영화롭게 하기

그리스도는 왜 교회를 설립하셨나? 그리고 지금 성령은 어떤 목적을 향해 계속 교회를 조성해가고 계신가? 여기에 대한 우리의 답변은 오직 이것이다. "하나님의 영광을 위해서!" 교회가 존재하는 궁극적인 목적은 바로 삼위일체 하나님의 영광이다.

성경 저자들은 하나님의 영광이 모든 창조 세계의 근본적 목적임을 거듭해서 말하고 있다시 19:1. 더욱이 하나님의 특별한 관심을 받는 특별한 피조물인 인간은 마땅히 창조자에게 특별한 찬양을 올려야 한다시 147:1.

불행하게도 인간은 죄 때문에 마땅히 드려야 할 찬양을 하나님께 드리지 못하고 있다. 그러나 은총 가운데 하나님은 인간이 모든 창조 세계와 더불어 하나님을 영화롭게 할 수 있도록 사역하고 계신다. 이 목적을 위하여 성부는 성자를 보내셨다. 예수는 우리가 하나님의 영광을 위하여 살게 하려고 우리를 죄로부터 구속해 주셨다엡 1:5~6, 11~14. 그리고 예수는 우리가 하나님을 위하여 살게 하려고 우리 마음에 성령을 부어 주셨다. 이처럼 영원부터 영원까지 우리는 하나님의 은혜의 '기념물'이다엡 2:6~7. 이렇게 교회의 목적은 하나님께 영광을 돌리는 것이다.

이러한 결론은 우리의 공동체 생활에 대하여 커다란 함축된 의미가 있다. 즉 그것은 우리 공동체의 모든 계획, 목표, 활동의 궁극적 동기는 오직 하나님을 영화롭게 하려는 소망이어야 한다는 것이다. 우리는 우리가 말하고 행동하는 모든 것을 이 궁극적인 목적, 즉 우리를 통하여 하나님을 영화롭게 하는 일에 바쳐야 한다.

여기서 나올 만한 한 가지 반론이 있다. 즉 하나님을 영화롭게 한다는 말은 자칫하면 하나님을 우주적 이기주의자egoist로 묘사하는 인상을 줄 수 있다. 우리는 성경의 이상理想이 겸손임을 잘 알고 있다. 바울은 우리에게 "아무 일에든지 다툼이나 허영으로 하지 말고 오직 겸손한 마음으로 각각 자기보다 남을 낫게 여기라"빌 2:3고 명령한다. 예수 그리스도는 이러한 겸손을 몸소 보여 주셨다빌 2:5~8. 그런데 창조 세계에 오직 자신만을 영화롭게 하라고 요구하시는 하나님의 태도는, 모든 사역의 목표를 자신을 높이는 일에 두는 하나님의 태도는 얼마나 겸손과 멀어 보이는가!

하나님의 모든 사역의 최종 목적은 하나님의 영광이라는 말을 이해하려면, 먼저 우리는 하나님이 어떤 분인지를 상기해야 한다. 우리의 하나님은 자신의 위대함에 스스로 매혹되어 피조물의 환호에 탐닉하는 단독적인 존재가 아니다. 그러한 하나님은 아리스토텔레스가 말하는 '부동不動의 운동자,' 즉 자신의 관조觀照를 받기에 합당한 대상이 오로지 자신밖에 없기에, 영원히 그렇게 자신만을 인식하고 있는 존재에 더 가깝다.[14]

그러나 우리가 영화롭게 하는 분은 삼위일체 하나님, 곧 사랑이신 하나님이다. 따라서 우리가 사귐 속에서 살 때, 우리는 하나님을 영화롭게 할 수 있다. 그런데 참된 공동체가 되려면 그 참여자들이 서로 사랑에 의한 겸손한 섬김의 관계를 맺어야 한다. 그래서 성경은 겸손을 높이고, 성부의 뜻에 대한 예수의 겸손한 순종을 우리의 이상으로 내세우는 것이다.

우리는 사랑의 공동체, 즉 성령을 통해서 사랑으로 함께 연합된 백성이 되어야 한다. 이런 신적인 사랑은 이웃과 세상을 향한 우리의 겸손한 섬김을 통해서 밖으로 드러난다. 실제로 우리가 사랑 안에서 살 때, 우리는 하나님의 형상이 된다. 즉 하나님이 어떤 분이신지를 반영한다. 바로 이것이 하나님을 영화롭게 하는 것이다. 왜냐하면, 그것은 삼위일체 하나님의 중심에서 역동하고 있는 그 사랑, 즉 그리스도께서 우리에게 계시하신 바로 그 사랑을 드러내는 것이기 때문이다.

우리의 사명 – 예배, 서로 덕을 세우기, 아웃리치

우리는 하나님 백성의 공동체가 되어서 하나님을 영화롭게 해야 한다. 성경에 따르면, 하나님을 영화롭게 하는 일은 맡긴 사명에 대한 사랑의 순종과 연결된다. 예수는 자신에게 맡긴 지상 사역을 완수하심으로써 성부를 영화롭게 하셨다요 17:4. 자신의 소명에 대한 주님의 순종과 성취는 성부를 향한 성자의 영원한 사랑의 표현이었다.

마찬가지로 하나님이 주신 소명을 우리가 겸손히 받아들이는 것은 그리스도를 영화롭게 하고, 그리스도를 통하여 성부를 영화롭게 하는 일이다. 대제사장의 기도 가운데, 예수는 제자들을 통하여 자신이 받으신 영광에 대한 기쁨을 표현하셨다요 17:10. 또 주님은 제자들이 맺는 열매가 성부께 영광을 가져온다고 말한 바 있다. "너희가 열매를 많이 맺으면 내 아버지께서 영광을 받으실 것이요 너희는 내 제자가 되리라"요 15:8.

즉 교회는 주님에게 순종할 때 하나님이 맡기신 위임을 완수할 때 하나님을 영화롭게 한다. 참된 신앙 공동체가 되기 위해서, 교회에는 다음과 같은 공동의 삶이 있어야 한다.

- 공동예배
- 서로 덕을 세우기
- 세상을 향한 아웃리치outreach

예배 | 예수는 제자들에게 즐거운 책임 하나를 맡기셨다. 즉 우리는

'영과 진리로 아버지께 예배하는' 자들이 되어야 한다요 4:23. 그리스도의 교회로서 우리는 하나님에게 그분의 이름에 합당한 영광을 올려 드리는 예배하는 공동체가 되어야 한다고전 14:26; 히 10:25. 그래서 흔히 우리는 교회를 '예배 공동체'라고 부른다.

• 성경은 우리에게 예배의 초점에 대하여 말한다.

예배한다는 말은 공경을 받기에 합당하신 분에게 공경을 드린다는 의미이다.[15] 그러므로 참된 예배의 초점은 오직 삼위일체 하나님이시다. 우리는 하나님의 존재와 그분이 하신 일로 인하여 하나님을 찬양한다.[16]

우리는 하나님의 존재를 찬양한다. 우리가 하나님의 거룩하심을 찬양하는 것은대상 16:29; 시 29:2, 96:8 천사들의 선포에 합류하는 것이다. "거룩하다 거룩하다 거룩하다. 주 하나님 곧 전능하신 이여, 전에도 계셨고 이제도 계시고 장차 오실 이시라"계 4:6-8; 참고 6:3. 또 우리가 하나님을 창조자로서 예배하는 것은 24장로들의 선포에 합류하는 것이다. "우리 주 하나님이여, 영광과 존귀와 권능을 받으시는 것이 합당하오니 주께서 만물을 지으신지라. 만물이 주의 뜻대로 있었고 또 지으심을 받았나이다"계 4:11.

또한, 우리는 그분이 하신 일로 인하여 하나님을 예배한다. 사실 하나님의 구원 사역은 하나님의 성품의 외적 표현이다.

하나님의 구원 사역의 초점은 예수이다. 예배 가운데 우리는 우리의 영적 실존의 토대가 되는 사건들을 경축하는데, 그 중심은 하나님이 우리를 죄의 속박에서 건져내신 일, 즉 하나님이 '예수 그리스도 안에서' 하신 사역이다. 따라서 우리는 "세상을 이처럼 사랑하사 독생자를 주신"요 3:16 성부뿐 아니라 못 박히시고 부활하신 주님을 또한 찬양한다계 5:9.

• 또한, 성경은 예배의 방법에 대해서도 말한다. 우리는 음악, 선언, 기

도, 상징적 행위 등을 통하여 하나님을 찬양할 수 있다.

성경의 예배에서 음악보다 더 중심적인 활동은 없을 것이다출 15:1-18; 마 26:30; 고전 14:26; 엡 5:19. 이는 당연하다. 왜냐하면, 음악은 우리 존재의 모든 차원을 다 표현해 주는 매체이기 때문이다. 노래는 가사와 음악 구조를 통하여 작곡가의 세계관을 표현해 주며, 따라서 삶의 지적인 차원을 구체화 한다. 음악은 또한 감정, 정서, 분위기 등을 포착해 냄으로써, 말로써는 표현되지 않는 것들을 표현해 준다. 즉 그리스도인으로서 우리는 음악을 통하여 우리의 교의뿐 아니라 우리의 감정을 표현할 수 있으며, 우리의 신조뿐 아니라 우리의 느낌을 하나님께 표현할 수 있다. 음악을 통하여 우리는 구속받은 백성으로서 우리의 기쁨을 하나님에게 표현하며시 92:1, 4; 95:1, 우리를 위하여 그리스도가 감당하신 슬픔과 고통을 함께 나누며, 주님이 다시 오실 위대한 영광의 날에 대한 기다림을 표현한다. 그리고 하나님은 우리의 이런 응답을 기뻐하신다시 149:1~4.[17]

비록 음악이 중요하긴 하지만, 예배의 중심 자리는 선언이 차지한다. 우리는 말하고 듣기 위하여 함께 모이는 것이다.

예배에는 "그 이름을 증언하는 입술의 열매"히 13:15, 즉 우리가 말로 표현하는 찬양이 포함된다. 우리는 서로에게 하나님의 위대하심과 선하심에 관하여 이야기할 뿐 아니라 그분의 존재와 하신 일에 대하여 직접 그분께 찬양의 고백을 드린다대상 16:9, 23; 시 95:1; 96:1~3; 벧전 2:9.

예배는 또한 하나님의 말씀 선포를 포함한다. 이것은 예언적인 발언의 형태를 취할 수 있다고전 14:1~5, 26~32. 그러나 더 중요하게 선포의 중심은 설교에서 하듯이 성경을 읽고 주해하는 것이다느 8:1~9; 딤전 4:13. 교회가 설교를 듣기 위하여 모이는 것은 성경을 통하여 말씀하시는 성령을 통하여 오늘도 가르침을 주고 계신 하나님의 사역을 경축하는 것이다.

선언의 한 측면이자 공동 예배의 세 번째 요소로서 기도가 있다. 기도를 통하여 공동체는 하나님을 향해 직접 말씀을 드린다.

공동 기도는 네 가지 국면을 가진다^{그 첫 글자만 모으면 ACTS가 된다}. 우선, 우리는 하나님의 존재와 완전하신 성품 때문에 그분을 높여 드린다^{찬미 adoration}. 그다음으로 우리는 우리의 실패를 고백하며, 하나님이 그것을 기뻐하시지 않는다는 사실을 인정한다^{죄의 고백 confession}. 그때 우리는 하나님 은혜의 용서를 받으며^{요일 1:9} 우리의 마음속에서 하나님이 하시는 모든 일에 대한 감사가 흘러나온다^{감사 thanksgiving}. 마지막으로, 우리는 우리의 필요에 대하여 하나님에게 간청의 기도를 드린다^{간구 supplication}.

공동예배의 마지막 요소는 상징적 행동이다.

중심적 상징들로서, 복음을 표현해 주는 예식 또는 성례들이 있다. 세례와 성만찬에 대해서는 10장에서 다룰 것이기에 여기서는 그냥 지나가기로 한다.

종종 간과되고 있지만, 우리의 예배에는 세례와 성만찬 외에도 다른 상징적 행위들이 있다. 예를 들어 하나님께 받은 환영과 용납을 이웃에게 베푼다는 표시로서 우리가 하는 악수에 대하여 생각해 보라. 그 행동을 통하여 우리는 하나님의 선하심에 대하여 그분에게 간접적인 찬양을 드리는 것이다. 마찬가지로, 특별히 성찬식 후에 그리스도 안에서의 하나 됨의 상징으로 우리가 원을 만들어 손을 잡는 것도 그리스도인들을 하나로 연합시키는 성령에 대한 무언의 찬양일 수 있다.

또 많은 교회가 예배 중에 헌금 시간을 가진다. 회중 가운데 헌금 바구니를 돌리고 다 모인 헌금을 헌금위원들이 맨 앞으로 들고 나오는 행위는 하나님을 향한 우리의 공동체적 봉헌을 상징한다. 그리고 헌금을 드리는 것 자체도 상징적인 행위일 수 있다. 물질을 드리는 행위를 통하여 우리는 하나님의 선하심에 대한 감사의 마음을 표현하는 것이다. 또한, 헌금은 우리가 우리의 전부를 하나님께 바친다는 것을 상징하는 행위이다.

서로 덕을 세우기 | 다락방에서 열두 제자의 발을 씻겨주신 후, 주님은 우리에게 그 일을 본보기로 따를 것을 위임하셨다요 13:12~17. 즉 주님은 서로 덕을 세워주라는 책임을 맡기신 것이다. 그리스도는 우리가 서로 덕을 세워줌을 통하여 모두가 영적으로 성숙해지기를 바라신다엡 4:11~13. 서로 덕을 세워주는 일은 그리스도인이라면 누구에게나 중요하다. 그리스도인의 삶이란 각자가 개별적으로 자신의 완전을 향해 나아가는 삶이 아니기 때문이다. 사실 중요한 의미에서 그리스도인의 삶은 하나의 공동체적 프로젝트이다.

서로 덕을 세워주는 백성이 되려면, 먼저 우리는 관계의 공동체로 부름 받은 우리의 소명을 진지하게 받아들여야 한다. 상호 관계성은 우리가 공동의 가치와 사명으로 함께 묶여 있으며, 동시에 근본적인 하나 됨을 공유하는 사람들이라는 인식에서부터 시작된다. 상호 관계성은 우리가 서로 조화롭게 살고자 노력할 때 자라난다롬 12:16. 상호 관계성은 우리가 함께 긍휼과 자비와 연민을 느끼게 될 때"즐거워하는 자들과 함께 즐거워하고 우는 자들과 함께 울기"를 배울 때(롬 12:15) 활짝 꽃피어 난다.

그리스도의 부름에 따라서 우리가 서로 세워줌을 실천하는 방식에는 여러 가지가 있다. 우리는 서로의 물질적이고 영적인 필요를 돌보아야 한다. 즉 우리는 어려움에 부닥친 사람들의 짐을 함께 나누어야 하고갈 6:1~2, 서로 격려하고 훈계해야 하며히 10:24~25, 신앙이 미숙하고 약한 이들을 양육해야 한다롬 14:1, 19.

서로 덕을 세워주는 것은 우리가 서로에 대하여 책임을 질 때 일어난다. 진정한 책임성은 어떤 단체나 독재하는 지도자에 대한 맹목적 순종을 의미하지 않는다. 사실 진정한 책임성은 우리가 모두 한 몸상호 관계와 상호 의존을 맺고 있는 신앙 공동체이라는 단순한 사실을 진지하게 받아들임을 의미한다. 다시 말해서 우리가 하는 행동과 우리의 삶의 방식이 전체 공동체에 영향을 끼친다는 것을 아는 것이다. 우리 각자의 완고하고 악한 죄는 복음에 대한 우리의 증언에 그림자를 드리운다벧전 2:12. 반대로 우리 각자가 영적으로 성장하면, 우리 모두가 혜택을 받는다엡 1:8. 또한, 책임성은 우리가 서로에게서 배울 자세를 가진다는 것을 의미한다. 우리는 우리를 성숙시키는 성령의 사역에 누구나 도구로 사용될 수 있기 때문이다.

서로 덕을 세워주는 것은 여러 활동을 통해서도 일어난다. 분명한 예로서, 교회 생활에서 행해지는 설교와 가르침을 들 수 있다. 정규적으로 교회는 상호 양육을 위한 여러 모임을 제공한다. 초신자반, 양육 소그룹, 친교 그룹 등. 교회가 자신의 위임을 실천하는 다른 두 활동, 예배와 아웃리치도 서로 덕을 세워주는 사역에 도움이 된다. 그러한 공동의 활동은 우리를 하나로 묶어주며, 각자를 성숙시켜 주는 수단이 된다.

무엇보다도 서로 덕을 세워주는 사역을 위한 중심 수단은 기도다. 우리는 기도하는 백성이 될 때, 즉 중보기도의 의무와 특권을 실천할 때, 비로소 서로 덕을 세워주는 사역을 감당한다약 5:16.[18] 우리가 모두를 위하여 중보기도 하는 것은 우리가 모두 '제사장들'이기 때문이다.[19] 우리는 교회에서 제사장의 역할을 감당한다.

구약성경은 이것을 이해하기 위한 맥락을 제공해 준다. 고대 이스라엘에서 제사장들은 백성을 대신하여 하나님에게 희생제물을 바치고 하나님 앞에서 중보기도를 드리는 사람들이었다. 예수 그리스도가 세우신 제사장 나라로서계 5:10, 이제는 우리 모두에게 그와 같이 중보기도해 줄 수 있는 특권이 있다.

예수는 다락방에서 중보기도의 모범을 보여 주셨다. "내가 비옵는 것은 그들을 세상에서 데려가시기를 위함이 아니요 다만 악에 빠지지 않게 보전하시기를 위함이니이다. 내가 세상에 속하지 아니함 같이 그들도 세상에 속하지 아니하였사옵나이다. 그들을 진리로 거룩하게 하옵소서. 아버지의 말씀은 진리니이다"요 17:15~17. 예수의 본을 따라, 우리도 동역자들이 그저 편한 삶을 살도록 해달라고어떠한 시련도 없게 해달라고 기도하지 않는다. 오히려 중보기도의 초점은 세상 속에서 살아가는 동역자들이 악한 자로부터 보호받으며, 그들이 하나님 말씀의 진리로 거룩하게 되는 것굳세게 세워지는 것이다.

마지막으로, 우리는 '회상과 희망의 공동체'가 됨으로써 서로 덕을 세워준다.[20] 즉 우리는 서로에게 우리 공동의 이야기를 계속 상기시켜 준다. 공동의 이야기는 하나님께서 예수 그리스도 안에서 우리의 구원을 위하여 행하신 활동에 초점을 맞춘다. 또한, 거기에는 신앙의 유산을 남겨주었던 위대한 사람들의 이야기도 포함된다히 11. 또한, 우리의 공동 이야기에는 우리의 미래에 관한 이야기도 포함되어 있다. 어느 날 예수 그리스도는 영광 중에 오실 것이다. 그때까지 주님은 그분의 약속대로 성령을 통하여 우리와 함께하신다.

성경의 장엄한 드라마는 우리에게 현재의 삶을 조망하게 하는 초월적 시야를 제공해 준다. 다시 말해서 성경 이야기는 우리의 개인적 삶을 더 큰 틀, 즉 하나님이 역사 속에서 하시는 커다란 사역의 틀과 연결짓도록 도와준다. 우리가 서로에게 이러한 연결점을 상기시켜줄 때, 우리는 서로 덕을 세워주는 일을 하는 것이다. 그것은 바울 고전 15:58의 본을 따르는 것인데, 바울은 그리스도의 부활에 참여하게 될 우리의 미래를 제시하면서 우리에게 현재를 굳건하게 살라는 교훈을 준다.

아웃리치 outreach | 참된 공동체는 마땅히 바깥사람들에 대하여 자신이 살도록 부름 받은 세상에 대하여 관심을 둔다. 실제로 우리의 비전은 우리 공동체의 한계를 넘어서게 한다. 우리는 모든 사람이 하나님, 이웃, 창조 세계와 화해되기를 갈망하기 때문이다. 우리가 공동체 바깥에 있는 사람들을 향해 정력을 쏟을 때, 우리는 그리스도가 우리에게 맡기신 아웃리치의 사명에 순종하는 것이며, 삼위일체 하나님께 영광을 돌리는 것이다. 아웃리치의 사명에는 두 가지 상호의존적인 활동 복음전도와 섬김 이 포함된다.

• 아웃리치는 복음전도이다.

우선, 복음전도는 선포를 말한다. 예수도 이렇게 선언하셨다.

"이 천국 복음이 모든 민족에게 증언되기 위하여 온 세상에 전파되리니 그제야 끝이 오리라" 마 24:14; 참고. 롬 10:14.

예수의 본을 따라, 우리는 하나님이 역사에 개입하셔서 우리의 구원을 가져오셨다고 모든 사람에게 선언한다 마 1:5. 우리는 하나님이 창조 세계를 향한 목적, 즉 화해의 새로운 공동체를 세우시기 위하여 지금도 일하고 계신다고 선언해야 한다. 이렇게 복음전도는 '예수와 그분의 사랑에 관한 이야기'를 말해 주는 것을 포함한다.

복음전도는 또한 현존이다. 복음전도는 단순히 복음의 좋은 소식을 선포할 때만 일어나는 것이 아니다. 복음전도는 성령이 우리를 세상 속에서 신앙 공동체로 만드실 때도 일어난다. 우리의 현존 자체가 하나님이 과거에 일하셨고, 지금도 일하고 계시며, 앞으로 일하실 것임을 세상에 증언하는 역할을 한다.

우리는 여러 방식을 통하여 세상 속에서 표지 역할을 한다. 예를 들어 현재의 타락한 상황 속에서 우리가 하나님께 언젠가는 전 우주에 울려 퍼질 찬양을 드릴 때, 우리는 세상을 향해 하나님이 이 창조 세계를 악의 권세에 버리지 않으셨음을 말해 주는 것이다.

마찬가지로 우리가 세상 속에서 공동체로 사는 것도 하나의 표지이다. 즉 그리스도인들의 참된 공동체가 됨으로써, 우리는 세상을 향해 하나님이 인류에게 바라시는 목표, 곧 새로운 공동체의 설립을 지시하는 역할을 한다. 이렇게 우리가 세상 속에서 공동체로 사는 것은 사람들로 하여금 하나님의 공동체에 함께 합류하고, 화해하며, 참여하라고 요청하는 것이다. 사람들에게 진리로 인정받고 신뢰받기 위해서, 복음은 반드시 구체화 즉 우리의 공동체적 삶을 통하여 구현 되어야 한다. 이렇게 세상 속에서 예수 그리스도의 참된 공동체로서 현존하는 일은 우리의 복음전도 사명에 중심적이다. 그리스도인들의 생명력 있는 사귐은 복음 진리에 대한 가장 강력한 변증 중의 하나이다.

복음전도 사명에서 기도는 매우 중요하다. 우리의 기도는 아직 예수를 구원자와 주님으로서 인정하지 않는 사람들을 위한 중보기도에 집중된다. 그러나 우리의 기도는 세상 전체를 포함한다. 우리는 정치 지도자들을 위해서도 기도한다. 이는 지혜의 영이 그들에게 내려서 복음 전파에 유익한 평화가 이루어지도록 하기 위함이다딤전 2:1~3.[21] 그리고 우리는 예수의 선언대로 교회가 전 세계에 복음을 선포할 임무를 감당하게 해달라고 하나님께 간청한다마 24:14. 그러한 탄원에는 선포자들을 위한 기도가 포함된다. 우리는 선포자들의 말에 성령의 능력이 임하여 그 메시지가 힘있게 울려 퍼지게 해달라고, 또 그들이 원수들로부터 보호를 받게 해달라고 기도한다살후 3:1~2.[22]

- 아웃리치는 섬김이다.

우리의 사명은 교회의 경계를 확장하는 일에 국한되지 않는다. 어려움에 부닥친 사람들을 희생적으로 섬기는 것도 우리의 사명이다.

우리가 섬김을 실천하는 까닭은 그것이 예수의 사역의 자연스러운 확장이기 때문이다. 주님은 섬김의 맥락에서 복음 선포의 사명을 이해하셨다.

"주의 성령이 내게 임하셨으니 이는 가난한 자에게 복음을 전하게 하시려고 내게 기름을 부으시고 나를 보내사 포로 된 자에게 자유를, 눈 먼 자에게 다시 보게 함을 전파하며 눌린 자를 자유롭게 하고 주의 은혜의 해를 전파하게 하려 하심이라"눅 4:18~19.

이 말씀대로 예수는 어려움에 부닥친 자들을 섬기는 사역을 하셨다. 예수는 아픈 자, 소외된 자, 귀신 들린 자, 죄를 지은 자, 해를 입은 자에게 친구와 치유자가 되어 주셨다. 세상을 떠나기 전에 주님은 자신의 섬김의 사역이 제자들을 통하여 계속 이어질 것이며, 제자들이 자신보다 더 큰 일을 하게 될 것이라고 약속하셨다요 14:12. 우리는 지금 그리스도의 몸으로서, 즉 세상 속에 임재하시는 그분의 현존으로서 성령의 인도 아래 '더 큰 일'을 행하려고 힘쓰고 있다.

또한, 우리가 섬김을 실천하는 까닭은 복음 자체에 이미 섬김이 포함되어 있기 때문이다. 성경이 말하는 복음은 분명히 사회적 차원을 가진다. 물론 복음의 초점은 우리와 하나님 사이의 화해에 있다. 그러나 성경은 화해가 사회적 실재여야 한다고 가르친다. 우리가 사람들과 바른 관계를 맺고 있을 때 비로소 우리는 하나님과 바른 관계를 맺고 있는 것이다. 복음의 요청을 따르면, 하나님과의 화해는 가족, 회사, 정부 같은 사회 기관들과 여러 사회적 관계 속에서 구현되어야 한다.[23]

복음에 응답한 사람들의 공동체로서, 우리는 자비, 정의, 의와 동시에 무엇보다도 사랑에 관심을 둔다. 따라서 우리는 삶의 모든 영역에 그리스도의 주권을 확장하는 성령의 일에 도구로 쓰임 받기를 힘쓴다.

예수의 본을 따라, 우리의 섬김은 어려운 사람들의 필요를 채워주는 일에 집중된다. 선한 사마리아인처럼, 우리는 세상에서 상처받고 소외된 자들의 상처를 싸매어 준다. 그러나 세상에 대한 섬김은 상처받은 사람들의 대변자가 될 것과 따라서 소외된 사람들에게 해를 입히는 사회 구조들을 변화시키려고 노력할 것도 요구한다. 그리스도의 주권을 인정하는 사람들로서 우리는 사회 속에 하나님의 통치 원리들이 더욱 반영되도록 애쓴다.

하나님의 백성으로서 세상 속에서 섬김의 사역을 감당하려는 우리에게 있어서 기도는 필수적이다. 상처받은 이들에 대한 봉사와 사회 정의의 추구는 기도의 강력한 도움이 없이는 진행될 수 없는 영적인 활동이다.

악한 현대 사회 가운데서, 우리는 주님의 본을 따라 하나님께 간청의 기도를 드린다. "나라가 임하시오며 뜻이 하늘에서 이루어진 것 같이 땅에서도 이루어지이다" 마 6:10. 성경의 본을 따르는 기도를 통하여, 성령은 우리의 시각을 예리하게 만드신다. 즉 기도를 통하여 우리는 성경이 보여 주는 미래의 새로운 질서의 빛 안에서 현 세상 질서를 보게 된다. 그때 우리는 하나님의 목적이라는 관점에서 세상의 어두운 면들을 인식할 수 있게 된다. 또한, 성경은 우리의 현 상황에 대한 하나님의 뜻이 무엇인지를 볼 수 있도록 우리에게 빛을 던져주기도 한다.

그러나 기도는 하나님의 미래의 빛 안에서 현 세상을 보는 것 이상의 역할을 한다. 기도는 또한 영적 전투를 위한 자원을 제공해 준다. 인간의 필요를 돌보려고 힘쓰는 가운데, 우리는 우리의 힘으로 도저히 감당할 수 없는 구조들과 맞닿게 된다. 이 전투에서 승리하려면, 우리에게는 하나님이 주시는 자원들이 필요하며, 그 가운데 특히 기도가 필요하다 엡 6:12, 18. 기도를 통하여, 우리는 섬김을 위한 힘을 부여받고 신앙의 회복을 경험한다.

무엇보다도 기도는 우리로 하여금 "어떤 견고한 진도 무너뜨리는 하나님의 능력"고후 10:4을 활용하게 한다. 문제투성이인 현 상황 속에서 우리가 드리는 기도는 하나님을 향해 행동하실 것을 청하는 부르짖음이 된다. 우리는 궁극적으로 오직 하나님의 능력만이 '악의 영적 권세들'을 이길 수 있음을 안다. 그러므로 기도는 창조 세계를 향한 사랑에 따라 행하시는 하나님의 뜻과 능력을 굳게 붙들고 사용하게 하는 수단이다.[24]

이것이 바로 교회이다!

우리는 한 백성, 즉 한 공동체이다. 우리는 함께 우리의 사명 예배, 서로 세우기, 아웃리치을 수행하면서 그리스도께 순종하고 하나님을 영화롭게 하려고 힘쓴다. 우리는 우리에게 맡긴 위임을 서로서로 일깨워 준다.

"오 시온이여, 너의 고귀한 사명을 완수하라 …".

예수는 교회에 대한 우리의 참여를 촉진하기 위하여 일정한 헌신의 절차들을 제정해 주셨다. 이 절차들은 세상 속에서 주님의 백성으로서 살아야 할 우리의 사명을 상징적으로 드러내 주며, 우리에게 그 사명을 감당할 힘을 제공해 준다. 신약성경은 교회가 자신의 위임을 완수하기 위하여 어떤 조직을 갖출 것인지에 대하여 지침을 제시한다. 우리는 다음 장에서 이런 문제들을 다룰 것이다.

생각하고 적용해 보기

1. 오늘날 사람들은 교회에 대하여 어떤 오해들을 하고 있나? 우리가 교회에 대하여 바른 성경적 이해를 하는 것이 중요한 이유는 무엇인가?

2. 교회를 미래의 견지에서 조망하는 것은 그리스도인들의 공동의 삶에 어떤 중요한 의미가 있는가?

3. 때때로 우리는 "나는 숲 속에서도(또는 골프장에서도) 하나님을 잘 예배할 수 있다"는 말을 듣는다. 여기에 당신은 동의하는가? 그러한 주장이 지역 교회 공동체에 갖는 함축된 의미는 무엇인가?

4. '서로 책임지는 모임'에 참여하는 이점은 무엇인가? 또 그것이 가진 잠재적인 위험은 무엇인가? 그 위험을 최소화시키는 방법은 무엇인가?

5. 기도는 교회의 삶에서 어떤 역할을 감당해야 하는가?

6. "성경이 말하는 복음은 명백히 사회적이다"라는 것이 사실이라면, 그것은 인종 문제와 같은 사회 문제들에 대하여 어떤 함축된 의미가 있는가?

7. 교회에 주어진 사명의 세 측면, 즉 예배, 서로 세우기, 아웃리치 중 어떤 것이 가장 중요한가? 왜 그렇게 생각하는지 상세히 말해보라.

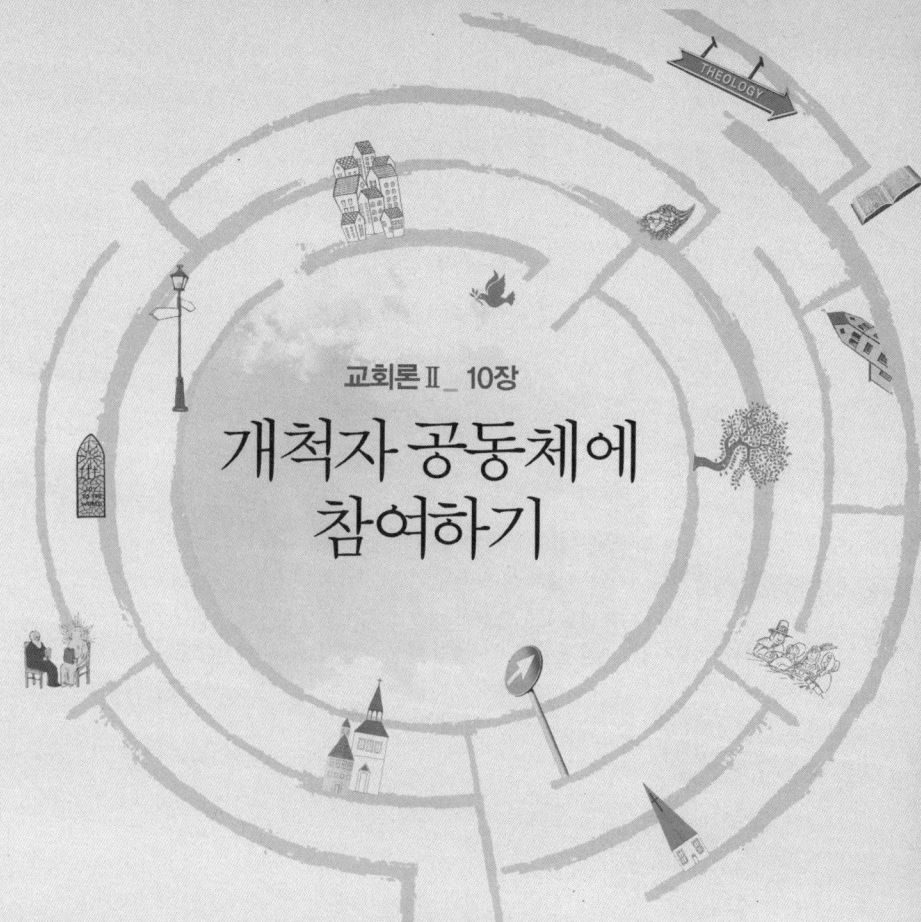

교회론 II _ 10장

개척자 공동체에 참여하기

Created For Community
Connecting Christian Belief with Christian Living

그러므로 너희는 가서 모든 민족을 제자로 삼아
아버지와 아들과 성령의 이름으로 세례를 베풀고
내가 너희에게 분부한 모든 것을 가르쳐 지키게 하라
볼지어다 내가 세상 끝날까지 너희와 항상 함께 있으리라 하시니라
―
마태복음 28장 19~20절

두 목사가 사람들이 밀집해 있는 경기장에서 대학 미식축구경기를 구경하고 있었다. 갑자기 한 목사가 동료에게 말했다.

"사실 나는 미식축구가 싫어."

놀라고 의아해 하는 친구의 표정을 보고 그는 이렇게 덧붙여 말했다.

"하지만 난 사람들이 무언가에 흥분하고 있는 곳에 있는 것을 좋아해."

왜 현대인들은 주로 오락에서만 흥분을 느끼게 될까? 왜 사람들은 심지어 그리스도인들도! 교회 생활보다는 스포츠 게임에서 흥분을 더 느낄까? 그리고 신앙 공동체에 대한 열정을 다시 불붙이기 위해서 우리는 무엇을 할 수 있을까?

우리는 9장에서 교회의 본질과 사명을 '개척자 공동체'로서 새롭게 이해하는 것이 중요하다고 주장했다. 이제 한 걸음 더 나아가 10장에서는 개척자 공동체에 참여하는 문제에 대해 다루려고 한다. 구체적으로 우리는 다음 세 가지 주제들에 대하여 살펴볼 것이다.

- 공동체의 회원제도
- 공동체적 헌신 행위
- 공동체 삶의 조직

공동체의 회원제도

그리스도인으로서 우리는 하나님의 개척자 공동체에 속해 있다. 그렇다면 우리가 그 개척자 공동체에 참여하는 형식은 어떠한가? 이 문제에 대한 토의는 지역 교회의 회원제도에 대한 문제로 이어진다. 예수 그리스도의 공동체 참여는 특정한 지역 교회의 회원이 되는 것에 달려 있는가?

많은 그리스도인은 그렇다고 생각한다. 사람들은 예수 그리스도의 공동체에 속하는 것과 한 지역 교회의 교인명부에 등록되는 것을 자동으로 연결짓는다. 이러한 견해를 조건 없이 긍정하는 것은 위험하다. 왜냐하면, 지역 교회의 교인명부에 등록되는 것과 하나님의 종말론적 공동체에 실제로 참여하는 것은 같은 것이 아니기 때문이다. 지역 교회의 회원이 되었다고 해서 자동으로 '구원' 받는 것은 아니다. 지역 교회의 회중에 소속되었다고 해서 우리의 영원한 운명이 보장되는 것은 아니다.

그럼에도 그리스도인들이 교회 회원이 되는 것과 예수 그리스도에게 속하는 것을 연결짓는 것에는 한 가지 중요한 진리가 담겨 있다. 그것은 우리가 궁극적으로 예수 그리스도의 몸에 참여할 수 있는 것은 지역 교회 공동체에 참여하는 것을 통해서 이루어진다는 점이다. 이 책에서 거듭해서 주장해 왔듯이, 예수 그리스도에게 나아오는 일에는 반드시 그 백성으로 들어가는 일이 수반되기 때문이다.

그렇다면 교회의 회원제도에 대해서 우리는 어떻게 생각해야 하는가? 구체적 회중에 들어가는 형식적 행위는 '개척자 공동체'에 대한 참여아 어떤 관련을 맺고 있는가? 우리는 다음에 대하여 살펴보려 한다.

지역 교회에서,

- 회원제도는 왜 필요한가?
- 누가 회원인가?
- 회원이 된다는 것은 무엇인가?

회원제도는 왜 필요한가?

분명 누구나 한두 번은 교회의 회원제도에 대하여 "왜?"라는 질문을 해 보았을 것이다. 그것이 무슨 필요가 있는가? 우리는 왜 그런 형식적 문제에 신경을 써야 하는가? 그저 그리스도인이 된 것으로 충분하지 않은가? 굳이 교회에 편입하는 일정한 행위를 따로 정할 이유가 무엇인가?

교회 회원제도를 거부하는 그리스도인들은 흔히 초대 교회의 관습에 호소한다. "왜 우리는 초대 교회의 단순한 형태로 돌아가지 못하는가?"라고 말하면서 개탄한다. 이러한 주장의 이면에는 초대 교회가 교회 회원제도에서 오늘날보다 훨씬 비형식적이었다는 가정이 있다. 현대 교회의 제도들과는 대조적으로 성경 기자들은 결코 '형식적인' 교회 회원제도에 대해서 말한 바 없다는 것이다.

1세기 교회의 모습을 회복하자는 이런 운동들이 있기에, 우리는 교회 회원제도의 '이유'에 대한 논의를 시작하면서 초대 교회에 대해서 살펴보아야 한다.

1세기 교회의 회원제도 | 언뜻 보면 현대 교회의 제도적인 회원가입 형식들은 신약성경과는 무관해 보인다. 예를 들어 사도행전에 보면, 누가는 단순히 사람들의 "수가 … 더하더라"행 2:41, 47고 말할 뿐이다. "예루살렘에

있는 제자의 수가 더 심히 많아지고"행 6:7라는 보고도 있지만, 누가는 형식적인 교인 등록 제도에 대해서는 전혀 언급하지 않는다. 사실 지금 우리가 당연한 것으로 간주하고 있는 회원가입 절차들은 후에 생겨난 것으로서, 아마 2세기 후반 핍박받던 교회에서 발전된 세례 관습에서 그 유례를 찾을 수 있다.[1]

그러나 동시에 우리는 초대 교회 관습에 대하여 지나치게 단순한 접근을 하지 않도록 조심해야 한다. 신약성경은 1세기 그리스도인들이 교회 회원제도에 대하여 우리가 보통 상상하는 것 이상으로 더 형식적인 이해를 하고 있었음을 보여준다. 요즘 우리의 교인 이적 증서와 비슷한 역할을 하는 추천서들이 당시 지역 교회들 사이에도 오고 갔던 것으로 보인다고전 16:3; 고후 3:1; 요삼 5~9.

비록 오늘날보다는 절차가 덜 형식적이었긴 하지만, 신약성경 시대의 초대 그리스도인들도 교회 회원가입 형식을 중요하게 다루었다. 그들은 자신을 '고독한 방랑자'가 아니라 커다란 공동체 속에 편입된 사람들로 간주하였다행 8:14~17; 18:24~27; 롬 15:26~27. 사실 자족적인 그리스도인이라는 개념은 초대 그리스도인들에게 있어서는 도무지 생각조차 할 수 없었다. 그들은 각 그리스도인과 공동체가 서로 불가분의 관계를 맺고 있음을 잘 알고 있었다고전 12:12~27.

이같이 높은 소속감을 지니고 있었기에 주님의 회중으로부터의 추방은 그들에게 있어서 대단히 심각한 문제였다. 회개하지 않는 회원에 대해서 회중은 출교를 통하여 연을 끊었다마 18:17; 고전 5:13. 이런 출교는 당시에 엄청난 의미가 있었다. 출교는 단순히 인간적 사귐이 깨어진 것 이상을 의미했다. 출교는 그리스도로부터 쫓겨난 것을 의미했다. 그것은 주님의 현존과 보호하심이 있는 영역으로부터 쫓겨나서 다시 사단의 공격에 노출되는 것이었다고전 5:5.

1세기와 현재 상황 | 다른 공동체들처럼 예수 그리스도의 공동체도 '경계를 가진 집단', 즉 일정한 범위를 가진 사회적 단체이다. 따라서 누가 소속된 '회원'이고 누구는 그렇지 않은가의 문제는 중요하다. 어떤 형식을 가졌든 교회의 회원제도는 불가피하다.

누가 회원인가?

그렇다면 교회 소속 여부를 결정짓는 요건은 무엇인가? 개척자 공동체의 회원자격은 구체적으로 무엇인가? 즉 어떤 사람이 회원인가?

거의 모든 기독교 전통들이 개척자 공동체에 대한 참여를 '세례'라 불리는 일정한 편입 행위와 연결짓고 있다. 이 의식은 예수 그리스도 공동체에 입문한다는 표지 역할을 하며, 따라서 제도적 교회 안으로의 편입을 표현하거나 상징하는 역할을 한다. 세례와 회원가입을 연결짓는다는 점에서 대부분 일치한다. 하지만 그 구체적 시행에서 서로 다른 태도를 보인다.

'순수 회원제도' 입장 | 어떤 이들은 교회 회원자격은 의식적인 신앙고백을 할 수 있는 사람들에게만 허락되어야 한다고 믿는다. 이러한 '신앙고백 세례주의자' believer's Baptist의 견해에 따르면, 유아들과 어린이들은 교회 회원자격에서 배제된다. 아직 그들은 세례를 통하여 자신의 개인적 회심을 증언할 수 있는 나이에 도달하지 못했기 때문이다. 즉 유아들은 아직 세례를 받을 수 있는 자격을 갖추지 못했기에, 그들은 세례받은 이들의 공

동체로서의 교회의 회원이 될 수 없다.

이러한 '신앙 고백 세례주의'는 1500년대 후반 급진적 청교도주의자들이 표명한 바 있는 '중생자重生者 교회 회원제도' 또는 '순수 교회의 이상' 원리의 논리적 귀결이다. 즉 교회는 구별된 백성언약 백성, 즉 구속받은 이들의 공동체이기에, 오직 자신의 중생또는 선택받았음을 증명할 수 있는 자들만이 교회에 편입될 수 있다는 주장이다. 세례는 그러한 거듭남의 신앙 고백이 행해지는 의식이다.

'신앙 고백 세례주의자'들의 엄격한 회원자격 요구가 율법주의에서 비롯된 것은 아니다. 그들은 가능한 범위 안에서 교회가 진정으로 그리스도의 제자인 사람들로만 구성되기를 바라는 것이다.

'혼재된 회원제도' 입장 | 어떤 그리스도인들은 교회가 거듭난 사람뿐 아니라 모든 사람을 포괄해야 한다고 믿는다. 그들의 목적은 '선택받은 이들'로만 구성된 '순수 교회'가 아니다. 오히려 언제나 교회는 '혼재된 공동체'이다. 즉 교회에는 외부 사람들도 포함된다.

이 '외부 사람들'이란 누구인가? 어떤 전통에서는 일정한 지리적인 영역교구나 관구, 심지어 한 나라 안에 있는 사람들을 모두 교회 회원에 포함한다. 또 어떤 이들은 예수 그리스도에 대하여 신앙을 고백하는 이들과 그들의 자녀로 교회 회원자격을 제한한다.[2] 두 경우 모두에 있어서, 스스로 혼재된 공동체로 간주하는 교회들은 일반적으로 유아 세례를 실시한다. 즉 그들은 '유아세례주의자들' paedobaptists이다.

두 입장의 함축된 의미들 | 교회 편입의 표지인 세례의 특권을 유아들

에게까지 확대하는 유아세례주의자들은 사람이 유아기 때부터 이미 교회 회원이 될 수 있다는 주장을 편다. 그러나 유아세례주의 전통에서도 교회에의 완전한 참여를 상징하는 입교^{견진례}, confirmation와 같은 추가적인 의식이 있다. 입교^{견진례}는 세례와는 다른 것으로서, 의식적인 제자도 속으로의 입문을 표시하는 의식이다.

유아세례주의자들은 아이들^{특별히 교회 회원들의 자녀}도 공동체의 특별한 돌봄과 양육을 받아야 할 존재라는 사실을 상기시켜 준다.³⁾ '신앙 고백 세례주의' 전통의 교회들에서는 보통 '유아 헌신' 예배를 통하여 이를 인정한다. 그러나 모든 전통이 '신앙고백 세례주의' 전통에서는 특히 강조해서 그렇게 하듯이, 아이들이 자신의 신앙을 공적으로 표현하고 의식적인 제자도의 길을 걷기 전까지 우리는 아이들을 '그리스도인들의 숫자'에 포함하지 말아야 한다.

교회 회원이 된다는 것은 무엇을 의미하는가?

지금까지 우리는 교회 회원제도를 따로 떼어 살펴보았다. 이는 토의를 위해서 유익한 방법일 수도 있다. 그러나 사실 교회 회원제도는 더 커다란 전체와 함께 고찰되어야 한다.

우리는 8장에서 교회로의 편입을 회심 체험의 절정으로 이해했다. 예수 그리스도의 교회의 지역적 표현, 곧 지역 교회에 편입하는 것은 기독교적 삶 속으로의 최종적 편입 절차다. 그것은 복음의 부름에 대한 첫 응답의 완성이다. 즉 개인적 회개와 함께 그리스도를 자신의 구원자와 주님으로 믿는 것으로 시작된 응답은 물세례를 통하여 공적으로 표현되며, 교회 회원이 될 때 절정에 도달한다.

회원가입을 큰 맥락 속에 둠으로써, 그것을 개인이 이제 제자도의 길에 들어선 것으로 보는 것은 교회 회원가입이 단순히 어떤 클럽에 참여하는 것으로 오해되는 위험을 막아준다. 교회 회원이 된다는 것은 그리스도의 제자로서 살고자 하는 '같은 마음'과 '같은 헌신'을 가진 특정 지역의 사람들과 '언약' 상호 계약 을 맺음을 의미한다.

무엇보다도 교회 속으로의 편입은 공동체 속으로의 편입이다. 그것은 우리가 같은 이야기와 비전과 위임을 공유하는 사람들의 무리에 참여함을 의미한다. 이렇게 그리스도의 교회로의 편입은 첫 번째 개인의 내적 신앙, 두 번째 신앙의 외적 표현으로서의 세례, 그리고 세 번째 지역 회중 속으로의 회원가입이라는 세 가지 절차의 결합을 통하여 이루어진다. 내적 신앙이란 우리가 예수 그리스도의 이야기를 자신을 위한 이야기로 받아들인다는 것이다. 세례는 예수께서 주님이심을 공적으로 고백하는 것으로서 우리가 충성의 대상을 바꿨음을 상징한다. 그리고 교회 회원이 된다는 것은 이제 우리의 개인적 이야기와 하나님의 백성 전체의 이야기 또한 그 백성의 지역적 구현인 지역 교회의 이야기 사이에 공적인 맞물림이 시작되었음을 표시하는 것이다.

공동체적 헌신 행위

우리는 특별한 백성이다. 우리의 존재 이유는 공동체적 삶을 통하여, 사랑이신 하나님의 성품을 반영함으로써 하나님을 영화롭게 하는 것이다.

모든 공동체는 공동체의 삶을 표현해 주는 일정한 상징적 행위들을 갖고 있다.[4] 기독교 공동체에는 특별히 두 가지 행위가 중요하다. 세례와 성만찬이 바로 그것이다. 세례와 성만찬은 우리가 그리스도를 통하여 하나님 백성의 사귐 안에서 하나님의 은혜에 참여하고 있음을 상징적으로 확인하는 행위이다. 따라서 그리스도인에게 있어서 이 두 가지 행위는 공동체적 '헌신 행위'인 셈이다.

헌신 행위의 '효력'

어느 시대에나 그리스도인들은 세례와 성만찬에 참여해 왔다. 그러나 이 의식의 '효력'이 무엇인지에 대해서는 그리스도인들 사이에도 많은 혼란과 논쟁이 있었다. 즉 구체적으로 '어떻게' 이 의식들이 헌신 행위가 되는가?

성례인가, 예식인가? | 여기에 대한 단서는 우리가 이 행위들을 지칭할 때 사용하는 단어들에서 찾을 수 있다. 그러나 어떤 것이 적절한 명칭인지에 대해서도 커다란 논쟁이 있었다.

많은 그리스도인은 세례와 성만찬을 '성례'Sacrament라고 칭한다. 성례헬라어로는 sacramentum는 고대 세계에서 일상적으로 사용되던 단어였다. 당시 로마 군인들은 입대할 때 상관에게 충성하고 순종할 것을 서약sacramentum하는 행위를 가졌다.또 당시에는 법적 분쟁 관련자들이 결정권을 가진 사원에 보증금(sacramentum)을 내는 관습이 있었다.[5] 이 명칭에 근거해서 다음과 같은 유명한 정의가 생겨났다.

> '성례'란 보이지 않는 내적 은혜에 대한 보이는 외적 표지다.[6]

그러나 다른 그리스도인들은 세례와 성만찬을 성례로 부르기를 좋아하지 않는다. 왜냐하면, 그들은 그 용어에 담겨있는 중세의 흔적, 즉 세례와 성만찬을 마술적으로 이해했던 중세 사고방식의 흔적을 염려하기 때문이다. 그래서 그들은 성례 대신 '예식' ordinance이라는 말을 사용한다. 이 명칭은 '정하다' to ordain라는 동사에서 파생된 것인데, 거기서 다음과 같은 정의가 생겨났다.

> '예식'이란 그리스도가 정하신, 따라서 우리가 그분에 대한 순종의 표지로서 지키는 행위이다.

세례와 성만찬을 '예식'으로 부르는 것은 세례와 성만찬이 예수 그리스도에 대한 우리의 충성을 선언하는 수단으로 주어진 것이라는 사실을 상기시켜 준다. 그런데 예수 그리스도가 우리에게 그 예식을 준수하라고 명하신 것은 그 예식이 우리에게 어떤 혜택을 가져다주기 때문이다. 즉 거룩한 성례로서 세례와 성만찬은 우리가 주님이신 예수에 대한 우리의 충성을 고백하는 생생한 수단이 된다. 우리는 성례의 행위들을 통해서 우리의 신앙을 고백하되 매우 특별한 방식으로 고백한다.

세례와 성만찬은 '보이는 설교', 즉 상징을 통하여 선포되는 하나님의 말씀이다. 그 의식은 그리스도 안에서 우리에게 주어지는 하나님의 은혜를 그림처럼 보여준다.[8] 우리가 그 행위들에 참여할 때, 우리는 복음을 선언하는 것이며, 복음에 대한 우리의 순종적 응답을 증언하는 것이다. 즉 그 행위들을 통하여 우리는 그리스도 안에서 하나님의 은혜를 받았음을 선언하며, 하나님에 대한 헌신을 세례를 통하여 확약하고 성만찬을 통하여 재확약한다. 우리가 이러한 생동적이고 상징적인 방식으로 자신의 신앙을 확약할 때, 성령은 우리로 하여금 그 행위들이 상징하는 실재 자체에 참여하게 해준다.

우리의 과거와 하나님의 미래 | 세례와 성만찬 참여의 효력 문제는 그것이 성경의 구원 드라마 속에 우리를 참여시키는 방식을 살펴볼 때 비로소 온전한 답이 찾아질 수 있다. 한 마디로 그 행위들은 우리를 과거와 미래에 접촉하게 한다.

세례와 성만찬은 우리를 과거로 이동시켜 준다. 이 상징들을 통하여 우리는 예수와 더불어 죽고 다시 사는 복음 이야기를 재현한다. 이때 성령은 그리스도와 우리 사이의 연합을 생생하게 상기시킨다. 또한, 성령은 새 사람으로서의 우리의 정체성을 우리 안에 확증시켜준다.

세례와 성만찬은 또한 우리를 미래로 이동시켜준다. 이 행위들을 통하여 우리는 부활하시고 승천하신 예수께서 영광 중에 다시 오실 위대한 날을 경축한다. 그날 예수의 현존은 복음 이야기의 절정을 이룰 것이다. 그때, 예수를 따르는 모든 이들이 모든 창조 세계와 더불어 그분의 형상으로 변모될 것이다.

세례와 성찬의 헌신 행위는 우리로 하여금 이러한 비전을 굳게 붙들도록 도와주는 강력한 수단이다. 세례와 성찬은 우리의 참된 정체성이 하나님의 미래에 놓여 있음을 상징적으로 깨우쳐 준다. 나의 참 모습은 미래에 있다. 또 과거로부터 미래에 이르기까지 역사 속에서 일하시는 하나님의 구원 활동 이야기를 선포함으로써, 성령은 우리로 하여금 지금 여기의 삶을 능력 있게 살아갈 힘을 부여해 준다.

세례: 우리 정체성의 확인 도장

세례는 우리를 그리스도의 공동체 속으로 편입시켜 주는 헌신 행위이다. 세례는 교회의 대표자가 삼위일체 하나님의 이름으로 새 신자에게 물을 적실 때 일어나는 것으로서, 그리스도와 연합된 우리에게 하나님이 새로운 정체성을 주시는 것을 상징한다.

"세례를 준다"baptize는 영어의 고유어가 아니다. 그것은 '물로 씻는다' 또는 '물속에 잠기게 하다' 문자적으로는 '물로 둘러싸이게 하다' 는 뜻을 가진 헬라어 밥티조baptizo의 음역어이다.

새 신자에게 세례를 주는 것은 예수의 명령에 순종하는 것이며 마 28:19, 주님의 본을 따르는 행위이다 마 3:13. 그러나 이것의 중요성은 무엇인가? 왜 우리는 세례를 받아야 하는가?

세례는 우리를 새로운 삶 속으로 편입시켜 준다 | 우리가 세례를 받는 이유는 전에 말한 바 있듯이, 세례는 편입 행위이기 때문이다.

이미 살펴본 대로, 세례와 성만찬은 모두 복음을 선포하는 행위다. 세례와 성만찬은 모두 눈에 보이는 설교다. 세례와 성만찬은 예수 그리스도의 죽음과 부활에 대하여 증언하는 행위, 즉 주님이 우리를 위하여 죽고 다시 사셨음을 천명해 주는 행위이다. 더 나아가 그 행위들은 복음 메시지에 대한 우리의 반응을 상징한다.

더 구체적으로 말해서 세례는 이제 우리의 개인적 이야기와 예수 이야기 더 나아가 신앙 공동체의 이야기 사이에 맞물림이 시작되었음을 상징적으로 표현해 주는 행위이다. 즉 세례는 우리를 새로운 삶 속으로 편입시켜 준다.

• 세례는 우리와 예수 그리스도와의 영적인 연합을 상징한다는 점에서

새로운 삶 속으로의 편입이다.

세례는 우리가 성금요일과 부활 주일에 참여하고 있음을 상기시켜 준다. 즉 신앙을 통하여, 우리는 예수 그리스도와 함께 죄 된 옛 삶에 대하여 죽었고, 또한 예수 그리스도와 함께 새로운 삶으로 부활했다_롬 6:3-8_.

세례는 예수 그리스도의 죽음이 죄의 용서를 가져왔음을 선언하는 행위이다_행 2:38; 벧전 3:21_. 물이 우리의 몸을 씻어주듯이, 세례를 통하여 상징되는 예수의 죽음에 참여하는 것은 우리의 죄를 씻어준다. 우리가 예수 그리스도의 부활에 참여하는 것은 우리가 성령을 받았으며, 그 성령을 통하여 우리가 새롭게 다시 태어났음을 의미하는데, 바로 이것 때문에 죄 씻음이 일어난다_고전 12:13_. 또한, 우리 안에 계시는 성령은 미래에 있을 우리의 부활에 대한 약속과 능력으로서 작용한다_롬 8:11; 고후 1:22; 5:5; 엡 1:13-14_.

- 세례는 충성을 바치는 대상의 변화를 의미한다는 점에서 새로운 삶 속으로의 편입이다.

세례는 우리가 예전의 모든 충성을 부정하고, 주님이신 예수 그리스도에게 충성을 바칠 것을 공적으로 선언하는 행위이다. 지금까지 우리가 어떤 대상들에 충성했든 간에 이제 우리가 최고의 충성을 바칠 대상은 오직 예수이시다.

- 세례는 우리가 하나님과 우리 사이의 새로운 계약에 도장을 찍는 행위라는 점에서 새로운 삶 속으로의 편입이다.[9]

세례는 우리가 하나님 앞에서 하는 공적인 맹세이다_벧전 3:21_. 세례는 우리가 제자의 길을 걷겠다는 선언이다.

새로운 삶 속으로의 편입은 새로운 공동체 속으로의 편입이기도 하다. 세례는 우리를 혼자만의 경건 생활로 인도하지 않는다. 오히려 세례는 우리를 새로운 공동체, 즉 하나님 백성의 사귐 속으로 인도한다. 세례는 예수 그리스도와의 연합을 상징하는 것이기에, 이제 우리는 죄에 대하여 죽고 새로운 삶으로 부활한 사람들의 사귐에 속하게 된다. 또 세례는 충성을 바치는 대상의 변화를 의미하는 것이기에, 이제 우리는 예수를 주님으로 고백하는 공동체의 일부가 된다. 또 세례는 하나님과의 언약에 확인 도장을 찍는 행위이기에, 세례는 우리로 하여금 하나님의 백성이 되게 한다. 이제 우리는 하나님의 영광을 위하여 살고자 힘쓰는 사람들에게 속하게 된다.

이렇게 세례를 통하여 우리는 '한 몸', 즉 예수 그리스도의 교회 속으로 들어가게 된다 고전 12:13. 이제 우리는 더는 우리의 삶을 옛 공동체의 범주들에 따라 규정하지 않는다. 이제 우리는 죄와 정죄의 자리로부터 떠나서 하나님과의 더 나아가 이웃과의 새로운 공동체 속으로 들어갔다. 세례를 받은 사람들로서, 이제 우리는 하나님의 백성이 나누는 이야기를 함께 나눈다. 우리는 그리스도의 이야기, 특별히 그분의 삶과 죽음과 부활 이야기에 의하여 규정되고 다스려지는 공동체의 일부가 된다.[10]

세례는 우리에게 새로운 미래를 약속해 준다 | 왜 세례를 받는가? 세례는 우리를 새로운 공동체 속으로 편입시켜 주기 때문이다. 그러나 우리의 반응은 여기서 한 걸음 더 나아간다. 세례는 단지 과거와 달라진 '현재'를 말하는 것을 넘어선다. 세례는 미래를 바라보는 것이다. 실제로 세례는 미래를 향한 것이며, 우리를 미래로 향하게 한다.

우리가 세례를 통하여 기념하는 예수 이야기는 성금요일과 부활 주일에서 끝나지 않는다. 주님은 하늘로 승천하셨으며, 거기서 '하나님의 오른

편에' 앉아 계신다롬 8:34; 참고. 엡 1:20; 히 1:3. 그리고 미래의 어느 날 주님은 영광 중에 다시 이 땅에 오실 것이다.

마찬가지로 세례가 우리 이야기의 끝은 아니다. 사실 세례는 하나님의 구원 활동의 최종적 목표라는 더 큰 맥락 속에서 우리의 새로운 공동체 편입을 이해하게 한다. 12장에서 살펴보겠지만, 최종 목표란 우리의 영화glorification, 즉 주님이 재림하실 때 있게 될 우리의 완전한 변화를 의미한다롬 8:11; 고전 15:51-57. 세례는 우리에게 현재 너머에 있는 하나님의 영원한 공동체를 가리킨다. 또한, 세례는 그 영원한 사귐에 참여하게 될 우리의 희망을 상징한다. 우리가 세례를 통하여 상징하는 바, 우리 삶 속에 들어오시는 성령의 현존은 그리스도가 나타나시는 날 우리가 누리게 될 완전한 구원에 대한 하나님의 보증이다고후 1:22, 5:5; 엡 1:14.

이렇게 볼 때, 세례는 엄청난 윤리적 요구를 포함한다. 세례는 이제 우리가 하나님으로부터 부여받은 새로운 정체성에 따라 살아야 함을 선언하는 것이며, 하나님께 속한 공동체로 우리를 변화시켜 가는 성령에게 순종하라는 도전이며, 우리의 미래 모습에 대한 장엄한 비전에 따라 현재를 살라고 하는 권고이다.

세례는 우리의 삶에 영향을 끼친다 | 왜 우리는 세례를 받는가? 여기에 대한 세 번째 답은 세례를 통하여 하나님이 우리의 삶에 끼치시는 영향이 있기 때문이다.

우리는 세례를 '눈에 보이는 설교'라고 묘사했다. 이 상징적 행위는 죄인들을 위한 그리스도의 죽음과 부활, 그리고 영광 중에 다시 오실 주님의 재림에 대하여 말해 준다. 귀로 들리는 설교를 통하여 성령의 음성이 들려질 수 있듯이, 성령은 눈에 보이는 선포를 통해서도 우리에게 음성을 들려주신다.

그렇다면 이때 세례를 통하여 성령은 누구에게 말씀하시는가? 세례는 누구를 위한 설교인가? 이 행위를 통하여 영향을 받는 사람은 누구인가? 세 부류의 사람이 이 보이는 설교의 '청중'이다.

- 우선, 성령의 음성을 듣는 사람은 세례를 받는 당사자이다.

이 사람에게 있어서 세례는 '평생 기억할 날'이 되어야 한다. 세례받은 기억은 평생토록 경건한 삶을 위한 강력한 동기로서 작용해야 한다. 세례는 지속해서 우리가 그날 예수 그리스도에게 드린 헌신의 고백에 대하여 상기시켜 주어야 한다. 또한, 세례는 지속해서 그날 우리 안에 확인 도장으로서 오신 성령의 임재에 대하여 상기시켜 주어야 한다.

마틴 루터가 받은 세례는 바로 이런 역할을 해주었던 것으로 보인다. 사단이 의심을 일으키며 그를 공격해올 때마다 위대한 종교개혁가 루터는 마귀의 멱살을 잡고 과거로 데리고 가서 자신이 세례받은 곳 앞에 내동댕이치며 말했다고 한다. "자 보아라, 사단아, 이 마틴 루터는 여기서 세례를 받은 몸이시다."

- 또한, 세례는 세례를 주는 공동체에 강력한 영향을 끼쳐야 한다.

세례를 보증하는 공동체로서, 이때 우리는 주님이 주신 위임에 대한 우리의 헌신을 재확인한다. 주님이 우리에게 주신 위임에는 서로 덕을 세워주는 일이 포함된다. 세례는 영적인 여정의 시작에 불과하다. 새 신자의 세례를 지켜보면서 우리는 그와 하나님이 우리에게 맡겨주신 모든 사람에 대한 우리의 양육 책임을 받아들인다.

우리의 위임에는 또한 아웃리치outreach도 포함된다. 세례 후보자는 세상에 아직 복음에 응답하지 않은 많은 사람이 있음을 상기시켜 준다. 이렇게 세례를 통하여 성령은 우리로 하여금 주님께서 맡기신 제자 삼는 사명을 끝까지 완수할 것을 다시 한번 다짐하게 하신다. 이렇게 세례는 모든 사람에게 좋은 소식을 전파하는 일에 열심을 내라고 권고하는 점에서 눈에 보이는 설교가 된다.

- 세례를 지켜보는 모든 사람이 보이는 설교를 듣는 청중이다.

세례를 통하여 성령은 아직 신앙을 갖지 못한 모든 사람에게도 말씀하신다. 눈에 보이는 설교인 세례는 세상 죄를 위한 예수의 죽음과 부활의 복음에 대한 그림이다. 또 새로운 그리스도인의 세례는 개인적 회심의 필요성에 대한 선언이기도 하다. 이렇게 세례는 성령께서 그 행위를 지켜보는 모든 사람을 세례의 참여자와 공동체가 고백하는 같은 신앙으로 부르시는 도전이다.

성만찬: 우리 정체성의 재확인

세례는 우리를 예수 그리스도의 교회에 편입시켜 주며, 하나님의 백성으로서 우리의 정체성에 확인 도장을 찍어주는 행위이다. 따라서 세례는 오직 한 번만 일어날 수 있다. 그러나 주님은 우리가 거듭해서 시행할 수 있는 또 다른 헌신 행위를 제정해 주셨다. 우리가 이 행위에 대한 참여하는 것은 우리가 전에 세례를 통하여 했던 선언에 대한 지속적인 재확인을 의미한다.

이 두 번째 헌신 행위는 여러 이름으로 불린다. '성찬' Communion은 이 행위를 통하여 생겨나는 우리와 예수 그리스도 사이의 사귐과 우리와 이웃 사이의 사귐을 강조해 주는 말이다. '성찬' Eucharist은 '감사드리다'는 의미의 헬라어 eucharisto에서 파생된 말로서, 이 행위가 하나님이 전에 하신 일과 앞으로 하실 일에 대한 감사의 경축이라는 사실을 가리켜준다. '미사' Mass 는 그 행위를 하나님에게 올려 드리는 봉헌으로 보았던 중세식 사고의 반영이다. 우리는 종교개혁자들을 따라 '주의 만찬' 고전 11:20이라는 명칭을 채택할 것이다. 이 용어는 예수께서 제자들과 나누셨던 식탁 공동체, 특별히 다락방에서 열두 제자들과 가지셨던 최후의 만찬에 우리의 초점을 고정시킨다.[13]

어떤 이름을 선택하든 우리는 세례 때와 마찬가지로 이 성만찬에 대해서도 같은 질문을 던지게 된다. 그 질문은 "왜?"라는 질문이다. 왜 우리는 이 헌신 행위에 거듭해서 참여해야 하는가? 먼저 우리는 세 가지 답을 제시한 뒤, 나중에 그것들을 하나로 묶을 것이다.

성만찬을 통하여 우리는 과거를 경축한다 | '주의 만찬'이라는 명칭 자체가 왜 우리가 이 헌신 행위에 참여해야 하는지에 대한 이유를 가리켜준다. 즉 성만찬을 통하여 우리는 과거를 경축한다. 성만찬은 하나님이 우리의 구원을 위하여 하셨던 과거의 일을 기념하는 행위이다.

성만찬이 과거를 기념하는 행위인 것은 그것이 기념의 식사이기 때문이다. 즉 성찬상 주위에 함께 모이는 것은 주님의 최후의 만찬을 재현하는 것이며, "이것을 행하여 나를 기념하라" 고전 11:24는 주님의 명령에 순종하는 것이다.

그 최후의 만찬을 기념함으로써, 우리는 상징적으로 주님의 이야기 속으로 들어간다. 말하자면 우리는 그때 그 다락방에 제자들과 함께 앉아 생명에 이르는 길에 대한 예수의 가르침을 듣는 것이다. 또 우리는 예수께서 세리와 죄인들과 나누셨던 사귐, 즉 새로운 공동체의 개시를 알렸던 그 사귐을 떠올린다. 그러나 무엇보다도 우리는 그 만찬이 가리켜 주는 예수의 희생적 죽음을 기억한다.

이렇게 우리가 주님을 기억할 때, 성령은 주님에 대한 우리의 헌신에 다시 불을 붙여 주신다. 성령은 제자도에 대한 우리의 헌신을 다시 새롭게 해주신다. 또한, 성령은 예수 그리스도의 제자로서 살아갈 힘을 주시기도 한다.

이렇듯 성만찬은 우리로 하여금 예수 그리스도를 기억하게 해 주기에 눈에 보이는 설교가 된다. 우리가 성찬의 떡과 포도주를 먹고 마실 때, 우리는 상징적인 방식으로 '주님의 돌아가심'을 선포하는 것이다고전 11:26. 성찬을 통하여 우리는 예수께서 어떻게 자신의 생명을 희생하셨는지를 선언한다. 깨어진 떡은 우리를 위하여 깨뜨리신 주님의 몸을, 쏟아진 포도주는 우리를 위하여 쏟으신 주님의 피를 가리킨다.

그러나 이 행위는 단순히 예수께서 돌아가셨다는 사실만을 선언하는 것이 아니다. 성만찬을 통하여 우리는 예수께서 돌아가신 그 의미를 선포한다. 부어진 포도주는 예수께서 우리 죄를 대신하여 자신의 생명을 내어주심으로써, 하나님과 우리 사이에 새로운 언약이 보증되었음을 가리켜 준다히 9:22; 막 14:24; 마 26:28. 성찬의 떡과 포도주를 먹고 마심을 통하여, 우리는 예수의 죽음을 바로 나 자신에게 적용한다. 즉 예수는 바로 나를 위하여 고난을 받으셨다요 6:54.

또한, 성만찬은 우리가 그리스도 안에 참여한다는 것을 보여준다고전 10:16. 이것은 떡과 포도주를 섭취하는 행위를 통하여 생동적으로 묘사된다. 왜냐하면, 먹는 것은 신앙을 상징해 주는 행위이기 때문이다. 즉 우리가 육신의 생명을 지탱하기 위하여 음식을 몸속에 받아들이듯이, 우리는 영적인 생명을 위하여 우리를 위한 그리스도의 사역을 받아들인다.

성만찬은 미래를 경축한다 | '성만찬'이라는 명칭은 왜 우리가 이 헌신 행위에 참여해야 하는지에 대한 두 번째 이유도 제시해 준다. 즉 성찬상 주위에 함께 모임으로써 우리는 미래를 고대한다. 성만찬은 미래의 어느 날 하나님이 하실 일을 지금 우리가 경축하는 행위이다.

기념의 식사를 제정하시면서, 주님은 우리의 시선을 과거에서 미래로 향하게 하셨다. "너희에게 이르노니 내가 포도나무에서 난 것을 이제부터 내 아버지의 나라에서 새것으로 너희와 함께 마시는 날까지 마시지 아니하리라"마 26:29. 이 약속은 성경의 장엄한 전체 드라마를 배경으로 삼아 자신의 희생적 죽음을 이해하라는 주님의 초대이다. 즉 그분의 이야기는 과거에서 끝나지 않는다. 주님의 이야기는 미래를 향해, 즉 역사의 마지막에 이루어질 하나님의 계획의 절정에까지 움직여 가는 이야기이다.

우리는 예수께서 제자들에게 주신 그 약속을 의식하며 성만찬에 참여한다. 이렇게 성만찬은 더 좋은 것이 아직 오지 않았다는 것을 상기시켜 주는 행위이다. 성만찬은 십자가에서 면류관으로 이어지는 예수의 이야기를 경축하는 행위이다.

'아직 오지 않은 더 좋은 것'에 대한 약속은 단지 열 두 제자에게 국한된 것이 아니다. 그것은 우리 모두를 향한 약속이다. 부활을 통하여 예수는 우리 앞서 하나님의 미래 속으로 들어가셨다. 우리가 성만찬을 행할 때, 주님은 성령을 통하여 오셔서 우리에게도 그 약속을 선언하여 주신다. 우리도 미래의 어느 날 하나님 나라에서 주님과 함께 '새것으로' 함께 먹고 마실 것이다. 우리도 주님과 영원한 사귐을 나누게 될 것이다.

　이렇게 성만찬을 통하여 주어지는 예수 그리스도의 약속은 우리의 시선을 미래로 향하게 한다. 우리는 예수 그리스도의 죽음과 부활을 통하여 하나님이 마련해 주신 영원한 생명을 경축한다.

성만찬을 통하여 우리는 현재를 경축한다 | 그러나 예수의 약속은 단순히 미래에 대한 것만은 아니다. 주님의 약속은 단순히 머나먼 미래에 대한 커다란 희망에 그치지 않는다. 주님의 약속은 '잡히지 않는 꿈'에 불과한 것이 아니다.

　8장에서 보았듯이, 예수는 자신의 성령을 주셨다. 그 성령이 지금 현재 우리와 함께하고 계시기에, 예수께서 십자가 위에서 사셨고 우리에게 약속해 주신 그 영원한 사귐은 지금 현재 이미 우리의 것이기도 하다. 따라서 우리의 경축은 성경 드라마가 지시하는 미래로부터 영향받고 있는 바로 지금 여기의 삶에 대한 것이기도 한다. 성만찬은 우리가 지금 현재 누리고 있는 공동체 경험을 경축하는 행위이다.

　그렇다면 우리는 구체적으로 무엇을 경축하는가? 우리는 먼저 예수 그리스도와의 사귐을 경축한다. 이 사귐은 우선 예수 그리스도께서 우리와 함께 나누시는 사귐을 말한다. 은혜 안에서 주님은 지금 여기에서 우리와 교통하기로 하셨다. 이러한 주님의 현존은 성만찬을 통하여 상징된다. 우리는 주님이 성찬상에서 우리를 만나신다는 것을 의식하면서 떡과 잔을 먹고 마신다. 또한, 이 사귐은 우리가 예수 그리스도와 함께 나누는 사귐을 말한다. 주님의 공동체에 대한 참여의 상징으로서의 우리의 성만찬은 신앙에 관한 재확인을 의미한다. 즉 성만찬 참석을 통하여 우리는 예수 그리스도에 대한 우리의 충성을 공적으로 다시 고백한다. 성만찬을 통하여 우리는 이전에 세례 시에 했던 서약^{언약}을 재확인한다.

또한, 성만찬은 우리가 현재 예수 그리스도의 몸 안에서 다른 지체와 누리고 있는 공동체를 경축하는 행위이다. 우리가 나누는 하나의 떡은 우리가 나누는 하나의 사귐을 상징한다^{고전 10:17}. 그리고 우리가 함께 떡과 잔을 먹고 마시는 것은 우리 사이의 하나 됨의 근거가 예수 그리스도와 함께하는 공동의 교통에 있음을 상기시켜 준다.

성만찬과 삶을 연결 짓기 | 성령을 통한 예수 그리스도의 현존으로 성만찬은 못 박혀 돌아가신 예수께 대한 엄숙한 기념식 이상의 의미가 있다. 즉 성만찬은 우리 가운데 현존하고 계신 주님, 곧 부활하시고 다시 오실 주님에 대한 기쁨의 경축이기도 하다.

성만찬 참여는 우리의 행위이다. 즉 성만찬을 통하여 우리는 신앙을 재확인하며, 다시 희망을 품으며, 주님에 대한 사랑을 새롭게 선언한다. 그 과정에서 우리는 너무도 큰 구원을 베푸신 은혜의 하나님께 감사를 드릴 수밖에 없다.

동시에 성만찬은 하나님의 행위이다. 즉 우리가 성만찬에 참여할 때, 성령은 예수 그리스도 안에 있는 우리의 정체성, 하나님·이웃과 맺은 우리의 언약, 그리고 하나님의 공동체에 대한 우리의 참여에 대하여 강력하게 상기시켜 준다. 예수의 희생을 상기시키는 가운데, 성령은 우리에게 예수의 본을 따르라고 권고하신다.

예수 그리스도 안에서 받은 용서의 복음을 상기시키는 가운데, 성령은 실패와 죄 가운데 있는 우리를 다시 새롭게 해주신다. 언제나 우리 곁에 있는 예수의 능력을 상기시키는 가운데, 성령은 하나님의 능력을 적극 사용할 것을 권면하신다. 그리고 예수의 임박한 재림을 상기시키는 가운데, 성령은 그 위대한 날까지 희망과 깨어있음 속에서 섬김의 삶을 살도록 동기를 유발하신다.

마지막으로 성만찬 경축은 커다란 윤리적 의미를 내포하고 있다. 성만찬 참여는 우리가 결코 다른 신을 섬길 수 없음을 생생하게 상기시켜 준다 고전 10:18-22. 그 어떤 것도 예수께 대한 우리의 충성을 빼앗을 수 없다. 그리고 하나 됨을 상징하면서 하나의 떡을 함께 떼는 행위는 서로 돌보는 삶을 살라는 성령의 권고이다.

♬ 나를 기억하며, 이 떡을 먹으라.

나를 기억하며, 이 잔을 마시라.

나를 기억하며, 하나님의 뜻이 이루어질 날을 위하여 기도하라.

나를 기억하며, 아픈 이들을 고쳐 주라.

나를 기억하며, 가난한 자들에게 먹을 것을 주라.

나를 기억하며, 문을 열어 너의 형제를 받아들이라.

받으라, 먹으라, 그리고 위로를 받으라.

마시라, 그리고 기억하라, 이것이 나의 몸임을,

너를 위하여 흘린 나의 귀중한 피임을.

나를 기억하며, 진리를 추구하라.

나를 기억하며, 언제나 사랑하라.

나를 기억하며. 이 일을 행하라 …14) ♪

공동체 삶의 조직

모든 사회단체는 자신의 조직을 가진다. 모든 단체는 새로운 회원을 흡수하고, 회원으로 하여금 공동의 비전에 대한 충성을 재확인하게 하는 일정한 헌신 행위들을 가지고 있다. 그리고 모든 단체는 자신의 목적 수행을 활성화시키는 일정한 구조를 가진다.

예수 그리스도의 공동체로서, 우리의 목적은 주님이 맡기신 위임을 완수하는 가운데 삼위일체 하나님에게 영광을 돌리는 것이다. 이 일을 가장 잘 수행할 방법은 무엇인가? 우리의 사명 수행을 활성화시키는 구조는 무엇인가?

어떤 조직에도 얽매이지 않고 그저 자기 방식대로 주님의 일을 하는 사람들도 있다. 이런 태도는 독립적 '거친 개척자' 정신과 개인주의적 기업가 정신과 잘 맞을지 모른다. 그러나 그것은 성경이 보여 주는 공동체 교회 이상을 구현하지 못한다. 궁극적으로 그러한 방식은 우리의 위임 수행에도 도움이 되지 못한다.

공동의 사명을 완수하려면, 우리는 함께 힘을 모아야만 한다. 공동의 소명을 실현하려면, 우리는 가장 효율적인 방식으로 우리 자신을 조직화 해야 한다. 이제 우리는 다음의 두 가지 질문을 중심으로 공동체 조직 문제를 살펴보고자 한다.

- 공동체 삶의 문제에서 결정권은 누구에게 있는가?
- 공동체 삶의 지도권은 누구에게 있는가?

누가 결정해야 하는가?

위임의 수행을 위해서는 반드시 일정한 구조가 필요하다. 구조는 우리를 억압하는 것이 아니라 그리스도인들과의 사귐 속에서 살아가는 소명을 위하여 우리를 자유롭게 한다. 구조에서 핵심은 어떤 의사 결정 과정을 따라야 하는가의 문제이다. 구체적으로 말하면, 책임 권한과 결정권은 누구에게 있는가?

공동체 삶에 있어서 결정권 | 우선 지역 교회 내에서의 결정권 문제에 대하여 살펴보자. 회중 안에 있는 개인들의 공동 사역을 가장 잘 활성화할 방법은 무엇인가? 회중과 관련된 문제들에서 결정권은 누구에게 있는가?

교회의 본질에 관하여 이미 언급된 한 단어에서 우리는 그 대답을 찾을 수 있다. 우리는 공동체다. 의사 결정 구조를 비롯한 회중 전체의 삶은 공동체적 삶을 반영하고 활성화시켜 주어야 한다.

그런데 우리는 일반적 공동체가 아니라 예수 그리스도의 공동체다. 그러므로 우리가 어떻게 예수 그리스도의 공동체로서 살아야 하는지에 대한 통찰이 얻어지는 곳은 바로 성경특히, 예수 그리스도 이야기이다. 즉 우리는 1세기 교회 공동체가 어떤 의사 결정 과정을 가졌는지를 물어야 한다.

공동체 삶에 대한 신약성경의 가르침의 중심은 '만인 제사장' 원리다. 성경 저자들은 모든 그리스도인이 제사장이라고 명백하게 선언한다벧전 2:5; 계1:6; 5:10; 20:6. 우리는 성직자들의 중재에 의존하지 않는다마 23:8~12; 막 10:42~44; 딤전 2:5. 우리가 모두 제사장으로서의 특권과 책임을 가진다. 예수 그리스도를 통하여 우리 각자가 하나님에게 나아갈 수 있다히 4:15~16; 10:19~20. 우리 각자가 하나님에게 영적 제사를 드려야 한다롬 12:1; 히 13:15; 벧전 2:5. 그리고 다른 사람들을 위하여 중보 기도해야 한다딤전 2:1~2; 살후 3:1; 약 5:16.

우리의 공동체적 삶은 바로 만인 제사장 원리의 구체적 표현이어야 한다. 구체적으로 말하자면, 만인 제사장 원리란 회원 각자가 자신의 영적 은사를 전체의 이익을 위하여 사용함으로써 교회의 사명 완수에 참여해야 한다는 것을 의미한다고전 12:7; 벧전 4:10~11.[15] 더욱이 교회의 사명은 공동의 책임이기에, 교회를 향한 예수 그리스도의 뜻을 부지런히 분별하는 것도 선출된 소수만의 문제가 아니라 전체 그리스도인의 관심사가 되어야 한다.

우리는 이 원리가 초대 교회에 적용되었음을 본다. 사역에 관계된 중대한 결정들예를 들어 가룟 유다를 대신할 제자를 뽑는 일(행 1:23~26), 첫 번째 집사들의 선택(행 6:3~6), 바울과 바나바의 임명(행 13:3) 등은 전체 회중에 의하여 이루어졌다. 심지어 예루살렘 공의회에도 단순히 선출된 소수뿐 아니라 전체 회중이 참여했다행 15:22. 성경 저자들은 교회의 특정 지도자가 아니라 전체 교회 앞으로 서신을 보냈는데, 이는 지역 교회의 삶과 의사 결정에서 전체 회중이 갖는 중요성을 말해 주는 것이다.[16]

물론 이것이 지도자의 중요성을 부정하는 것은 아니다. 지도자들이 사명을 위해 성도들을 잘 준비시킬 때 공동체 삶은 가장 잘 활성화된다엡 4:11~13. 가르침과 인격적 본보기를 통하여, 지도자들은 교회 회원들을 지식과 양심을 갖춘 능동적 참여자, 책임감 있고 성령의 인도하심을 따르는 그리스도인이 되도록 도와야 한다.

공동체적 삶의 구조 | 전체 회중을 통하여 각 그리스도인의 사역을 활성화하는 것도 중요하지만, 이것이 우리 관심의 전부는 아니다. 우리는 하나님의 전체 백성의 삶 안에서 펼쳐지는 지역 회중의 사역 문제에 대해서

도 살펴보아야 한다. 즉 전체 교회와 관련된 중요한 문제에서 결정권은 누구에게 있는가?

여기에 답하려면, 우리는 어떤 그리스도인도 단독적 존재가 아니듯이, 마찬가지로 어떤 기독교 공동체도 단독적 존재가 아니라는 사실을 먼저 기억해야 한다. 다시 말해서 각 공동체는 예수 그리스도의 교회라는 더 큰 공동체의 지역적 구현이다. 교회들은 서로 연합함을 통하여 이 원리를 인정한다. 그렇다면 이러한 연합은 어떤 형태를 취해야 하는가?

여기에 대하여 신약성경은 근본 원리를 제시한다. 즉 우리는 교회 생활에서 회중의 자치와 교회 연합 사이에 신중한 균형을 유지해야 한다. 다시 말해서 우리는 독립성과 상호의존성, 회중 자치 원리와 교회 연합 원리 모두를 중요시해야 한다.

• 신약성경 시대에 주님이 주신 위임을 이행하는 일에 있어서 주도권은 각 회중에 있었다.

예를 들어 안디옥 교회는 바울과 바나바를 선교사로 임명했고^{행 13:1~4}, 후에 그들로부터 보고를 받았다^{행 14:27}. 바울은 고린도 회중을 향해서 교회 내적인 문제에 대하여 책임을 지라고 훈계했다. 즉 회중 내부의 분열 문제는 그 회중의 책임이라는 것이다^{고전 1:10}. 성만찬 준수에 대한 관할권도 회중에게 있었다^{고전 11:33~34}. 예수께서 가르치셨던 것처럼^{마 18:15~17}, 회중 전체의 영적 순결을 유지할 책임도 그 회중에 있었다^{고전 5:4-5; 12~13}.

이것은 독립성, 즉 회중 자치 원리가 적용된 예들이다.

자치란 '교회 행정권'이 각 회중에 있음을 의미한다. 여기에는 '회원권'도 포함된다. 각 회중은 새로운 회원을 받아들일 수 있고, 다른 회중에게 자신의 회원을 위탁할 수 있으며, 잘못한 회원에게 권징^{심지어 출교}을 행사할 수도 있다. 주님은 교회의 위임예배, 서로 덕을 세우기, 아웃리치을 각 회중의 자치에 맡기셨다. 이를 위하여, 각 회중은 '조직권' 자신의 직분자를 선택할 수 있으며(행 6:1~5), 다른 회중의 조언을 참고하면서 자신의 지도자를 세우거나 임명할 수 있는(행 13:1~4; 딤전 4:14) 권한을 가진다.

• 그러나 회중 자치가 신약성경 교회의 유일한 원리는 아니었다. 회중 자치 원리는 회중 사이의 깊은 상호의존 원리에 의하여 균형이 잡혔다.

고린도 교인들에게 자신의 권위를 상기시켜주는 과정에서 바울은 모든 교회에서 권위를 가진 것으로 인정되는 관습에 호소했다 고전 11:16; 14:33. 또한, 바울은 이방 회중들이 예루살렘 성도들을 위한 모금에 동참함으로써 모# 교회와의 연합을 실질적으로 표현하라고 권고했다 고전 16:1~4; 고후 8-9.

이것은 교회 연합의 원리를 드러내는 예들이다.

회중이 더 커다란 지역적, 국가적, 국제적 공동체에 대한 참여와 책임을 표현할 때, 교회 연합의 원리가 적용된다. 교회 연합은 하나님 백성의 사명 감당을 활성화시켜 준다. 또한, 교회 연합은 더 커다란 사귐의 경험을 활성화시켜 준다. 그리고 교회 연합을 통하여 회중은 홀로 감당할 수 없는 공동의 사명을 위하여 여러 자원을 모을 수 있다.

누가 지도해야 하는가?

우리는 만인 제사장 원리가 교회 안에서의 지도자의 중요성을 부정하지 않음을 살펴보았다. 지도자는 하나님의 백성을 인도하는 중대한 역할을 감당한다. 그렇다면 지도자란 어떤 사람인가? 지도자는 어떻게 하나님의 백성을 인도해야 하는가? 이 문제에 대해서도 우리는 초대 교회로부터 도움을 받을 수 있다.

감독자와 보조자 | 신약성경에 따르면, 회중의 삶을 활성화시키는 기본적 직분들이 있는데, 그것은 '감독'bishops과 '집사'deacons이다빌 1:1.

부름 받은 자로서[17] 감독헬라어: episcopos 또는 장로헬라어: presbyteros(행 20:17; 딤전 5:17~19; 딛 1:5; 약 5:14; 벧전 5:1)는 교회 안에서 감독 또는 행정에 관여하는 이들이다행 20:28; 딤전 3:1~2; 딛 1:7을 보라.[18] 그들은 하나님의 백성을 '목양'하며 인도하는 이들이다. 또한, 그들은 행정적 지도를 통하여 회중 사역을 조정하는 이들이다딤전 3:5; 5:17. 그들의 영적 감독 행위에는 설교, 가르침, 훈계, 이단에 대한 경계 등이 포함된다딛 1:9.

두 번째 직분인 집사 또는 조력자헬라어: diakonos는 감독자를 옆에서 돕는 일을 한다. 그들은 행정적이고 목회적인 임무도 맡을 수 있다. 그들은 교회의 다양한 사역에 관여한다.[19]

목사 | 신약성경에 따르면, 여러 회중을 대상으로 사역했던 지도자들이 있었다. 그러한 지도자들로서 1세기에 가장 많이 알려진 직분은 사도, 선지자, 복음전도자, 목사, 교사 등이 있다. 이들 중에서 오늘날 교회 구조에서 가장 중요하게 남아 있는 직분은 목사다.

신약성경은 목사의 다양한 역할에 대하여 말하고 있다. 목사는 행정 감독, 회중 지도, '목양'에 관여한다. 예배 인도, 가르침, 설교, 복음전도 등의 활동도 목사의 역할에 포함된다. 이처럼 다양한 사역들을 통하여, 목사는 사람들에게 꿈을 제시하는 사람으로 섬긴다. 예수 그리스도는 목사를 통하여 공동체의 영적 성장이 활성화되어 결국 모든 사람이 공동의 사역에 참여하기를 바라신다엡 4:12. 이를 위하여 목사는 성경 이야기가 보여 주는 공동체적 비전을 회중에 제시해야 한다.

이처럼 막중한 책임과 역할을 가진 직분이기에, 성령의 부름을 받지 않은 사람은 목사직에 자원하지 말아야 한다. 디모데의 경험에서 알 수 있듯이, 목사를 세우시는 성령의 활동에는 개인적 소명 의식과 교회의 확증이라는 두 가지 면이 있다 딤전 1:18, 4:14; 참고. 13:2~3.

우리는 교회가 공적으로 개인의 소명의식을 확증하는 행위를 '안수' 라고 부른다. 다음은 안수에 대한 정의다.

> 안수란 주권자 성령으로부터 하나님의 백성을 섬기라는 특별한 사명과 선택을 받은 사람들을 교회가 따로 세우는 행위이다.

이렇게 안수는 어떤 사람이 목사 사역을 위하여 성령의 부르심과 은사와 능력을 받았음을 교회가 확증하는 행위이다 딤전 4:14; 딤후 1:6~7. 안수는 또한 성령의 부름을 받은 사람에게 교회가 어떤 공적 임무를 부여하는 행위를 의미한다 행 13:3; 참고. 민 27:18~23.

종 된 지도자 | 교회 직분의 명칭이 무엇이든 신약성경이 말하는 지도자관의 근본을 형성하고 있는 하나의 기본 주제가 있다. 그것은 지도자가 섬기는 종이라는 것이다.

교회 지도자의 위치는 결코 이기적인 심지어 개인적인 이득을 추구할 수 있는 자리가 아니다. 지도자는 다른 사람들을 위하여 존재한다. 즉 지도력의 목표는 주님의 뜻을 분별하고 이행하기 위한 힘을 하나님의 백성에게 부여해 주는 것이다 엡 4:11~13. 따라서 지도자는 사람들을 지배할 것이 아니라 자신의 감독 아래에 있는 사람들의 유익을 추구하는 마음과 겸손으로써 직분에 임해야 한다벧전 5:1~3. 지도자는 사람들 위에 군림하는 존재가 아니라 전체 교회와 더불어 주님께 순종하는 사람임을 기억해야 한다.[20] 이를 위하여 지도자는 '말과 행실과 사랑과 믿음과 정절' 딤전 5:3에 있어서 '양 무리의 본' 벧전 5:3이 되어야 한다.

예수는 인간관계에 관한 가르침을 통하여 제자들에게 지도자관의 근본을 제시하셨다. 주님은 이방인과 바리새인들의 특징인 권위주의적 태도와 제자들이 지녀야 할 섬김의 정신을 거듭 비교하셨다막 10:42~43. 예수 그리스도의 제자는 특별한 지위를 추구해서는 안 되며, 주님만이 주인이시며, 그들은 모두 형제자매임을 기억해야 한다마 23:8. 주님은 지도자가 겸손한 종이 되어야 한다고 주장하셨을 뿐 아니라막 10:42~43, 겸손한 섬김의 삶을 통하여 그 가르침을 직접 본으로 보여주셨다고후 8:9; 빌 2:6~8.

예수 그리스도의 공동체로서, 우리의 목표는 주님이 다시 오실 때까지 하나님의 계획을 구현하고 증진하는 것이다. 교회는 이렇게 영원을 위하여 존재한다. 우리 교회의 존재 이유를 알고, 역사 속에서 일하시는 하나님의 사역에 우리가 초대되었음을 아는 것은, 열정적 삶을 위한 동기를 우리에게 부여해 준다. 우리는 다음 11장에서 미래에 대한 성경의 비전을 살펴볼 것이다.

1. 종종 우리는 "나는 그리스도인이지만, 교회는 필요 없어"라는 말을 듣는다. 사람들이 이런 태도를 보이게 되는 이유는 무엇인가? 당신은 여기에 동의하는가?

2. 교회 생활에 대한 접근에서 '순수 회원제도'와 '혼재된 회원제도'의 장점과 약점은 무엇인가?

3. '기도를 통하여 그리스도를 영접'했지만, 세례를 꺼리는 사람이 있다면 그는 그리스도인인가? 당신은 그런 사람에게 어떤 충고를 하겠는가?

4. 유아 세례를 받았지만 자신의 신앙 고백으로 다시 세례를 받으려고 하는 사람이 있다면, 당신은 어떤 말을 해주겠는가?

5. 당신의 세례 또는 입교(견진례)는 당신의 삶의 방식에 어떤 영향을 끼치는가?

6. 고린도 교인들에게 바울은 사람은 주의 상(성만찬)과 귀신의 상을 겸하여 받지 못한다고 말했다(고전 10:21). 바울 사도의 말은 지금 현대 사회에 어떻게 적용되겠는가?

7. 교파마다 다른 다양한 교회 조직들과 구조들은 다 나름대로 정당한가? 당신의 답변에 대한 이유는 무엇인가?

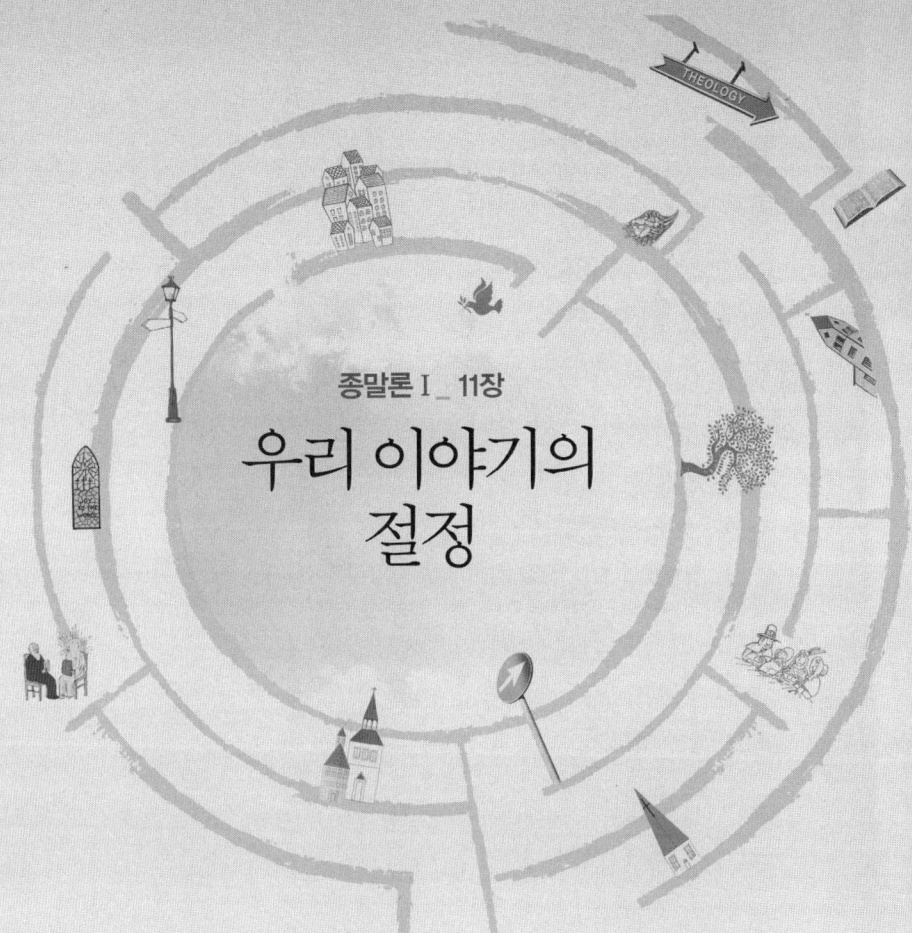

종말론 I _ 11장

우리 이야기의 절정

Created For Community
Connecting Christian Belief with Christian Living

일곱째 천사가 나팔을 불매 하늘에 큰 음성들이 나서 이르되
세상 나라가 우리 주와 그의 그리스도의 나라가 되어
그가 세세토록 왕 노릇 하시리로다 하니
—
요한계시록 11장 15절

1981년 4월, 애리조나 주의 유명한 외과의사, 제임스 맥컬로우는 자신의 병원 일을 그만두었다. 그리고 그의 아내는 자신의 네바다 부티크를 팔았다. 그들은 포르셰 자동차도 처분했다.

도대체 왜 그랬을까? 등대 복음 재단에 소속된 다른 회원들처럼 맥컬로우 부부도 '휴거', 곧 예수께서 공중에 나타나실 일을 준비했던 것이었다. 그 단체의 지도자인 빌 모핀Bill Maupin은 휴거 날짜를 4월 28일로 계산했다. 그는 휴거 준비가 반드시 보상을 받게 될 것이라고 회원들에게 확신을 심어주었다. 그들은 다가오는 대환란과 적그리스도의 통치를 피하는 소수의 신실한 무리 중에 속하게 될 것이다. 후에 그들은 그리스도와 함께 지상으로 돌아올 것이고, 1988년 5월에 세워질 천년왕국에 참여하게 될 것이다.

이런 일을 앞둔 회원들의 느낌은 어떠했을까? 흥분이었을까? 아니면 실망감이었을까? 한 회원은 이렇게 말했다. "우리는 휴거될 준비가 되어 있다. 내 어린 아들 녀석은 그 전에 오토바이 한 대를 갖고 싶어하지만, 우린 지금 준비가 다 되어 있다."[1]

모핀이 계산했던 두 날짜는 이미 지나가 버렸다. 하지만 그리스도의 재림 날짜를 예측하는 일은 계속되고 있다. 가장 최근 발표된 시간표들 가운데 매체를 통해 보도된 것으로, 패밀리 라디오 방송국의 복음전도자 해럴드 캠핑Harold Camping의 예측이 있다. 그는 자신의 책 『1994?』[2]에서 1994년

9월 어느 날을 예수의 재림 날짜로 예측했다. 물론 그날도 아무 일 없이 지나갔고, '종말'은 여전히 오지 않았다.

종말의 날짜를 예측하는 최근의 사례들처럼, 종말이 곧 올 것이라는 느낌은 사람들 가운데 여전히 강하게 자리 잡고 있다. 그리고 그것은 마땅한 일이다. 성경은 언젠가 하나님이 인류 역사의 막을 내릴 것임을 분명히 선언하고 있기 때문이다.

그런데 이 일은 언제, 어떻게 일어날 것인가? 파괴적인 핵전쟁이나 생태계 재난이 지구의 파멸을 불러올 것인가? 임박한 종말에 대한 각종 예상에 대하여 우리는 어떻게 반응해야 하는가? 이러한 질문들은 우리를 '종말론'으로 인도해 준다.

'종말론'이라는 말을 들으면, 아마 당신의 머릿속에는 종말의 시기를 예측하는 일 등이 떠오를 것이다. 아마 당신은 이런 대중적 질문들을 생각할 것이다.

- 우리는 곧 세상 밖으로 '휴거'될 것인가?
- 7년 대환란이 오고 있는가?
- 적그리스도는 누구인가?
- 그리스도가 1000년 동안 예루살렘에서 다스리실 것인가?

아마 당신은 이런 질문들을 품으면서 신문을 읽고 있을지 모르겠다.

- 슈퍼마켓 스캐너와 현금 없는 사회는 '짐승의 표'로 가는 예비 작업인가?

- 유럽 공동체는 되살아나는 악한 로마 제국의 전조인가?
- 중동지방의 계속되는 갈등은 아마겟돈을 향해 치닫고 있는가?

사실 이것은 몇몇 기독교 신학자들과 교사들이 '종말론'이라는 표제 아래 다루고 있는 주제들이다. 그러나 종말론의 중심 문제는 더 깊은 데 있다. 본래 종말론이란 목적telos, 즉 목표에 대하여 탐구하는 학문이다.

- 종말론은 인류 공동의 목적에 대한 탐구다. 지금 우리는 어디로 가고 있는가? 역사의 목표는 무엇인가? 인간 실존은 결국 무의미한 것인가? 인간 역사는 단순히 아무렇게나 가는 또는 잘못 가는 진화 과정의 우연한 산물에 불과한가?

- 종말론은 우리 개인의 목적에 대한 탐구다. 지금 나는 어디로 가고 있는가? 나의 삶의 목표는 무엇인가? 나의 실존은 죽음으로 끝나버리는 무의미한 것인가?

- 종말론은 우주의 목표에 대한 탐구다. 지금 창조 세계는 어디로 가고 있는가? 우주의 목적은 무엇인가? 지금 여기의 모든 것은 우연한 산물인 빅뱅Big Bang과 빅크런치Big Crunch: 거대한 파멸 사이의 불안정한 막간幕間에 불과한가?

요컨대 종말론은 다음과 같은 질문에 대한 탐구를 의미한다.

- 역사에는 의미가 있는가? 있다면 무엇인가? 내 삶의 의미는? 우주의 의미는?
- 왜 지금 우리는 이곳에 있는가? – 현재의 의미는 무엇인가?

기독교 종말론은 이러한 질문에 대한 성경의 답변을 탐구하는 것이다. 즉 우리는 하나님의 목적에 대하여 말한다. 기독교 종말론은 창조 세계, 인류 역사, 개인의 실존에 대한 하나님의 목적에 관하여, 성경이 어떻게 말하는지 따라서 우리가 어떻게 말해야 하는지를 명확하게 진술하려는 노력이다. 이번 장과 다음 장에서, 우리는 다음과 같은 질문에 대한 기독교적 답변을 제시할 것이다.

- 우리는 지금 어디로 가고 있는가?
- 나는 지금 어디로 가고 있는가?
- 창조 세계는 지금 어디로 가고 있는가?

우리는 지금 어디고 가고 있는가?

오후 산책길에서 블론디Blondie와 댁우드Dagwood는 한 설교자와 마주쳤다. 겨드랑이에 두꺼운 성경책을 낀 그 설교자는 약식 연단에 올라서서 행인들에게 열변을 토하고 있었다. 설교자는 놀란 표정의 블론디와 댁우드를 향해 "종말이 다가오고 있습니다."라고 선언했다. 그러자 댁우드가 그 설교에 끼어들었다. "당신은 이미 그 말을 수십 번 하지 않았소." 블론디가 재빨리 말을 이었다. "그런데 종말은 오지 않았죠." 이러한 공격을 받자 설교자의 얼굴에 잠시 풀이 죽은 표정이 스쳤다. "사실 지금까지는 계속 실패만 했지."라고 더듬거리며 말했다. 그런데 약식 연단을 챙겨 들고 걸어가면서 그는 쾌활한 음성으로 이렇게 선언했다. "그러나 내일은 운이 좋을지 몰라."

그 설교자의 자세는 잘못되었다. 그러나 그의 메시지는 기본적으로 건전하다. 종말이 오고 있다. 그런데 임박한 종말을 인정하는 것이 자동으로 우리를 멸망 예고자doom-sayers로 만드는 것은 아니다. 우리의 초점은 세상의 끝end이 아니라 인류 역사의 목적end, telos에 대한 것이다'end'에는 '끝' (finis) 또는 '목적' (telos)이라는 두 가지 뜻이 있음-역주. 그리스도인으로서 우리는 역사에는 '끝' end, 즉 목적이 있음을 인정한다. 우리는 서로 관련 있는 두 가지 질문을 중심으로 이에 대하여 탐구하려 한다.

- 역사의 의미는 무엇인가?
- 역사는 어떻게 끝날 것인가?

역사의 의미

현대의 특징들 가운데 하나는 많은 사람이 이제 세상의 종말이 가까웠다는 확신을 하고 있다는 점이다.[3] 백 년이 넘는 동안 우리 문화를 지배해 왔던 제한 없는 낙관주의적 태도가 허물어지고 있다.

이런 상황 속에 있는 세상을 향해 우리는 무엇을 말해야 하는가? 핵전쟁의 망령, 세계적 기근의 위협, 인구 과잉과 자연 착취에 의한 환경 파괴의 암울한 예측 등에 사로잡혀 있는 이 세대에 우리는 어떤 메시지를 들려줄 것인가? 계속되는 위기 상황 속에서 고통받고 있는 세상을 향해 우리는 어떤 희망을 전해줄 수 있는가? 엄청난 경제 혼란과 생태 재난의 가능성과 마주하면서 살아가는 인류에게 우리는 어떤 말을 해줄 수 있는가? 음울한 비관주의가 팽배해 있는 오늘날에도 우리는 여전히 역사에 의미가 있다고 주장할 수 있는가? 만일 그렇다면 지금 인류 역사가 나아가고 있는 그 목적telos은 대체 무엇인가?

역사history**는 '그분의 이야기'** his story**이다** | 성경은 "만물의 마지막이 가까이 왔다"벧전 4:7고 말하고 있다. 현대인의 '침울하고 우울한' 역사관과는 달리, 우리는 역사가 지금 어딘가를 향해 가는 중임을 믿는다. 그리고 그 '어딘가'는 영광스러운 미래이다. 진부하게 들릴지 모르겠으나, 우리는 역사가 '그분의 이야기'임을 믿는다.

이 문구는 위대한 진리를 표현해 준다. 역사는 절대 무의미하지 않다. 지금 하나님은 인간의 역사를 영광스러운 목표를 향해 이끌어 가고 계신다. 현 세상은 곧 종말을 맞을 것이다. 그러나 세상의 종말을 가져오는 사건은 부활하시고 승천하신 우리 주 예수 그리스도의 재림이다.

이 약속이야말로 성경의 심장부에 속한다. 성경에 따르면, 인류의 역사는 그 속에서 자신의 목표를 성취해 가시는 주권자 하나님의 활동이다. 그러나 이러한 성경의 미래관에 배치되는 다른 두 견해가 오늘날 널리 퍼져 있다.

• 첫 번째 견해는 아예 역사의 존재를 부정한다. 이에 따르면, 시간은 순환적이며, 삶은 주기적인 패턴에 따라 돌아간다. 삶이란 반복적이며 뻔한 규칙성 가운데 나타나는 제한된 사건의 순환일 뿐이다. 삶은 '생명의 순환'이라는 끝없는 순환 속에서 반복될 뿐이다.

이스라엘의 주변국들은 순환적 시간관을 받아들였다.[4] 그들의 종교의식은 삶의 순환성에 대한 믿음을 반영해 준다. 가뭄이 와서 초목들이 말라 죽는 초여름이면, 가나안 족속들은 다산의 신 바알Baal이 죽고, 죽음의 신 못Mot이 승리했다며 비탄의 의식을 벌였다. 그리고 풍작을 약속해 주는 겨울비가 메마른 땅을 적실 때면, 바알의 재생을 경축하는 의식을 벌였다.[5]

그러나 하나님은 이스라엘에게 전혀 다른 시간관을 가르치셨다. 시간은 순환적이 아니라 직선적이다. 사건은 반복적인 패턴을 따라 일어나는 것이 아니다. 오히려 각 사건은 모두 궁극적으로 유일무이한 사건이다. 그리고 사건들 전체는 시작과 마지막이 있는 궤도를 형성한다. 즉 사건들은 하나의 역사, 곧 하나의 이야기를 형성한다. 그런데 이 역사란 모든 나라를 다스리시는 한 분 하나님의 활동이다. 역사는 창조로부터 최종 구속에 이르기까지, 에덴동산으로부터 "이는 물이 바다를 덮음같이 여호와의 영광을 인정하는 것이 세상에 가득할" 합 2:14; 참고, 시 102:15; 사 66:18~19 때까지 이어지는 한 분 하나님의 활동이다.

• 두 번째 견해는 '세속적 진보주의' secular progressivism 로서 성경처럼 직선적 시간관에 기초하고 있다. 그러나 이 견해는 하나님이 아니라 인류를 역사의 주체로서 간주한다.[6] 역사는 '그분의 이야기'가 아니라 '우리의 이야기'라는 것이다. 역사는 그저 인간 진보의 이야기일 뿐이다. 그리고 이 세속화된 역사의 목표는 지상에 건설된 인류의 유토피아다.

이러한 세속적 역사관은 끔찍한 결과를 가져왔다. 세속적 진보주의자들은 역사의 진보를 역사의 목표로 삼았었다. 그러나 미래의 지평에 어두운 구름이 덮이기 시작하자 인간 진보에 대한 믿음은 여지없이 허물어지고 말았다. 시간 너머로 영광스러운 목표를 이루어 가시는 하나님에 대한 비전이 없었기에, 어두운 현실에 대한 현대인의 응답은 비관주의가 될 수밖에 없었다.

우리는 역사가 인간의 이야기가 아님을 선언한다. 역사는 인간 진보의 이야기가 아니다. 역사는 창조 세계를 자신이 뜻하는 목표를 향하여 인도하는 하나님의 이야기다. 궁극적으로 역사의 통일성은 한 분이신 하나님의 활동에 놓여 있다.

역사를 '그분의 이야기', 즉 인류에 대한 하나님의 목적이 펼쳐지는 이야기로 보는 견해는 비관주의가 팽배한 이 세계 가운데 희망의 메시지를 전해 준다. 성경은 역사가 하나의 목표를 향해 가고 있으며, 따라서 의미가 있다고 선언한다. 역사는 어딘가를 향해 가는 중이다. 이 '어딘가'는 인간의 힘으로는 실현할 수 없는 몽상적 인간 유토피아가 아니다. 역사가 가고 있는 목표는 창조 세계를 향한 하나님 목적의 실현이다. 인간 역사에는 장엄한 절정이 있는데, 그것은 하나님이 역사의 끝에 서 계시기 때문이다. 하나님은 지금도 은혜 가운데 인간 역사를 자신이 뜻하시는 목표를 향해 이끌어가고 계신다. 그리고 이 목표는 예수께서 영광 중에 오실 때 실현될 것이다.

그렇다면 이 목표는 구체적으로 무엇인가?

역사는 공동체를 세워가는 하나님의 사역이다 | 성경은 인간 역사를 향한 하나님의 목표를 명확히 밝히고 있다. 하나님은 예수의 기도를 실현하시는 방향으로 역사를 이끌어가신다. "나라가 임하시오며 뜻이 하늘에서 이루어진 것 같이 땅에서도 이루어지이다"마 6:10. 하나님의 통치뜻란 화해와 사귐, 즉 '공동체'를 말한다. 성경이 말하는 하나님의 목표는 새로워진 창조 세계 속에서 삼위일체 하나님과 사귐을 누리는 구속받은 백성의 공동체를 세우는 것이다.

요한은 미래의 공동체를 묘사한다. 선견자 요한은 현시대 너머에 있는 새 하늘과 새 땅을 미리 보았다. 요한은 새로운 질서세상를 인간 사회, 도시, 새 예루살렘 등으로 묘사하고 있다계 21:9-21. 그곳에는 "각 족속과 방언과 백성과 나라 가운데에서"계 5:9 예수 그리스도께서 하나님을 위하여 구속한 이들이 거주하게 될 것이다. 자연은 인간에게 자양분을 제공하는 본래 목적을 실현할 것이다계 22:1~4. 가장 영광스러운 일로서, 하나님이 그 새로운 땅에서 우리와 함께 거하실 것이다계 21:3; 참고. 22:3~5.

마지막 장에서 우리는 영원한 집에 대하여 자세히 살펴볼 것이다. 여기서는 충만한 공동체가 역사의 정점에서 실현된다는 것과 우리가 이미 현재 가운데 그 사귐을 누릴 수 있다는 것을 지적할 뿐이다. 우리가 현재 누리고 있는 공동체 경험은 우리가 영원 속에서 하나님, 이웃, 새로워진 창조 세계와 함께 누릴 완전한 사귐의 맛보기다.

이것은 우리가 여러 분야에서 공동체를 추구하는 일에 서로 협력해야 한다는 것을 의미한다. 가족과 사회는 우리가 공동체를 추구하는 곳이 될 수 있다. 타락한 세상 속에서도 사람들이 온전한 관계를 세우는 곳이라면 그리스도인들은 적극 협조해야 한다. 왜냐하면, 그것이 바로 '하나님 나라의 사역'이기 때문이다.

그런데 9장과 10장에서 살펴보았듯이, 공동체를 세워 가시는 하나님의 사역의 주된 초점은 교회, 즉 제자들의 사귐 공동체다.

역사는 어떻게 끝날 것인가?

우리는 역사가 지상의 유토피아를 향한 인간 진보의 이야기가 아님을 잘 알고 있다. 역사는 창조 세계를 그 창조의 목표, 곧 영원한 공동체를 향하여 인도하시는 하나님의 이야기이다.

이 시대에서 다음 시대로 변천되는 과정에 일어나는 사건에는 어떤 것들이 있는가? 우리는 중심적 사건, 곧 부활하시고 승천하신 예수 그리스도의 재림에 대해서 이미 언급하였다. 그런데 재림 이외에 다른 사건이 있는가? 재림은 함께 이루어지는 일련의 사건의 일부분인가?

어떤 의미에서는 그렇다. 예수의 재림과 관련하여 모든 인간의 부활, 최후의 심판, 그리고 영원의 시작 등과 같은 여러 사건이 있을 것이다.

그렇다면 이러한 사건들은 어떤 순서로 일어나는가? 인류 역사가 정점으로 향할 때 일어날 사건들에 대하여 성경은 무엇이라고 진술하고 있는가? 정확한 '종말 연대기'와 같은 문제들에 관해서는 그리스도인들 사이에 의견이 다양하다.[7]

다양한 의견 차이의 핵심에 자리 잡은 문제는 이것이다. 요한이 말하는 그리스도의 '천 년' 통치란 대체 무엇을 의미하는가?계 20:1~8 최후의 심판과 영원한 나라는 그리스도의 재림, 인간의 부활과 더불어 하나의 거대한 사건으로서 함께 일어나는가? 아니면, 최후의 심판과 영원한 나라는 천년 동안 지속할 예수 그리스도의 지상 통치 이후에 일어나는가? 다시 표현하자면, 영원은 인간 역사의 파국적 종말 직후에 찾아오는가? 아니면 지상에 있을 천 년 동안의 황금시대 이후에 찾아오는가?

천년왕국에 대한 다른 견해들 | 요한이 본 천년왕국 비전에 대한 정확한 해석 문제는 2세기 이래로 그리스도인들 사이에 많은 흥분과 논란을 일으켜왔다. 그 과정에서 세 가지 기본적인 입장들이 확고해졌다. 각 입장의 내부에 사소한 의견 차이가 존재하지만, 우리는 그 세 가지 입장을 각각 '전천년설' premillennialism; 이는 또 두 종류로 나누어질 수 있다, '후천년설' postmillennialism, 그리고 '무천년설' amillennialism로 부른다. 각 견해는 요한이 본 천년왕국 비전과의 관련 속에서 예수 그리스도의 재림 시기에 대하여 나름의

답변을 제시하고 있다.

- 만일 당신이 '종말'에 있을 사건들의 구체적 연대기에 대하여 들어본 적이 있다면, 그것은 아마도 전천년설이었을 것이다.

이름 자체가 말해 주듯, 전천년설은 예수 그리스도의 재림이 '천년왕국 전에' 있을 것이라고 주장한다. 주님의 재림은 그 천 년 기간에 앞서 있을 것이며, 그 천 년 동안 예수는 땅 위에 육체적으로 현존하시면서 온 세상을 다스리신다. 이 일 후에야 하나님은 영원을 시작하신다.

현시대는 대환란의 시기로 치닫고 있는데, 그 대환란 동안 세상은 적그리스도의 지배 아래 고통을 받을 것이며, 그 후 예수 그리스도가 나타나셔서 이 '불법의 사람'의 통치를 중단시키고, 사단을 결박한 후 평화와 의의 통치를 시작하실 것이다. 그 천년왕국 후에, 사단은 감옥에서 잠시 놓여 불신하는 나라들을 모아 예수 그리스도의 통치에 대항하는 반역을 일으킬 것이다. 그러나 사단의 반역은 얼마 가지 못하고, 하늘로부터 내려오는 불에 의하여 진압될 것이다. 이 일들 후에 모든 자의 부활^{불의한 자들도 포함된 모든 사람의 부활}, 최후의 심판, 그리고 영원이 잇따를 것이다.[8]

여기까지는 모든 전천년주의자들이 동의한다. 그러나 대환란과 천년왕국을 둘러싼 특정 세부사항들에 대해서는 다양한 의견이 있다.

'역사적' 전천년설[9]은 대환란과 천년왕국의 초점은 교회에 있다고 주장한다. 적그리스도는 예수 그리스도의 제자들을 박해할 것이지만, 그 천 년 동안 주님의 신실한 제자들에게는 하나님의 축복이 주어질 것이다.

'세대주의적' 전천년설은 미래에 있을 대환란과 천년왕국을 교회가 아니라 이스라엘 국가에 대한 하나님의 목적이 실현되는 장^場으로서 본다. 교회 시대의 정점은 '휴거' rapture [10]이며, 이때 예수 그리스도는 자신의 신

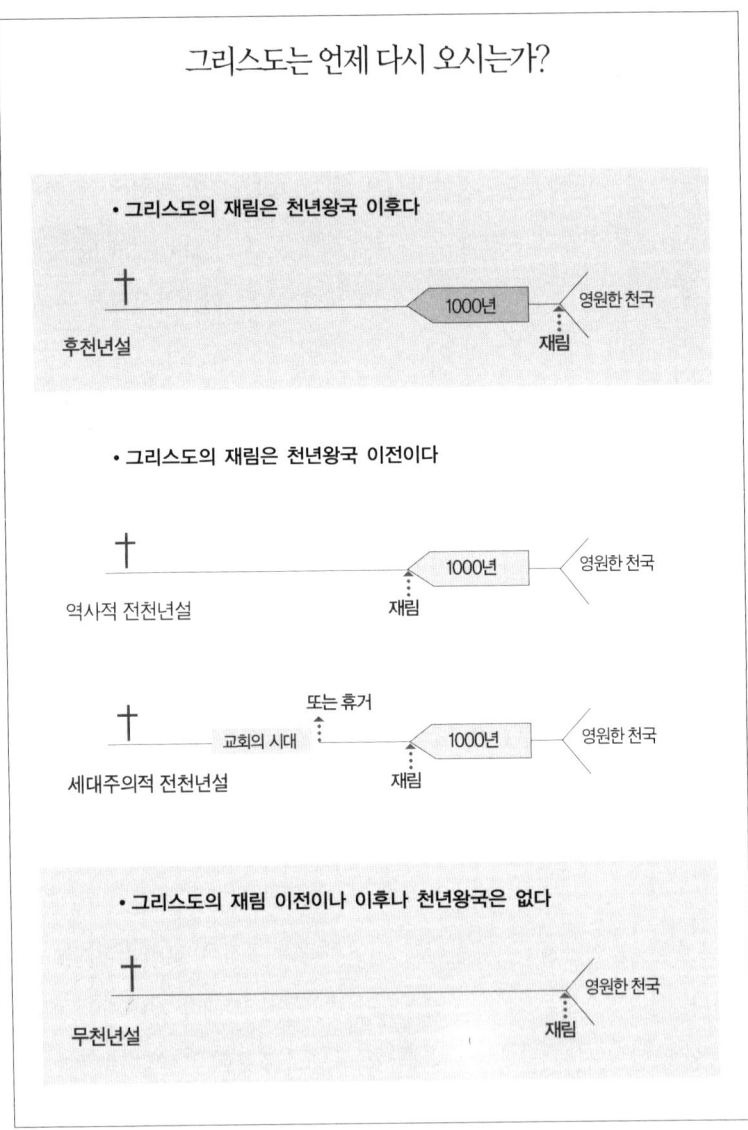

실한 제자들을 '공중에서' 만나서 천국으로 데리고 가서 '어린 양의 혼인 잔치' 계 19:6~9를 여실 것이다. 이렇게 참된 교회가 지상에서 사라지면, 적

그리스도는 7년 동안 악마적 통치를 시작하며, 이때 하나님의 진노가 땅에 쏟아진다. 이러한 대환란 기간은 팔레스타인 지역에서 일어날 대규모 군사 전쟁에서 절정에 도달할 것인데, 이 전쟁의 와중에 예수 그리스도가 천국의 군대들과 함께 재림하셔서, 주님의 원수들을 모두 쳐부순다.[13] 그때 이스라엘은 비로소 예수를 메시아로 인정할 것이며, 지상에 천년왕국이 세워질 것이다. 그 천년왕국 동안 이스라엘은 팔레스타인 땅에서 세상에서 가장 뛰어난 민족의 지위를 누릴 것이다.[14]

전천년설은 역사가 정점에 이르는 과정에서 인간 역할에 대한 비관주의적 견해를 그 근저에 깔고 있다. 즉 우리가 아무리 세상을 변화시키고 개혁시키려고 노력해도 교회 시대는 결국 적그리스도에 의하여 인간이 지배당하는 것으로 끝나게 된다. 오직 재림하시는 주님의 대파국적 행동만이 축복과 평화의 영광스러운 시대를 가져올 수 있다. 이렇게 전천년설은 궁극적으로 세상의 소망이 인간의 변변찮은 행동이 아니라 오직 하나님께만 있음을 상기시켜 준다.

• 후천년설은 예수 그리스도가 지상에 있을 천 년 동안의 황금시대 이후에 재림하신다고 주장한다. 즉 '천년왕국 이후에' 예수 그리스도가 재림하신다는 주장이다.

복음은 교회 시대를 거쳐서 마침내 온 세상에 전파된다. 그렇게 되면, 악 그리고 악의 인격적 화신으로서의 적그리스도 [15]은 결국 제거될 것이며, 그때 천년왕국이 도래할 것이다. 그 천 년은 지금 우리 시대와 외양은 비슷하지만, 선善이 고양高揚되는 시대이다. 온 세상에 기독교 원리들이 두루 퍼지기에, 모든 국가가 평화를 누릴 것이다.

이러한 천 년이 끝나면, 마귀가 의義에 대하여 최종 전투를 일으킬 것이다. 그러나 사단의 반역은 오래가지 못한다. 예수께서 승리 중에 돌아오실 것이며, 그 후 모든 사람의 부활, 최후의 심판, 그리고 영원이 잇따른다.

후천년설은 역사와 하나님의 계획 성취에서 기본적으로 인간 역할에 대한 낙관적인 전망을 보이고 있다. 사단의 유혹, 배반, 박해에도 우리는 하나님이 주신 사명을 완수하는 데 성공할 것이다. 그리고 평화와 의의 원리들이 온 세상에 두루 퍼질 것이다.

후천년설적 세계관은 세상에 대한 적극적 관여로 이어진다.[17] 후천년설은 '승리하는 교회'가 되려면, 먼저 '전투하는 교회'가 되어야 한다는 사실을 상기시켜 준다. 주권자 하나님은 세상에서 하나님의 사역에 참여하라는 사명을 예수 그리스도를 통하여 주셨다. 우리에게는 시대의 종말에 이르기까지 싸워서 이겨야 할 전투들이 있다. 하나님의 능력이 지금 교회를 통하여 일하시기에, 우리의 궁극적 승리는 이미 보장되어 있다. 그렇기에 우리는 사역과 기도에 더욱 매진함으로써, 하나님이 뜻이 하늘에서 이루어진 것같이 땅에서도 이루어지도록 해야 한다.

• 무천년설이라는 단어는 말 그대로 '천년왕국은 없다'는 뜻이다. 그 주창자들은 지상에 황금시대가 이루어지리라 기대하지 않는다. 그들은 요한의 비전 속에서 다른 상징적 의미를 찾아낸다.

어떤 무천년주의자들은 천년왕국의 천 년을 교회 역사에 대한 상징으로 본다. 천 년이란 교회가 지금 경험하고 있는 승리를 가리킨다는 것이다.[18] 또 어떤 이들은 요한은 회심에 대하여 말한 것이라고 생각한다. 거듭남을 통하여, 지금 우리는 생명을 얻었고, 예수 그리스도와 더불어 죄와 유혹과 사단을 다스리고 있다.[19] 또 어떤 이들은 천 년을 지금 천국에서 이뤄지는 죽은 성도들의 통치를 가리키는 것으로 보기도 한다.[20]

요한의 비전에 대한 해석은 다양하지만, 무천년주의자들은 예수 그리스도의 재림이 천 년의 중간 시기 없이 곧바로 영원으로 이어진다고 믿고 있는 점에서 일치한다. 무천년설이 제시하는 연대기는 매우 간단하다.[21] 초림과 재림 사이의 기간은 선과 악이 뒤섞여 있다. 종말이 가까워져 오면, 교회의 복음전도 위임도 완성되어 가고 악의 세력도 아마 적그리스도의 지휘 아래 더욱 결집하기에, 선과 악의 갈등은 더욱 심화한다. 그러나 마지막 커다란 박해의 시기 중에, 예수 그리스도가 재림하셔서[22] 악의 세력을 제거하시며, 구속 사역을 완성하실 것이다.[23] 이 재림과 함께 모든 이들의 부활, 최후의 심판, 그리고 영원이 시작된다.

무천년설의 연대기는 하나님의 계획 속에서의 인간 역할에 대하여 지나치게 낙관적이지도 지나치게 비관적이지도 않다. 승리와 패배, 성공과 실패, 선과 악은 종말이 이를 때까지 공존할 것이다. 이는 세상 속에서 일하시는 하나님께 협조하는 우리의 노력 자체가 하나님의 통치를 가져올 수 없음을 의미한다. 하지만 우리는 하나님이 역사를 종말로 이끄시며 행동하실 때까지 가만히 앉아서 기다리고만 있어서는 안 된다.

무천년설은 교회로 하여금 세상 참여에 대하여 현실적인 자세를 갖도록 한다. 성령의 인도와 능력을 통하여 교회는 자신의 위임을 완수하는 데 성공할 수 있다. 하지만 궁극적 승리는 오직 하나님의 은혜를 통해서만 올 수 있다. 그러므로 하나님의 백성은 현재에 위대한 일이 일어날 수 있음을 기대하면서도 역사의 목적이 역사 안에서 충만에 이르지 못함을 잊어서도 안 된다.

고전적 천년왕국 논쟁에 대하여 살펴본 지금, 우리는 어떤 결론을 내릴 수 있는가? 우리는 천년왕국과 관련된 세세한 논쟁에 얽매여서는 안 된다. 종말의 정확한 연대기가 무엇이든, 우리의 궁극적 목표는 그리스도의 재림 전이든 후이든 지상에 이루어질 그 황금시대가 아니다. 우리가 열정을 품고 기다리는 것은 하나님이 약속하신 새 하늘과 새 땅에서의 영원한 공동체이다. 그것만이 우리를 향한 하나님 약속의 최종적 실현이며, 신약성경이 선포하는 영원한 삶, 즉 자연, 이웃, 그리고 무엇보다도 우리의 창조자이며 구속주이신 하나님과의 충만한 공동체이다. 실제로 그것은 우리의 창조 목적이기도 하다.

여기서 추가적인 말을 덧붙여야 하겠다. 비록 미래에 충만히 이루어지 겠으나, 하나님은 이미 현재 가운데 영원한 공동체를 시작하셨다.[24] 비록 현재의 파편적 모습에도 우리는 예수 그리스도를 통하여, 그리고 성령의 현존으로 완전한 사귐을 미리 맛보고 있다.

그런데 시대의 종말에 대해서는 어떠한가? 우리는 종말이 언제 그리고 어떻게 있을 것인지에 대하여서 아직 답하지 않았다. 이런 문제들에 대하여 성경은 어떤 말을 하고 있는가? 이 질문의 답을 찾기 위해서, 우리는 신약성경의 종말 개념에 대하여 살펴볼 필요가 있다.

역사의 종말이 임박한 시대 ǀ 우리는 종말에 대한 성경의 이해를 간결한 문장으로 요약할 수 있다.

지금 우리는 역사의 절정이 임박해 있는 시대에 살고 있다.

성경의 저자들은 역사의 종말에 대하여 거듭 말하고 있다. 어느 날, 하나님은 그리스도의 영광스러운 재림을 통하여, 인류를 향한 계획을 완성하실 것이다. 그런데 그날이 오기까지 어떤 일들이 있을 것인가? 우리가 무슨 주장을 펼치든지, 그 주장은 현시대를 임박한 종말의 시대, 즉 역사가 절정으로 치닫고 있는 시대로 보는 성경의 이해에서 출발해야 한다.

신약성경에 따르면, 지금 우리는 특별한 '종말' 시대에 살고 있다. 이 시대는 예수 그리스도의 초림과 성령의 부으심으로 시작되었고, 승리와 심판 중에 오실 예수 그리스도의 재림으로 끝날 시대이다. 구약성경 시대를 약속의 시대로 본다면, 지금은 성취의 시대이다 벧전 1:10~12. 이 시대는 '마지막 때'로서, 세상 속에서 일하시는 하나님의 사역이 절정에 이르기 직전의 시기이다.

성경 저자들을 따르면, 예수 그리스도의 승천과 역사의 절정 사이에 있는 이 시대는 팽팽한 긴장으로 가득 차있다. 한 편으로 악의 맹공격이 펼쳐진다. 박해, 이단, 속임, 유혹 등과 같이 복음 메시지를 무효화시키려는 악한 자의 시도가 더욱 증대된다. 이런 사단의 노력은 어느 정도 효과를 본다. 많은 사람이 떨어져 나갈 것이며, 속고, 용기를 잃을 것이다. 그런데 다른 한편으로 신약성경은 우리 시대가 복음이 진보하는 시대라고 말하고 있다. 성령의 능력을 통하여 교회는 종말이 오기 전에 자신의 위임을 완수할 것이다.

초대 그리스도인들도 두 차원을 모두 경험했다. 당시 복음이 전 세계로 뻗어 가고 있었지만, 그들은 악한 세력의 맹공격도 직접 경험했다. 그들에게 있어서 이것은 종말적 시대가 시작되었다는 표지였다. 마지막 때가 이미 세상에 임했다 요일 2:18~19. 그리스도인들은 예수 그리스도가 재림하셔서 주님의 주권을 인정하는 모든 이들의 옳음을 입증해 주실 날을 고대했다. 그날이 오면, 주님은 거대한 우주적 원수인 죽음을 비롯하여 모든 우주적 권세들에 대하여 통치권을 행사하실 것이다. 따라서 사도들은 죽은 자를 일으키시는 그리스도의 재림 사건을 가장 중요한 미래의 사건으로 보았던 것이다.

이 모든 것들은 역사가 어떻게 끝날 것인지에 대하여 무엇을 말하는가? 성경은 인간 역사가 끝나는 중심적 사건이 악에 대한 선의 최종 승리임을 분명히 선언한다. 어느 날 악의 세력은 선에 대한 마지막 맹공격을 위하여 결집할 것이다. 그러나 예수 그리스도의 재림으로 그 악의 세력은 다시는 살아날 수 없도록 뿌리째 사라질 것이다. 그때 우리는 부활을 통하여 주님과 연합될 것이며, 이 연합을 통하여 우리는 하나님과의 영원한 사귐으로 들어가게 될 것이다.

이러한 기본적 윤곽을 넘어서 날짜와 순서와 관련된 세세한 사항들에 대해서, 성경은 우리에게 정보를 주지 않는다. 성경에서 '종말 점검'에 들어갈 만한 일련의 이정표 사건들을 뽑아낼 수 없다. 우리는 초림과 재림 사이의 기간이 얼마나 될지도 알 수 없다. 우리는 선견자 요한처럼 말할 수 있을 뿐이다. "때가 가까우니라"계 22:10.

나는 지금 어디로 가고 있는가?

대개 사람들은 역사의 종말에 대한 토의를 그저 머나먼 장래 일에 대한 사변 정도로 여긴다. 그들에게 있어서 훨씬 더 절박한 관심사는 자신의 개인적 종말에 관한 문제이다. "나는 지금 어디로 가고 있는가?" 우리는 모두 이렇게 질문한다.

여느 때와 달리, 코믹 연재만화 가필드Garfield에 심각한 이야기가 실린

적이 있다. 가필드가 달력을 보며 생각에 잠겼다. "좋아! 이번 목요일이 되면 나는 80살이 되는군!" 그리고 이렇게 말했다. "나는 생일이 싫어. 생일은 꼭 달력과 같지." 손으로 머리를 감싸고 한숨을 지으며 그가 말했다. "달력은 내 인생이 계수되고 있음을 기억나게 하지."

가필드의 말은 진실을 담고 있다. 그의 솔직한 생각은 시편 기자의 말을 생각나게 한다. "우리의 연수가 칠십이요 강건하면 팔십이라도 그 연수의 자랑은 수고와 슬픔뿐이요 신속히 가니 우리가 날아가나이다." 영감 받은 저자는 이렇게 덧붙인다. "우리에게 우리 날 계수함을 가르치사 지혜로운 마음을 얻게 하소서"시 90:10, 12.

그런데 '우리의 날을 계수한다'는 것은 어떤 의미인가? 왜 우리는 그런 문제에 신경을 써야 하는가? 삶은 결국 무의미하지 않은가? 그저 살다가 때가 되어 죽으면 그만 아닌가? 삶은 죽음으로 끝나는 것이 아닌가?

우리는 모두 질문한다. 죽음으로 모든 것이 끝나는가? 아니면 하나님은 나를 향하여 어떤 목적을 갖고 계시는가? 나의 실존에는 하나님이 정하셨으며, 죽음 이후까지 이어지는 어떤 목표가 있는가? 나의 지상 생애는 죽음을 정복하는 더 고차적 생명에서 절정을 맞게 되는가?

죽음 너머의 삶

죽음 자체늘 우리를 위협하는 삶의 돌연한 종말에 대하여 살펴보자. 죽음은 삶의 종말end이다. 그런데 죽음이 삶의 목적end, telos인가?

여기에 대하여 기독교 신앙은 명확하게 대답한다. '아니다!' 복음은 죽음이 마지막이 아니라는 선언이다. 죽음이 우리 실존의 목표는 아니다. 여기에 바로 복음의 좋은 소식이 있다!

죽음이란 무엇인가? | 우리가 모두 알고 있듯이, 죽음은 보편적이다. 누구나 죽는다. 그런데 누구나 죽음에 대하여 알고 있지만, 죽음은 여전히 크나큰 신비이다. 죽음은 인간 실존의 가장 커다란 신비일 것이다.

죽음은 단지 생물학적 기능의 정지가 아니다. 죽음은 개인의 삶의 종말을 의미한다. 죽음은 나의 생명의 종말을 의미한다. 죽음은 나의 실존을 위협한다.

우리는 죽을 것이기에, 죽음은 삶의 의미를 향한 우리의 모든 추구를 허사로 만드는 듯 보인다. 죽음의 불가피성은 삶을 하나의 무의미한 부조리로 제시한다. 전도서 기자가 결론지었듯이, "모든 사람에게 임하는 그 모든 것이 일반이라 의인과 악인, 선한 자와 깨끗한 자와 깨끗하지 아니한 자, 제사를 드리는 자와 제사를 드리지 아니하는 자에게 일어나는 일들이 모두 일반이니 선인과 죄인, 맹세하는 자와 맹세하기를 무서워하는 자가 일반이로다"전 9:2. 그들은 모두 "죽은 자에게로 돌아간다"3절.

이러한 죽음의 부조리에 대해서 기독교 신앙은 빛을 던져줄 수 있는가? 그렇다! 이것을 발견하기 위해서 우리는 성경으로 가야 한다. 그곳에서 우리는 죽음이 궁극적으로 예수 그리스도 안에 계시된 하나님의 목적의 빛 안에서만 비로소 이해될 수 있음을 발견해야 한다. 이는 예수 그리스도께서 우리 대신에 죽음을 통과하신 분이기 때문이다.

삶을 하나님과의 연관성 속에서 보았던 것삼상 2:6; 욥 1:21과는 대조적으로, 히브리인들은 죽음에 대해서 이중적인 태도를 보였다. 한편으로 죽음은 나이를 먹는 과정에 따르는 불가피한 결과이다삼상 2:6. 그러므로 '연수를 다 하고' 죽는 것은 하나님이 의로운 사람들에게 베푸시는 최고의 축복 중의 하나다. 그러나 다른 한편으로 구약성경은 죽음을 인간이 통제할 수 없는 악한 외부적 세력으로 간주한다 삼하 22:6; 시 89:48.

죽을 때 우리는 어떻게 되는가? 죽음 자체에 대하여 그랬던 것처럼, 히브리인들은 죽은 자의 상태에 대해서도 이중적 생각을 했다. 죽음이란 단순히 열조에게 돌아가는 것이다 참고, 창 49:33. 그러나 죽는 것은 스올sheol 속으로 내려가는 것이기도 하다 욥 21:13; 시 55:15; 잠 15:24; 겔 31:15~17 [25]. 스올 속에 있는 죽은 자는 '적막한 데' 시 115:17 내려간 것이기에, 거기서는 여호와를 찬양할 수도 없고 시 6:5 볼 수도 없다 사 38:10~11. 그래서 구약의 성도들은 이렇게 물었다. "사람이 죽으면 어찌 다시 살리이까?" 욥 14:14

이처럼 구약성경도 죽음이 무엇인지에 대하여 답변하고 있다.[26] 하지만 죽음을 산산이 부수고 새로운 희망을 낳은 엄청난 사건은 그 이후에 일어났다. 바로, 하나님의 능력이 나사렛 예수를 죽은 자 가운데서 살리신 것이다! 예수의 부활은 죽음의 정체의 모호함을 제거한다. 주님은 죽음의 가면을 벗기셨고, 그것이 악의 세력임을 보이셨다 히 2:14.

죽음이 악한 권세를 얻었던 것은 죽음이 죄의 결과이기 때문이다 롬 5:12; 6:23. 사실 죄와 죽음은 우리 안에서 작용하는 하나의 법이며, 우리를 노예로 만드는 외부적 세력이다 롬 7:21~25; 8:2; 참고, 롬 7:5 약 1:15. 죄는 죽음을 통하여 다스리며 롬 5:21 죽음에게 쏘는 힘을 준다 고전 15:56.

죽음 앞에서의 희망 | 스올헬라어로는 hades이 최고 권세는 아니다. 그리스도가 '사망을 폐하심' 딤 1:10으로써, 하나님이 죽음의 권세보다 더 위대하심을 나타내 보이셨기 때문이다. 주님의 부활은 우리를 향한 하나님의 목표가 죽음이 아니라 영원한 생명, 곧 주님과의 사귐의 삶임을 보여 준다. 우리는 공동체가 되기 위하여 창조되었다!

이제 이 문제를 깊이 들여다보자. 죄와 같이 죽음은 하나님이 정하신 우리의 운명, 즉 하나님, 이웃, 환경과의 영원한 사귐의 삶과 반대된다. 죽음은 공동체 안에서의 파괴를 뜻한다. 인간의 생물학적 죽음은 이러한 파괴를 생생하게 보여 주는 표지이다. 많은 사람에 둘러싸여 죽는다 할지라도, 모든 인간은 전적으로 홀로 죽음을 겪는다. 아무도 우리를 위하여 대신 죽을 수 없다. 또 아무도 다른 사람과 함께 죽음의 길을 걸을 수도 없다. 죽음은 우리가 삶에서 추구했던 모든 의미를 위협함으로써, 우리의 전체 실존에 무의미의 그림자를 던진다. 이렇게 죽음이란 공동체의 파괴, 고립화, 정체성의 상실이다.

그러나 우리는 예수 그리스도를 통하여 죽음 너머에 있는 것, 곧 하나님이 약속해 주신 그 영원한 공동체를 볼 수 있다. 미래의 어느 날 우리는 예수 그리스도와 연합할 것이며, 그분과 영원한 사귐을 누리게 될 것이다.

이처럼 우리에게는 죽음을 넘어서는 희망이 있다. 따라서 우리는 죽음 앞에서도 희망을 품을 수 있다. 죽음의 가능성이나 죽음에 대한 생각이 이제 우리에게 공포심을 일으키지 못한다. 이제 죽음은 우리가 홀로 겪는 경험이 아니다. 예수께서 우리 대신 죽음을 맛보셨기에, 이제 우리는 홀로 죽지 않는다. 죽음 속에서 우리는 홀로 버림받지 않는다. 오히려 죽음 속에서도, 우리는 공동체를 누린다. 우리는 예수 그리스도 안에 있는 하나님의 사랑에 둘러싸인다롬 8:34-39. 죽음 속에서도 우리는 '예수 그리스도와 함께' 있다빌 1:23.

궁극적 권세의 지위를 상실했기에, 죽음은 이제 긍정적인 의미가 있을 수 있다. 인류의 최종적 원수이지만 그 쏘는 힘을 빼앗겼기에, 이제 죽음은 회심 가운데 일어나는 변화를 묘사하는데 사용된다. 즉 세례를 통하여 우리는 "죄에 대하여 죽는다"롬 6:2~4. 우리는 소외 가운데 살던 옛 삶의 방식을 버린다. 더 나아가 우리의 오래된 원수인 죽음은 이제 하나님을 섬기는 우리의 지상에서의 소명의 완성을 의미한다딤후 4:7. 또한, 우리를 어두운 스올의 땅으로 데려갔던 악한 권세였던 죽음은 이제 우리의 안식이 시작됨을 의미한다계 14:13.

예수 그리스도 덕분에 죽음은 주님을 위한 특별한 희생의 방식이 될 수도 있다. 주님에 대한 증언을 위하여 순교한 사람들에게 있어서, 죽음은 인류를 위하여 고통받으신 주님께 찬양과 자신의 생명을 드리는 수단이 된다딤후 4:6; 빌 2:17; 계 6:9.

부활을 통한 죽음의 정복

죽음은 패배한 원수다. 우리는 지금 하나님과의 공동체를 경험하고 있기에, 어떤 의미에서 우리는 이미 죽음에서 생명으로 옮겨졌다요 5:24; 8:51; 요일 3:14. 그렇지만 죽음에 대한 우리의 최종적 승리는 미래에 놓여 있다. '맨 나중에 멸망 받을 원수' 고전 15:26인 죽음은 우리의 죽을 몸이 불멸을 입는 날에 완전히 정복될 것이다고전 15:54~55. 그때 하나님은 '사망과 음부' hades를 '불못' 에 던지심으로써, 죽음을 우리의 경험으로부터 완전히 추방하실 것이다계 21:4, 8.

그런데 이 일은 어떻게 일어나는가? 우리는 어떤 방식으로 죽음을 최종적으로 정복하는가? 영원한 공동체에 대한 우리의 참여가 시작되는 사건은 무엇인가? 이 주제에 관하여 현대인들은 다양한 의견들을 갖고 있다.

죽음 이후의 삶에 대한 다양한 견해들 | 죽음 이후의 삶에 대하여 현대

인들이 가진 견해들 가운데 성경의 견해와 다른 세 가지 의견을 살펴보자.

• 첫 번째 견해는 '일원론' monism 으로서, 죽음을 통하여 인간 각자는 신성과 연합된다는 사상이다.

일원론은 하나님을 인격으로 보지 않기에, 신성을 비인격적인 용어로예를 들어 '절대' 묘사한다. 일원론에 따르면, 신성과의 연합은 모든 개인적 구별들의 소멸을 의미한다. 죽을 때, 우리는 개인적 정체성을 상실한다. 마치 한 방울의 물이 거대한 바닷속으로 소멸하듯이, 절대의 일부분인 인간은 죽음을 통하여 그 절대 속으로 소멸한다는 것이다.

• 두 번째 견해인 '환생' reincarnation 설은 죽는 순간에 인간이 즉각적으로 신성 속으로 소멸한다고 말하지 않는다. 환생설에 따르면, 죽은 사람은 다시 세상에 출현한다. 새로운 형태로 지상에 다시 돌아온다는 것이다.

한 지상 생애에서 다음 지상 생애로 진보하든지 퇴보하든지 하면서, 영혼은 죽음과 재생을 무한히 반복한다. 그러나 진보가 충분히 이루어지면, 순환은 끝나고, 일원론에서처럼 영혼은 신성과 융합되기에 이른다.

• 세 번째 견해는 영혼불멸의 사상이다. 이 영혼불멸 사상에 따르면, 죽음은 삶의 절정이다. 죽는 순간에, 영혼은 그동안 자신이 거주해왔던 집인 몸을 벗는다. 이제 영혼은 물질적 영역을 완전히 떠나 영원한 복된 상태에 들어간다.[27]

죽음 이후의 삶에 대한 기독교의 비전 | 우리가 어떻게 죽음을 정복하느냐는 질문에 대하여 성경은 '부활' 이라는 단어로 대답한다. 미래의 위대한 날 우리는 부활을 통하여 예수 그리스도와 연합함으로써 마침내 죽음을 정복할 것이다. 그때 우리는 하나님이 우리를 위하여 예비하신 그 영

원한 공동체에 함께 참여하게 될 것이다.

그러나 부활은 대체 어떤 것인가? 성경이 '부활'이라고 부르는 이 경험은 구체적으로 어떤 것인가?

- 그 말 자체가 말하고 있듯이, 부활은 몸과 관계가 있고, 더 나아가 개인의 경험과 관련 있다.

하나님의 뜻은 몸이나 세상으로부터 우리를 벗어나게 하려는 것이 아니다. 우리는 지금처럼 몸을 가진 피조물로 영원한 공동체에 참여하게 될 것이다.

- '부활'은 미래의 우리와 현재의 우리 사이에 근본적인 불연속성이 있음을 가리킨다.

하나님의 통치 속으로 완전히 들어가려면, 우리는 철저한 변화를 거쳐야 한다. 이 변화는 윤리적이다. 부활한 우리로부터 죄로의 경향성'육체'이 뿌리째 뽑혀나갈 것이다. 우리는 예수의 형상으로 완전히 변화될 것이다. 이 변화는 육체적이기도 하다. 우리의 가멸성 mortality, 질병과 죽음으로의 경향성이 불멸성 immortality 으로 변화될 것이다 고전 15:42~43. 성경은 부활을 통하여 우리가 '신령한 몸' 고전 15:44, 즉 성령의 능력을 따라 변화된 몸을 입을 것이라고 선언한다. 바로 이 몸이 하나님이 거하시는 새로운 창조 세계에 적합한 몸이 될 것이다.[28]

그런데 성경이 말하는 것은 여기까지이다. 성경은 어떻게 하나님이 우리를 충만한 생명으로 인도할 것인지에 대해서 말하지 않는다. 하나님이 정확히 어떤 방법을 통하여 그렇게 하실 것인지는 미지의 것으로 남아있다. 그러나 하나님이 분명히 그렇게 하실 것이라는 사실은 성경에 명확히 기록되어 있다. 그 기록된 약속에 덧붙여, 우리는 내적인 증거도 갖고 있다. 그리스도인으로서 우리는 부활을 미리 맛보고 있다. 우리 안에 거하시는 성령은 미래에 우리가 누리게 될 충만한 생명을 보장해 주는 '보증'이다참고. 엡 1:14; 롬 8:23. 또한, 성령은 성경에 기록된 약속이 참되다는 것을 증언해 준다.

죽은 이들의 상태

미래의 영광스러운 날 우리가 부활을 통하여 예수 그리스도에게 연합할 것을 믿는다. 이 희망은 죽음 앞에서도 우리에게 위안을 준다. 그러나 한 가지 질문이 여전히 남는다. 우리가 죽는 바로 그 순간 우리에게 무슨 일이 일어나는가? 죽을 때 우리는 어디로 '가는' 것인가? 여기에 대해서 사람들은 다양한 의견들을 갖고 있다.

서로 다른 견해들 | 어떤 그리스도인들은 죽음을 영원으로 곧바로 들어가는 문이라고 믿는다. 죽는 순간 하나님의 영원한 공동체를 완전히 누리는 상태로 들어간다는 것이다.[29] 그러나 어떤 이들은 '영혼의 수면 상태'라는 정반대의 비전을 제시한다. 죽음을 '잠'으로 말하는 성경 구절에 기초해서예를 들어 왕상 2:10; 요 11:11; 행 7:60, 13:36; 고전 15:6, 18, 20, 51; 살전 4:13~15, 그들은 우리가 죽을 때 무의식적인 실존 상태에 들어간다고 말한다.

위의 두 견해보다 더 폭넓게 받아들여지는 세 번째 견해가 있다. 우리가 죽으면, 비록 몸은 갖지 못한 상태이지만, 지속해서 인격적이며 의식적인 실존을 경험한다는 견해이다. 그렇다면 죽음 뒤에 아직 몸을 갖지 못한 그 영혼은 어디로 가는 것인가?

금방 떠오르는 곳으로, 축복의 장소예를 들어 '천국' 와 고통의 장소예를 들어 '지옥'가 있다. 사람이 죽으면 의로운 이들은 의식 가운데 하나님의 현존을 경험하는 반면, 불의한 자들은 의식 가운데 고통스러운 벌을 경험한다는 것이다.

어떤 그리스도인들은 이 '중간 상태'에 대하여 더 심화한 추측을 제시한다. 죽은 그리스도인들은 먼저 죽었던 사랑하는 사람들뿐 아니라 지난 시대의 성도들과도 교제를 나눌 수 있다. 죽은 그리스도인들은 지상에서 일어나는 사건들을 천국의 높은 견지에 조망할 수 있게 된다.

죽음이 몸 없는 의식적 실존의 영역으로 들어가는 문이라면, 죽은 자들의 영혼이 거하는 장소가 있을 것이다. 어떤 이들을 따르면, 대부분 사람은 죽으면 '연옥' purgatory, 영혼이 정화되는 곳으로 들어가며, 거기서 고통을 통하여 천국에 적합한 자로 연단을 받는다.[30]

이처럼 다양한 의견들이 존재한다. 우리가 성경을 통하여 분명하게 내릴 수 있는 결론은 무엇인가?

그리스도인의 희망 | 우리는 죽음이 인격적 삶의 끝이 아님을 안다. 모든 인간이 최후의 심판대 앞에 설 것이다 롬 14:10; 고후 5:10; 벧후 2:9. 그리스도인으로서 우리의 희망은 죽음 이후의 삶에 대한 우리의 생각에 초점을 맞추지 않는다. 우리의 희망의 초점은 부활의 약속에 있다. 죽은 자의 상태에 대하여 우리가 어떤 견해를 갖든, 그것은 반드시 부활의 희망에서 비롯한 것이어야 한다. 그리스도인의 부활 희망은 죽은 그리스도인들의 상태에 대한 세 가지 주요 진술로 이어진다.

• 죽은 그리스도인의 상태가 무엇이든, 죽음은 하나님의 영원한 공동체를 완전히 누리는 상태로 우리를 즉시 인도하지는 않는다.

죽음은 하나님이 뜻하시는 '더 고차원적인' 실존 상태로 들어가는 입구가 아니다. 우리가 역사의 정점에서 부활할 때, 우리는 완성된 구원 속으로 들어간다.마 25:34; 벧전 1:4~5. 구원에는 인간 삶의 육체적 측면도 포함된다.

• 죽는 순간 우리의 구원이 완성되는 것은 아니지만, 죽음 이후의 상태에 대하여 우리가 불안감이나 두려움을 가져서는 안 된다.

그리스도가 재림하시는 날 주님과 연합될 것을 알기에, 우리는 죽음 속에서도 안전함을 확신할 수 있다. 최고의 원수인 죽음조차도 예수 그리스도 안에 있는 하나님의 사랑으로부터 우리를 떼어놓을 수 없다. 죽음 속에서도 우리는 하나님 사랑의 현존에 둘러싸여 있다롬 8:35~39.

• 이러한 확신은 세 번째 진술로 이어진다. 의로움 가운데 죽은 이들은 '수고를 그치고 쉬는' 상태에 있다계 14:13. 그들은 사실 '복된' 쉼을 누리고 있다. 부활의 때가 되면 우리 수고의 열매가 드러날 것임을 우리는 알고 있다.

그렇다면 죽은 자의 상태에 대하여 어떤 결론을 내릴 수 있는가? 간단히 말해서 그들은 '하나님에 의하여 붙들려' 있다. 하나님이 우리의 인격을 최후의 심판 때까지 '붙들고' 계시다. 최후의 심판 날 우리는 각자 하나님 앞에서 인격적 연속성의 표지들육체적 정체성, 기억, 성격적·정신적 특질의 유사성을 지닌 채 나타날 것이다. 그날까지 불의한 자들은 하나님에 의하여 잡혀 있다가 마침내 심판과 영원한 죽음을 당할 것이고, 의로운 자들은 하나님과 함께 있다가 마침내 부활과 영원한 생명을 맞이할 것이다.[31]

한 가지 질문이 여전히 남는다. 하나님이 붙들고 계신 그 죽은 자들은 지상에서 일어나는 사건들을 인식하는가? 여기에 대하여 우리는 다만 짐작할 수 있을 뿐이다. 지상에 남아있는 사람들의 관점에서 볼 때, 죽은 자들은 '잠'을 자는 것처럼 보인다. 그들은 현세 시간의 흐름에 참여하지 않는다. 그러나 이것은 그들이 지상에서 일어나는 사건들을 인식하지 못한다는 말은 아니다.

죽은 자들도 지상에 일어나는 일들을 인식할 것이다. 그러나 죽은 이들은 알려진 현재에서 미지의 미래로 나아가는 우리처럼 사건들을 인식하지 않는다. 그들은 부활을 통한 하나님의 계획의 영광스러운 완성이라는 높은 견지에서 사건들을 인식한다. 즉 그들은 지상에 일어나는 사건들을 통일성과 상호연결성 속에서 인식하고 있다.[32]

특정한 상황을 예로 들어보자. 20여 년 전 아버지가 돌아가셨을 때, 어머니는 아버지가 가족의 일들을 인식하실지 종종 궁금하게 생각하셨다. 아버지가 어머니를 인식하실지도 모른다는 생각에 어머니는 위안을 받으셨다. 왜냐하면, 비록 육체적으로는 떨어져 있지만, 아버지와 어머니는 연결되어 있기 때문이다. 그러나 여기에는 '어두운' 측면도 따른다. 만일 아버지가 우리를 인식하고 계신다면, 아버지는 어머니의 슬픔도 인식할 것이다. 어머니가 슬퍼하는 모습을 보는 것은 분명 아버지에게 고통을 줄 것이다.

그래서 나는 여러 해 동안 수없이 이런 질문을 던졌다. "죽은 아버지는 우리 가족에게 일어나는 일들을 과연 알고 계실까?" 지금 내 추측은 이렇다. "그래, 어떤 의미에서는 그렇다." 아버지는 지상에서 일어나는 일들을 알고 계실 것이다. 하지만 아버지는 그 일들을 우리처럼 시간의 흐름에 따라 인식하지는 않을 것이다. 우리 가족의 슬퍼하는 모습도 분명 볼 것이다. 하지만 아버지는 부활을 통한 재회의 기쁨이라는 시각에서, 곧 절정에 다다르는 사건들의 상호연결성 속에서 그 슬픔을 보실 것이다.

이제 결론을 내려보자. 부활은 희망이다. 죽음으로 무의미하게 끝나는 것처럼 보이는 인간 실존인 우리에게 좋은 소식이 있음을 의미한다. 역사가 최종 승리인 예수 그리스도의 재림을 통하여 절정에 도달하듯이, 우리는 그 위대한 날 그리스도의 부활에 참여하게 될 것이다.

그러므로 우리는 확신을 품고 이렇게 노래한다.

♪ 나는 아네, 내가 어디로 가는지를. 나는 아네,
누가 나와 함께 하시는지를.
나는 아네, 조용한 여름 아침 내 귀에 들려오는 음악의 이유를…
나는 그분이 가시는 곳으로 가는 중이네,
언제나 그분이 내 곁에 계시네.
죽기까지 나를 사랑하신 그분의 사랑,
그것이 내 가는 길에 필요한 전부라네[33] ♪

1. 오늘날 많은 사람이 세상의 임박한 종말에 대한 예측들에 관심을 두는 이유는 무엇인가?

2. "한 손에는 성경을, 또 한 손에는 신문을!"이라는 말이 있다. 당신은 이 충고에 동의하는가? 그렇다면 이 말을 실천할 수 있는 가장 좋은 방법은 무엇인가?

3. 전천년설, 후천년설, 무천년설 중에서 당신이 하나를 선택한다고 할 때, 그 선택은 당신의 삶에 어떤 실질적 차이를 가져오는가?

4. 바울은 희망 없는 사람들처럼 슬퍼하지 말라고 그리스도인에게 말한다(살전 4:13). 죽음과 부활에 대한 우리의 믿음은 우리가 슬퍼하는 방식에 어떤 영향을 끼쳐야 하는가? 가족이나 친구를 잃은 사람들에 대한 우리의 반응에 대해서는 어떤 영향을 끼쳐야 하는가?

5. 필요하다면, 당신은 무언가를 위하여 기꺼이 죽을 수 있는가? 그런 상황 속에서 당신은 당신의 죽음을 어떻게 보겠는가?

6. 죽음과 부활에 대한 기독교의 가르침은 낙태와 안락사와 같은 현대의 생명윤리 문제에 대한 우리의 자세에 어떤 지침을 줄 수 있는가?

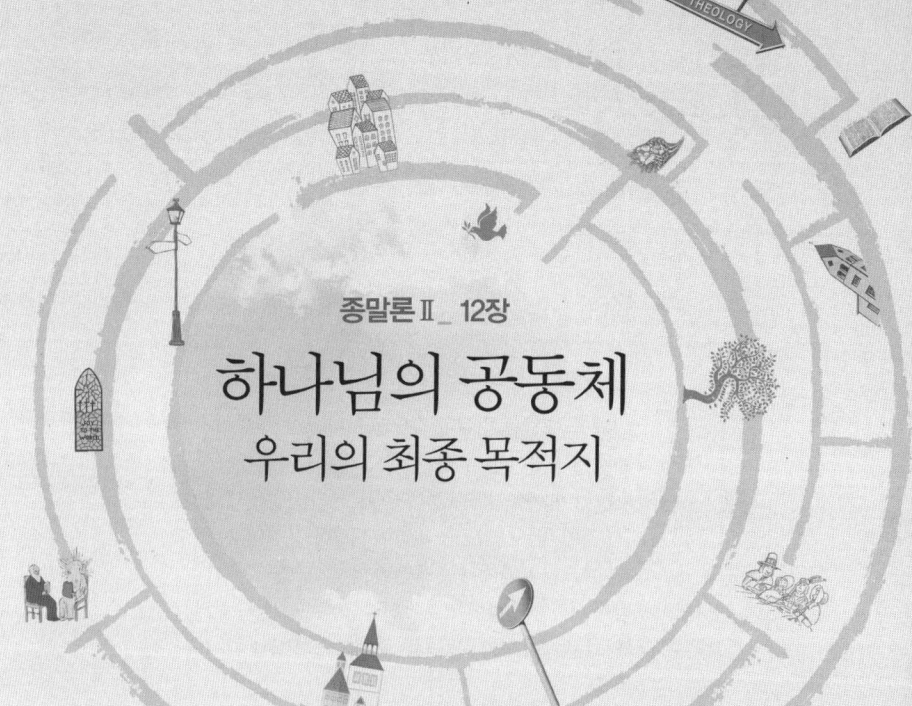

종말론 Ⅱ_ 12장

하나님의 공동체
우리의 최종 목적지

Created For Community
Connecting Christian Belief with Christian Living

또 내가 새 하늘과 새 땅을 보니
처음 하늘과 처음 땅이 없어졌고 바다도 다시 있지 않더라
또 내가 보매 거룩한 성 새 예루살렘이 하나님께로부터 하늘에서 내려오니
그 준비한 것이 신부가 남편을 위하여 단장한 것 같더라
내가 들으니 보좌에서 큰 음성이 나서 이르되
보라 하나님의 장막이 사람들과 함께 있으매 하나님이 그들과 함께 계시리니
그들은 하나님의 백성이 되고 하나님은 친히 그들과 함께 계셔서

요한계시록 21장 1~3절

루시는 스누피가 타자기에서 막 빼낸 글을 읽으며 속으로 중얼거렸다.
"흠 …".

루시는 초보 작가 스누피에게 그 글을 돌려주며 한 마디 평을 건넸다.

"나는 네가 별로 중요하지 않은 주제를 선택했다고 생각해."

잘난 척하는 몸짓을 하면서 루시가 당황해 하는 스누피에게 충고했다.

"무언가 정말 사고思考를 자극할 수 있는 주제에 대해서 써 봐."

루시는 걸어가면서 말했다.

"세상이 시작된 이래로 풀기 어려운 문제에 대하여 써 보란 말이야."

스누피는 그 충고에 대하여 곰곰이 생각해본 뒤, 다시 타자기를 두드리기 시작했다. 그는 자신의 새로운 작품을 이렇게 시작했다.

"천국에 강아지도 있을까?"

스누피는 자기 나름대로 태초 이후로 난제였던 주제를 잡아낸 것이다. 즉 우주는 지금 어디를 향하여 가고 있는가? 우리의 영원한 본향은 무엇인가? 이 질문에 대하여 우리는 두 단어로 대답할 수 있다.

"하나님의 공동체!"

성경에 따르면, 하나님의 목적은 개인의 실존과 전체 인류 역사를 넘어서는 범위를 가진다. 하나님의 목적은 궁극적으로 우주적 범위를 가진다. 하나님의 목적은 모든 창조 세계를 포괄한다. 하나님의 계획은 창조 세계 전체를 포괄하는 영원한 새로운 공동체를 이루는 것이다. 그러므로 우리는 다음 세 가지 질문을 통하여 성경의 위대한 희망에 대하여 살펴봄으로써 우리의 연구를 매듭지으려고 한다.

- 현재가 영원으로 넘어갈 때 어떤 사건이 있을 것인가?
- 모든 사람이 하나님의 영원한 공동체에 참여할 것인가?
- 우리의 영원한 집은 어떤 모습인가?

심판

지금 하나님은 만유를 포괄하는 목표를 향하여 일하신다. 하나님의 목적은 현 창조 세계를 새로운 피조물의 영광스럽고 영원한 공동체로 변화시키는 것이다. 그렇다면 어떤 사건을 통하여 이러한 변화가 이루어질 것인가? 다시 말해서 우리의 현재와 하나님의 미래 사이의 경계선이 되는 사건은 무엇인가?

이 질문에 대하여 성경은 '심판'이라는 단어로 대답한다. 창조 세계는 심판을 통과함으로써 비로소 새로운 세계가 된다. 심판은 성경 전체에 가장 두루 퍼져있는 주제 중의 하나이다. 하나님은 창조자이실 뿐 아니라 심판자이시다. 그렇다면 구체적으로 누가^{또는 무엇이} 하나님의 심판을 받는가? 성경은 미래에 있을 이 심판에 관하여 두 가지 측면을 말하고 있다.

- 우주에 대한 심판
- 인류에 대한 심판

하나님은 우주를 심판하실 것이다

성경은 모든 피조물이 하나님에게서 심판을 받을 것임을 가르치고 있다. 여기에는 우주적 권세들과 영적 존재들이 포함된다. 신약성경은 하나님에게 대항해 반역한 존재들이 이미 심판을 받았다고 말한다^{벧후 2:4; 유 6}. 예수께서는 자신의 죽음을 통하여 정사와 권세의 무장을 해제시키시고 이미 그들을 '구경거리'로 삼으셨다^{골 2:15, 표준새번역}.

성경은 우리도 참여하게 될^{고전 6:3} 심판, 곧 귀신들과 천사들에 대한 미래의 심판에 대해서도 말하고 있다^{마 25:41}. 그날에 하나님은 마귀를 심판하실 것이다. 그날이 오면 우리의 원수 마귀는 하나님의 영원한 공동체로부터 추방될 것이다^{계 20:10}.

미래에 있을 그 심판은 도덕적 피조물들에만 국한되지 않는다. 물질적 창조 세계도 심판을 받을 것이다. 베드로는 이렇게 선언한다. "그 날에는 하늘이 큰 소리로 떠나가고 물질이 뜨거운 불에 풀어지고 땅과 그 중에 있는 모든 일이 드러나리로다"^{벧후 3:10}.

하나님이 사단을 비롯한 영적 존재들을 심판하시는 것은 충분히 이해가 간다. 그런데 우주를 심판하시는 것은 대체 무슨 목적을 위한 것인가? 물질적 우주가 왜 심판을 받아야 하는가?

그것은 창조 세계가 현재 상황으로부터 해방되기 위한 것이다. 창조 세계 속에서 아직 완전에 도달하지 못한 존재는 인간만이 아니다. 물질적 우주도 아직 완전히 하나님의 목적을 반영하고 있지 못하다^{롬 8:20~22}. 몇몇 철학자들의 주장과는 반대로 현 세상은 가능한 것들 가운데 가장 좋은 세상이 아니다.

창조 세계가 아직 완성되지 않았다는 것은 무슨 뜻인가? 한 가지 중요한

면으로서, 창조 세계 전체에서 작용하고 있는 부패의 권세를 들 수 있다. 물론 부패와 죽음을 하나의 보편적 과정과 우주의 자연스러운 일부로 볼 수도 있다. 그러나 하나님의 궁극적인 목적과 뜻의 관점에서 볼 때, 우리는 부패와 죽음이 '자연스럽지' 못한 것이라는 결론에 도달한다. 부패와 죽음은 하나님이 창조하시려고 하는 영원한 나라의 일부가 아니다.

현재의 창조 세계는 그것이 부패의 권세로부터 해방될 때, 비로소 하나님의 새로운 세계가 될 수 있다. 심판이 바로 이러한 해방을 가져오는 사건이다. 미래의 어느 날 창조자는 우주 전체를 변화시키실 것이다. 그날 하나님은 부패를 낳는 모든 요소를 물질적 우주로부터 제거하실 것이다. 이러한 심판을 통하여, 우주는 비로소 속박으로부터 자유로워질 것이다.

우리는 이 문제를 더 자세히 살펴볼 필요가 있다. 왜 부패와 죽음이 우주에서 제거되어야 하는가? 하나님은 구속받은 백성을 위하여 영원한 집을 창조하기를 바라신다. 우리는 오직 부활을 통하여 하나님과의 영원한 공동체 속으로 들어갈 수 있다. 부활은 우리의 썩고 멸할 수밖에 없는 현재의 몸이 그리스도의 불멸의 몸과 같이 변화되는 사건이다. 그런데 그렇게 영광스러운 불멸을 입은 사람들이 부패와 죽음이 작용하는 땅에 거주할 수는 없다. 따라서 적합한 환경이 되기 위해서, 현 세계는 반드시 심판과 변화를 겪어야 한다.

그러나 이 답변은 불충분하다. 완성된 답변을 위하여 우리는 하나님의 계획의 심장부로 가야 한다. 하나님이 모든 피조물과 누리려고 하시는 그 사귐의 계획 가운데 물질적 영역이 준비되기 위하여 우주에 대한 심판이 필요하다!

후에 보겠지만, 하나님은 언젠가 세상 너머에 있는 자신의 집을 떠나 피조물 가운데 들어와 거하실 것이다^{계 21:1~3}. 그러면 마침내 우리는 창조주와 끝없는 직접적 사귐을 누리게 된다. 그러나 현 상태에서 우주는 새로운 공동체를 위한 '집'으로 적합하지 않다. 먼저 부패와 죽음으로부터 자유로워져야 한다. 영원히 변하지 않으시는 하나님이 현존하는 집이 되려면, 물질적 우주는 부패의 권세로부터 정화되어야 한다. 생명 자체이신 하나님이 현존하는 집이 되려면, 물질적 우주는 반드시 죽음의 권세로부터 정화되어야 한다.

어느 날 삼위일체 하나님의 집으로서 전 우주는 창조주를 영화롭게 하는 일에 참여하게 될 것이다. 그러나 이 일을 위해서도 변화가 선행되어야 한다. 변화를 거친 다음에 하나님의 본성과 대립하는 모든 것으로부터 해방된 다음에 비로소 모든 창조 세계는 완전하고 거룩하신 창조자에게 합당한 찬양을 온전히 드릴 수 있게 된다.

이제 우리의 답변을 정리해 보자. 심판은 옛 우주를 새로운 우주로 변화시키는 하나님의 활동이다. 하나님이 심판하시는 목적은 창조 세계가 구속받은 인간들의 영원한 공동체를 위한 '집'이 되도록 하기 위함이다. 이제 구속받은 인간들은 삼위일체 하나님의 현존을 누리며, 동시에 새로워진 창조 세계와 조화 가운데 살아가게 될 것이다.

하나님은 우리를 심판하실 것이다

하나님의 활동 범위는 우주적이지만, 세상 속에서 하나님의 활동 초점은 인간에게 있다. 죄를 범한 자들로서, 창조 세계 가운데 화해가 가장 필요한 존재는 인간이다. 그러므로 우리가 심판의 초점인 것은 당연하다. 전 우주의 경우처럼, 우리의 심판도 옛 창조로부터 새 창조로의 변환을 의미한다.

우리에 대한 심판의 확실성 | 성경은 모든 인간이 하나님의 심판을 받을 것이라고 분명히 말한다 마 11:24; 12:36; 행 10:42; 롬 14:10; 고후 5:10; 딤후 4:1; 히 9:27; 벧전 4:5; 벧후 2:9; 요일 4:17.

그러나 여기에 어떻게 그리스도인들이 포함된다는 말인가? 분명 성경은 우리가 '사망'에서 '생명'으로 옮겨졌으며, 정죄 아래 있지 않다고 말하지 않는가? 그런데 어떻게 우리가 그 최후의 심판대 앞에 선다는 말인가? 고전 11:31.

성경은 단호하다. 우리는 모두 예외 없이 하나님의 심판대 앞에 설 것이다. 그 의로우신 재판장 앞에서 모든 사람이 예외 없이 재판을 받게 될 것이다.

물론 그리스도인으로서 우리의 심판에는 결정적 차이점이 있다. 우리는 재판장을 알고 있다. 우리를 심판하시는 재판장은 바로 우리가 그리스도 안에서 알게 된 하나님이시다. 마지막 날 우리가 대면하게 될 재판장은 우리를 향하여 구원의 사랑을 펼치신 바로 그분이다. 우리의 재판장은 예수의 죽음을 통하여 이미 우리의 죄를 심판하신 바로 하나님이시다 롬 3:21~26; 8:1. 따라서 우리는 정죄 받을 두려움 없이 심판의 날을 맞이할 수 있다 롬 8:31~34.

그러나 여전히 남아 있는 질문이 있다. 왜 우리가 창조자 앞에 서야 하는가? 심판의 목적은 무엇인가?

우리에 대한 심판의 목적 | 우리는 최종적 심판의 날에 대하여 상상하

면서 재판장 앞에 사람들이 길게 줄을 서서 기다리다가 차례가 오면 '유죄' 선고나 '무죄' 선고를 받는 모습을 떠올린다. 그러나 이것은 성경이 보여 주는 그림이 아니다.

심판은 신속하게, 아마 순식간에 일어날 것이다. 더 중요한 것은 그 심판이 이전에 몰랐던 판결을 듣는 사건이기보다는 숨어있던 진실이 공개되는 사건이라는 점이다 눅 8:17.

왜 이것이 중요한가? 왜 하나님은 숨어있던 진실을 빛으로 드러내시는가? 그 위대한 날 드러나는 진실은 구체적으로 어떤 것인가?

먼저 이 공적 드러냄에는 하나님께서 자신의 정당성을 입증하는 일이 포함된다. 지금 겉으로 보기에는 하나님이 아니라 악이 세상을 지배하는 것 같다. 악한 자는 번성하고 의로운 자는 고통을 겪는다 시 73:1~16을 보라. 가장 비극적인 일로서, '가장 의로운 분'이 악한 자들의 손에 고통을 받으셨다. 그분의 뒤를 이어 제자들도 원수들의 손에 고통을 받아왔다. 이러한 상황 속에서도, 하나님은 정의를 위하여 행동하지 않는 것처럼 보인다. 그래서 사람들은 하나님의 능력, 하나님의 선하심, 심지어 하나님의 존재를 의심하기도 한다.

그러나 미래의 어느 날 하나님은 이 상황을 뒤집으실 것이다. 하나님은 의로운 자의 편을 들어주는 심판을 하실 것이며 눅 18:1~8, 그것을 통하여 자신의 정당성을 입증하실 것이다 엡 3:10. 하나님은 자신이 창조 세계 가운데 정의를 가져오는 분임을 드러내실 것이다 벧후 3:3~10.

심판은 예수와 제자들의 정당성도 입증해줄 것이다. 승천을 통하여, 하나님은 예수가 전 우주의 주님이심을 선언하셨다. 주님의 재림은 주님의 정당성이 우주적이며 공적으로 입증되는 날이 될 것이다. 우리도 이 영광스러운 일에 참여하게 될 것이다. 예수의 정당성이 공적으로 입증되는 심판의 날은 그분의 이름을 고백하는 모든 사람의 정당성도 함께 입증되는 날이 될 것이다. 그러므로 우리에게 있어서 그리스도의 재림과 심판은 희망의 원천이어야 한다요일 4:17.

또한, 이러한 공적 드러냄은 인간의 사회적 조건에도 영향을 미칠 것이다. 현재에는 힘 있는 자들이 세상을 지배하는 듯 보인다. 그러나 그날이 오면, 모든 사람은 주권자 하나님이 힘없는 자들 편에 서 계셨음을 알게 될 것이다. 그날 주님은 그동안 짓밟혀온 사람들의 편을 들어주실 것이다. 즉 모든 사람은 하나님이 권력이나 지위가 아니라 이웃에 대한 겸손한 섬김과 어려움에 부닥친 이들에 대한 봉사에 따라 참된 성공을 평가하신다는 사실을 알게 될 것이다마 25:31~46; 막 10:35~45. 그날에는 먼저 된 자가 나중 될 것이며, 나중 된 자가 먼저 될 것이다.

이 공적 드러냄은 우주의 역사 이면에 깔린 통일성을 드러내는 사건이 될 것이다. 겉으로 보기에는 아무런 관련 없는 단편적 사건들의 흐름처럼 보이는 역사이지만, 그 이면에는 통일적인 줄거리가 숨어있다. 그날이 오면, 모든 인간은 나사렛 예수가 바로 말씀logos, 즉 삶의 모든 것에 통일성을 부여하는 분이심을 명백하게 알아보게 될 것이다.

예수는 공적인 역사의 의미로서 드러나실 뿐만 아니라 각 사람 인생의 의미도 되셔서 사람들은 예수 안에 계시된 그 통일적 원리에 따라 심판받게 될 것이다. 주님 안에 있는 삶의 통일성에 대한 계시와 우리의 삶의 여정이 비교됨으로써, '심각한 불일치'가 드러날 것이다. 우리는 삶에 대한 하나님의 기준과 우리의 실제적 삶 사이에 존재하는 거대한 격차를 분명하게 보게 될 것이다.

그리스도인들이 왜 하나님의 심판대 앞에 서야 하는지에 대하여 계속해서 의문을 제기할 수 있다. 악한 자들이 심판대 앞에 서는 것은 이해할 수 있다. 그러나 왜 우리가 그 앞에 서야 한다는 말인가?

그리스도인에게 그 심판의 날은 성화 과정이 완성되는 날이다. 어떤 의미에서 우리가 받는 심판은 하나의 정화 작업이다. 즉 하나님이 우리의 공로를 측정하는 목적은 우리에게서 모든 불순물을 제거하기 위한 것이다^{고전 3:13~15}. 그 작업을 통하여, 하나님은 우리를 영원에 적합한 존재로 만드신다. 우리에게 있어서, 심판은 하나님과의 영원한 사귐으로 들어가는 사건이 된다.

동시에 심판은 놀라움의 날도 될 것이다. 예수는 자신을 "주여"라고 부르는 모든 사람이 모두 하나님 나라에 들어가는 것은 아니라고 경고하셨다. 그분은 어떤 사람들에게 이렇게 대답하실 것이다. "내가 너희를 도무지 알지 못한다"^{마 7:21~23}. 하나님에게 '말뿐인 찬양'을 늘어놓는 것으로는 부족하다. 심판 날에는 누가 예수의 진짜 제자들인지가 드러날 것이다.

심판의 충격은 신앙 공동체 내에서도 있을 것이다. 어떤 이들은 구원은 받겠지만, 주님에 대한 자신의 봉사가 지푸라기에 불과했음을 알고 놀라게 될 것이다^{고전 3:15}.

하나님의 심판 기준은 세상의 것과 근본적으로 다를 것이다. 그렇다면 하나님의 심판 기준은 무엇일까?

심판의 근거 | 성경은 우리가 '행위'에 따라 심판을 받을 것이라고 거듭 선언한다^{창 2:15~17; 렘 17:10, 32:19; 마 16:27; 롬 2:6; 고후 5:10; 갈 6:7~8; 계 20:11~15, 22:12}. 정죄에 이르는 행위로서 예수가 말씀하신 것들로는 참된 부가 아닌

세상 소유물을 축적하는 행위막 10:17~31; 눅 12:13~21, 어려운 사람들을 돌보지 않는 행위마 25:31~46, 남을 용서하지 않는 행위마 18:21~35 등이 포함된다.

그러나 이것은 우리가 심판을 받는 최종 기준은 아니다. 심판의 최종 기준은 궁극적으로는 '하나님의 뜻'이다. 우리는 우리의 삶이 우리를 향한 하나님의 뜻에 얼마나 일치했는가에 따라 심판을 받는다.

따라서 우리는 다시 '공동체'라는 개념으로 돌아가게 된다. 계속 주장해 왔듯이 하나님의 바람은 우리가 하나님, 이웃, 모든 창조 세계와 사귐 속에서 즉 우리의 참된 정체성에 따라 사는 것이다. 우리가 경건한 공동체를 추구하는 만큼 우리의 삶은 하나님을 영화롭게 하는 것이며, 하나님의 기준에 일치하는 것이다. 그렇게 일치된 삶을 사는 사람들에게 주님은 '영광과 존귀', '평강과 영생'을 주신다롬 2:7~10.

이것은 우리로 하여금 심판의 기준이 예수이심을 깨닫게 한다. 5장에서 보았듯이 예수는 우리에게 인류를 향한 하나님의 계획이 무엇인지를 계시하신다. 우리는 공동체를 향하여 창조된 존재다. 우리는 하나님과의 사귐과 하나님을 향한 순종 가운데 살도록 창조되었다. 참 인간이 누구인지를 보여 주는 분이 예수이기에, 주님은 우리의 삶이 측정되고 판단되는 척도가 되신다.

이것은 우리가 어떻게 하나님의 심판 행위에 참여하는지를 설명해 준다마 19:28; 눅 22:30; 고전 6:2, 계 20:4. 우리 안에서, 그리고 우리 가운데 일하시는 성령을 통하여, 우리는 공동체를 세우시는 하나님의 뜻에 순종하고 있다. 따라서 우리의 삶은 하나님의 목적에 따라 살기를 거부한 다른 도덕적 피조물들의 실패를 빛 가운데 드러내는 역할을 한다.

하나님의 뜻에 대한 일치 여부가 심판의 기준이지만, 정죄 선고는 각자가 받은 빛의 정도에 비례한다. 예수는 알면서도 불순종하는 종은 무지하여 불순종하는 종보다 더 큰 벌을 받을 것이라고 말씀하셨다. "무릇 많이 받은 자에게는 많이 요구할 것이요 많이 맡은 자에게는 많이 달라 할 것이니라"눅 12:48; 또한 요 12:48; 롬 2:12~16; 히 10:28~29를 보라.

심판에 따르는 상 | 우리의 영원한 운명이 결정되는 것 이외에 심판에는 또 다른 결과들이 따르는가? 더 구체적으로 말하자면, 심판 때에 우리는 하나님으로부터 상賞도 받는가? 간단히 대답해서 "그렇다!"마 25:14~30; 고전 3:10~15.

그런데 어떻게 그럴 수 있는가? 하나님의 영원한 공동체는 우리 시대와 달리 사람들 사이에 차별이 없어야 하는 것이 아닌가?마 20:1~16 그 영원한 나라도 인간 사회처럼 소수 특권층즉 '상을 받은' 자들에 의하여 다스려진다는 말인가? 상을 기대하다 보면, 구원자에 대한 사랑이 아니라 남들보다 더 높아지겠다는 개인적 이득을 위하여 예수를 섬기게 되지 않겠는가?

영원한 상에 대하여 생각할 때, 우리는 심판의 날이 놀라움의 날이라는 사실을 기억할 필요가 있다. 우리 재판장의 기준은 세상의 기준과 다르다. 그날 주님은 겉으로 보기에 탁월한 사람들이 아니라 오히려 낮고 보잘것없어 보이는 사람들을 더 높이실 것이다.

이 원리는 마음의 동기 문제에도 적용된다. 순전히 이기적인 동기로 일한 사람들은 아무 보상도 기대하지 않고 순전한 마음으로 주님을 섬긴 이들에게 주어지는 상을 보고 놀랄 것이다. 예수께서 거듭해서 말씀하셨듯이, 하나님 나라에서 크게 되는 길은 주님이 앞서 가셨던 길처럼, 다른 사람을 위하여 희생하는 봉사의 삶이다. 따라서 하나님의 새로운 세상에서는, 모든 이의 종이 되었던 사람이 뛰어난 사람이 될 것이다.

이제 정리해 보자. 최후의 심판은 숨어있던 진실이 공적이고 우주적으로 드러나는 사건이다. 이 계시는 영원한 행복 속으로 환영받고 수고의 보상을 받는 이들에게는 놀라움과 기쁨을 안겨줄 것이다. 그러나 이날은 다른 이들에게는 크나큰 충격을 가져올 것이다. 왜냐하면, 그들은 자신의 삶이 '궁극적으로 실패했음'을 분명히 보게 될 것이기 때문이다.

심판의 무시무시한 측면

'궁극적 실패', 이는 끔찍한 말이 아닐 수 없다. 궁극적 실패가 정말 가능한가? 어떤 이들은 심판을 통하여 하나님의 영원한 공동체로부터 영원히 배제되는가? 성경은 단호하게 그렇다고 대답한다^{마 22:13; 눅 13:25~29; 롬 6:21; 빌 1:28; 3:19; 살전 5:3; 살후 1:8~9}.

그런데 성경의 대답이 그렇게 단순한 것이 아니라고 생각하는 이들이 있다. 그들은 그 실패가 회복할 수 없는 것은 아닐 것으로 생각한다. 이 가능성에 대하여 살펴보자.

결국, 모든 사람이 '본향'에 갈 것인가?

하나님은 의로운 재판장이기에, 인간의 실패를 못 본 척 그냥 넘겨버리시지 않는다. 그러나 하나님이 심판의 날에 내리시는 정죄 선고는 아마 취소 불가능한 것은 아닐 것이다. 그 정죄 선고는 기다리는 아버지의 품으로 탕자를 돌이키기 위한 처방책에 불과할 것이다. 즉 하나님이 사용하시는 위대한 교육방법이다. 다시 말해서 하나님이 정죄 선고를 내리시는 목적은 결국 모든 사람이 구원을 받도록 하려는 것이다. 이 세상에서 구원받지 못하는 사람은 영원 속에서 언젠가는 결국 구원을 받을 것이다.

하나님이 결국 모든 사람을 자신의 영원한 사귐 속으로 들일 것이라는 이러한 믿음은 '만인구원론' universalism이라고 불린다. 이 견해에 대한 당신의 즉각적 반응은 다음과 같을지 모른다. "어떻게 이런 결론을 내릴 수 있단 말인가?"[1]

만인구원론자들은 성경이 '만인구원론'을 지지한다고 확신한다. 그들의 주장을 따르면, 성경의 하나님은 모든 피조물을 너무도 사랑하시기에 결국 빗나간 인간들을 되찾으시는 분이시다.[2] 오래 참으시며 모든 사람이 '구원을 받으며 진리를 아는 데 이르기를' 바라시는 하나님딤전 2:4은 최후의 한 사람까지 자신의 품에 들이시기까지, 결코 영원을 누리며 안식하실 수 없는 분이다.

또한, 만인구원론자들은 우주에 대한 예수 그리스도의 주권이 너무도 완전하기에, 주님의 통치 바깥에 놓이는 영역은 없다고 주장한다. 즉 주님의 속죄 죽음과 악한 권세에 대한 그분의 승리가 미치지 못하는 영역은 없다는 것이다. 그런데 영원한 지옥이 있다는 것은 그러한 장소예수의 화해 사역이 미치지 못하는 영역, (예수가 아니라) 죄가 통치하는 영역가 있다는 말이 되기에 옳지 못하다고 주장한다.

따라서 만인구원론자들에 따르면, 하나님은 모든 사람이 구원받기를 바라시기에딤전 2:4; 4:10; 벧후 3:9, 지옥은 결코 영원한 곳일 수 없다. 예수 그리스도의 죽음은 모든 이를 위한 속죄이다고후 5:19; 딛 2:11; 히 2:9; 요일 2:2. 따라서 그들은 이렇게 묻는다. 첫 번째 아담이 모두에게 죄와 죽음을 가져왔듯이, 마찬가지로 두 번째 아담이신 예수 그리스도는 자신의 순종을 통하여 모든 인류에게 칭의justification를 가져오시지 않았는가?롬 5:12~21 또한 첫 번째 아담이 모두에게 죽음을 가져왔듯이, 두 번째 아담은 모두에게 부활 생명을 주시지 않았는가?고전 15:20~26 그러므로 만인구원론자들은 이렇게 결론을 내린다. 모든 피조물을 예수 그리스도 안에서 충만으로 이끄실 하나님요 12:32; 엡 1:10; 골 1:15~23은 모든 사람을 자신에게로 회복시킬 것이다행 3:19~21; 빌 2:9~11.

만인구원론자들은 또 다른 중요한 신학적 질문을 제기한다. 너무도 많은 사람이 현세에서 복음에 응답하지 않고 있는데, 지상에서의 한 번의 선택을 통하여 하나님과의 돌이킬 수 없는 영원한 분리가 결정된다는 것이 과연 타당한 일인가? 의로우신 하나님은 내세에서도 계속해서 모든 사람을 자신에게 이끄실 것이며, 따라서 마침내 모든 사람이 자유롭게 그분의 초대에 응답함을 통하여 하나님의 영원한 공동체에 참여하게 될 것이다.[3]

모든 사람이 구원받을 것이라는 희망은 그리스도인으로서 우리가 갖는 동정의 마음에 잘 어울린다. 우리 역시 모든 사람이 우리처럼 하나님을 영원히 찬양하게 되기를 간절히 바라지 않는가? 지옥에 갈 이웃을 생각하면 어떻게 우리 눈에 눈물이 고이지 않을 수 있겠는가?

그러나 성경은 결코 만인구원설을 지지하지 않는다. 물론 성경은 하나님의 뜻이 모든 사람이 구원받는 것이라고 선언하고 있다. 그러나 8장에서 보았듯이, 구원을 받으려면 사람은 반드시 개인적이며 인격적으로 그 구원을 받아들여야 한다.[4] 인류를 창조하실 때, 하나님은 자신에게 일종의 제한을 부여하셨다. 즉 하나님은 인간을 너무도 존중하시기에, 인간이 자신의 창조목적인 그 영원한 사귐을 스스로 거절하는 것도 허락하신다.[5]

불의한 자는 그저 존재가 소멸할 것인가?

어떤 사람들은 하나님의 영원한 공동체를 누리지 못한다. 그렇다면 아마 그들의 운명은 소멸일 것이다. 심판을 통하여 하나님은 그들의 존재를 멸하실 것이다. 생명을 주시는 성령의 현존을 거두어 가심으로써 하나님은 그들의 존재를 없애버리실 것이다. 이러한 생각은 '영혼소멸론'annihilationism 또는 '조건적 불멸론'conditional immortality이라고 불린다.

소멸론자들은 영원히 구원받지 못하는 이들이 있음은 인정하지만, 구원받지 못한 자들이 의식 가운데 고통을 겪는다는 전통적 교리에는 문제가 있다고 생각한다. 그들의 주장을 따르면, 그런 교리는 영혼의 불멸성이라는 헬라 사상이 교회 안으로 들어옴으로써 생겨난 것이다.[6] 그러나 성경에 따르면, 불멸성은 우리가 하나님으로부터 특별히 부활에 대한 참여를 통하여 받는 것이다.

소멸론자들은 만인구원론자들처럼 지옥 개념에 반감을 느낀다. 사람들이 지옥에 간다는 생각은 예수 그리스도의 승리에도 모순되며, 모든 것을 예수 그리스도 안에서 화해시키는 하나님의 뜻과도 모순된다.[7] 영원한 고통은 어떤 유용성도 갖지 못하며, 예수 안에 계시된 사랑의 하나님과 양립될 수 없는 보복 개념을 담고 있다. 그것은 우리에게 계시된 하나님의 선한 성품과 모순되며, 하나님이 우리에게 주신 의로움과도 맞지 않는다.[8]

소멸론자들은 자신들의 견해가 성경의 명백한 가르침과 일치한다고 본다. 악한 자의 결국은 파멸이다시 37:2, 9~10, 20, 32; 말 4:1~3. 불의한 자들은 게헨나gehenna, 마 5:30라는 연기 나는 처리장으로 던져져서 거기서 태워질 것이며마 3:10, 12; 13:30, 42, 49~52, 몸과 영혼이 모두 멸망할 것이다마 10:28. 그들은 '둘째 사망'을 겪을 것이다계 20:14~15; 참고, 롬 1:32; 6:23; 고전 3:17; 빌 1:28; 3:19; 히

10:39; 벧후 2:1, 3, 6; 3:6-7; 유 1:7.

그러나 성경에는 영원한 정죄라는 말이 나온다. 성경은 지옥을 영원한 실재로서 절대 끝나지 않는 고통으로 묘사하고 있다.

제대로 이해하면, 그렇지 않다고 소멸론자들은 대답한다.[9] 그런 본문들은 심판받은 결과의 항구성을 말하는 것이지, 벌 주는 행위의 계속성을 말하는 것이 아니다.[10] 즉 '영원한 형벌'이란 심판의 결과가 '취소할 수 없음'을 의미하는 것이라는 것이다.

그러나 자세히 연구해 보면, 우리는 성경의 구절들이 소멸론자들이 말하는 식으로 해석될 수 없음을 발견하게 된다.[11] 소멸론자들에게는 불행하게도 성경 저자들은 의로운 자들의 영원한 행복에 대하여 말할 때마 25:46, 심지어 사단과 그 졸개들의 운명에 대하여 말할 때그러나 마 8:29; 막 5:7; 계 14:10; 18:7~8을 보라, 잃어버려진 자들이 받는 형벌을 묘사할 때와 같은 단어들을 사용하고 있다. 즉 우리가 '영원한' 행복을 기다리는 것과 같이 그들은 '영원한' 형벌을 받을 것이다.

더욱이 모든 악한 자들이 그들의 죄에 대하여 같은 형벌존재의 소멸을 받을 것이라는 사상은 우리의 정의관에도 맞지 않는다. 비록 신앙은 없지만 '도덕적으로 양심적인' 사람도 히틀러 같은 인간이나 심지어 마귀와 같은 운명을 겪는다는 말인가? 아무런 차이 없이 같은 선고, 즉 '그저' 존재의 소멸을 받는다는 말인가? 그렇지 않다! 성경은 불의한 자들이 다양한 정도의 형벌을 받을 것이라고 말한다마 10:15; 11:20~24; 눅 12:47~48.

비록 결점이 많은 이론이긴 하지만, 소멸론을 통하여 배울 것이 있다. 그것은 우리가 구원받지 못한 이들의 운명을 너무 희화적戲畫的으로 묘사하지 말아야 한다는 것이다. 부활하고 영적인 몸으로 변화된 사람들이 누리게 될 행복을 그림처럼 묘사할 수 없듯이, 우리는 영원히 하나님의 공동체로부터 배제된 사람들이 받을 형벌을 그림처럼 묘사할 수는 없다.

지옥은 어떤 모습인가?

성경은 인간에게 두 가지 영원한 가능성이 있다고 분명히 가르친다. 성경에 따르면, 지옥은 결코 행복한 운명이 아니다^{단 12:2; 마 13~42; 49~50; 22:13; 24:51; 25:10~30, 46; 요 5:29; 살후 1:9; 히 6:2; 유 1:7; 계 14:10~14} [12]

오늘날 대부분 사람은 성경이 말하는 이 진리를 인정하고 있다. 1990년에 시행된 갤럽 여론조사에 따르면, 미국인들 가운데 60%는 여전히 지옥의 존재를 믿고 있다. 그러나 누가 거기에 갈 것인가? 흥미롭게도 같은 여론조사에서, 교회에 다니는 사람 중 3%가 그들이 "지옥에 갈 가능성이 대단히 농후하다"고 답변했고, 비그리스도인 중에서는 겨우 7%만이 자신이 지옥에 갈지 모른다고 대답했다.[13]

왜 지옥인가? 지옥의 실재는 커다란 신비다. 우리는 그것을 완전히 이해한다고 주장할 수 없다. 그리고 지옥에 대한 모든 이해는 반드시 하나님의 성품에 대한 이해에 기초해야 한다.

성경은 하나님을 영원한 연인이라고 가르친다. 하나님은 사랑이시기에, 그분은 창조 세계를 영원히 사랑하신다. 하나님은 우리가 하나님의 그 사랑에 응답하기를, 즉 하나님, 이웃, 창조 세계와의 영원한 공동체를 누림으로써, 참으로 삼위일체 하나님의 형상이 되기를 바라신다.

2장에서 우리는 하나님의 사랑이 감상적인 것이 아님을 배웠다. 위대한 연인이기에, 하나님은 그 사랑의 관계를 결연하게 보호하시는 분이시다. 이처럼 하나님의 사랑에는 무시무시한 측면이 있다.

사람은 하나님의 사랑을 차버리거나, 하나님이 창조 세계와 더불어 누리려 하시는 그 거룩한 사랑을 파괴하려고 시도할 수 있다. 그때 그들은 하나님의 사랑을 방어적인 질투 또는 진노로서 경험하게 된다. 하나님이 영원하신 분이시기에, 하나님의 사랑에 대한 우리의 경험_{사귐으로서의 경험이든 진노로서의 경험이든}도 영원하다. 따라서 의로운 자가 하나님과 영원한 공동체를 누리듯이, 하나님의 사랑에 적대하는 이들은 이 거룩한 사랑_{진노}을 영원토록 경험하게 될 것이다. 이것이 바로 지옥이다.

이 끔찍한 실재에 대하여 우리는 무슨 말을 할 수 있겠는가? 지옥은 영원한 비극이며 영원한 인간 실패라는 표현이 전부이다.

- 지옥은 실패이다.

비극적이게도 어떤 피조물들은 하나님의 뜻에 따라 살기를 거부하고 있다. 지옥에 있는 이들은 자신들이 하나님이 창조하신 목적, 즉 공동체를 상실했음을 깨닫고 절망 속에서 이를 갈며 고통을 받을 것이다. 심판은 '심각한 불일치', 즉 그들의 삶과 하나님 안에서 의도된 그 놀라운 운명 사이의 불일치를 빛 가운데 드러내게 될 것이다. 그리고 그들은 이 불일치를 영원토록 경험하게 될 것이다.

- 지옥은 '타는 불'이다.

많은 그리스도인은 지옥을 타는 불로서 묘사하는 성경 이미지를 문자적으로 받아들인다.[14] 그러나 종교개혁가들은 '불'을 하나의 은유로 이해했는데, 이것은 정당하다. '불'은 사람이 영원하고 사라지지 않을 것들이 아니라 일시적이고 사라질 것들에 전 생애를 허비했음을 깨달음으로써 경험하게 되는 극심한 고통을 가리킨다_{마 6:19~20; 눅 12:16~21}.[15]

- 지옥은 고립이다.

인간을 향한 하나님의 목적은 공동체, 즉 창조자, 이웃, 창조 세계와 사귐을 누리는 삶이다. 그러나 구원 얻지 못한 이들은 공동체의 운명을 실현하지 못한다. 하나님의 뜻에 대한 순종 가운데 하나님과의 사귐 속에서 살지 못하고, 그들은 하나님으로부터 격리된 상태로 남는다.

이것이 바로 '둘째 사망'이다계 20:14. 즉 하나님으로부터 영원히 격리된다. 구원받지 못한 이들은 영원한 하나님의 공동체 속에 참여하는 인간 운명으로부터 영원히 떨어져 나간다.

• 고립으로서, 지옥은 소외와 외로움이다.

지옥은 '바깥 어두운 데'이다마 8:12; 22:13; 25:30. 그리스도인들이 거하는 하나님 현존의 빛으로부터 쫓겨나서, 불의한 자들은 어두컴컴한 곳에 홀로 갇히게 된다.

한 만화에 보면, 사단이 방금 지옥에 들어온 사람들을 위하여 오리엔테이션을 해주고 있다. 그는 이렇게 떠벌린다. "영원히 저주받은 이들의 상조회에 들어온 것으로 생각하라."

정말 그렇기만 하다면, 구원 얻지 못한 이들에게도 어떤 위안이 있으련만! 그러나 지옥은 저주받은 이들이 서로 돕는 곳이 아니다. 위로의 하나님과의 사귐에서 이탈하고, 성도의 공동체로부터 쫓겨난 그들에게는 오직 고립의 고통만이 있을 뿐이다.

요컨대 영원에는 어두운 측면이 있다. 복음의 좋은 소식의 다른 측면은 어두운 소식이다. 어떤 이들은 하나님이 우리에게 뜻하시는 그 영원한 공동체에 참여하지 못하게 될 것이다. 그러나 감사하게도, 하나님은 여전히 오래 참고 계시다. 악한 자의 죽음을 기뻐하시지 않는 하나님겔 18:23; 딤전 2:4은 죄인들에게 여전히 용서와 은혜를 베풀고 계신다. 또한, 성령도 그 영원한 사귐 속으로 죄인 된 인간들을 여전히 부르고 계신다.

우리의 영원한 집

미래의 어느 날 하나님은 영광스럽고 새로운 상황을 가져오실 것이다. 그때가 되면, 전 우주가 창조자의 본래 목적에 일치하게 될 것이다. 하나님이 창조하신 이 새로운 상황이 바로 우리의 영원한 집이 될 것이다.

그러나 그 실재를 우리가 무슨 말로 묘사할 수 있겠는가? 우리는 성경이 보여 주는 이미지들을 사용하여 말해볼 수 있을 뿐이다.

하나님이 계획하신 그 일에 대한 우리의 이해를 돕기 위하여, 성경은 하나님이 '새로운 세계'를 만드신다는 표현을 사용한다. 예를 들어 하나님은 이사야를 통하여 선언하신다.

"보라 내가 새 하늘과 새 땅을 창조하나니 이전 것을 기억되거나 마음에 생각나지 아니할 것이라" 사 65:17.

미래에 대한 요한의 비전도 유사한 결론을 맺는다.

"또 내가 새 하늘과 새 땅을 보니 처음 하늘과 처음 땅이 없어졌고 바다도 다시 있지 않더라" 계 21:1.

새로운 창조 세계란 새로워진 우주이다

어느 시대에나 그리스도인들은 우리의 영원한 집이 어떤 곳인지에 대하여 궁금증을 품었다. '새로운 창조 세계'라는 구절은 여기서 중요한 단서를 제공해 준다. 하나님이 약속하시는 미래의 영원한 실재는 '창조 세계'다. 현 우주, 곧 우리가 알고 있는 바로 이 우주와 다른 것이 아니다. 그러나 단순히 이 우주이기만 한 것은 아니다. 그 미래 실재는 새로운 창조 세계이다. 즉 우리의 영원한 집은 새로워진 우주, 즉 정화되고 변화된 우주이다.

이것을 이해하기 위해서, 우리는 11장으로 돌아갈 필요가 있다. 거기서 우리는 부활을 하나님의 영원한 공동체에 들어가는 수단이라고 말했다. 부활은 우리 개인사個人史의 절정이다. 또한, 우리는 그리스도의 재림이 우주의 역사의 절정이라고 말했다. 재림은 우리의 직선적 시간 경험과 하나님의 영원 사이의 경계에 놓인 사건이다.

이것은 또 한 가지 연결점을 시사한다. 심판은 현재의 창조 세계에서 새로운 창조 세계로의 전환이 일어나는 사건이다. 그런데 앞서 보았듯이, 심판은 우주적이며 동시에 개인적이다. 심판은 영적인 존재와 물리적 우주뿐 아니라 우리 각자를 포함한다. 따라서 심판은 인간 삶의 개인적이고 사회적인 모든 차원을 전 우주의 삶 속으로 들어 올린다.

하나님이 모든 창조 세계를 새롭게 하신다는 희망은 우리 비전의 정점이 된다. 그런데 이 희망이 의미하는 바는 무엇인가? 새로워진 그 창조 세계를 우리는 무엇이라 묘사할 수 있는가?

새로워진 창조 세계는 완성된 창조 세계다 | '창조'가 무엇인지에 대하여 생각해볼 필요가 있다. 반드시 물어야 할 한 가지 질문이 있다. 하나님은 언제 세상을 창조하셨는가? 물론 대답은 분명하다. "태초에 하나님이 천지를 창조하시니라"창 1:1. 즉 하나님은 '태초에' 이 우주를 존재하게 하셨다.

그러나 이것으로 모든 이야기가 끝난 것은 아니다. 아득한 과거에 하나님은 이 우주를 존재하게 하셨다. 그렇지만 창조 세계를 향한 하나님의 창조 목적은 아직 완성되지 않았다. 그 목적은 종말 때까지, 즉 '만물을 새롭게' 하겠다는 하나님의 약속이 실현될 때까지 여전히 미완성으로 남아있다. 창조 세계가 이미 하나님의 목적에 일치하고 있다면, 하나님이 왜 그런 약속을 하시겠는가?

우주는 아직 하나님의 계획에 일치하지 않은 상태다. 이런 의미에서 우주는 아직 완전히 창조되지 않았다.

그러나 어느 날 상황은 변할 것이다. 창조자는 이 우주를 그 현재의 불완전성으로부터 해방하실 것이다. 하나님은 이 우주를 하나님의 계획에 완전히 일치시키실 것이다.

새로워진 그 창조 세계는 대체 어떤 모습일까? 성경이 보여 주는 그림은 우리가 흔히 상상하는 것과는 크게 다르다. 우리는 영원한 집을 완전히 '영적인' 즉 비물질적인 장소, 즉 이 땅과는 완전히 다른 영역으로서 순전히 영적인 존재들이 거주하는 어떤 곳으로 묘사한다. 현세적 물질적 실존과 구별 짓기 위하여, 보통 우리는 그곳을 '하늘' 천국이라고 부른다.[16]

그러나 성경의 비전은 우리의 집을 물질적인 장소로 그려준다. 그곳은 새로운 하늘로 덮인 새로운 땅이다 사 65.17; 계 21:1.

영원토록 하나님과 함께 살기 위하여 어디로 가는 것이 아닌가? 정확히 말하면 아니다. 성경은 부활한 그리스도인들이 하나님이 기다리는 저 우주 너머 천상의 세계로 올라간다고 말하지 않는다. 요한계시록의 선견자 요한이 본 비전은 그와 정반대였다. 하나님의 영원한 공동체의 시민이 거주할 집은 새로워진 땅 위에 있게 될 것이다. 그리고 그곳에서 하나님이 우리와 함께 사실 것이다! 삼위일체 하나님이 그 새로운 창조 세계 안에 거하실 것이다계 21:3.

어떻게 이것이 가능할 수 있는가? 이는 창조자가 천국을 뒤에 남겨두고 피조물과 함께 살기 위하여 이사를 오는 식은 아니다. 그 새로운 창조 세계는 대체 어떤 종류의 '창조'인가? 다시 말해서 우리의 현 창조 세계와 그 새로운 창조 세계 사이의 관계는 무엇인가?

새로운 창조 세계와 옛 창조 세계의 관계 | 영원하신 하나님의 계획은 창조 세계 내에서 자신의 성도와 함께 사시는 것이다. 그런데 이 일이 일어나려면, 하나님은 우주 안에 어떤 변화를 일으키셔야 한다. 새로운 창조 세계는 이 창조 세계와 같기도 하고 다르기도 하다. 다시 말해서 옛 창조 세계와 새 창조 세계 사이에는 연속성과 불연속성이 함께 존재한다.

우선 불연속성에 대하여 살펴보자. 새로운 창조 세계는 우리가 아는 이 우주와 크게 다를 것이다. 기본적으로 무엇이 다를지는 분명하다. 창조 세계 안에서 우리에게 해를 끼치거나 하나님의 완전한 계획에 역행되는 모든 것들은 새로운 창조 세계로부터 완전히 추방될 것이다.

• 우리의 그 영원한 집에는 죄가 없을 것이다.

하나님은 우리의 마음으로부터 죄를 뿌리째 뽑아내실 것이다. 성령은 우리가 현세에서 싸우고 있는 그 죄 된 경향성을 완전히 제거하실 것이다. 현재 우리를 속박하고 있는 그 외부 권세가 말끔히 제거될 것이다.

또한, 하나님은 우주 속에서 작용하는 하나의 그물망 또는 위협적 권세로서의 죄도 쫓아내실 것이다. 이제 더는 유혹자가 인간관계나 사회 구조에 해를 입히지 못할 것이다. 모든 곳에 평화와 조화가 자리 잡을 것이다.

• 우리의 영원한 집에서는 타락의 자취들이 없을 것이다.

우리는 부패, 질병, 죽음이 없는 환경을 누리게 될 것이다.롬 8:21; 계 21:4.

• 하나님의 새로운 세상에는 불완전성이 없을 것이다.

우리의 삶은 마침내 충만해질 것이다. 모든 불확실성과 불안정히 11:10; 12:28, 모든 불안과 절망이 사라질 것이다. 모든 고통은 과거의 일이 될 것이다. 삶에 필요한 것들을 누구나 부족함 없이 누릴 것이다.계 22:1~3.

그러면 이제 연속성에 대하여 살펴보자. 현 창조 세계와 크게 다를 것은 사실이지만, 그럼에도 새로운 창조 세계는 현 창조 세계가 갱신된 것이다. 하나님의 약속은 모든 것을 새롭게 하겠다는 것이지, 모든 것을 처음부터 다시 시작하겠다는 것이 아니다. 창조자가 옛 창조 세계를 완전히 멸하고 처음부터 다시 시작하시지는 않을 것이다.17) 우리의 비전은 창조 세계의 완전한 파괴가 아니라 그것의 갱신과 해방이다.롬 8:20~22. 인간 문화 중 최고의 것들도 하나님의 세계에 들어간다.계 21:26.

이 연속성과 불연속성이라는 개념은 부활을 생각해볼 때 잘 이해될 수 있다. 그리스도의 부활에 대하여 생각해 보라. 부활하신 주님은 십자가에 못 박히신 예수와 같은 인물이셨다. 예수의 제자들이 그분을 알아보았다. 그러나 부활하신 주님은 전과 다른 분이기도 했다. 주님은 새로운 실존 속으로 변화되셨다. 미래에 있을 우리의 부활에 대해서도 생각해 보라. 그때 우리도 지금의 우리와 같으면서도 다를 것이다. 우리는 서로 알아볼 것이지만동일성, 우리는 예수의 형상을 따라 완전히 변화될 것상이성이다.

마찬가지로 이 원리가 전 우주에도 적용된다. 옛 우주를 근본적으로 대신할 새로운 것이 올 것이다. 그런데 하나님이 새로운 창조 세계로 변화시키는 대상은 바로 이 창조 세계이다.

하나님이 처음부터 다시 시작하시는 것이든, 아니면 현 창조 세계를 새로운 창조 세계로 변화시키시는 것이든, 그것이 왜 중요한 문제인가? 중요하다. 왜냐하면, 물질세계를 우리의 새로운 집으로 변화시키겠다는 하나님의 약속이 현재 우리의 물질적 우주의 중요성영원한 중요성을 암시하는 것이기 때문이다. 또한, 우리 삶의 '물질적 차원'의 중요성을 의미하기도 한다.

우리는 11장에서 우리가 몸을 가진 피조물이라는 사실의 중요성에 대하여 말했다. 죽음은 영혼이 몸이라는 감옥에서 해방되는 순간이 아니다. 죽음은 우리가 몸을 벗고 이 우주 너머의 천상의 세계로 올라가는 순간이 아니다. 나의 영혼만이 '진짜' 나인 것은 아니다. 우리는 죽음을 위하여, 즉 몸과 영혼이 분리되어 살도록 창조되지 않았다. 우리는 부활을 위하여, 즉 새로운 창조 세계 속에서 몸을 가진 실존으로 살라고 창조된 것이다.

마찬가지로 하나님은 이 우주를 멸하려고 창조하신 것이 아니다. 하나님은 이 물질적 우주를 순전히 어떤 비물질적 '천상의' 영역으로 대체하실 의도가 없으시다.

따라서 현시대 속에서 우리는 마땅히 '물질적' 사역에도 관여해야 한다. 즉 '굶주린 영혼들'에게 복음을 전할 뿐 아니라 배고픈 이들에게 먹을 것을 주는 것도 '하나님 나라의 사역'이다. 우리는 어느 한 가지 일만 해서는 안 된다. 우리의 사역은 인간의 영혼과 몸을 다 돌보는 전인적 사역이 되어야 한다. 우리의 관심은 인간의 필요를 넘어서 모든 창조 세계로 확장되어야 한다. 예수 그리스도의 공동체로서의 우리의 사명에는 미래의 새로운 창조 세계를 본으로 삼아 추구하는 일도 포함된다. 할 수 있는 한 우리는 현시대에도 창조 세계와 조화 가운데 사는 구속받은 백성의 공동체가 되도록 힘써야 한다.

새로운 창조 세계는 충만한 공동체다

우리의 영원한 집은 이 땅 위에 창조자 하나님의 갱신하시는 사역을 통하여 변화된 땅 위에 있게 될 것이다. 그러나 이 선언은 그 영원한 집에 대한 충분한 묘사가 되지 못한다. 우리의 새로운 집은 어떤 모습일까? 새로운 창조 세계의 삶의 특징은 무엇일까?

물론 우리는 이 질문에 대하여 만족할 만큼의 답을 지금 얻을 수는 없다. 그 질문은 마치 자궁 속에서 자라고 있는 태아가 출생 이후의 삶이 어떨 것인지 묻는 것과 같다. 그렇지만 우리는 우리의 미래가 어떤 모습일지를 요약해 주는 한 단어를 말할 수는 있다. 그 단어는 바로 '공동체'이다. 우리의 영원한 집은 충만한 공동체일 것이다.

공동체란 하나님의 현존을 의미한다 | 무엇보다도 하나님이 우리의 영원한 집에 현존하실 것이다. 요한은 말한다. "내가 들으니 보좌에서 큰 음성이 나서 이르되 보라 하나님의 장막이 사람들과 함께 있으매 하나님이 그들과 함께 계시리니 그들은 하나님의 백성이 되고 하나님은 친히 그들과 함께 계시리라"계 21:3.

영원한 공동체는 성경 전체를 관통하는 커다란 약속인, 하나님이 자기 백성 중에 현존하실 것이라는 약속의 완전한 성취이다. 요한이 본 성취는 예전의 다른 선지자들이 보았던 것보다 훨씬 더 장엄하다. 역사의 종말이 오면, 우주의 초월자이신 창조자는 은혜와 기쁨 가운데 세상 너머에 있는 높은 영역을 떠나 창조 세계 속으로 완전히 내재해 들어오실 것이다.

이렇게 우리의 영원한 집은 최고의 의미에서의 공동체가 될 것이다. 그곳은 단순히 피조물들뿐 아니라 삼위일체 하나님의 집도 될 것이다. 영원부터 영원까지 위격의 공동체성부, 성자, 성령이신 하나님이 새로운 공동체에 자신의 현존을 선물로 주시는 것이다.

그렇게 하나님이 우리와 함께 거하실 것이기에, 우리는 삼위일체 하나님과 완전한 사귐을 누리게 될 것이다. 요한은 이것을 다음과 같이 묘사한다. "바다도 다시 있지 않더라"계 21:1. 여기서 '바다'는 하나님과 창조 세계 사이의 거리를 상징하는 단어이다. 실제로 현재 우리와 하나님 사이에는 거대한 간격이 있다. 하나님은 하늘에 계시고 우리는 땅 위에 있다전 5:2. 그러나 그날이 오면, 우리는 하나님의 현존으로부터 다시 분리되지 않을 것이다. 주님이 재림하시면 우리는 주님을 '그의 계신 그대로' 볼 것이며 삼위일체 하나님과 영원토록 직접적인 관계를 누릴 것이다.

그러나 이것이 하나님과 피조물 사이의 구별이 사라진다는 말은 아니다.[18] 우리는 일원론을 말하는 것이 아니다. 그때에도 여전히 하나님은 영원토록 하나님이시다. 아무리 하나님 현존의 빛 가운데 잠겨 사는 피조물일지라도, 우리는 여전히 영원토록 하나님의 피조물이다.

공동체란 사귐을 의미한다 | 우리의 영원한 집은 사귐의 장소가 될 것이다. 평화, 조화, 그리고 사랑과 의로움이 새로운 창조 세계 전체를 지배할 것이다.

- 인간들이 사귐을 누릴 것이다.

먼저 우리는 삼위일체 하나님과 사귐을 누리게 될 것이다. 하나님이 우리 중에 거하실 것이다. 우리는 구원자이신 주님의 얼굴을 직접 보게 될 것이다.

또한, 인간들 상호 간의 사귐이 있을 것이다. 부활 이후에도 우리는 서로 알아볼 것이다. 우리는 서로 그대로 알 것이다.

이것은 가족관계와 같이 우리가 지상에서 맺었던 관계들을 기억할 것임을 의미하는가? 우리는 우리의 부모, 배우자, 자녀를 알아볼 것인가?

대답은 조건이 붙은 '그렇다'이다. 우리는 지상에서 맺었던 관계들을 기억할 것이다. 그러나 새로운 공동체 속에서의 우리 삶은 그 예전의 관계들에 묶이지 않을 것이다. 조셉 스미스몰몬교의 창시자의 가르침과는 달리, 영원 속에서 우리는 결혼하지 않는다마 22:30. 우리는 예전의 관계들을 기억함을 통하여, 하나님이 어떻게 다른 사람들을 사용하셔서 그분의 영광을 위하여 우리의 삶에 영향을 끼치셨는지를 알고 기쁨을 누리게 될 것이다.

우리는 다른 피조물들과도 사귐을 누릴 것이다. 우리의 영원한 집은 새로운 땅일 것이다. 즉 우리는 변화되고 갱신된 우주 속에 살 것이다. 요한이 말한 바로는, 새로운 창조 세계는 타락 전 아담과 하와의 집이었던 에덴동산을 닮았다. 요한은 새 예루살렘 한가운데에 있는 생명나무가 풍성한 과실과 만국을 소성하게 하는 잎사귀를 내는 것을 보았다. 이렇게 풍부한 결실이 가능한 것은 우리의 죄로 말미암은 저주가 완전히 사라졌기 때문이다계 22:2~3. 요컨대 인류와 자연 사이의 부조화는 끝날 것이다. 아담과 인류가 자연과 조화 속에 살기를 바라셨던 하나님의 의도가 마침내 실현될 것이다.

- 단순히 인간뿐 아니라 모든 창조 세계도 사귐을 누릴 것이다.

선지자들은 동물들 사이의 적대관계도 조화로 바뀌는 나라에 대하여 예언했다. 예를 들어 하나님의 피조물들이 더는 두려움이나 경쟁이 없이 사는 날이 올 것이며, 그때는 이리와 어린양이 더불어 지낼 것이라고 이사야는 예언했다사 65:25. 하나님이 우주를 죄의 결과들로부터 해방하는 날, 모든 창조 세계가 영원한 집에서 평화를 누리게 될 것이다.

이것은 '천국'에 강아지가 있을 것이냐는 스누피의 질문에 대한 답이 되는가? 물론 성경은 그 질문에 대해서 답하고 있지 않다. 그러나 성경은 그 질문을 던지게 되는 우리의 마음속 갈망에 대해서는 답하고 있다. 우리에게는 우주 안에 완전한 사귐이 이루어지기를 바라는 마음이 있다. 우리는 모든 피조물이 완전한 조화 가운데 함께 사는 날이 오기를 고대한다. 심지어 우리는 모든 피조물이 서로 '아는' 어떤 만화 영화에서처럼 서로 의사소통도 할 수 있는 장소를 상상하기도 한다.

성경은 우리에게 바로 그러한 세계가 올 것이라고 약속한다. 그날이 오고 있다. 우리는 구체적으로 어떤 다른 존재들이 새 하늘과 새 땅에 있게 될지에 대해서 정확히 모른다. 그러나 우리가 분명히 아는 것은 우리의 영원한 집이 사귐의 장소이며, 이 사귐에는 새로운 세계의 모든 거주자가 포함된다는 사실이다. 왜냐하면, 그곳은 충만한 공동체이기 때문이다.

공동체는 영화glorification를 의미한다 | 우리의 영원한 집은 영광스러운 곳이 될 것이다. 단순히 그 모양만 영광스러운 것이 아니다. 그곳에는 모든 피조물이 영원한 영광스러움 가운데 참여하게 될 것이다.

• 영원 속에서 하나님이 영화로워지실 것이다.

그 영원한 집에서 우리가 하는 일은 무엇이겠는가? 그것은 바로 하나님을 영화롭게 하는 것이다! 영원한 공동체 속에서 우리는 하나님을 찬양하며 그분을 영화롭게 할 것이다. 사실 우리는 피조물의 찬양 가운데 참여할 것이다. 그 위대한 날, 성령은 우리를 영원하신 창조자이며 구원자이신 하나님을 향한 하나의 거대한 찬양대로 만드실 것이다.[19]

- 우리도 영화를 경험할 것이다.

우리는 성화 과정의 마지막 단계로서 영화에 대해 이미 살펴보았다[8장]. 즉 그날이 오면, 성령은 우리를 완전히 그리스도의 형상으로 변화시킬 것이다.

영원한 영화는 단순히 성도가 완전케 되는 것을 넘어선다. 우리가 하나님을 영화롭게 할 때, 우리도 영화를 경험하게 된다.

이것이 무슨 뜻인가? 궁극적으로 말하자면, 우리는 자신의 힘으로 하나님을 영화롭게 하는 것이 아니다. 사실 우리는 우리 안에 계신 성령의 능력을 통하여 하나님을 섬기고 찬양하는 것이다. 그런데 우리로 하여금 성부를 찬양하고 섬기도록 인도하시는 성령은 사실상 우리를 예수 옆에 둠으로써 그 일을 하게 하는 것이다. 이미 지상에서 사명의 완수를 통하여 성부를 영화롭게 하셨던 것처럼[요 17:4], 영원한 성자로서 주님은 영원토록 성부를 영화롭게 하신다.

그런데 성자가 성부를 영화롭게 하듯 성부도 성자를 영화롭게 하신다. 우리는 예수 그리스도와 연합되었기에 성자에 대한 성부의 아낌없이 부어 주시는 영화는 우리에게도 흘러 들어온다[요 17:24].

요컨대 성령이 우리로 하여금 성자를 통하여 성부를 영화롭게 하도록 인도할 때, 성부는 성자 안에서 우리를 영화롭게 하신다. 즉 우리가 하나님에게 찬양을 드릴 때, 우리는 우리 실존의 목적, 즉 바로 우리 하나님의 칭찬을 받는다.

- 모든 창조 세계가 영화를 경험한다.

영화의 역동성은 인간에게 국한되지 않는다. 나머지 창조 세계는 배제된 채 우리 인간만이 영화를 경험하는 것이 아니다. 모든 창조 세계도 하나님께 영광을 돌림으로써 영화의 경험 가운데 참여한다. 즉 우리는 모든 창조 세계와 더불어 영화롭게 된다.

우리가 살펴보았듯이, 영화는 성자를 통하여 즉 성자 안에서 모든 창조 세계가 연합됨으로써 일어난다 골 1:15~20. 영화의 역동성에 참여한다는 것은 사실상 우리가 성부와 성자 사이의 영원한 관계에 참여하는 것이며, 그 영원한 관계란 우리 안에 계셔서 성부와 성자를 영화롭게 하는 성령이다. 그러므로 궁극적으로 영원한 공동체란 창조 세계가 성령을 통하여 삼위일체 하나님의 영광과 생명에 참여하는 것을 의미한다 벧후 1:4.

이렇게 창조 세계로 하여금 성부를 영화롭게 하는 성자의 일과 성자를 영화롭게 하시는 성부의 일에 참여하게 하는 것이 성령 사역의 절정이다. 성부와 성자 사이의 관계의 영으로서, 성령은 삼위일체 하나님의 내적 역동성의 완성자이며, 세상 속에서 일하는 하나님 사역의 완성자이다. 이렇게 성령은 하나님의 삶 안에서 영원히 성부와 성자를 영화롭게 하며, 동시에 창조 세계로 하여금 이 영원한 영화에 참여하게 하는 사명을 통하여 영원히 성부와 성자를 영화롭게 하신다.

그 완성 가운데 일하시는 성령의 사역은 현재의 파탄된 상황 속에서 성령이 이미 이루고 계신 사역을 고양시키는 것 heightening 이다. 궁극적으로 영원한 공동체는 우리가 지상에서 누리고 있는 이 사귐의 갱신이며, 우리가 현재 나누고 있는 이 공동체의 철저한 완성이다. 이런 관점에서 볼 때, 우리의 영광스러운 미래는 우리에게 낯선 것이 아니라 신비스럽지만 친근한 친구로서 다가올 것이다.[20] 우리가 참여하는 그 영원한 영화는 우리의 창조 목적인 그 공동체이다.

따라서 바울이 다음과 같이 선언하는 것도 당연하다. "기록된 바 하나님이 자기를 사랑하는 자들을 위하여 예비하신 모든 것은 눈으로 보지 못하고 귀로 듣지 못하고 사람의 마음으로 생각하지도 못하였다 함과 같으니라. 오직 하나님이 성령으로 이것을 우리에게 보이셨으니"고전 2:9~10.

♫ 주 사랑하는 자 다 찬송할 때에

그 보좌 앞에서 둘러서 큰 영광 돌리세

주 믿지 않는 자 다 찬송 못하나

천부의 자녀 된 자들 그 기쁨 전하세

저 하늘 황금길 나 이르기 전에

시온성 언덕 위에서 수많은 천사들 날 인도하리라

내 눈물 다 씻고 늘 찬송부르리

저 임마누엘 주 앞에서 나 영광누리리

저 밝고도 묘한 시온성 향하여 가세

내 주의 찬란한 성에 찬송하며 올라가세[21] ♪

1. 심판에 대한 기독교의 가르침은 좋은 소식(복음)인가 아니면 나쁜 소식인가?

2. 심판이 있음을 아는 것은 당신의 삶에 어떤 영향을 끼쳐야 하겠는가? 그것은 현재 당신의 삶에 어떤 영향을 끼치고 있는가?

3. 만인구원론(또는 조건적 불멸론)은 지옥 교리보다 더 '기독교적'인가?

4. 만일 당신이 만인구원론을 받아들인다면 복음에 대한 당신의 제시가 어떻게 달라지겠는가? 만일 당신이 영혼소멸론을 받아들인다면 어떠한가?

5. 우리가 우리의 영원한 집을 우주 너머에 있는 어떤 천상의 영역으로 보는 것과 새로운 하늘로 덮인 새로운 땅으로 보는 것은 실질적으로 어떤 차이를 낳는가?

6. 미래에 있을 영화(glorification)의 빛 안에서 현재를 산다는 것은 무엇을 의미하는가? 현세에서 당신이 하나님을 영화롭게 할 방법에는 어떤 것들이 있겠는가?

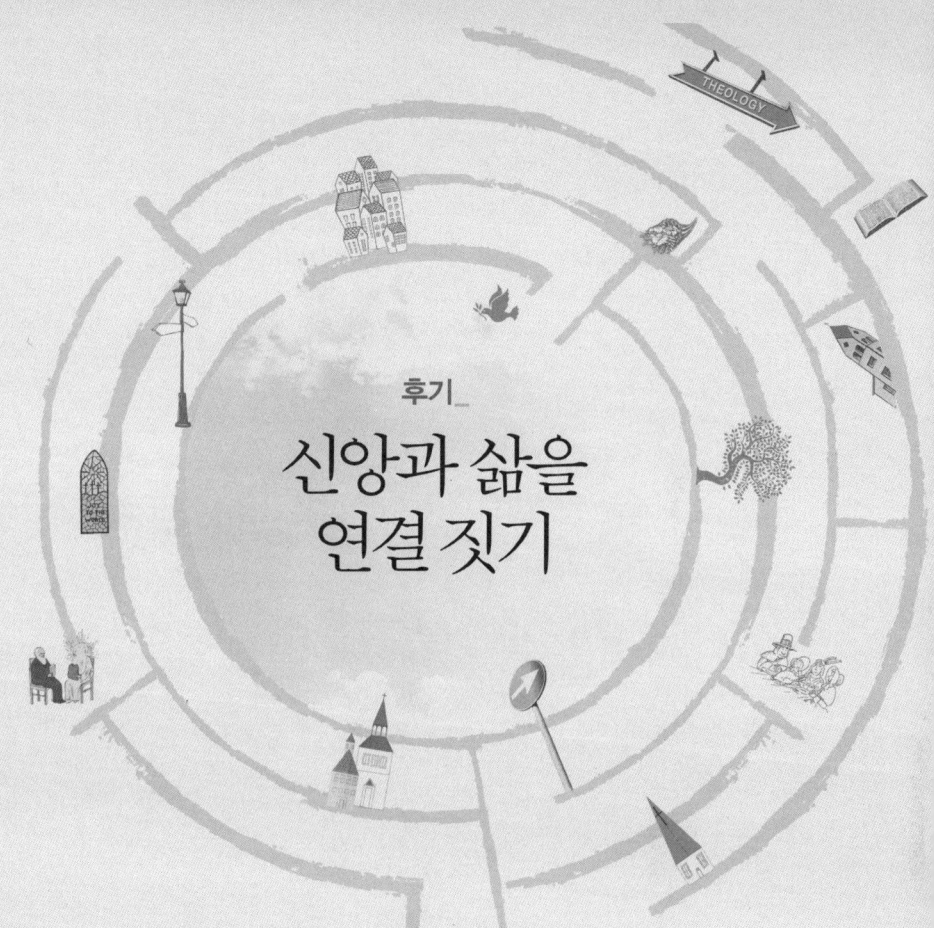

후기_
신앙과 삶을
연결 짓기

Created For Community
Connecting Christian Belief with Christian Living

1 그리스도인으로서 우리는 기본적인 신학적 신념을 공유한다.

이 신념은 하나님, 하나님의 특별한 언약 동반자로서의 우리 자신, 그리고 창조 세계를 향한 하나님의 계획에 그 초점을 두고 있다. 이 책에서 우리는 하나님의 포괄적 목적이라는 관점에서 그 신념들을 개괄해 왔다. 하나님의 포괄적 목적이란 새로워진 창조 세계 속에 삼위일체 하나님의 현존을 누리며 살아가는 구속받은 백성의 영원한 공동체를 세우는 것이었다. 우리는 '공동체'라는 주제를 지침으로 삼아, 우리의 기독교 신앙이 '우리는 공동체를 향하여 창조되었다'는 결론으로 이어진다는 것을 살펴보았다.

우리는 하나님에 대한 기본적인 기독교 신앙으로부터 탐구를 시작하였다. 우리는 성경의 하나님, 즉 영원토록 사회적 삼위일체_{성부, 성자, 성령의 공동체}이신 분을 믿는다. 이 하나님은 우주의 창조자이시다. 삼위일체 하나님은 우리가 자신의 성품을 반영하도록 우리를 창조하셨다. 그러므로 우리가 하나님, 이웃, 창조 세계와의 사귐 속에서 '공동체'로 살 때, 우리는 하나님이 어떤 분인가를 보여 주는 것이다.

기독교 신앙은 인간의 실패에 관한 것으로 이어진다. 우리는 하나님의 기준에 미치지 못했다. 하나님의 사랑을 반영하기는커녕, 이기적 목적을 위하여 다른 사람을 이용하거나 다른 사람에 의하여 이용당하기도 한다. 우리는 하나님, 이웃, 우리의 환경, 심지어 우리 자신으로부터 소외되었다. 우리는 의로우신 재판장 앞에서 정죄 선고를 받는다. 우리는 죄에 노예가 되었다. 아무리 노력해도 그 절망적인 상황에서 헤어나지 못할 만큼 우리는 전적으로 타락했다.

그러나 우리의 기독교 신앙은 여기서 끝나지 않는다. 하나님은 우리를 실패 속에 버려두지 않으셨다. 역사의 처음부터 마지막까지 삼위일체 하나님은 구원 사역을 펼치고 계신다. 우리의 신앙의 중심은 예수 그리스도의 오심이다. "말씀이 육신이 되셨다." 예수의 삶과 죽음과 부활을 통하여, 성부는 우리의 절망적인 상황을 위한 치유책을 마련하셨고, 성령은 내주하시는 현존을 통하여 우리의 삶에 그 치유책을 적용하신다.

생명을 주시는 하나님의 은혜를 알게 된 사람들로서, 이제 우리는 그리스도의 제자들의 위대한 공동체에 함께 참여한다. 미래의 영광스러운 날 주님이 재림하셔서 창조 세계를 향한 하나님의 위대한 계획을 절정으로 이끄실 것이며, 우리는 마침내 우리의 구원이 완성될 것을 사모하며 기다린다. 그때 우리는 충만한 공동체를 누릴 것이며, 모든 창조 세계와 더불어 삼위일체 하나님을 영원토록 영화롭게 할 것이다.

이렇게 이 책 전반에는 '공동체'라는 주제가 관통하여 흐르고 있다. 전체를 관통하는 주제가 있다는 사실은 우리의 신념들이 서로 무관한 생각 조각의 모음이 아님을 보여준다. 사실상 신념들beliefs이라는 복수형 단어보다 기독교 신념belief이라는 단수 표현이 더 적합하다. 우리 신앙의 중심부에는 하나의 통일된 비전이 자리 잡고 있다. 이 비전은 하나님이 어떤 분이시며, 하나님의 은혜를 받는 존재로서 우리가 누구이며, 창조 세계를 향한 하나님의 목적이 무엇인지에 그 초점을 두고 있다.

더 나아가 이 비전은 삶에 영향을 미친다. 기독교 신앙을 지적이며 학술적인 진술들의 체계로만 여기는 사람들이 있다. 그러나 우리의 신념을 순전히 지적인 것으로 여기는 것은 신앙의 본질을 잘못 이해하는 뜻이다. 우리는 '우리 공동의 신앙을 단순히 고백하는'데서 그칠 것이 아니라 우리 신앙을 삶으로 실천해야 한다. 이 책에 개괄된 신앙의 중심적 비전들이 실제 삶 속으로 흘러들어와야 한다.

사실 다른 방향으로 되기는 거의 불가능하다. 만일 우리가 정말로 믿는다면, 우리가 성경의 비전이 정말로 참임을 인정한다면 기독교 신앙은 지적인 차원에만 머물러 있을 수가 없다. 만일 우리의 인생관이 정말로 하나님, 하나님의 피조물로서의 우리 자신, 창조 세계를 향한 하나님의 목적에 대한 기독교의 비전을 통하여 형성된다면, 그것은 우리의 삶을 바꿔놓을 것이다. 우리가 하나님, 우리 자신, 우리 세계를 기독교 복음의 빛 안에서 보게 될 때, 이 비전은 우리의 사고방식만을 바꾸는 것이 아니라 우리가 말하고 행동하는 방식도 바꿀 것이다. 그 비전은 우리의 언어생활이 하나님의 은혜를 반영하게 할 것이다. 그 비전은 우리를 자녀로 삼으시는 하나님의 실재를 말과 행동 가운데 용기 있게 증언하게 할 것이다. 그 비전은 하나님께 영광을 돌리는 삶을 살려는 마음의 고백을 우리 안에 불러일으킬 것이다.

무엇보다도 이 책에 개괄된 기독교의 중심 비전, 곧 우리가 공동체가 되기 위하여 창조되었다는 그 비전은 우리로 하여금 삶의 모든 영역에서 공동체를 향한 하나님의 부르심에 따라서 살도록 동기와 자극을 제공해 준다. 이 비전은 우리로 하여금 더욱 효과적으로 기도하고 삼위일체 하나님의 성품을 더욱 분명하게 반영하도록 힘쓰게 하며, 그 과정 가운데 하나님과의 사귐 속으로 우리를 이끌어야 한다. 우리를 향한 하나님의 뜻의 중심에 '공동체'가 있음을 인식하면서 다른 사람들과 전 우주를 향한 우리의 행동이 형성되어야 한다. 그 과정에서 우리의 비전은 서로를 향한 사귐 속으로 우리를 이끌게 될 것이다. 마지막으로, 이러한 하나님의 비전은 하나님·이웃과의 사귐 속에서 사는 것이 참된 자신을 발견하는 길임을 알게 함으로써, 새로운 개인적 정체감으로 우리를 인도해야 한다.

요컨대 '머리'와 '마음'과 '손'이 하나의 끊길 수 없는 사슬로 함께 연결되어야 한다. 즉 우리의 '머리'에서 시작한 것은 우리의 '마음' 속으로 들어가야 하며, 마침내 우리의 '손'을 통하여 표현되어야 한다. 기독교 신앙의 근본적 비전을 지적으로 명료하게 이해함에 따라, 우리의 지적인 숙고는 자연스럽게 하나님에 대한 헌신의 마음에 불을 붙이며, 마침내 그것은 '우리를 위하여 자신을 버리신' 분의 이름으로 생명력 있는 섬김의 삶을 살게 해야 한다 엡 5:2; 참고. 갈 2:20; 살후 2:16. 우리가 하나님의 공동체를 위하여 창조되었음을 새롭게 발견할 때, 하나님의 성령은 우리 안에 더 신실한 열망을 불러일으킬 것이며, 그 열망 가운데 하나님 말씀의 빛은 우리를 통해서 다른 이들에게 빛날 것이며, 궁극적으로 삼위일체 하나님을 향한 찬양으로 빛나게 될 것이다.

♬ 비추소서 주님의 영광 온 땅 위에
부으소서 내게 성령의 불을
넘치소서 은혜와 긍휼을 열방 중에
보내소서 빛 되신 주의 말씀[1] ♪

주

서론

1. Frank Whaling, "The Development of the Word 'Theology,'" *Scottish Journal of Theology* 34 (1981): pp. 292-300.
2. Friedrich Schleiermacher, *A Brief Outline of the Study of Theology* (Atlanta: John Knox, 1966) (『신학연구입문』, 김경재 · 선한용 · 박근원 옮김, 대한기독교출판사)
3. Emil Brunner, *The Christian Doctrine of God* (Philadelphia: Westminster, 1950), pp. 93-96.
4. 더 심화한 연구를 위해서는 다음을 보라. Stanley J. Grenz, *Revisioning Evangelical Theology* (Downers Grove, Ill.: Inter-Varsity Press, 1993), pp. 87-108. 또한, Stanley J. Grenz and Roger Olson, *Who Needs Theology?* (Downers Grove, Ill.: InterVarsity Press, 1996)(『신학으로의 초대』, 이영훈 옮김, IVP).
5. 유사한 접근에 대해서는 다음을 보라. Gabriel Fackre, *The Christian Story* (Grand Rapids: Eerdmans, 1984), p. 40.
6. 성경 교리를 바르게 서술하기 위한 청교도의 노력의 절정체인 웨스트민스터 신앙고백(The Westminster Confession of Faith)에 따르면, 교회에서 최종 권위는 '성경 속에서 말씀하시는 성령'이다. "The Westminster Confession of Faith," 1:10, in John H. Leith, ed., *Creeds of the Churches*, 3rd ed. (Atlanta: John Knox, 1982), p. 196.
7. 문화에 대한 신학적 사용과 연구에 대한 토의에 대해서는 다음을 보라. Robert J. Schreiter, *Constructing Local Theologies* (Maryknoll, N.Y.: Orbis, 1985)(『신학의 토착화』, 황애경 옮김, 가톨릭출판사), pp. 39-74.
8. 더 심화한 토의를 위해서는 다음을 보라. Grenz, *Revisioning Evangelical Theology*, pp. 137-164.
9. Mark Pendergrass, "The Greatest Thing"

1장

1. Anselm, *Prosloquim*, in *St. Anselm: Basic Writings*, 2nd ed., trans. S.N.Deane (La Salle, Ill.: Open Court, 1962), p. 7. (『Proslogion: 하나님의 존재 증명』, 전경연 옮

김, 한들)
2. Ibid., p. 8
3. René Descartes, *Discourse on Method and the Meditations*, trans. Laurence J. Lafleur Library of Liberal Arts edition (Indianapolis: Bobbs-Merrill, 1960), p. 120. (『방법서설·성찰·데까르트 연구』, 최명관, 서광사)
4. G.W.F. Hegel, *The Phenomenology of Mind*, trans. J.B.Baillie, Harper Torchbooks /The Academy Library edition (New York: Harper and Row, 1967)(『정신현상학』, 지식산업사), pp. 207-213. 헤겔의 사상에 대해서는 다음을 보라. Wolfart Pannenberg, *Basic Questions in Theology*, 2 vols., trans. George H. Kehm (Philadelphia: Fortress, 1970), 3:84-86.
5. Norman Malcolm, "Anselm's Ontological Arguments," in *Knowledge and Certainty: Essays and Lectures* (Englewood Cliffs, J.J.: Prentice Hall, 1963), pp. 20-27.
6. Thomas Aquinas, *Summa Theologica* 1.2.3, in *Introduction to St. Thomas Aquinas*, ed. Anton C. Pegis (New York: Modern Library, 1948), pp. 24-27. (『신학대전』, 정의채, 바오로딸)
7. Willaim Paley, *Natural Theology* (New York: American Tract Society, n.d.), chaps. pp. 1-6.
8. F.R. Tennant, *Philosophical Theology*, 2 vols. (Cambridge, England: Cambridge Univ. Press. 1928-1930), 2:78-104.
9. Robert Jastrow, *God and the Astronomers* (New York: Norton, 1978).
10. Immanuel Kant, *Critique of Practical Reason*, trans. Lewis White Beck (Indianapolis: Bobbs-Merrill, 1956), pp. 114-115, 126-139. (『실천이성비판』, 박영사)
11. Hastings Rashdall, *The Theory of Good and Evil*, 2 vols. (Oxford: Clarendon, 1907). 2:189-246.
12. C.S. Lewis, *Mere Christianity*, Macmillan Paperbacks edition (New York: Macmillan, 1960), pp. 17-39. (『순전한 기독교』, 은성)
13. John Calvin, *Institutes of the Christian Religion*, 1.1.2, in volume 20 of the *Library of Christian Classics*, trans. Ford Lewis Battles, ed. John T. McNeill, (Philadelphia: Westminster, 1960), p. 37. (『기독교강요』, 김종흡·신복윤·이종성·한철하 공역, 생명의 말씀사)

14. 이스라엘에서의 유일신 사상의 발전과정에 대해서는 다음을 보라. Walther Eichrodt, *Theology of the Old Testament*, 2 vols., trans. J.A.Baker (Philadelphia: Westminster, 1961), 1:220-227. (『구약성서신학』, 박문재 옮김, 크리스챤다이제스트)
15. Elmer A. Martens, *God's Design: A Focus on Old Testament Theology* (Grand Rapids: Baker, 1981), p. 43. (『새로운 구약신학: 하나님의 계획』, 아가페)
16. Ibid., p. 41.
17. Ibid., p. 197.
18. Eichrodt, *Theology of the Old Testament*, 1:226-227.
19. Ibid., pp. 219-221.
20. John Baillie, *The Idea of Revelation* (New York: Columbia Univ. Press, 1956), pp. 19-40.
21. J.I. Packer, *Knowing God* (Downers Grove, Ill.: InterVarsity, 1973), p. 37. (『하나님을 아는 지식』, 정옥배 옮김, IVP)
22. 역사로 하나님 계시의 초점으로 보는 관점에 대해서는 다음을 보라. Wolfhart Pannenberg, "Hermeneutic and Universal History," in *Basic Questions in Theology*, 1:96-136; and Wolfhart Pannenberg, ed., *Revelation as History*, trans. David Granskou (New York: Macmillan, 1968), pp. 3-21, 125-135. (『역사로서 나타난 계시』, 대한기독교서회)

2장

1. J.N.D.Kelly, *Early Christian Doctrines*, rev. ed. (San Francisco: Harper & Row, 1978), p. 258. (『고대기독교 교리사』, 김광식 옮김, 한국기독교문학연구소)
2. Paul Tillich, *A History of Christian Thought*, ed. Carl Braaten (New York: Simon & Shuster, 1968), p. 77.
3. Augustine, *The Trinity* 6.5.7, trans. Vernon J. Bourke, vol. 45 of *The Fathers of the Church*, ed. Hermigild Dressler (Washington: Catholic Univ. of America Press, 1963), pp. 206-207; 15.17.27(pp. 491-492); 5.11.12 (pp. 189-190); 15.19.37(pp. 503-504). 어거스틴의 사상과 헬라 사상과의 관련성에 대해서는 다음을 보라. Yves Congar, *I Believe in the Holy Spirit*, 3 vols., trans. David Smith (New York: Seabury, 1983), 3:88-89, 147-148. 이런 입장의 현대적 서술에 대해서는 다음을 보라. David Coffey, "The Holy Spirit as the Mutual Love of the Father and the Son,"

Theological Studies 51 (1990); pp. 193-229.
4. Packer, Knowing God, p. 154.
5. Edwin Hatch, "Breathe on Me, Breath of God," 1878.
6. Rosemary Radford Ruether, Sexism and God-Talk (Boston: Beacon, 1983), p. 258. (『성차별과 신학』, 안상님 옮김, 대한기독교출판사)
7. Wolfhart Pannenberg, "The Question of God," in Basic Questions in Theology, 2:226-233; Wolfhart Pannernberg, "Speaking about God in the Face of Atheist Criticism, " in The Idea of God and Human Freedom (Philadelphia: Westminster, 1973), p. 112.
8. Jacques Guillet and E.M.Stewart, "Yahweh," in the Dictionary of Biblical Theology, 2nd ed., ed. Xavier Leon-Dufour, trans. P.Joseph Cahill, et al. (New York: Seabury, 1973), p. 690: Alexander Harkavy, Students' Hebrew and Chaldee Dictionary to the Old Testament (New York: Hebrew Publishing, 1914), p. 122; J. Philip Hyatt, Exodus, in the New Century Bible, ed. Ronald E. Clements (London: Oliphants, 1971), p. 76; Marin Noth, Exodus: A Commentary, trans. J.S.Bowden (Philadelphia: Westminster, 1962(『출애굽기』, 한국신학연구소), p. 45.
9. Paul Fiddes, The Creative Suffering of God (New York: Oxford Univ. Press, 1988).
10. 이 주제에 대한 심화한 토의를 위해서는 다음을 보라. Stanley J. Grenz, Prayer: The Cry for the Kingdom (Peabody, Mass.: Hendrickson, 1988).
11. H.Kleinknecht, "lego," in the Theological Dictionary of the New Testament, 10 vols., ed. Gerhard Kittel and Gerhard Friedrich, trans. Geoffrey Bromiley (Grand Rapids: Eerdmans, 1967), 4: pp. 80-86.

3장

1. Ashley Montagu, Man in Process(New York: Mentor, 1961), pp. 17-18.
2. Wolfhart Pannenberg, What is Man? trans. Duane A. Priebe (Philadelphia: Fortress, 1970), p. 3.
3. Augustine, Confessions 1.1, trans. Vernon J. Bourke, vol. 21 of The Fathers of the Church, ed. Roy Joseph Deferrari (Washington: Catholic Univ. of America Press, 1953), p. 4. (『고백론』, 선한용 옮김, 대한기독교서회)
4. "The Westminster Shorter Catechism," question I. in Creeds of Christendom, ed. Philip Schaff, 3 vols. (Grand Rapids: Baker, 1977; reprint), 3:676. (『신조학』, 박일민

옮김, 기독교문서선교회)
5. 더 심화한 토의를 위해서는 다음을 보라. Stanley J. Grenz, "Abortion: A Christian Response," *Conrad Grebel Review* 2/1 (winter 1984); pp. 21-30. Stanley J. Grenz, *Sexual Ethics*(Dallas: Word, 1990), pp. 135-141.
6. 예를 들어 다음을 보라. Phyllis A. Bird, "'Male and Female He Created Them' : Gen. 1:27b in the Context of the Priestly Account of Creation," *Harvard Theological Review* 74 (April 1981): pp. 137-144.
7. Gerhard von Rad, "*eikon*," in the *Theological Dictionary of the New Testament*, 10 vols., ed. Gerhard Kittel and Gerhard Friedrich, trans. Geoffrey W. Bromiley (Grand Rapids: Eerdmans, 1964), 2:392. 또한 Henri Blocher, *In the Beginning: The Opening Chapters of Genesis*, trans. David G. Preston (Leicester, England: Inter-Varsity, 1984), p. 81.
8. Gerhard von Rad, *Genesis*, trans. John H. Marks, in the *Old Testament Library*, ed. G. Ernest Wright (Philadelphia: Westminster, 1972), p. 58. (『창세기』, 한국신학연구소 국제성서주석시리즈)
9. 인격(personhood)을 사회적 차원에서 이해하기 위한 철학적 근거를 다룬 논의에 대해서는 다음을 보라. Alistair I. McFadyen, *The Call to Personhood: A Christian Theory of the Individual in Social Relationships* (Cambridge: Cambridge Univ. Press, 1990).
10. 성(Sexuality)과 공동체 사이의 관계에 대한 심화된 토의를 위해서는 다음을 보라. Grenz, Sexual Ethics, pp. 35-37.
11. Hendrik Berkhof, *Christ and the Powers*, trans. John H. Yoder (Scottdale, Pa.: Herald, 1962), p. 30. 33.
12. John Howard Yoder, *The Politics of Jesus* (Grand Rapids: Eerdmans, 1972), p. 145.
13. Berkhof, *Christ and the Powers*, p. 22, 37.

4장

1. Gottfried Quell, "*hamartano*," in the *Theological Dictionary of the New Testament*, 10 vols., ed. Gerhard Kittel and Gerhard Friedrich, trans. Geoffrey W. Bromiley (Grand Rapids: Eerdmans, 1964), 1: p. 271.
2. Karl Menninger, *Whatever Became of Sin?* (New York: Hawthorn, 1973).

3. Karl Barth, *Church Dogmatics*, trans. Geoffrey W. Bromiley (Edinburgh: T & T Clark, 1956), 4/1: pp. 358-413.
4. Issac Watts, "At the Cross." (찬송가 141장)
5. Louis Berkhof, *Systematic Theology*, rev. ed. (Grand Rapids, Eerdmans, 1953), p. 215. (『벌코프 조직신학』, 권수경·이상윤 옮김, 크리스챤다이제스트)
6. 근본 행위 언약(primordial covenant of works) 사상은 개혁 신학 내에서 논란거리가 되어왔던 주제이다. 화란의 위대한 신학자 헤르만 바빙크(Herman Bavinck)가 이 주제에 대해 상세한 이론을 전개한 바 있다. 근본 행위 언약 사상은 구(舊) 프린스턴 학파의 주도적 학자들에 의하여 지지를 받았다. 예를 들어 Charles Hodge, *Systematic Theology* (New York: Charles Scribner, 1871)(『하지조직신학』고영민 옮김, 기독교문사), 2:117-122; William G.T. Shedd, *Dogmatic Theology* (1888; Grand Rapids: Zondervan, n.d.), 2:152-153; Berkhof, *Systematic Theology*, pp. 211-218. 최근의 어떤 학자들은 '창조 언약' (covenant of creation)이라는 새로운 명칭을 사용할 것을 제안하기도 했다. 예를 들어 Meredith Kline, *By Oath Consigned* (Grand Rapids; Eerdmans, 1968), pp. 27-29, 32, 37. 이 제안에 대한 반박에 대해서는 다음을 보라. Anthony A. Hoekema, *Created in God's Image* (Grand Rapids: Eerdmans, 1986), pp. 119-121.
7. Berkhof, *Systematic Theology*, p. 215.
8. Friedrich Schleiermacher, *The Christian Faith*, ed. H.R. Mackintosh and J.S. Steward (Edinburgh: T & T Clark, n.d.), pp. 296-304; Paul Tillich, *Systematic Theology*, 3 vols. (Chicago: Univ. of Chicago Press, 1951)(『조직신학』김경수 옮김, 성광), 1:255-256; S ren Kierkegaard, *The Concept of Dread*, trans. Walter Lowrie (Princeton: Princeton Univ. Press, 1957)(『불안의 개념』한길사), Reinhold Niebuhr, *The Nature and Destiny of Man*, 2 vols. (New York: Charles Scribner's, 1941), 1:269.
9. Donald G. Bloesch, *Essentials of Evangelical Theology*, 2 vols. (San Francisco: Harper and Row, 1978), 1:107-108, 118 n.63. (『복음주의신학의 정수』, 이형기·이수영 옮김, 한국장로교출판사)
10. Augustus Hopkins Strong, *Systematic Theology*, 3 vols. (Philadelphia: Griffith and Rowland, 1907), 2:661.

5장

1. Schleiermacher, *Christian Faith*, p. 362, 385; Godon R. Lewis and Bruce A.

Demarest, *Integrative Theology*, 3 vols. (Grand Rapids: Zondervan, 1990), 2:336-338.
2. Adolf von Harnack, *What is Christianity?*, trans. Thomas Bailey Saunders (New York: G.P. Putnam's, 1901), p. 55.
3. Jürgen Moltmann, *The Crucified God*, trans. R.A. Wilson and John Bowden (New York: SCM, 1974), pp. 243-244. (『십자가에 달리신 하나님』, 김균진 옮김, 한국신학연구소)
4. Strong, *Systematic Theology*, 2:681-682: Millard Erickson, *Christian Theology*, 3 vols, (Grand Rapids: Baker, 1984)(『복음주의 조직신학』, 신경수 옮김, 크리스챤다이제스트), 2:684-688.
5. John R.W. Stott, *Basic Christianity*, 2nd ed. (London: Inter-Varsity, 1971), pp. 21-34. (『기독교의 기본진리』, 황을호 옮김, 생명의 말씀사)
6. Schleiermacher, *Christian Faith*, p. 417; Rudolf Bultmann, "New Testament and Mythology," in *Kerygma and Myth: A Theological Debate*, ed. Hans Werner Bartsch (New York: Harper and Row, 1961), pp. 39-42.
7. Wolfhart Panneberg, *Jesus-God and Man*, 2nd ed.m trans. Lewis L. Wilkins and Duane A. Priebe (Philadelphia: Westminster, 1977), pp. 88-106.
8. Hugh J. Schonfield, *The Passover Plot* (New York: Bantam Books, 1967), pp. 151-162; "Christ Could have Faked Death on Cross, Article Purports," Vancouver Sun, 27 April 1991, sec. A3.
9. 예수의 기도 생활에 대한 간략한 토의에 대해서는 다음을 보라. Grenz, *Prayer: The Cry for the Kingdom*, pp. 11-18.
10. Lewis and Demarest, *Intergrative Theology*, 2:336-338.
11. Erickson, *Christian Theology*, 2:718-721. 에릭슨(Erickson)은 다음의 책을 인용하고 있다. Leon Morris, *The Lord from Heaven: A Study of the New Testament Teaching on the Deity and Humanity of Jesus* (Grand Rapids: Eerdmans 1958), pp. 51-52.
12. H. Kleinknecht, "*logos*," in the *Theological Dictionary of the New Testament*, 10 vols., ed. Gerhard Kittel and Gerhard Friedrich, trans. Geoffrey W. Bromiley (Grand Rapids: Eerdmans, 1967), 4:80-81.
13. 예를 들어 다음을 보라. E.W. Hengstenberg, *Christology of the Old Testament and a Commentary on the Messianic Predictions*, 2 vols. (Grand Rapids: Kregel,

1970; reprint). (『구약의 기독론』, 원광연 옮김, 크리스챤다이제스트)
14. 예를 들어 다음을 보라. Jerry Falwell, "The Revelation of the Incarnation," *Fundamentalist Journal* 7/11 (December 1988); p. 10.
15. "Fairest Lord Jesus," from the German, 17th Century.

6장

1. Phillip Brooks, "O Little Town of Bathlehem."
2. J. Ramsey Michaels, *Servant and Son* (Atlanta: John Knox, 1981), p. 285.
3. Ibid., p. 289.
4. Sigmund Mowinckel, *He That Cometh*, trans. G.W. Anderson (New York: Abingdon, 1954), p. 187.
5. 속죄(Atonement) 교리의 발달과정에 대한 유익한 개괄에 대해서는 다음을 참고하라. Robert S. Paul, *The Atonement and the Sacraments* (Nashville: Abingdon, 1960), pp. 35-281.
6. Ibid., p. 47.
7. Ibid., p. 52.
8. Origen, "An Address on Religious Instruction" [*Oratio Catechetical*] 24, in *The Christology of the Later Fathers*, vol 3 of the *Library of Christian Classics*, ed. Edward Rochie Hardy and Cyril C. Richardson (Philadelphia: Westminster, 1954), pp. 300-302.
9. 중요한 예외에 대해서는 다음을 보라. Gustaf Aulen, *Christus Victor*, trans. A.G. Hebert (New York: Macmillan, 1969).
10. Julia Johnson, "Jesus Ransomed Me." (찬송가 137장, 새찬송가 251장)
11. Eugene M. Bartlett, Sr., "Victor in Jesus."
12. Paul, *Atonement and the Sacraments*, p. 74; Aulén, *Christus Victor*, pp. 84-92.
13. Calvin, *Institutes of the Christian Religion*, 2.12.3, volume 20 of the *Library of Christian Classics*, pp. 466-467.
14. Paul, *Atonement and the Sacraments*, p. 109.
15. 예를 들어 다음을 보라. Millard J. Erickson, *Christian Theology*, 3 vols. (Grand Rapids: Baker, 1984), 2:815.
16. 많은 해석가는 아벨라드의 속죄론과 안셀름의 속죄론을 서로 대조되는 것으로 본다. 예를 들어 다음을 보라. Paul, *Atonement and the Sacraments*, p. 80을 보라. 또

한 Kenneth Scott Latourette, *A History of Christianity* (New York: Harper and Brothers, 1953)(『기독교의 역사』, 허호익 옮김, 대한기독교출찬사), p. 504.
17. Peter Abelard, "Exposition of the Epistle to the Romans" 2 in *A Scholastic Miscellany: Anselm to Ockham*, vol. 10 in the *Library of Christian Classics*, trans. Eugene R. Fairweather (Philadelphia: Westminster, 1956), p. 283.
18. Ibid.
19. Issac Watts, "When I Survey the Wondrous Cross," 1707. (찬송가 147장, 새찬송가 149장)
20. Jürgen Moltmann, *The Crucified God*, 2nd ed., trans. R.A. Wilson and John Bowden (New York: Harper and Row, 1974), pp. 145-153.

7장

1. Friedrich Baumgaertel, "*pneuma* ···: Spirit in the OT," in the *Theological Dictionary of the New Testament*, 10 vols., ed. Gerhard Kittel and Gerhard Friedrich, trans. Geoffrey W. Bromiley (Grand Rapids: Eerdmans, 1968), 6:359-362.
2. 이 정통적 가르침은 콘스탄티노플 공의회(A.D. 381)에서 교리(dogma)로 확증되었다. J.W.C. Wand, *The Four Great Heresies*(London; Mowbray, 1955), p. 78을 보라.
3. Frank Bottome, "The Comforter Has Come." (찬송가 179장, 새찬송가 185장)
4. Reginald Heber, "Holy, Holy, Holy." (찬송가 9장, 새찬송가 8장)
5. 램(Ramm)에 따르면, "개신교에 있어서 권위 원리는 성경 안에서 말씀하시는 성령이며, 성경은 성령의 계시적이고 영감을 주는 활동의 산물이다." Bernard Ramm, *The Pattern of Religious Authority* (Grand Rapids: Eerdmans, 1959), p. 28. 또한 다음을 보라. *The Westminster Confession of Faith*, 1/10, in *The Creeds of the Churches*, 3rd ed.m John H. Leith (Atlanta: John Knox, 1982), p. 196.
6. 성령과 성경의 관계에 대한 심화한 연구를 위해서는 다음을 보라. Stanley J. Grenz, *Revisioning Evangelical Theology* (Downers Grove, Ill.: InterVarsity, 1993), pp. 109-136.
7. Strong, *Systematic Theology*, 1:196.
8. C.H. Dodd, *The Authority of the Bible* (1929; reprint, New York: Harper and Brothers, 1958), p. 36.
9. Edgar V. McKnight, "Errancy and Inerrancy: Baptists and the Bible," *Perspectives in*

Religious Studies 12/2 (Summer 1985); p. 146.

10. Thomas A. Hoffman, "Inspiration, Normativeness, Canonicity, and the Unique Sacred Character of the Bible," *Catholic Bible Quarterly* 44 (1982); p. 457.
11. C. John Weborg, "Pietism: Theology in Service of Living Toward God," in *The Variety of American Evangelicalism*, ed. Robert K. Johnson and Donald W. Dayton (Downers Grove, Ill.: InterVarsity, 1991), p. 176.
12. Mary A. Lathbury, "Break Thou the Bread of Life," 1877. (찬송가 284장, 새찬송가 198장)
13. David Kelsey, *The Uses of Scripture in Recent Theology* (Philadelphia: Westminster, 1975), p. 214.
14. Robert N. Bellah, et al., *Habits of the Heart: Individualism and Commitment in American Life* (New York: Harper and Row, 1986), p. 81.
15. James Barr, *The Scope and Authority of the Bible* (Philadelphia: Westminster, 1980), pp. 126-127; William R. Herzog Ill, "Interpretation as Discovery and Creation: Sociological Diemensions of Biblical Hermeneutics," *American Baptist Quarterly* 2/2 (June 1983); p. 116.
16. Donald Bloesch, "In Defense of Biblical Authority," *Reformed Journal* 34/9 (Sept. 1984); p. 30.
17. Kate B. Wilkinson, "May the Mind of Christ, My Savior," p. 1925,
18. Rippon's *Selection of Hymns*, 1787.

8장

1. John Newton, "Amazing Grace! How Sweet the Sound," 1779. (찬송가 405장, 새찬송가 305장)
2. William D. Chamberlain, *The Meaning of Repentance* (Philadelphia: Westminster, 1943), p. 41; J. Goetzmann, "*metanonia*," in "Conversion, Penitence, Repentance, Proselyte," *The New International Dictionary of New Testament Theology*, ed. Clins Brown (Grand Rapids: Zondervan, 1981), 1:357-359.
3. Lewis Carroll, *Through the Looking Glass and What Alice Found There* (New York: Random House, 1946), p. 76. (『거울나라의 엘리스』, 나라사랑)
4. *Fides*, in Richard A. Muller, *Dictionary of Latin and Greek Theological Terms* (Grand Rapids: Baker, 1985), pp. 115-116.

5. Karl Kertelge, "*dikaiosune*," in the *Exegetical Dictionary of the New Testament*, 3 vols., ed. Horst Balz and Gerhard Schneider (Grand Rapids: Eerdmans, 1990), 2:331.
6. Berkhof, *Systematic Theology*, p. 517.
7. Gottlob Sclenk, "dikaioo," in *The Theological Dictionary of the New Testament*, 10 vols., ed. Gerhard Kittel and Gerhard Friedrich, trans. Geoffrey W. Bromiley (Grand Rapids: Eerdmans, 1964), 2: p. 215.
8. George A. Lindbeck, "Confession and Community: An Israel-like View of the Church," *Christian Century* 107/16 (9 May 1990); p. 495.
9. Bellah, et al., *Habits of the Heart*, p. 81.
10. Alisdair MacIntyre, After Virtue, 2nd ed. (Notre Dame, Ind.: Univ. of Notre Dame Press, 1984), p. 221. (『덕의 상실』, 문예출판사)
11. 더욱 심화한 연구를 위해서 다음을 보라. Grenz, Revisioning Evangelical Theology, pp. 33-35.
12. Otto Procksch, "hagiazo," in the the Theological Dictionary of the New Testament, 10 vols., ed. Gerhard Kittel and Gerhard Friedrich, trans. Geoffrey W. Bromiley (Grand Rapids: Eerdmans, 1963), 1:111.
13. 웨슬리의 완전주의(perfectionism)에 대한 연구를 위해서는 다음을 보라. Melvin E. Dieter, "The Wesleyan Perspective," in *Five Views on Sanctification* (Grand Rapids: Zondervan, 1968), pp. 15-32.
14. Newton, "Amazing Grace! How Sweet the Sound."

9장

1. Jürgen Roloff, "*ekklesia*," in Balz and Schneider, *Exegetical Dictionary of the New Testament*, 1:411; Kral L. Schmidt, "ekklesia," in the Theological Dictionary of the New Testament, 10 vols., ed. Gerhard Kittel and Gerhard Friedrich, trans. Geoffrey W. Bromiley (Grand Rapids: Eerdmans, 1964-1976), 3:513.
2. 초기 공동체의 용어 사용에 대한 연구를 위해서는 다음을 보라. Roloff, "*ekklesia*," in Balz and Schneider, *Exegetical Dictionary of the New Testament*, 1:412.
3. Kenneth Cauthen(*Systematic Theology* (Lewiston, N.Y.: Edwin Mellen, 1986), p. 296). 코든(Cauthen)에 따르면, 이 은유들의 선택에 함축된 삼위일체 사상과 기독교 사상사에서 세 가지 주요 모티브로서 작용한 은유들의 중요성에 대한 첫 연구는

다음의 책이다. Lesslie Newbigin, *The Household of Faith* (New York: Friendship, 1954). 에릭슨(Millard Erickson)도 자신의 교회론에 세 가지 은유들을 사용했는데 (Millard Erickson, *Christian Theology*, 3:1034-1041), 그는 그 출처로서 다음의 책을 들고 있다. Arthur W. Wainwright, *The Trinity in the New Testament* (London: S.P.C.K, 1962).

4. Alex T.M. Cheung, "The Priest as the Redeemed Man: A Biblical Theological Study of the Priesthood," *Journal of the Evangelical Theological Society* 29/3 (September 1986); pp. 265-275.

5. Andrew Perriman, "'His Body Which Is the Church…' Coming to Terms with Metaphor," *Evangelical Quarterly* 62/2 (1990): pp. 123-142; Barbara Field, "The Discourses Behind the Metaphor 'the Church is the Body of Christ' as Used by S. Paul and the 'Post-Paulines,'" *Asia Journal of Theology* 6/1 (April 1992); pp. 88-107.

6. John D. Zizioulas, *Being as Communion: Studies in Personhood and the Church* (Crestwood, N.Y.: St. Vladimir's, 1985), p. 148.

7. Augustine, *The City of God*, 20.9, trans. Marcus Dods (New York: Random House, 1950), p. 725. (『하나님의 도성』, 조호연 옮김, 크리스챤다이제스트)

8. Lewis Sperry Chafer, *Systematic Theology*, 7 vols. (Dallas: Dallas Seminary, 1948), 4:385-386.

9. C. Rene Padilla, "The Mission of the Church in the Light of the Kingdom of God," *Transformation* 1/2 (April-June, 1984); p. 17.

10. 심층 연구를 위해서는 다음을 보라. Grenz, *Sexual Ethics*, pp. 21-23.

11. Zizioulas, *Being as Communion*, p. 140.

12. Miroslav volf, "Kirche als Gemeinshaft: Ekklesiologische Ueberlegungen aus freikirchlicher Perspective," *Evangelische Theologie* 49/1 (1989): pp. 70-76; Killan McDonnell, "Vatican II (1962-1964), Puebla (1979), Synod (1985): *Koinonia/Communio* as an Integral Ecclesiology," *Journal of Ecumenical Studies* 25/3 (Summer 1988): p. 414.

13. J.M.R. Tillard, "What Is the Church of God?" *Mid-stream* 23 (October 1984); pp. 372-373.

14. Aristotle, *Metaphysics*, 12:1-10 (1069a18-1076a4), in *Great Books of the Western World*, ed. Robert Maynard Hutchins (Chicago: William Berton: Encyclopedia

Britannica, 1952), pp. 598-606.
15. "하나님으로 존중히 여기다; 최고의 존경과 경의로 높이다; 종교적인 예식을 행하다; 찬미하다; 숭배하다." *New Websters Dictionary of the English Language* (n.p.: Delair, 1971), p. 1148.
16. Ralph Marin, *The Worship of God* (Grand Rapids: Eerdmans, 1982), p. 4.
17. Paul E. Billheimer, *Destined for the Throne* (Fort Washington, Pa.: Christian Literature Crusade, 1975), pp. 115-126. 이 책에는 영성 생활에서 찬양이 갖는 중요성에 대해서, 조금 과장되기는 했지만, 흥미로운 주장이 제시되고 있다. (『그의 나라에 이를 사람들』, 권명달 옮김, 보이스사)
18. 예를 들어 다음을 보라. Grenz, *Payer: The Cry for the Kingdom*.
19. Lukas Vischer, *Intercession* (Geneva: World Council of Churches, 1980), pp. 25-27, 48-49.
20. Josiah Royce, *The Problem of Christianity*. 이 책에서 로이스(Royce, 1855-1916)는 거대한 '해석의 공동체'(community of interpretation) 개념에 대해 탐구하고 있다. 여기서 '해석의 공동체'는 현재적 실재(a present reality)라기보다는 우리가 충성해야 할 하나의 과제(a task)이다. 로버트 벨라(Robert Bellah)를 비롯한 여러 현대 사상가들보다 앞서서, 로이스는 공동체를 종교적인 용어로서, 곧 기억, 희망, 믿음, 구속 은혜의 공동체로서 묘사한다. 간단한 개괄을 위해서는 다음을 보라. "Josiah Royce," in the *Dictionary of Philosophy and Religion*, ed. William L. Reese (Atlantic Highlands, N.J.: Humanities, 1980), pp. 498-499을 보라. 로이스를 비롯한 초기 사상가들의 연구에 근거해서, 현대의 세속 공동체주의자들(communalists)은 일반 사회 속에서도 그러한 공동체가 존재함을 인정하고 있다. 예를 들어 다음을 보라. Bellah, et al., *Habits of the Heart*.
21. 그리스도의 복음으로 지구를 뒤덮겠다는 목표를 가진 세계 문서 십자군(The World Literature Crusade)은 그리스도인들이 세계 지도자들을 위해 해야 할 7가지 기도 제목을 제시한다. Dick Eastman, "The Sevenfold World Leaders Prayer Focus," in the pamphlet, "kings and Presidents" (n.p.: World Literature Crusade, n.d.).
22. 이스트만(Eastman)은 다음의 기도제목을 제시한다: 추수할 일꾼을 위해서, 복음을 위한 문이 열리도록, 풍성한 열매가 맺히도록, 충분한 지원이 제공되도록. Dick Eastman, *The Hour That Changes the World* (Grand Rapids: Baker, 1978), pp. 153-157. (『세계를 움직이는 기도』, 권명달 옮김, 보이스사)

23. Vernon Grounds, *Evangelicalism and Social Responsibility* (Scottdale, Pa.: Herald, 1969), p. 8.
24. Grenz, *Prayer: The Cry for the Kingdom*.
25. Mary A. Thomson, "O Zion, Haste."

10장

1. 개괄을 위해서 다음을 보라. J.G. Davies, *The Early Christian Church* (Grand Rapids: Baker, 1980), pp. 103-104. 초대 교회 관습들에 관해서는 다음을 보라. *Didache*, 7 (p. 19); Justin Martyr, *Apology* 1.61 (pp. 99-100).
2. 개혁교회 전통의 초창기 주창자들은 이러한 교회관을 피력하는 가운데 재세례파의 입장과 자신의 견해를 구분하였다. Second Helvetic Confession(1566), p. 20, in John H. Leith, *Creeds of the Churches*, 3rd ed. (Atlanta: John Knox, 1982), p. 169.
3. 신앙고백 세례주의자(a believer's baptist)의 입장에 대해서는 다음을 보라. Marlin Jeschke, *Believer's Baptism for Children of the Church* (Scottdale, Pa.: Herald, 1983).
4. Bellah, et al., *Habits of the Heart*, pp. 152-154.
5. Alasdair I.C. Heron, *Table and Tradition: Toward an Ecumenical Understanding of the Eucharist* (Philadelphia: Westminster, 1983), p. 69.
6. J.N.D. Kelly, *Early Christian Doctrines*, rev. ed. (San Francisco: Harper and Row, 1978), pp. 422-423.
7. 칼빈(Calvin)이 옳게 지적했듯이, "그것들은 신앙을 세우고 강화시키기 위한 목적으로 주님에 의해 제정되었다"(Calvin, *Institutes of the Christian Religion*, 4.14.9., in volume 21 of *The Library of Christian Classics*, 1284).
8. Calvin, *Institutes of Christian Faith*, 4.14.4., in volume 21 of *The Library of Christian Classics*, p. 1279.
9. Bo Reicke, *The Epistle of James, Peter and Jude*, vol. 37 of *The Anchor Bible* (Garden City, N.Y.: Doubleday, 1964), pp. 106-107, 139.
10. 이 사상의 발전에 대해서는 다음을 보라. L. Gregory Jones, *Transformed Judgement: Toward a Trinitarian Account of the Moral Life* (Nortre Dame, Ind.: Univ. of Nortre Dame Press, 1990), pp. 137-139.
11. "Eucharist"라는 용어는 교부 시대 때부터 사용되었다. 예를 들어 다음을 보라. *Didache* 6.5, trans. James A. Kleist, *Ancient Christian Fathers* (New York: Paulist,

1948), 6:20; Justin Martyr, *First Aplogy*, trans. Thomas B. Falls, *The Fathers of the Church* (Washington, D.C.: Catholic Univ. of America Press, 1948), 6:105-106.

12. 아마도 "Mass"는 라틴 예전의 마침 말(closing words)로부터 유래되었을 것이다. Heron, *Table and Tradition*, xii.

13. 유대인의 유월절 기념에서 주의 만찬을 지지하는 토의에 대해서는 Markus Barth 의 저서 *Rediscovering the Lord's Supper* (Atlant: John Knox, 1988), pp. 7-27을 보아라.

14. Ragan Courtney, "In Remembrance," 1972.

15. "공동체의 삶과 의사결정에 있어서 모든 회원들의 적극적 참여가 강조되어야 한다." *Baptism, Eucharist and Ministry*, Faith and Order Paper no. 111 (Geneva: World Council of Churches, 1982), p. 26.

16. 에릭슨(Erickson)이 옳게 제시한 지적으로는, 개인들에게 보내진 서신서들 - 빌레몬서, 디모데전·후서, 디도서 - 의 일차적 수신자는 이들 개인이지, 그들의 돌봄 밑에 있는 회중이 아니다. 에릭슨은 "복음주의 조직신학"(*Christian Theology*, 3:1082)에서 다음의 책을 인용하고 있다. Edward T. Hiscox, *The New Directory for Baptist Churches* (Philadelphia: Judson, 1894), p. 155ff.

17. 신약성경의 어떤 본문들에서는 '감독'과 '장로'가 서로 교환적으로 사용되고 있다(행 20:17-28; 딛 1:5, 7). 이는 초대 교회에서 감독과 장로는 두 개의 다른 직위가 아니라 같은 직위에 대한 다른 명칭이라는 사실을 암시한다. Joachim Rohde, "*episcopos*," in Balz and Schneider, *Exegetical Dictionary of the New Testament*, 2:36. 밀른(Milne)에 따르면, "신약성경에서 헬라어 *Episcopos*(감독)와 *presbyteros*(장로)가 동의어로 사용되고 있다는 사실은 대부분의 학자 가운데 일반적으로 인정되고 있다"(Bruce Milne, *Know the Truth* (Downers Grove, Ill.: Inter-Varsity, 1982), p. 241).

18. Rohde, "*episcopos*," in Balz and Schneider, *Exegetical Dictionary of the New Testament*, 2:36.

19. Alfons Weiser, "*diakonos*," in Balz and Schneider, *Exegetical Dictionary of the New Testament*, 1:302.

20. 에큐메니칼 문서는 이 요점을 잘 표현해 준다: "안수 받은 사역자들은 독재자(autocrats)나 비인격적 기능인(impersonal functionaries)이 되어서는 안 된다. … 그리스도께서 공동체를 위해 자신의 삶을 바침으로써 세상을 향하여 하나님의 권위를 드러내셨던 것처럼, 사역자들도 그 같은 방법을 통하여 그리스도의 권위를

드러내고 행사해야 한다." *Baptism, Eucharist and Ministry*, p. 23.

11장

1. "Fifty Quitting Jobs Getting Ready to Be Lifted to Heaven June 28," *Winnipeg Free Press*, 3 June 1981.
2. Gareth G. Cook and David Makovsky, "Radio Preacher Foresees Doom Soon," *U.S. News & World Report*, 19 Dec. 1994, p. 71.
3. 래쉬(Lasch)에 따르면, "끔찍한 재난에 대한 경고들, 조짐들, 징후들이 우리 시대를 괴롭히고 있다. 20세기 문학에 큰 영향을 끼쳤던 '종말 의식'이 이제는 일반 대중의 상상력에까지 미치고 있다"(Christopher Lasch, *The Culture of Narcissism: American Life in an Age of Diminishing Expectations* [New York: Norton, 1978], p. 3)(『나르시시즘의 문화』, 문학과 지성사)
4. Karl L with, *Meaning in History* (Chicago: Univ. of Chicago Press, 1950), p. 19.
5. Hans-Joachim Kraus, *Worship in Israel: A Cultic History of the Old Testament*, trans. G. Bushwell (Richmond, Va.: John Knox, 1966), pp. 38-43.
6. 이러한 사상의 역사적 발전 과정에 대해서는 다음을 보라. Hans Schwarz, *On the Way to Future*, rev. ed. (Minneapolis: Augsburg, 1979), pp. 19-23.
7. 심화한 토의와 고찰을 위해서는 다음을 보라. Stanley J. Grenz, *The Millennial Maze* (Downers Grove, Ill.: InterVarsity, 1992).
8. J. Dwight Pentecost, *Things to Come* (Findlay, Ohio: Dunham, 1958), pp. 547-583. (『세대주의 종말론』, 임병일 옮김, 대한기독교서회)
9. 다음의 책들은 역사적 전천년설의 견해를 대변한다. Clarence Bass, *Backgrounds to Dispensationalism* (1960; reprint, Grand Rapids: Baker, 1977)(『세대주의란 무엇인가』, 황영철 옮김, 생명의 말씀사); Millard Erickson, *Contemporary Options in Eschatology: A Study of the Millennium* (Grand Rapids: Baker, 1977)(『현대종말론 연구』, 박양희 옮김, 생명의 말씀사); and D.H. Kromminga, The Millennium (Grand Rapids: Eerdmans, 1948).
10. 그러나 어떤 세대주의자들은 휴거가 대환란 중간에, 즉 대환란의 전반부인 3년 반 이후에 일어난다고 주장한다. 이 입장에 대해서는 다음을 보라. Gleason L. Archer, "The Case for the Mid-seventieth-week Rapture Position," in Gleason L. Archer, et al., *The Rapture: Pre-, Mid-, or Post-Tribulational* (Grand Rapids: Zondervan, 1984), pp. 113-145.

11. Pentecost, *Things to Come*, pp. 219-228을 보라.
12. "Dallas Seminary Faculty Answer Your Questions," *Kindred Spirit* 15/1 (Spring 1991): 3. 이 책에서 달라스 신학대학원(Dallas Seminary)의 신학자 라이트너(Robert P. Lightner)는 고전적 세대주의의 시나리오를 요약하여 제시한다.
13. Pentecost, *Things to Come*, p. 358. 대환란 끝에 있을 전쟁에 대한 상세한 세대주의적 견해에 대해서는 다음을 보라. Pentecost, *Things to Come*, pp. 318-358; Hal Lindsey, *The Late Great Planet Earth* (New York: Bantam, 1973). 최근에 전개된 린제이(Lindsey)의 견해에 대해서는 다음을 보라. *Planet Earth - 2000 A.D.* (Palos Verdes, Calif.: Western Front, 1994); *The Final Battle* (Palos Verdes, Calif.: Western Front, 1995).
14. 예를 들어 Pentecost, *Things to Come*, pp. 508-511.
15. 예를 들어 Strong, *Systematic Theology*, 3; 1008.
16. Ibid., p. 1009; 이 문제에 대한 더 상세한 연구를 위해서는 다음을 보라. Loraine Boettner, *The Millennium*(Philadelphia: Presbyterian & Reformed, 1957), pp. 67-76. 모든 후천년설 주창자들이 최후의 배교(apostacy)에 대한 예측에 동의하는 것은 아니다.
17. 현대의 세계적 복음전도 활동과 사회 참여의 대운동이 주로 후천년설 계통의 낙관주의 사상을 가진 교회들에 의하여 주도되었다는 사실은 우연이 아니다. Iain H. Murray, *The Puritan Hope* (London: Banner of Truth, 1971), pp. 131-183, esp., pp. 149-151, 178. 또 다음을 보라. John Jefferson Davis, *Christ's Victorious Kingdom*(Grand Rapids: Baker, 1986), pp. 118-119.
18. G.C. Berkouwer, *The Return of Christ*, trans. James Van Oosterom (Grand Rapids; Eerdmans, 1972), pp. 314-315.
19. William Cox, *In These Last Days* (Philadelphia: Presbyterian & Reformed, 1964), pp. 68-71.
20. 이 입장에 대해서는 다음을 보라. Oswald T. Allis, *Prophecy and the Church* (Grand Rapids: Baker, 1972), p. 5. Benjamin B. Warfield, *Biblical Doctrines* (reprint, Edinburgh: Banner of Truth, 1988), p. 649.
21. 전형적 무천년설 시나리오에 대해서는 다음을 보라. Floyd Hamilton, *The Basis of Millennial Faith*(Grand Rapids: Eerdmans, 1952), pp. 35-37.
22. Cox, *In These Last Days*, pp. 59-67.
23. Louis Berkhof, *The Second Coming of Christ*(Grand Rapids: Eerdmans, 1953), p.

83.
24. 이것은 예수의 가르침에 나타난 하나님 나라에 관한 최신 연구들이 도달한 일반적 결론이다. Bruce Chilton, "Introduction," in *The Kingdom of God in the Teaching of Jesus*, ed. Bruce Chilton, *Issues in Religion and Theology* 5 (Philadelphia: Fortress, 1984): pp. 25-26.
25. George Eldon Ladd, *The Last Things*(Grand Rapids: Eerdmans, 1978), p. 32. (『마지막에 될 일들』, 이승구 옮김, 정음)
26. 하나님은 의로운 자를 죽음의 권세로부터 구하시고, 그들을 자신의 현존 속으로 인도하실 수 있다(시 49:15; 참고. 86;13). 따라서 호세아는 하나님의 약속에 대해 이렇게 대언한다. "내가 그들을 스올의 권세에서 속량하며 사망에서 구속하리니." 곧이어 호세아의 찬양이 터져 나온다. "사망아 네 재앙이 어디 있느냐 스올아 네 멸망이 어디 있느냐"(호 13:14).

욥도 확신있게 선언한다. "내가 알기에는 나의 대속자가 살아 계시니 마침내 그가 땅 위에 서실 것이라. 내 가죽이 벗김을 당한 뒤에도 내가 육체 밖에서 하나님을 보리라. 내가 그를 보리니 내 눈으로 그를 보기를 낯선 사람처럼 하지 않을 것이라 내 마음이 초급하구나!"(욥 19:25-27)

다니엘도 부활을 통해 죽음이 극복될 것임을 가리킨다(단 12:2).
27. 고대 그리스 철학자들은 그와 같은 비전에 물들어 있었다. 우리는 그 비전에 대한 고전적 진술을 소크라테스의 죽음에 대한 플라톤의 묘사(Plato, *Phaedo*)에서 찾을 수 있다. 플라톤을 따르면, 죽음이란 철학적 사색을 통해 시작되는 인간의 해방을 완성하는 사건이다. 죽음은 몸의 오염과 불완전으로부터 영혼을 자유롭게 해주며, 영혼이 본래 속해 있던 영역인 영원한 이데아의 세계 속으로 들어갈 수 있게 해준다. Plato, *Phaedo*, pp. 64a-67b, in *The Collected Dialogues of Plato*, ed. Edith Hamilton and Huntington Cairns (Princeton: Princeton Univ. Press, 1961), pp. 46-49.
28. Ladd, *The Last Things*, p. 83.
29. *Constitutio Benedictina*, in *The Church Teaches: Documents of the Church in English Tradition*, trans. John F. Clarkson, et al. (St. Louis: Herder, 1955), pp. 349-351.
30. 이러한 견해에 대한 현대적 진술에 대해서는 다음을 보라. Zachary J. Hayes, "The Purgatorial View," in *Four Views on Hell*, ed. William Crockett (Grand Rapids: Zondervan, 1992), p. 93.

31. "여기서 강조점은 죽음 이후에도 지속되는 내 존재의 어떤 특질에 있는 것이 아니다. 그 강조점은 죽음 이후에도 나를 버리지 않으시는 주님의 특성에 있다" (Helmut Thieliche, *Death and Life*, trans. Edward H. Schroeder [Philadelphia: Fortress, 1970], p. 215).
32. "영원이란 … 시간의 완벽한 완성이다" (Hans Schwarz, *On the Way to the Future*, rev. ed. [Minneapolis: Augsburg, 1979], p. 215).
33. "I Know Where I'm Going." (작자 미상)

12장

1. 만인구원론자들이 고안해낸 삼중 변증에 대한 요약을 위해서는 다음을 보라. Stephen Travis, *I Believe in the Second Coming of Jesus* (Grand Rapids: Eerdmans, 1982), p. 200.
2. Nels Ferré, *Christ and the Christian* (New York: Harper, 1958), 247; *The Universal World: A Theology for a Universal Faith* (Philadelphia: Westminster, 1969), p. 258.
3. John Hick, *Death and Eternal Life* (San Francisco: Harper and Row, 1976).
4. 이 점에 있어서 만인구원론이 갖는 허점에 대해서는 다음을 보라. John Sanders, *No Other Name: An Investigation into the Destiny of the Unevangelized* (Grand Rapids: Eerdmans, 1992), pp. 197-198.
5. Travis, *I Believe in the Second Coming*, p. 203; Hans Schwarz, *On the Way to the Future*, rev. ed. (Minneapolis: Augsburg, 1979), p. 262.
6. Clark Pinnock, "The Conditional View," in *Four Views on Hell*, ed. William Crockett (Grand Rapids: Zondervan, 1992), p. 147; Travis, *I Believe in the Second Coming*, p. 198.
7. Pinnock, "Conditional View," pp. 154-155.
8. Ibid., pp. 149-154.
9. 예를 들어 Pinnock, "Conditional View," pp. 145-146.
10. Travis, *I Believe in the Second Coming*, p. 199.
11. 관련 성경 본문들에 대한 유익한 분석을 위해서는 다음을 보라. Larry Dixon, *The Other Side of the Good News* (Wheaton, Ill.: Victor/BridgePoint, 1992), pp. 74-95.
12. 관련 본문들에 대한 최근 연구들에 대해서는 다음을 보라. Dixon, *The Other Side*, pp. 121-147.
13. "Hell's Sober Comeback," *U.S. News & World Report*, 25 March 1991, p. 57.

14. John Walvoord, "The Literal View," in *Four Views on Hell*, p. 28을 보라.
15. 이 입장에 대해서는 다음을 보라. William Crockett, "The Metaphorical View," in *Four Views on Hell*, ed. William Crockett (Grand Rapids: Zondervan, 1992), pp. 44-76.
16. 이러한 경향은 "죽음 이후에 일어날 일들을 묘사하며 그리스도인들이 사용하는 이미지의 역사"에 관한 최근 연구서의 제목에서도 잘 나타난다. Colleen McDannell and Bernhard Lang, *Heaven: A History* (New Haven, Conn.: Yale Univ. Press, 1988) (『천국의 역사』, 동연)
17. 옛 창조와 새 창조 사이의 불연속성을 주창하는 입장에 대한 비판을 위해서는 다음을 보라. Berkouwer, *Return of Christ*, pp. 291-295.
18. Wolfhart Pannenberg, "The Significane of the Categories 'Part' and 'Whole' for the Epistemology of Theology," *Journal of Religion* 66 (1986): p. 385.
19. Wolfhart Pannenberg, "Constructive and Critical Function of Christian Eschatology," *Harvard Theological Review* 77 (1984): pp. 135-136.
20. Berkouwer, *Return of Christ*, p. 234.
21. Robert Lowry, "Shall We Gather at the River?" 1864. (찬송가 249장, 새찬송가 249장)

후기
1. Graham Kendrick, "Shine Jesus Shine," 1987.

심화된 연구를 위한 추천 도서들

1. Barth, Karl. *Dogmatics in Outline*, Translated by G. T. Thomson. New York: Harper & Row, 1959. (『교의학개요・사도신경해설』, 신경수 옮김, 크리스챤다이제스트)
2. Berkhof, Hendrikus. *Christian Faith: An Introduction to the Study of the Faith*. Translated by Sierd Woudstra. Grand Rapids: Eerdmans, 1979.
3. Bilezikian, Gilbert, *Christianity 101*. Grand Rapids: Zondervan, 1993.
4. Bromiley, Geoffrey W. *Historical Theology: An Introduction*. Grand Rapids: Eerdmans, 1978. (『역사신학』, 서원모 옮김, 크리스챤다이제스트)
5. Brunner, Emil. *Our Faith*. Translated by John W. Rilling. New York: Scribner's, n.d. (『우리의 신앙』, 나눔사)
6. Conyers, A.J. *A Basic Christian Doctrine*. Nashville: Broadman & Holman, 1995.
7. Erickson, Millard, *Introducing Christian Doctrine*, Edited by L. Arnold Hustard. Grand Rapids: Baker, 1992.
8. Evans, James H. *We Have Been Believers: An African-American Systematic Theology*. Minneapolis: Fortress, 1992.
9. González, Justo L. *Manana: Christian Theology from a Hispanic Perspective*. Nashville: Abingdon, 1990.
10. Grenz, Stanley J. *Theology for the Community of God*. Nashville: Broadman & Holman, 1994.
11. Grenz, Stanley J., and Roger E. Olson. *Twentieth Century Theology: God and the Word in a Transitional Age*. Downers Grove, Ill.: InterVarsity, 1992. (『20세기 신학』, 신재구 옮김, IVP)
12. Grenz, Stanley J., and Roger E. Olson. *Who Needs Theology?* Downers Grove, Ill.: InterVarsity, 1996. (『신학으로의 초대』, 이영훈 옮김, IVP)
13. Johnson, Alan E., and Robert E. Webber. *What Christians Believe: A Biblical and Historical Summary*. Grand Rapids: Zondervan, 1989.
14. Leith, John. *Basic Christian Doctrine*. Louisville: Westminster/John Knox, 1993.

15. Migliore, Daniel L. *Faith Seeking Understanding: An Introduction to Christian Theology*. Grand Rapids: Eerdmans, 1991. (『기독교 조직신학 개론: 이해를 추구하는 신앙』, 장경철 옮김, 한국장로교출판사)
16. Milne, Bruce. *Know the Truth*. Downers Grove, Ill.: InterVarsity, 1982. (『진리를 알지니』, 이종태 옮김, 생명의 말씀사)
17. Pannerberg, Wolfhart. *The Apostle's Creed in the Light of Today's Questions*. Philadelphia: Westminster, 1972.
18. Placher, William C. *A History of Christian Theology: An Introduction*. Philadelphia: Westminster, 1972.
19. Shelley, Bruce L. *Theology for Ordinary People*. Downers Grove, Ill.: InterVarsity, 1993.
20. Smith, David L. *A Handbook of Comtemporary Theology*. Wheaton, Ill.: Victor/BridgePoint, 1992.
21. Wainwright, Geoffrey. Doxology: *The Praise of God in Worship, Doctrine, and Life*. New York: Oxford, 1980.

DEW와 기학연이 통합하여
(사)기독교세계관학술동역회가 되었습니다

21세기는 바른 성경적 가치관 위에 실천적 삶을 살아가는
그리스도의 제자를 필요로 합니다!

■ 사단법인 기독교세계관학술동역회

80년대부터 기독교 세계관적인 삶과 학문을 위한 사역을 해오던 DEW사.기독학술교육동역회와 기학연기독교학문연구소이 2009년 5월 통합하였습니다. 통합과 함께 기존 사단법인의 명칭을 "사단법인 기독교세계관학술동역회"이하 동역회로 변경하였습니다. 동역회는 통합으로 인한 시너지 효과를 가지고 두 단체의 기존의 사역을 심화 확장시키게 될 것입니다.

● 세계관 운동
삶과 학문의 모든 영역에서 예수 그리스도가 주인이심을 고백하고, 하나님의 말씀대로 생각하고 적용하며 살도록 돕기 위한 많은 연구 자료와 다양한 방식의 강의 패키지들을 준비하고 있습니다. 특히 삶의 각 영역에서 만날 수 있는 문제들에 대한 대안을 찾을 수 있도록 세계관 기초 훈련, 집중 훈련 및 다양한 강좌들을 비롯하여 〈소명 캠프〉, 〈돈 걱정 없는 인생 살기〉 등 캠프와 세미나가 준비되어 있습니다.

기독미디어아카데미_ 지성과 영성을 겸비한 기독언론인 양성을 위한 전문인 양성 과정을 개설하고 있습니다.

● 기독교학문연구회
학술대회_ 두 단체의 통합으로 명실공히 기독교의 대표적인 학회로서 기독교적 이념에 입각한 학문 연구를 심화, 활성화 시키는 것을 목표로, 매년 1~2회 학술대회를 개최합니다.
학 술 지_ 〈신앙과 학문〉 : 학술진흥재단 등재지로서 연구 성과를 인정받을 수 있습니다.
〈통합연구〉 : 주제별 특집으로, 시대의 이슈에 대한 기독교적인 조망을 합니다.

● VIEW 밴쿠버기독교세계관대학원

VIEW는 1998년 11월 캐나다 밴쿠버의 Trinity Western University(TWU), 캐나다연합신학대학원(ACTS)과 공동으로 기독교세계관대학원 프로그램을 개설하기로 합의하고 1999년 7월부터 정식 강의를 시작했습니다. 기독교 세계관 석사(MACS) 과정과 기독교세계관 준석사(Diploma) 과정을 운영하고 있으며, 2006년부터는 VIEW국제센터에서 다양한 연수 프로그램(교사 창조론, 지도자세계관 학교, 청소년 캠프)을 개최하고 있습니다.

● 도서출판 CUP

"물이 바다를 덮음 같이 여호와의 영광을 인정하는 것이 세상에 가득"한 그날을 꿈꾸며, 예수님이 주인 되시는 삶과 문화를 비전으로 출판하고 있습니다.

■ 소식지 및 웹진_ 격월간으로 사회의 이슈 및 삶의 적용, 동역회 소식, 모임 안내 등 다양한 읽을거리를 제공하는 소식지 〈WORLDVIEW〉를 발간하고 있으며, 보다 긴밀한 소식을 위해 웹진을 보내드리고 있습니다. 웹진은 신청하시면 누구나 보내 드립니다.

■ 동역회에 가입하시면 삶과 학문의 전 분야에서 하나님의 주권과 그 영광을 확인하고 회복하는 일에 동참하실 수 있습니다. 후원회원이 되시면 연 4회 출판되는 학술지 〈신앙과 학문〉, 매월 발행되는 소식지 〈WORLDVIEW〉, 연회 CUP의 신간을 받아 보실 수 있으며 홈페이지에서는 다양한 강좌와 자료들을 통해 기독교 세계관적 관점을 정립하실 수 있습니다.

■ 동역회 사역에 대한 더 자세한 정보를 원하시면
　(140-909) 서울특별시 용산구 이촌2동 212-4 한강르네상스빌 A동 402호
　사무국(☎. 02-754-8004)으로 연락 주시면 친절히 안내해 드립니다.
　E-mail_ info@worldview.or.kr
　Homepage_ www.worldview.or.kr
　■CUP 연락처_ ☎. 02)745-7231 fax.02)745-7239 cup21th@hanmail.net
　(140-909) 서울특별시 용산구 이촌2동 212-4 한강르네상스빌 A동 102호
　블로그_ www.cupbooks.com

CUP는 사기독교세계관학술동역회의 출판부입니다. CUP는 다음 분들이 돕고 있습니다.
출판국장_ 유정칠(경희대 교수)
출판위원_ 김건주(문화기획자, 전 국제제자훈련원 출판디렉터), 김승태(예영커뮤니케이션 대표),
　　　　　오형국(성서유니온 총무), 최태연(백석대 교수)